首都经济贸易大学出版基金资助

北京市重点图书

FINANCIAL INCLUSION AND
HOUSEHOLD INEQUALITY IN BEIJING-TIANJIN-HEBEI REGION

金融普惠与京津冀协同发展

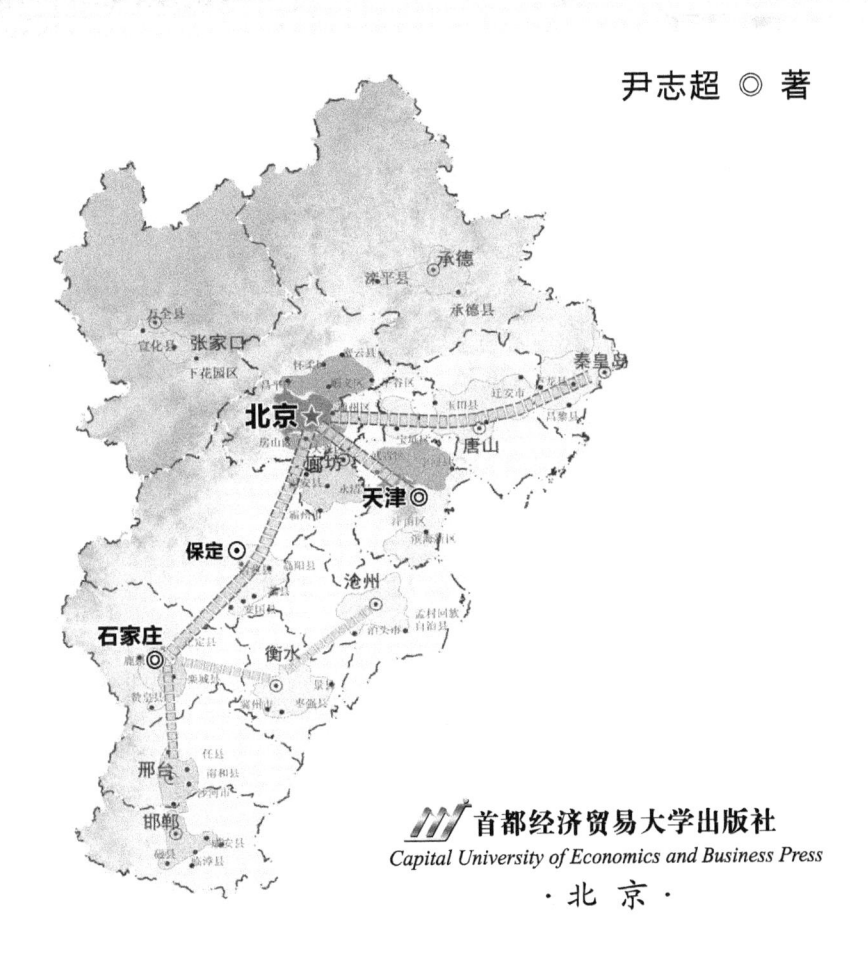

尹志超 ◎ 著

首都经济贸易大学出版社
Capital University of Economics and Business Press
·北京·

图书在版编目(CIP)数据

金融普惠与京津冀协同发展/尹志超著. —北京：首都经济贸易大学出版社,2017.9
ISBN 978-7-5638-2647-6

Ⅰ.①金… Ⅱ.①尹… Ⅲ.①金融改革—研究—华北地区 Ⅳ.①F832.72

中国版本图书馆CIP数据核字(2017)第116260号

金融普惠与京津冀协同发展
尹志超 著
Jinrong Puhui Yu Jingjinji Xietong Fazhan

责任编辑	彭 芳
封面设计	砚祥志远·激光照排 TEL:010-65976003
出版发行	首都经济贸易大学出版社
地　　址	北京市朝阳区红庙（邮编100026）
电　　话	(010)65976483　65065761　65071505(传真)
网　　址	http://www.sjmcb.com
E-mail	publish@cueb.edu.cn
经　　销	全国新华书店
照　　排	北京砚祥志远激光照排技术有限公司
印　　刷	北京京华虎彩印刷有限公司
开　　本	710毫米×1000毫米 1/16
字　　数	470千字
印　　张	26.75
版　　次	2017年9月第1版　2017年9月第1次印刷
书　　号	ISBN 978-7-5638-2647-6/F·1471
定　　价	98.00元

图书印装若有质量问题,本社负责调换
版权所有　侵权必究

前　言

近年来,金融普惠(Financial Inclusion)引起世界各国的广泛关注,但是,国内关于金融普惠的研究还缺乏系统的定量分析。在此背景下,本书基于中国家庭金融调查的微观数据,对金融普惠与京津冀的协同发展进行了研究。

本书首先对京津冀金融普惠的现状进行了详细描述,然后重点对金融普惠对京津冀家庭财富差距、收入差距、消费差距、家庭贫困、居民失业、家庭创业的影响进行了深入研究,接着对影响京津冀金融普惠的因素进行了实证分析,最后,根据研究结论,提出了相应的对策建议。具体安排如下:

第1章,调查设计。本章主要介绍了中国家庭金融调查抽样方案设计、数据采集、质量控制,同时从调查拒访率、主要统计指标的对比等方面对数据的代表性进行说明,重点介绍了京津冀样本的范围、分布及总体特征。

第2章,京津冀的经济差距。本章首先基于宏观数据,从京津冀的生产总值、产业结构、投资、财政收支、消费、存贷款、股票市值、保险机构等方面说明京津冀经济总体差距。其次,从居民人均可支配收入和人均消费两方面对比京津冀居民差距。再次,基于微观数据从家庭财富、收入、消费方面描述京津冀家庭差距。最后,对比分析京津冀家庭贫困、社区贫困率。

第3章,京津冀家庭金融普惠。本章从金融普惠的内涵出发,从家庭银行账户、支付方式、信贷市场参与、保险参与、社区金融设施等方面对金融普惠进行度量,并用因子分析法计算家庭和社区层面的金融普惠指数。

第4章至第6章分别从家庭支付、家庭储蓄、家庭信贷、家庭保险四个维度描述京津冀家庭金融普惠的状况。

第4章,京津冀家庭支付与储蓄。本章从家庭支付和储蓄的角度衡量京津冀家庭的金融普惠,内容涵盖家庭支付特征、储蓄行为、家庭支付与消费的关系等。

第5章,京津冀家庭信贷行为。本章从京津冀家庭信贷参与,家庭信贷规模和结构,家庭信贷参与对收入、消费、财富、幸福的影响,家庭信贷约束等方面对家庭信贷行为进行深入探讨。

第6章,京津冀家庭保险与保障。本章从家庭社会保障和商业保险两个方面对京津冀家庭的保险状况进行了描述,并研究了保险保障对贫困和家庭消费的影响,研究发现,社会保障显著降低家庭贫困概率,商业保险显著提升家庭消费。

第7章至第12章分别研究了京津冀金融普惠对家庭财富差距、家庭收入差距、家庭消费差距、家庭贫困、家庭就业、家庭创业的影响。

第7章,京津冀金融普惠和家庭财富差距。本章首先描述京津冀金融普惠和家庭财富差距的基本状况,然后运用工具变量估计金融普惠对家庭财富差距的影响,研究发现金融普惠能够显著降低家庭财富差距。

第8章,京津冀金融普惠和家庭收入差距。本章首先描述京津冀金融普惠和家庭消费差距的基本状况,然后运用工具变量估计金融普惠对家庭收入差距的影响,研究发现金融普惠能够显著降低家庭收入差距。

第9章,京津冀金融普惠和家庭消费差距。本章首先描述京津冀金融普惠和家庭消费差距的基本状况,然后运用工具变量估计发现,京津冀金融普惠能够显著降低家庭消费差距。

第10章,京津冀金融普惠和家庭贫困。本章首先描述京津冀金融普惠和家庭贫困的状况,然后运用工具变量估计发现,京津冀金融普惠能够显著降低家庭贫困的概率。

第11章,金融普惠和京津冀城镇居民失业。本章首先描述金融普惠和京津冀家庭居民失业的基本状况,然后运用工具变量估计发现,金融普惠能够显著降低城镇家庭居民失业的概率。

第12章,京津冀金融普惠和家庭创业。本章首先描述京津冀金融普惠和家庭创业的基本状况,然后运用工具变量估计发现,金融普惠能够显著提升家庭创业的概率,并对家庭主动创业有显著影响。

第13章至第14章从家庭金融知识和社区金融设施两个方面研究京津冀金融普惠的决定因素。

第13章,京津冀金融知识和金融普惠。本章首先描述京津冀家庭金融知识和金融普惠的统计关系,然后选取工具变量,运用极大似然估计发现,金融知识能够显著提升家庭金融普惠的概率。

第14章,京津冀金融设施和金融普惠。本章首先描述京津冀家庭所在社区金融设施和家庭金融普惠的统计关系,然后选取工具变量,运用极大似然估计发现,金融设施能够显著提升家庭金融普惠的概率。

第15章,结论与对策建议。本章总结前面各章发现的主要结论,然后基于这些研究结果,从金融知识、金融设施等角度提出了促进京津冀家庭金融普惠的对策建议。

本书对金融普惠和京津冀协同发展做了一些探索,在研究中发现还有许多问题有待进一步研究。我们期待以后会有更加深入的研究。

本书是集体智慧的结晶,张号栋、彭嫦燕、路晓蒙、张栋浩、杨阳、宋晓巍、王雅婷等负责部分章节初稿的撰写,彭思佳、张渝、王慧珍、朱炳樾、岳鹏鹏等参与数据处理和文稿校对等工作。

最后,感谢北京市社会科学基金重大项目的资助,感谢中国家庭金融调查与研究中心的数据支持,感谢首都经济贸易大学科研出版基金的资助。

目 录
CONTENTS

1 调查设计 / 1
    1.1 抽样设计 / 3
    1.2 数据采集与质量控制 / 4
    1.3 调查拒访率 / 7
    1.4 数据代表性 / 8
    1.5 京津冀样本描述 / 12
    1.6 小结 / 22

2 京津冀的经济差距 / 25
    2.1 京津冀经济总体差距 / 27
    2.2 京津冀居民经济差距 / 43
    2.3 京津冀家庭金融差距 / 48
    2.4 京津冀家庭贫困 / 56
    2.5 小结 / 62

3 京津冀家庭金融普惠 / 65
    3.1 金融普惠的内涵 / 67

3.2　金融普惠的衡量 / 67
　　3.3　金融普惠分项指标 / 70
　　3.4　金融普惠总体指数 / 78
　　3.5　小结 / 83

4　**京津冀家庭支付与储蓄 / 85**
　　4.1　家庭支付特征 / 87
　　4.2　家庭储蓄行为 / 95
　　4.3　家庭支付与消费 / 102
　　4.4　小结 / 110

5　**京津冀家庭信贷行为 / 113**
　　5.1　家庭信贷参与 / 115
　　5.2　家庭信贷规模及结构 / 121
　　5.3　家庭信贷参与的福利效应 / 128
　　5.4　家庭信贷约束 / 131
　　5.5　家庭信贷需求及融资偏好 / 142
　　5.6　小结 / 146

6　**京津冀家庭保险与保障 / 149**
　　6.1　社会保障 / 151
　　6.2　商业保险 / 162
　　6.3　保险保障与贫困 / 164
　　6.4　保险保障与消费 / 170
　　6.5　小结 / 179

7　**京津冀金融普惠和家庭财富差距 / 181**
　　7.1　金融普惠与家庭财富差距 / 183
　　7.2　京津冀金融普惠对家庭财富差距的影响 / 204

7.3　北京、天津和河北金融普惠对家庭财富差距的
　　 影响 / 208

7.4　稳健性检验 / 212

7.5　小结 / 213

8　京津冀金融普惠和家庭收入差距 / 215

8.1　金融普惠与家庭收入差距 / 217

8.2　京津冀金融普惠对家庭收入差距的影响 / 224

8.3　北京、天津和河北金融普惠对家庭收入差距的
　　 影响 / 229

8.4　稳健性检验 / 232

8.5　小结 / 233

9　京津冀金融普惠和家庭消费差距 / 235

9.1　金融普惠与家庭消费差距的统计描述 / 239

9.2　京津冀金融普惠对家庭消费差距的影响 / 248

9.3　北京、天津和河北金融普惠对家庭消费财富差距的
　　 影响 / 252

9.4　稳健性检验 / 256

9.5　小结 / 257

10　京津冀金融普惠和家庭贫困 / 259

10.1　家庭金融普惠与贫困描述分析 / 262

10.2　金融普惠对家庭贫困的影响 / 273

10.3　金融普惠对社区贫困的影响 / 280

10.4　小结 / 285

11　京津冀金融普惠和城镇居民失业 / 287

11.1　京津冀金融普惠和城镇家庭居民失业状况 / 289

11.2 京津冀金融普惠对城镇居民失业的影响 / 296
11.3 北京、天津和河北金融普惠对城镇居民失业的影响 / 304
11.4 稳健性检验 / 309
11.5 小结 / 311

12 京津冀金融普惠和家庭创业 / 313

12.1 金融普惠和家庭创业状况 / 316
12.2 京津冀金融普惠对家庭创业的影响 / 327
12.3 北京、天津和河北金融普惠对家庭创业的影响 / 334
12.4 稳健性检验 / 341
12.5 小结 / 342

13 京津冀金融知识和金融普惠 / 343

13.1 金融知识和金融普惠描述统计分析 / 345
13.2 金融知识对京津冀金融普惠的影响 / 357
13.3 金融知识对北京、天津和河北家庭金融普惠的影响 / 361
13.4 稳健性检验 / 367
13.5 小结 / 369

14 京津冀金融设施和金融普惠 / 371

14.1 金融设施和金融普惠描述性统计 / 373
14.2 金融设施对京津冀金融普惠的影响 / 382
14.3 金融设施对北京、天津和河北金融普惠的影响 / 385
14.4 稳健性检验 / 390
14.5 小结 / 392

15 结论与政策建议 / 393

15.1 主要结论 / 395

15.2 政策建议 / 401

参考文献 / 403

1 调查设计

1.1 抽样设计

1.1.1 中国家庭金融调查

中国家庭金融调查（China Household Finance Survey，简称CHFS）于2009年在西南财经大学启动，在全国范围内开展两年一轮的入户抽样调查。调查的内容包括家庭收入和消费、资产和负债、保险和保障、人口就业等信息。调查的结果形成中国家庭金融领域的基础数据库，并为社会所共享。

截至2015年，中国家庭金融调查已完成三轮入户抽样调查，并发布了系列调查报告，产生了巨大的社会影响力。中国在家庭金融方面的研究起步较晚，CHFS的成果不仅填补了中国家庭金融学术研究的空白，而且产生了广泛而积极的社会效益。学术方面，CHFS发布的微观金融数据引起了大量学者的广泛关注，并出现了一系列的研究成果。社会效益方面，CHFS积极参与中国重大政策问题的研究与讨论，在家庭资产配置、房地产市场调控、收入分配与经济转型、城镇化问题等诸多方面都进行了深入的研究和探索。

本书的研究除了注明数据来源的地方，主要的分析都基于中国家庭金融调查数据。

1.1.2 抽样过程

CHFS的抽样设计包括两个方面:整体抽样方案和末端抽样方案。总体而言，整体抽样方案采用了分层、三阶段、与人口规模成比例（PPS）的抽样设计方法。首先，在全国范围内抽取市/县/区；其次，从市/县/区中抽取居委会/村委会；最后，在居委会/村委会中抽取住户样本。每个阶段的抽样都采用PPS的抽样方法，权重设定为该抽样单位的人口数（或户数）。末端抽样则基于绘图工作生成的住户清单列表，采用等距抽样的方式进行。

2011年7月至8月,CHFS实施第一轮入户访问,初级访问单元为全国除西藏、新疆、内蒙古和港澳台地区外的2 585个县(含县、县级市、区,以下统称县)。首先,将初级抽样单元按人均国内生产总值(GDP)排序后分成10层,在每层中按照PPS抽样方法抽取8个县,共计80个县;其次,在被抽中的县中随机抽取4个居委会/村委会,共计320个社区;最后,在被抽中的居委会/村委会中随机抽取20～50个家庭,在被抽中的家庭中,对符合条件的受访者进行访问,共获得8 438户家庭数据,29 324个个人数据,获得的样本具有全国代表性。

2013年7月至8月,CHFS在2011年的家庭调查样本上大量扩充,初级访问单元为全国除西藏、新疆和港澳台地区之外的全部县级单位,在数据具有全国代表性的基础上,通过抽样设计使得数据在省级层面上也具有代表性。首先,在每个省内将所有县按人均GDP排序,在2011年被抽中县的基础上,根据人均GDP排序进行对称抽样(对称抽样不足以构成省级代表性时,将采用PPS抽样的方式追加市/县样本),对于新抽中的宁夏、内蒙古和福建三个省(区),采用PPS法抽取市/县,共计262个县;其次,在被抽中的县中随机抽取居委会/村委会,共计1 048个;最后,在被抽中的居委会/村委会中随机抽取家庭,共计28 143户。

2015年7月至8月,CHFS进行了第三轮抽样调查,调查样本进一步扩充到具有副省级城市代表性。除去2013年的28 143户的回访样本外,2015年为优化安徽、福建、广东、海南、河北、湖南、吉林、江苏、山东、山西、四川、云南、浙江、重庆的省级代表性,在全国范围内补抽45个市/县,180个社区,约4 900户样本;除成都、武汉外,其他副省级城市代表性新增45个区/县,180个社区,约5 500户样本。最终,2015年的抽样样本遍布全国29个省、市、自治区,363个市/区/县,1 439个社区,37 263户家庭。

1.2 数据采集与质量控制

在设计完抽样方案后,数据的采集和质量的控制成为CHFS实施中最重要的问题。CHFS 项目使用的是计算机辅助面访系统(Computer – Assisted Personal Interviewing,简称 CAPI),它能够实现以计算机为载体的电子化入户访问。对调查问题的值域和单位进行预设,可以有效减少人为录入数据的失误,有效控制人为因素所造成的非抽样误差,进而有效避免普通问卷遗失造成的数据遗漏或数据回传不及时等问题,显著提高调查数据的质量。

另外,CHFS 除了使用 CAPI 系统进行数据的质量控制外,还实施了以下几个方面的质量控制工作:访员选拔与培训、社区联系和质量控制。

1.2.1 访员选拔和培训

CHFS 的访员以从西南财经大学选拔的本科生和研究生为主体,由于所有访员均接受过良好的经济、金融知识教育,因此能够深入地理解问题含义、问题设置逻辑,并正确地向受访者传达、解释。

在正式入户访问前,项目组为选拔出的访员准备了一套系统的培训方案。培训内容涵盖访问技巧、问卷内容、CAPI 电子问卷系统和访问管理系统、实地演练四个方面。在培训完成后,CHFS 还对访员进行了严格的考核评分,对考核表现不理想的访员进行再培训或取消其访问资格。而作为访问管理员的督导,除需参加完整的访员培训外,还必须接受额外 8 天的督导培训,需熟练掌握督导管理系统、样本分配系统、CAPI 问卷系统和换样原则,合格者才能成为访问督导。这些严格的培训和考核保证了 CHFS 的访问督导质量和访员质量,为高质量的数据采集奠定了坚实的基础。

1.2.2 社区联系

在 CHFS 项目中,中国人民银行和中国农业银行各分支机构的工作人员为帮助访问员和社区建立良好关系、取得受访者的信任和理解提供了极大的帮助,访员们能够在熟悉当地情况的居委会或村委会工作人员的带领下,为受访者介绍项目背景和目的,这在很大程度上降低了项目的拒访率,使 CHFS 项目的调查访问工作得以顺利进行。

1.2.3 质量控制

在采用电子化采访系统 CAPI 的基础上,本项目还设计了较为完善的质量监控系统,以期尽可能地降低人为因素导致的误差。2015年,访员的访问工具由电脑转换为平板电脑(Pad),对访问的样本,由Pad进行样本信息的管理、发放和调配,访员不能为降低访问难度而随意更换样本。在访问过程中,2015年中国家庭金融调查与研究中心采用全新的自主研发的访问过程实时监控系统,在地图上能实时展示访问成功量,能实时展示访员的全球定位系统(GPS)定位信息和行走轨迹,能动态监控样本信息交互状态,能查看到访员和样本的分布,还能按行政区划显示当地的访问进度、成功量,按小时按日形成访问样本量趋势状态。针对访到的数据样本,在客户端用户以虚拟专用网络(Virtual Private Network,VPN)方式接入服务器,在通信链路稳定的前提下,利用服务器与工作主机的分发与订阅模式进行数据同步,以满足后台工作人员对访问数据进行实时分析与质量核查的要求。

一般来讲,项目组相关人员会采取四种方法对访员收集到的每份数据进行核查:换样原则、录取核查、数据核查和数据清理。

换样原则:访员必须在六次敲门无人应答的情况下(至少有一次是晚上或周末)、当面拒访六次或严重拒访三次的情况下(其中一次必须是在社区工作人员陪同下入户)、对老受访户分时段打电话六次无人接听的情况下(每次电话时间必须间隔3小时),才能向督导申请更换样本,而督导必须在亲自确认无法访问到受访户后才能更换样本。

录音核查:项目组相关人员对每个访员的第一份回传录音都会进行录音核查,以便发现访问中的问题;访问过程中,项目组会随机抽取5%~10%的样本进行录音核查;在数据清理过程中,项目组对传回的每份录音多次进行核查,保证数据质量。

数据核查:当日项目组根据计算机系统记录数据(Paradata),对访问时间少于30分钟、有效题量小于200、不知道比例大于5%、有效记录过少的样本进行识别,核实是否为访问异常。

数据清理:项目组针对每个访员抽样核查成功样本,对答案有误的地方进行记录;项目组针对研究部提出的极值进行录音核查,确认该极值是否有误;项目组对填写的其他选项进行归类处理;项目组对一些极值进行模型处理。

上述工作保证了CHFS项目在整个访问过程中的顺利进行,并保证了数据的高质量。

1.3 调查拒访率

1.3.1 拒访率分布

如表1-1所示,CHFS调查在2015年的拒访率进一步下降,从2011年的11.6%下降到2013年的10.9%,进一步下降到2015年的10.8%。分城乡来看,城镇拒访率有较明显的下降,由2011年的16.5%下降到2013年的15.4%,2015年进一步下降到14.1%;农村地区拒访率从2011年的3.2%下降到2013年的0.9%,并在2015年趋于稳定。这说明随着CHFS项目的逐步推进,中国家庭金融调查的社会认可度和接受度逐年提高,这也为提高数据的质量提供了有力的支持。

表1-1 CHFS拒访率的城乡分布　　　　　　%

时间	地区	拒访率
2011年	全国	11.6
	城镇	16.5
	农村	3.2
2013年	全国	10.9
	城镇	15.4
	农村	0.9
2015年	全国	10.8
	城镇	14.1
	农村	1.2

1.3.2 拒访率比较

我们将 CHFS 与国外调查数据的拒访率进行了比较。表 1-2 中涉及的四项调查在不同程度上涉及家庭的资产、收入和支出等,具有较好的代表性,分别为美国收入动态追踪调查(PSID)、美国消费金融调查(SCF)、美国消费调查(CEX)和意大利家庭收入与财富调查(SHIW)。其中,追踪调查 PSID 的拒访率很低,每次调查的拒访率在 2% ~ 6%。而 SCF、CEX 和 SHIW 三项调查的拒访率都在 25% 以上,与 CHFS 直接可比的 SCF 调查拒访率达到 30%。因此,从 CHFS 的拒访率与国外同类调查的横向比较可以发现 CHFS 的拒访率较低,这进一步表明了 CHFS 调查组织工作的高效优质。

表 1-2 CHFS 与国外拒访率比较   %

项目	时间	拒访率		备注
PSID	2010 年	每轮调查拒访率在 2% ~ 6%		Panel Study of Income Dynamic(美国)
SCF	2007 年	AP Sample 32.2	List Sample 67.3	Survey of Consumer Finance(美国)
CEX	2005 年	Interview 25.5	Diary 29.0	Consumer Expenditure Survey(美国)
SHIW	2008 年	43.90		Survey Household Income and Wealth (意大利)

1.4 数据代表性

本节从人口统计学特征和家庭收入两个方面对 CHFS 数据和国家统计局数据进行详细的对比,发现 CHFS 数据与国家统计局公布的数据非常一致,这进一步表明 CHFS 数据具有高质量,并且具有很好的代表性。

1.4.1 人口统计学特征

表1-3给出了2015年国家统计局和CHFS样本年龄结构、城乡结构和性别比例的对比情况。通过对比可以发现,CHFS的全国数据以及北京、天津、河北分省数据的人口统计特征与国家统计局相应的数据具有高度一致性,这说明无论从全国来说还是分省来说,CHFS都具有很好的代表性。

表1-3 CHFS(2015)与国家统计局(2014)人口结构比较① %

区域		北京		天津		河北		全国	
指标		国家统计局	CHFS	国家统计局	CHFS	国家统计局	CHFS	国家统计局	CHFS
各年龄段人口比例	0~14周岁	10.2	9.4	10.8	8.8	18.6	15.4	16.5	14.3
	15~64周岁	81.3	73.6	77.6	70.3	72.1	69.5	73.5	71.0
	65周岁及以上	8.5	17.1	11.7	21.0	9.3	15.2	10.1	14.7
城乡人口比例	城镇人口	86.3	88.4	82.3	84.8	49.3	53.1	54.8	58.3
	乡村人口	13.7	11.6	17.7	15.2	50.7	46.9	45.2	41.7
性别比例	男性	50.6	49.4	50.1	50.0	51.2	50.4	51.2	51.0
	女性	49.4	50.6	49.9	50.0	48.8	49.6	48.8	49.0

在人口年龄结构方面,我们把全部人口按照年龄段分为三组:0~14周岁、15~64周岁、65周岁及以上。从表1-3中的对比结果可以看出,无论是全国还是分省的数据,国家统计局的数据和CHFS数据相差不大。首先,从全国来看,2014年统计局全国数据显示0~14周岁占比16.5%,15~64周岁占比73.4%,65周岁及以上占比10.1%;相应的2015年CHFS数据显示0~14周岁占比14.3%,15~64周岁占比71.0%,65周岁及以上占比14.7%。其次,北京2014年统计局数据显示0~14周岁占比10.2%,15~64周岁占比81.3%,65周岁及以上占比8.5%;相应的2015年CHFS数据显示0~14周岁占比9.4%,15~64周岁占比73.5%,65周岁及以上占比17.1%。再次,天津2014年统计局分省数据显示0~14周岁占比10.8%,

---
① 因为2015年国家统计局的数据发布较晚,所以用2014年相应的数据代替。

15~64周岁占比77.5%,65周岁及以上占比11.7%;相应的2015年CHFS数据显示0~14周岁占比8.8%,15~64周岁占比70.2%,65周岁及以上占比21.0%。最后,河北2014年统计局分省数据显示0~14周岁占比18.6%,15~64周岁占比72.1%,65周岁及以上占比9.3%;相应的2015年CHFS数据显示0~14周岁占比15.4%,15~64周岁占比69.4%,65周岁及以上占比15.2%。可以看出,人口年龄结构方面,国家统计局数据和CHFS数据具有一致性。

在城乡人口结构方面,参照国家统计局的方法,按常住地来区分居民的城乡归属。从表1-3中可以看出,首先,从全国来看,2014年统计局全国数据显示城镇人口占比54.8%,乡村人口占比45.2%;相应的2015年CHFS数据显示城镇人口占比58.3%,乡村人口占比41.7%。其次,北京2014年统计局数据显示城镇人口占比86.3%,乡村人口占比13.7%;相应的2015年CHFS数据显示城镇人口占比88.4%,乡村人口占比11.6%。再次,天津2014年统计局数据显示城镇人口占比82.3%,乡村人口占比17.7%;相应的2015年CHFS数据显示城镇人口占比84.8%,乡村人口占比15.2%。最后,河北2014年统计局数据显示城镇人口占比49.3%,乡村人口占比50.7%;相应的2015年CHFS数据显示城镇人口占比53.1%,乡村人口占比46.9%。表1-3中国家统计局的数据和CHFS数据均显示,北京和天津的城镇人口高于全国水平,河北城镇人口低于全国水平。具体来说,以表1-3的北京为例,2014年国家统计局数据显示北京城镇人口占比86.3%,高于全国水平54.8%,高出31.5%;相应的2015年CHFS数据显示北京城镇人口占比88.4%,高于全国水平58.3%,高出30.1%,比例的百分比差具有一致性。可以看出,城乡人口结构方面,国家统计局数据和CHFS数据具有一致性。

在性别比例方面,从表1-3中可以看出,首先,全国来看,2014年统计局全国数据显示男性占比51.2%,女性占比48.8%;相应的2015年CHFS数据显示男性占比51.0%,女性占比49.0%。其次,北京2014年统计局分省数据显示男性占比50.6%,女性占比49.4%;相应的2015年CHFS数据显示男性占比49.4%,女性占比50.6%。再次,天津2014年统计局分省数据显示男性占比50.1%,女性占比49.9%;相应的2015年CHFS数据显示男性占比50.0%,女性占比50.0%。最后,河北2014年统计局分省数据显示男性占比51.2%,女性占比48.8%;相应的2015年CHFS数据显示男性占比50.4%,女性占比49.6%。表1-3的国家统计局的数据和CHFS数据,无论是全国还是分京津冀分别比较相差都在2%以内。可以看出,性别比例方面,国家统计局数据和CHFS数据具有一致性。

通过上面的对比发现,2015年CHFS的数据与相应的国家统计局数据在人口年龄结构、城乡人口结构、性别比例多个方面具有一致性。这说明CHFS调查数据不仅具有全国代表性,具体到北京、天津、河北三个省市也同样具有代表性。

1.4.2 居民收入

表1-4给出了2015年国家统计局和CHFS调查样本居民人均收入与支出的对比情况。通过对比可以发现,CHFS的全国数据以及北京、天津、河北分省数据的居民人均收入、支出与国家统计局相应的数据具有一致性,这说明无论从全国来说还是分省来说,CHFS都具有很好的代表性。

表1-4 CHFS(2015)与国家统计局(2014)收入支出比较　　　元

区域		北京		天津		河北		全国	
指标		国家统计局	CHFS	国家统计局	CHFS	国家统计局	CHFS	国家统计局	CHFS
居民人均收入	城镇	48 532	57 760	31 506	40 067	24 141	18 669	28 844	35 432
	农村	18 867	13 076	17 014	14 460	10 186	9 163	10 489	11 759
	总体	44 489	53 329	28 832	36 652	16 647	14 341	20 167	26 529
居民人均支出	城镇	33 717	37 128	24 290	25 583	16 204	16 748	19 968	23 811
	农村	14 535	14 577	13 739	10 475	8 248	8 867	8 383	10 119
	总体	31 103	34 892	22 343	23 569	11 932	13 160	14 491	18 661

在居民人均收入方面,我们把全部人口分城乡区别比较,分别列举了全国以及北京、天津、河北的数据。从表1-4中2015年的对比结果可以看出,无论是全国还是分省的数据,国家统计局的数据和CHFS数据相差不大,数据具有一致性。首先,从全国来看,2014年统计局全国数据显示城镇

居民人均收入为 28 844 元、农村居民人均收入为 10 489 元、总体居民人均收入为 20 167 元,相应的 2015 年 CHFS 数据显示城镇居民人均收入为 35 432元、农村居民人均收入为 11 759 元、总体居民人均收入为 26 529 元,CHFS 收集到的居民人均收入按城镇、农村、总体三个方面比较分别高于国家统计局数据 22.8%,12.1%,31.5%。其次,北京 2014 年统计局分省数据显示城镇居民人均收入为 48 532 元、农村居民人均收入为 18 867 元、总体人均收入为 44 489 元,相应的 2015 年 CHFS 数据显示城镇居民人均收入为 57 760 元、农村居民人均收入为 13 076 元、总体居民人均收入为 53 329元。国家统计局数据显示北京的城镇、农村、总体人均收入分别高于全国 68.3%,80.0%,120.6%;CHFS 数据显示北京的城镇、农村、总体人均收入分别高于全国 63.0%,11.2%,101.0%,国家统计局数据和 CHFS 数据都一致反映了北京的收入水平高于全国平均水平。再次,天津 2014 年统计局分省数据显示城镇居民人均收入为 31 506 元、农村居民人均收入为 17 014元、总体居民人均收入为 28 832 元,相应的 2015 年 CHFS 数据显示城镇居民人均收入为 40 067 元、农村居民人均收入为 14 460 元、总体居民人均收入为 36 652 元。国家统计局数据和 CHFS 数据均显示天津人均收入高于全国平均水平。最后,河北 2014 年统计局分省数据显示城镇居民人均收入为 24 141 元、农村居民人均收入为 10 186 元、总体居民人均收入为16 647元,相应的 2015 年 CHFS 数据显示城镇居民人均收入为 18 669 元、农村居民人均收入为 9 163 元、总体居民人均收入为 14 341 元。国家统计局数据和 CHFS 数据均显示河北人均收入低于全国平均水平。国家统计局和 CHFS 在居民人均支出方面也有类似的一致性,即北京、天津人均支出高于全国平均水平,河北人均支出低于全国平均水平。

1.5　京津冀样本描述

1.5.1　样本范围及分布

CHFS 的家庭样本数在逐年增加,调查数据的代表性在逐年优化。如

表 1-5 所示,2015 年共收集家庭数据 37 263 户,个体数据 125 314 人。其中,北京、天津、河北的家庭数据分别为 1 314 户、1 023 户、1 591 户,个体数据分别为 3 668 人、2 815 人、5 372 人。

表 1-5 中国家庭金融调查样本规模

	2015 年		2013 年		2011 年	
	家庭总数（户）	个体数量（人）	家庭总数（户）	个体数量（人）	家庭总数（户）	个体数量（人）
北京	1 314	3 668	1 325	3 747	411	1 004
天津	1 023	2 815	1 023	2 856	200	548
河北	1 591	5 372	993	3 499	396	1 331
全国	37 263	125 314	28 143	97 916	8 438	29 324

2015 年,京津冀的样本分布如图 1-1 所示。其中,北京的样本分布在昌平区、朝阳区、东城区、房山区、海淀区、平谷区、通州区和延庆县;天津的样本分布在宝坻区、滨海新区、和平区、河北区、河东区、河西区和红桥区;河北的样本分布在秦皇岛市(抚宁县和海港区)、保定市(南市区、曲阳县、雄县、博野县和望都县)、沧州市(河间市和献县)、石家庄市(晋州市、新华区和长安区)、衡水市(冀州市)和邯郸市(大名县和广平县)。

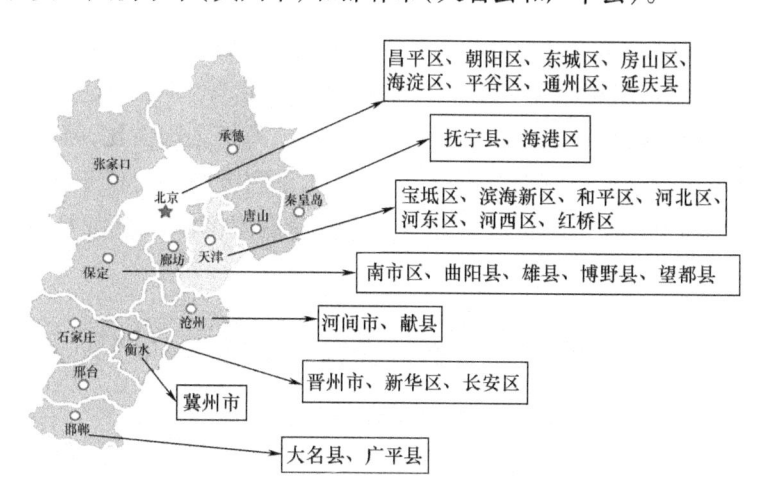

图 1-1 中国家庭金融调查样本分布

本书主要从京津冀的金融普惠水平概况、协同发展、金融普惠作用、家庭金融行为、金融普惠影响因素等方面对金融普惠与京津冀协同发展进行研究,如无特殊说明,书中所用样本为2015年的全国数据以及京津冀数据。

1.5.2 样本家庭总体特征

1.5.2.1 家庭构成
（1）家庭规模分布

如表1-6所示,全国的家庭规模分布为:由1人组成的家庭占比为2.4%、由2人组成的家庭占比为15.3%、由3人组成的家庭占比为24.8%、由4人组成的家庭占比为20.9%、由5人组成的家庭占比为18.1%、由6人及以上组成的家庭占比为18.5%。北京的家庭规模分布为:由1人组成的家庭占比为3.4%、由2人组成的家庭占比为23.1%、由3人组成的家庭占比为38.0%、由4人组成的家庭占比为17.9%、由5人组成的家庭占比为12.9%、由6人及以上组成的家庭占比为4.7%。天津的家庭规模分布为:由1人组成的家庭占比为3.8%、由2人组成的家庭占比为26.8%、由3人组成的家庭占比为36.5%、由4人组成的家庭占比为15.9%、由5人组成的家庭占比为10.1%、由6人及以上组成的家庭占比为6.8%。河北的家庭规模分布为:由1人组成的家庭占比为1.6%、由2人组成的家庭占比为18.9%、由3人组成的家庭占比为21.7%、由4人组成的家庭占比为21.3%、由5人组成的家庭占比为18.3%、由6人及以上组成的家庭占比为18.2%。

北京、天津的家庭规模分布类似,河北与北京、天津存在差异。具体来说,在家庭规模为1~3人时,北京和天津占比高于全国占比,河北占比低于全国占比。家庭规模为4人及以上时,北京和天津占比低于全国占比,河北占比高于全国占比。因此,北京和天津家庭规模较小,河北规模较大。

表1-6 家庭规模构成　　　　　　　　%

家庭规模	北京	天津	河北	全国
1	3.4	3.8	1.6	2.4
2	23.1	26.9	18.9	15.3
3	38.0	36.5	21.7	24.8

续表

家庭规模	北京	天津	河北	全国
4	17.9	15.9	21.3	20.9
5	12.9	10.1	18.3	18.1
6人及以上	4.7	6.8	18.2	18.5

(2)平均家庭规模

如图1-2所示,家庭平均规模在农村家庭和城镇家庭存在一定的差异。从全国来看,总体家庭规模为4.09人、城镇家庭规模为3.72人、农村家庭规模为4.60人。北京的总体家庭规模为3.29人、城镇家庭规模为3.20人、农村家庭规模为3.91人。天津的总体家庭规模为3.26人、城镇家庭规模为3.14人、农村家庭规模为3.93人。河北总体家庭规模为3.98人、城镇家庭规模为3.85人、农村家庭规模为4.13人。

总体来看,北京、天津、河北的平均家庭规模数均小于全国平均水平。分城镇、农村来看,北京和天津的城镇平均家庭规模小于全国平均家庭规模,河北的城镇平均家庭规模大于全国城镇平均家庭规模;北京、天津、河北的农村平均家庭规模均小于全国农村平均家庭规模。

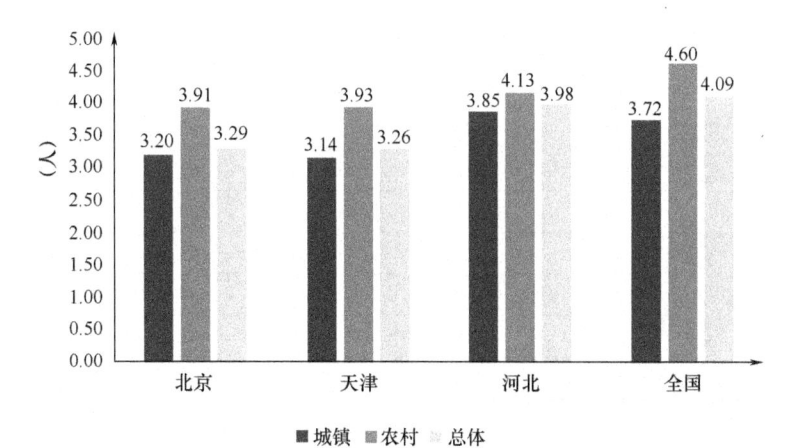

图1-2 平均家庭规模

1.5.2.2 性别结构

如表1-7所示,性别比例有三个特点,一是从总人口数来看,全国男女性别比为104.0:100.0,男性偏多。京津冀的男女比例略有差异,北京性别比例失衡的情况较为独特,表现为女性偏多,男女性别比为97.5:100.0。天津性别比例均衡,男女性别比为100.0:100.0。河北性别比例失衡,男性偏多,男女性别比为101.4:100.0。二是少儿人口数性别比例失衡尤为严重,全国、北京、天津、河北的数据均显示如此,其比例分别为118.8:100.0,123.1:100.0,122.5:100.0,117.3:100.0。三是劳动年龄人口的性别比例是决定总体比例的关键因素,北京劳动年龄人口比98.3:100.0,即女性偏多,其总体男女性别比例为97.5:100.0,也呈现出女性偏多的性别结构。

表1-7 性别结构 %

区域	指标	总人口	少儿人口	劳动年龄人口	老年人口
北京	总人口	100.0	9.4	65.8	24.8
	男性	49.4	10.3	64.7	24.0
	女性	50.6	8.4	65.9	25.7
	性别比	97.5	123.1	98.3	93.3
天津	总人口	100.0	8.8	62.2	29.0
	男性	50.0	9.7	62.4	27.9
	女性	50.0	7.9	61.9	30.2
	性别比	100.0	122.5	100.8	92.5
河北	总人口	100.0	15.4	63.5	21.1
	男性	50.4	16.6	63.6	19.8
	女性	49.6	14.1	63.4	22.5
	性别比	101.4	117.3	100.3	88.3
全国	总人口	100.0	14.3	65.2	20.5
	男性	51.0	15.5	64.9	19.6
	女性	49.0	13.1	65.5	21.4
	性别比	104.0	118.8	99.0	91.7

1.5.2.3 年龄结构

(1)平均年龄

如图1-3所示,全国总体、男性、女性的平均年龄分别为40.7岁、39.8岁、41.6岁,北京总体、男性、女性的平均年龄分别为44.9岁、44.2岁、45.6

岁,天津总体、男性、女性的平均年龄分别为47.2岁、46.2岁、48.1岁,河北总体、男性、女性的平均年龄分别为40.7岁、39.8岁、41.7岁。总体来看,北京、天津的平均年龄高于全国,河北的平均年龄与全国持平。

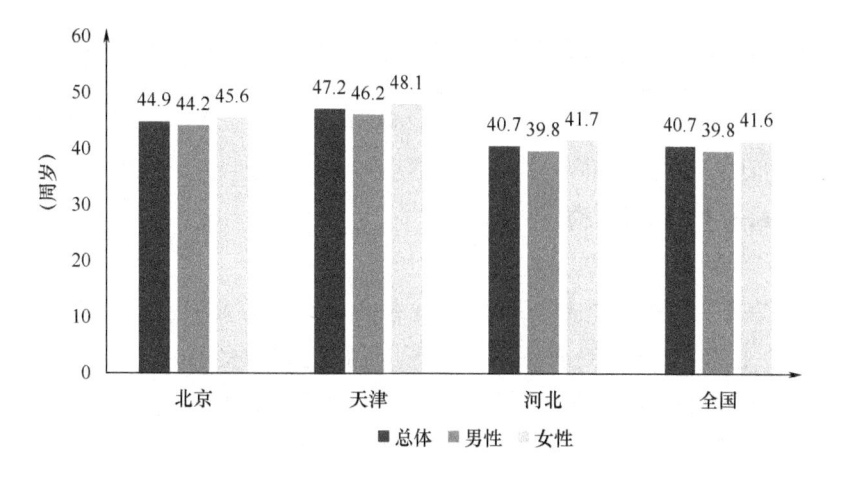

图1-3 平均年龄

(2)家庭人口负担

如表1-8所示,从全国来看,总体抚(扶)养比、少儿抚养比、老年扶养比分别为53.4%,21.9%,31.5%;其次,北京的总体抚(扶)养比、少儿抚养比、老年扶养比分别为51.9%,14.2%,37.7%;再次,天津的总体抚(扶)养比、少儿抚养比、老年扶养比分别为60.7%,14.1%,46.6%;最后,河北的总体抚(扶)养比、少儿抚养比、老年扶养比分别为57.5%,24.2%,33.3%。

从总体抚(扶)养比来看,天津大于河北,河北大于北京。天津、河北的抚(扶)养压力大于全国,而北京的抚(扶)养压力小于全国。其中,天津的总体抚(扶)养压力最大,其老年扶养比46.6%显著高于全国老年扶养比31.5%。从少儿抚养比来看,北京和天津的少儿抚养比分别为14.2%,14.1%,显著低于河北少儿抚养比24.2%。从老年扶养比来看,北京、天津、河北的老年扶养比均高于全国老年扶养比,天津的老年扶养压力最大。京津冀一体化发展中,可适当加强对天津和河北的社会保障体系建设,减轻抚(扶)养负担。

表1-8 家庭人口负担   %

区位	总抚(扶)养比	少儿抚养比	老年扶养比
北京	51.9	14.2	37.7
天津	60.7	14.1	46.6
河北	57.5	24.2	33.3
全国	53.4	21.9	31.5

注：总抚(扶)养比指少儿和老年人口占劳动年龄人口的比例；少儿抚养比指少儿人口占劳动年龄人口的比例；老年扶养比指老年人口占劳动年龄人口的比例。

1.5.2.4 学历结构

(1)学历结构情况

如表1-9所示，北京、天津、河北在学历结构方面存在极大差异。总的而言，北京、天津的受教育水平高于全国，河北的受教育水平略低于全国。从具体数据来看，初中及以下学历中，北京和天津的占比均显著低于全国相应学历等级的人口占比，说明北京和天津的低学历人口比例较低；高中及以上学历人口比例中，北京和天津的占比均显著高于全国相应学历等级的人口占比，说明北京和天津的高学历人口比例较高；北京和天津各个阶段的受教育水平显著高于全国受教育水平。北京的研究生人口比例5.8%尤为突出，而全国、天津、河北分别为0.7%,0.9%,0.6%。河北的初中和高中学历人口比例高于全国相应学历人口比例，其他都低于全国教育水平。这说明河北的基础教育高于全国水平，而高等教育水平低于全国水平。京津冀一体化发展中，应着重加强对河北教育的支持。

表1-9 学历结构   %

学历	北京	天津	河北	全国
没上过学	2.0	2.4	7.2	7.6
小学	8.5	9.7	24.3	25.3
初中	29.1	32.8	38.6	33.0
高中	18.0	20.1	14.0	13.9
中专/职高	7.2	9.8	4.2	4.9
大专/高职	13.3	11.2	5.7	7.7
大学本科	16.1	13.1	5.4	6.9
硕士/博士研究生	5.8	0.9	0.6	0.7

(2)年龄与学历结构

如表1-10所示,各年龄阶段受教育程度存在差异。各个年龄阶段比较,也反映了和表1-9类似的情况,即北京和天津初中及以下学历人口占比低于全国,高中/中专/职高学历人口占比高于全国,大专及以上学历人口显著高于全国水平,北京大专及以上学历的人口占比更是全国的两倍多;河北初中及以下学历人口占比略高于全国,高中以上学历人口占比略低于全国,差距不大。所以,北京和天津人口的学历水平显著高于全国,河北人口的学历略低于全国水平。

表1-10 年龄与学历结构　　　　　　　　　　　　%

	学历	北京	天津	河北	全国
35岁以下	初中及以下	32.1	40.5	68.1	63.8
	高中/中专/职高	24.9	28.7	18.1	18.9
	大专及以上	43.0	30.8	13.8	17.3
35~49岁	初中及以下	33.1	41.2	67.6	64.4
	高中/中专/职高	21.5	25.8	16.2	17.4
	大专及以上	45.4	33.0	16.2	18.2
50岁及以上	初中及以下	48.3	48.1	73.5	69.2
	高中/中专/职高	26.9	32.2	19.5	19.4
	大专及以上	24.8	19.7	7.0	11.4

1.5.2.5 政治面貌

(1)党员占比分布

首先,从全国来看,北京的受访户中政治面貌为党员的比例是最高的,为16.5%,天津和河北分别为15.3%、7.9%,这与北京作为我国政治中心的地位相符。其次,全国农村人口政治面貌为党员的比例不足城镇的1/2,北京农村人口政治面貌为党员的比例最高,为7.4%,天津和河北农村人口政治面貌为党员的比例分别为5.9%、5.1%。具体情况如图1-4所示。

(2)党员身份与文化程度分布

在政治面貌为党员的人口中,北京和天津学历为大学本科的占比最大,分别为25.9%和30.1%,河北学历为初中的占比最大,为21.9%。三

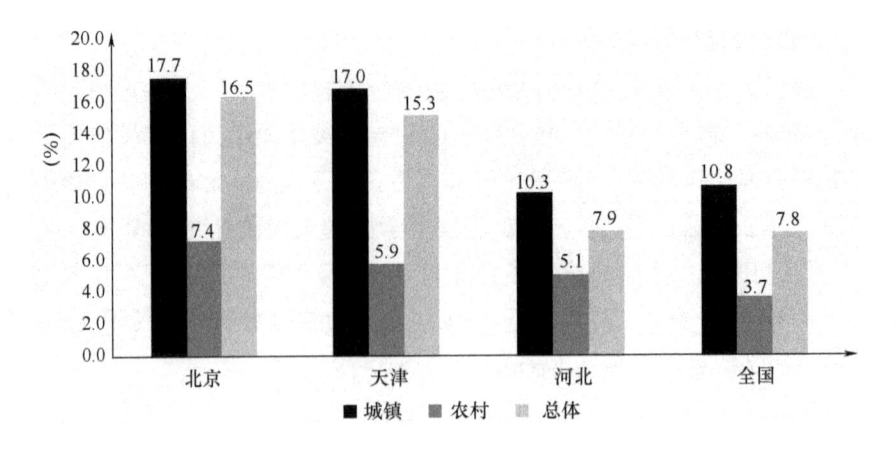

图 1-4 党员占比分布

个地区党员占比最小的学历层次均为没有上过学的人群,北京、天津、河北分别为 0.6%,0.7%,2.7%,这说明文化程度与党员身份存在一定的关系,政治身份为党员的人群中,接受过教育的人占比远大于没有接受过教育的人占比。具体情况如表 1-11 所示。

表 1-11 党员身份与文化程度分布   %

	北京	天津	河北	全国
没上过学	0.6	0.7	2.7	3.2
小学	6.7	3.0	17.5	11.2
初中	20.0	20.0	21.9	21.3
高中	10.6	15.1	17.4	15.8
中专/职高	8.4	12.4	8.5	8.3
大专/高职	16.0	16.6	12.2	17.1
大学本科	25.9	30.1	16.7	20.1
硕士/博士研究生	11.8	2.1	3.1	3.0

1.5.2.6 就业结构

(1)工作性质分布

北京和天津工作性质分布情况较为一致,占比最大的均为受雇于他人或单位,分别为 70.3%,56.8%,且明显高于河北及全国水平。河北工作性质为务农的占比最大,为45.1%。横向比较可知,北京和天津务农人口明显低于河北及全国水平,这与北京、天津城市经济发展的形态有关。具体情况如表1-12所示。

表1-12 工作性质分布情况　　　　　　　　　　　　　　%

工作性质	北京	天津	河北	全国
受雇于他人或单位	70.3	56.8	19.9	31.9
临时性工作	15.7	21.7	26.0	24.5
务农	4.2	11.2	45.1	31.1
经营个体或私营企业、自主创业、开网店	7.5	8.1	7.4	10.2
自由职业	1.3	1.9	1.0	1.8
其他	1.0	0.3	0.6	0.5

(2)受教育年限与工作性质

从全国来看,受教育年限最长的是工作性质为受雇于他人或单位的人群,为11.5年;受教育年限最短的是工作性质为务农的人群,为7.0年;其他各工作性质的人群受教育年限差别不大。北京、天津和河北的分布情况大体与全国一致。此外,我们不难发现经营个体或私营企业、自主创业、开网店等对学历没有太高要求,但也需要一定文化基础,平均受教育年限在11年左右。此外,我们还可以发现,经济发展水平较高的北京和天津的人群受教育年限大于河北及全国水平。具体情况如表1-13所示。

表1-13　受教育年限与工作性质　　　　　　　　　　　%

	北京	天津	河北	全国
受雇于他人或单位	13.2	12.5	12.1	11.5
临时性工作	9.8	9.9	8.4	8.1
务农	8.8	8.5	7.5	7.0
经营个体或私营企业、自主创业、开网店	11.4	10.6	10.1	9.9
自由职业	11.6	10.8	8.7	9.8
其他	11.7	12.7	9.8	9.3

1.6 小结

中国家庭金融调查是在全国范围内每两年开展一轮的入户抽样调查。调查的内容主要针对家庭金融活动,具体包括住房资产和金融财富、负债与信贷约束、收入与支出和社会保险保障、代际转移支付、人口特征和就业。从项目的抽样过程、访员选拔、访员培训、质量控制等方面,我们可以看出 CHFS 调查数据的获得是严谨、真实、有价值的。此外,从 CHFS 与国外同类调查项目拒访率的比较来看,CHFS 的拒访率较低,因此,CHFS 样本更具随机性,代表性更好。

本章从人口统计学特征和家庭收入两个方面比较了 2015 年 CHFS 调查全国数据、京津冀数据和与之相对应的国家统计局数据,可以发现 CHFS 数据在各方面都与国家统计局公布的数据非常一致,这也进一步表明了 CHFS 调查数据的高质量和良好的代表性。具体来看,本章从人口统计学特征,从人口年龄结构、城乡人口结构、性别比例三个方面来研究数据的代表性。从比较结果可知,北京、天津、河北三个省/市的 CHFS 调查数据和国家统计局公布的数据非常一致,具有代表性。家庭收入方面,国家统计局数据和 CHFS 数据也一致反映了北京、天津人均收入水平高于全国平均水平,河北人均收入水平低于全国平均水平的情况。

随后,本章将家庭人口特征分为家庭构成、性别结构、年龄结构、学历结构、政治面貌、就业结构六个方面进行分析。家庭构成方面,北京和天津家庭规模较小,河北规模较大。性别结构方面,北京性别比例失衡且女性偏多,天津性别比例均衡,河北性别比例失衡且男性偏多。年龄结构方面,北京、天津的平均年龄高于全国,河北的平均年龄与全国持平。学历结构方面,北京、天津的受教育水平高于全国,河北的受教育水平和全国相差不大,略低于全国。政治面貌方面,北京、天津的党员占比高于全国,河北的党员占比和全国相差不大,且超过 95% 的党员接受过教育。就业结构方面,北京和天津工作性质分布占比最大的均为受雇于他人或单位,且远高于河北及全国水平;河北工作性质为务农的占比最大,且远高于北京、天津及全国水平。

2 京津冀的经济差距

2015年4月30日,中共中央政治局审议通过了《京津冀协同发展规划纲要》,确立了疏导北京非首都功能、解决大城市病问题、打造具有较强竞争力世界级城市群的京津冀协同发展目标,将京津冀交通、生态环境、产业升级等作为京津冀协同发展的具体内容,完成了京津冀协同发展的国家顶层设计。

京津冀协同发展除了强调京津冀三地实体区域经济层面的协同发展,更需注重京津冀三地现代金融的核心功能和协同普惠作用,比如,强化北京金融管理功能、发展天津金融创新功能、突出河北金融后台服务功能,从而减少京津冀金融资源的错配。

家庭金融作为与资产定价、公司金融并行的三大微观金融研究领域之一,在提高家庭收入、消费水平,减少家庭贫困和提升家庭经济福利等方面日益发挥着重要作用。本课题的研究目标就是通过推行金融普惠使更多人能够享受到金融带来的便利与福利,使金融发展的成果能够惠及更多人,增强发展的协调性,最终改善民众福祉和使家庭福利最大化,减少贫困,促进共同繁荣。

京津冀协同发展需要微观家庭协同发展,然而从目前现状看,京津冀家庭经济状况差距很大。

2.1 京津冀经济总体差距

2.1.1 京津冀GDP差距

从GDP总量来看,表2-1显示,2015年全国达685 506亿元,北京、天津和河北GDP分别为23 015亿元、16 538亿元和29 806亿元,分别占全国GDP的3.4%、2.4%和4.3%,京津冀地区GDP占全国的10.1%。从京津冀区域内部GDP差距来看,北京比河北少6 791亿元,天津比河北少13 268亿元,北京比天津多出6 477亿元。

表2-1 2015年京津冀GDP总体差距

地区	总额(亿元)	全国占比(%)
北京	23 015	3.4
天津	16 538	2.4
河北	29 806	4.3
全国	685 506	100.0

数据来源:《中国统计年鉴》(2016)。

图2-1为2000—2015年京津冀GDP总量的趋势图。由图可知,2000—2015年京津冀GDP总量逐年递增,然而,京冀差距和津冀差距呈现扩大趋势。京津差距虽然逐年递增,但是差距较京冀差距、津冀差距较小。

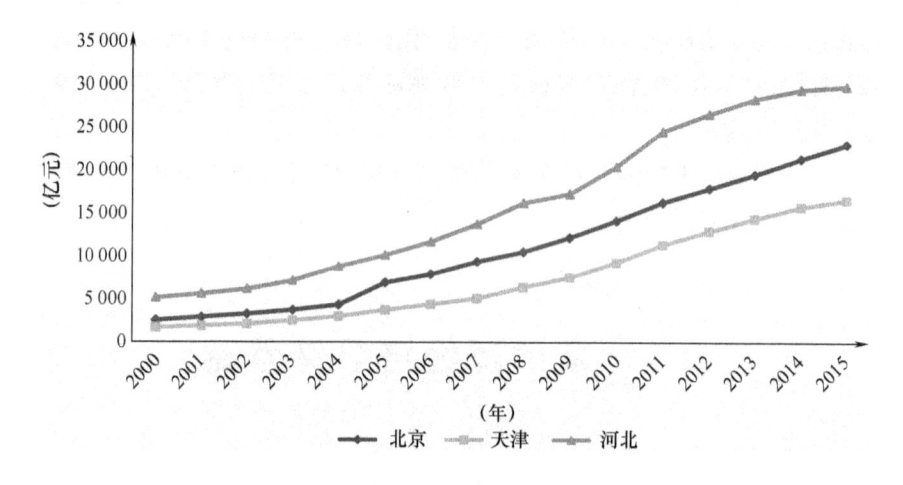

图2-1 2000—2015年京津冀GDP

图2-2为2000—2015年京津冀GDP全国占比的趋势图。由图可知,2000年,北京GDP全国占比达到2.5%,2000—2005年呈递增趋势,2005年达到最高为3.7%,2006—2013年呈递减趋势,2015年全国占比略微回升,达到3.4%。天津GDP全国占比2000—2014年逐年递增,到2015年占到全国GDP的2.5%,略微下降。河北GDP全国占比呈现先增后降的趋势,2000—2006年逐年递增,2006年达到5.4%,达到例年最高,2007—2015年又出现下降趋势,2015年出现新低,比重为4.3%。

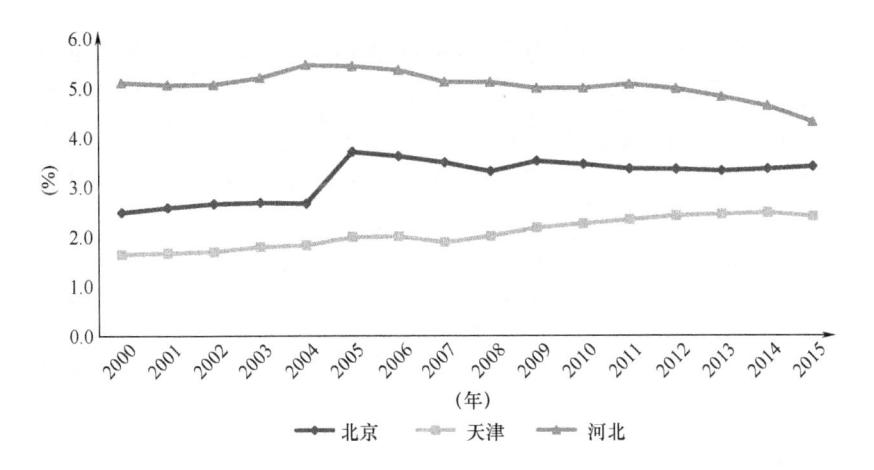

图 2-2　2000—2015 年京津冀 GDP 全国占比

图 2-3 为 2000—2015 年京津冀人均 GDP 的趋势图。从图中可以看出，京津冀人均 GDP 逐年有比较大的增长：北京 2000 年人均 GDP 为 22 460 元，2014 年达到 99 995 元，15 年增长了 3.5 倍；天津 2000 年人均 GDP 为 22 380 元，2014 年达到 105 231 元，15 年增长了 3.7 倍；河北 2000 年人均 GDP 为 7 663 元，2014 年达到 39 984 元，15 年增长了 4.2 倍。从图中还可以看出，京冀差距、津冀差距 2000—2015 年逐年呈扩大趋势；京津差距基本上逐年缩小，2011 年后，天津人均 GDP 超过了北京，2015 年京津人均 GDP 差距进一步缩小。

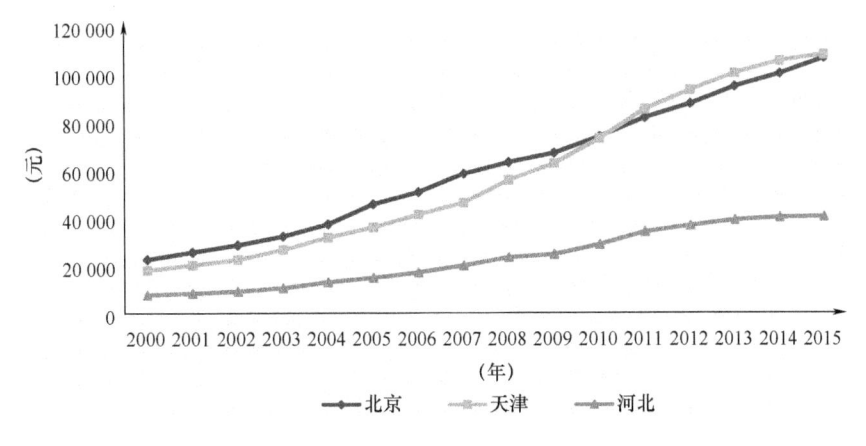

图 2-3　2000—2015 年京津冀人均 GDP

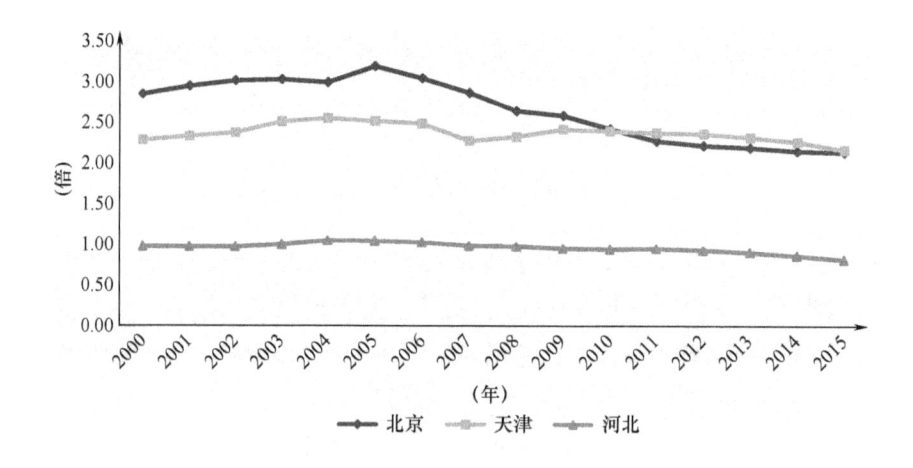

图 2-4 为 2000—2015 年京津冀人均 GDP 较全国人均 GDP 倍数的趋势图。图 2-4 显示,2000 年,北京人均 GDP 是全国人均 GDP 的 2.8 倍,到 2005 年达到 3.2 倍,以后逐年递减,2015 年达到最低,是全国人均 GDP 的 2.13 倍。2000—2015 年,天津人均 GDP 较全国人均 GDP 基本保持 2.2 倍上下。2000—2015 年河北人均 GDP 基本围绕着全国人均 GDP 上下浮动,2015 年达到新低,仅为全国人均 GDP 的 0.81 倍。

图 2-4　2000—2015 年京津冀人均 GDP 较全国人均 GDP 倍数

2.1.2　京津冀产业结构差距

从产业和机构个数来看,表 2-2 显示,2015 年全国第一产业、第二产业和第三产业比重分别是 6.4%,22.5% 和 71.1%。从京津冀区域来看,北京第一产业、第二产业和第三产业比重分别是 1.3%,7.7% 和 91.0%,天津第一产业、第二产业和第三产业比重分别是 2.2%,21.7% 和 76.1%,河北第一产业、第二产业和第三产业比重分别是 7.4%,25.1% 和 67.5%。京津冀地区北京的第三产业最为发达,约为全国水平的 1.3 倍;天津的第三产业发展水平略高于全国水平,第二产业发展水平略低于全国水平;河北的第三产业发展水平明显低于全国水平,约为全国水平的 0.9 倍,第二产业发展水平较高,约为全国水平的 1.1 倍。

表 2-2　2015 年全国及京津冀三大产业和机构个数占比　　　　%

	全国	北京	天津	河北
第一产业	6.4%	1.3%	2.2%	7.4%
第二产业	22.5%	7.7%	21.7%	25.1%
第三产业	71.1%	91.0%	76.1%	67.5%

数据来源:《中国统计年鉴》(2016)。

从京津冀三大产业结构差距来看,表2-3显示,2015年从全国占比看,第一产业中,京津冀地区第一产业占全国的6.2%,京津冀第一产业分别占到全国的0.2%、0.3%和5.6%;第二产业中,京津冀地区第二产业占全国的9.5%,京津冀第二产业分别占到全国的1.6%、2.7%和5.1%;第三产业中,京津冀地区第三产业占全国的11.3%,京津冀第三产业分别占到全国的5.3%、2.5%和3.5%。从产值差距来看,第一产业中,北京比河北少3 299亿元,天津比河北少3 230亿元,北京比天津少69亿元;第二产业中,北京比河北少9 844亿元,天津比河北少6 683亿元,北京比天津少3 161亿元;第三产业中,北京比河北多出6 352亿元,天津比河北少3 355亿元,北京比天津多9 707亿元。

表 2-3　2015 年京津冀三大产业结构差距

地区	第一产业 产值(亿元)	第一产业 全国占比(%)	第二产业 产值(亿元)	第二产业 全国占比(%)	第三产业 产值(亿元)	第三产业 全国占比(%)
北京	140	0.2	4 543	1.6	18 332	5.3
天津	209	0.3	7 704	2.7	8 625	2.5
河北	3 439	5.6	14 387	5.1	11 980	3.5
京津冀	3 788	6.2	26 634	9.5	38 937	11.3
全国	60 871	100.0	280 560	100.0	344 075	100.0

数据来源:《中国统计年鉴》(2016)。

图2-5显示了2000—2015年京津冀第一产业占比(某地区第一产业产值/该地区GDP)的趋势图。图2-5显示,京津冀三地第一产业占比呈现逐年递减趋势,就整体曲线而言,北京低于天津,天津低于河北。北京2000年第

一产业占比达到最高3.6%,以后逐年递减,2015年该比重仅为0.6%。天津2000年第一产业占比达到最高4.5%,2015年该比重仅为1.3%。河北2000年第一产业占比达到最高16.2%,2015年该比重仅为11.5%。

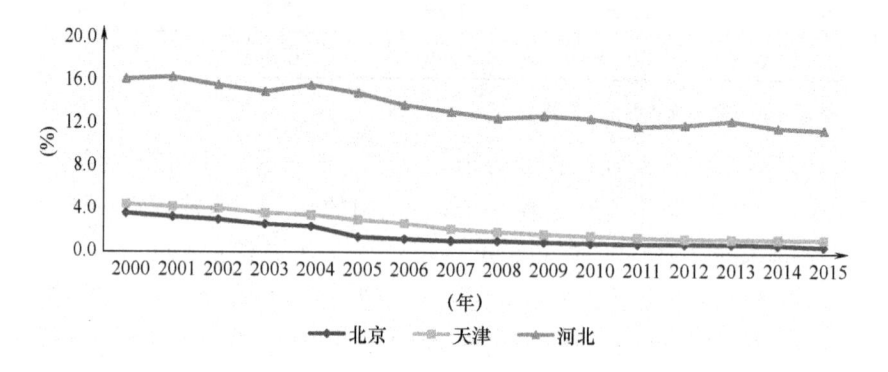

图2-5　2000—2015年京津冀第一产业占比

图2-6为2000—2015年京津冀第二产业占比(某地区第二产业产值/该地区GDP)的趋势图。图2-6显示,2000—2015年,北京第二产业比重普遍低于天津和河北第二产业比重,天津和河北第二产业占比较为接近,基本贡献GDP产值的一半。2000—2003年天津低于河北,2004—2010年天津高于河北,2011—2015年河北又超过天津。据统计,北京16年第二产业平均占比28.1%,2000年占比最高,达到38.1%,2015年最低,为19.7%。天津16年第二产业平均占比52.4%,2008年占比最高,达到60.1%,2015年最低,为46.6%。河北16年第二产业平均占比51.7%,2008年占比最高,达到54.2%,2015年最低,为48.1%。

图2-7显示了2000—2015年京津冀第三产业占比(某地区第三产业产值/该地区GDP)的趋势图。图2-7显示,2000—2015年,北京第三产业比重高于天津和河北第三产业比重,天津高于河北。据统计,北京16年第三产业平均占比70.4%,2015年占比最高,达到79.7%,2000年最低,为58.3%。天津16年第三产业平均占比45.1%,2015年占比最高,达到52.2%,2008年最低,为37.9%。河北16年第三产业平均占比40.2%,2015年占比最高,达到34.7%,2004年最低,为31.5%。

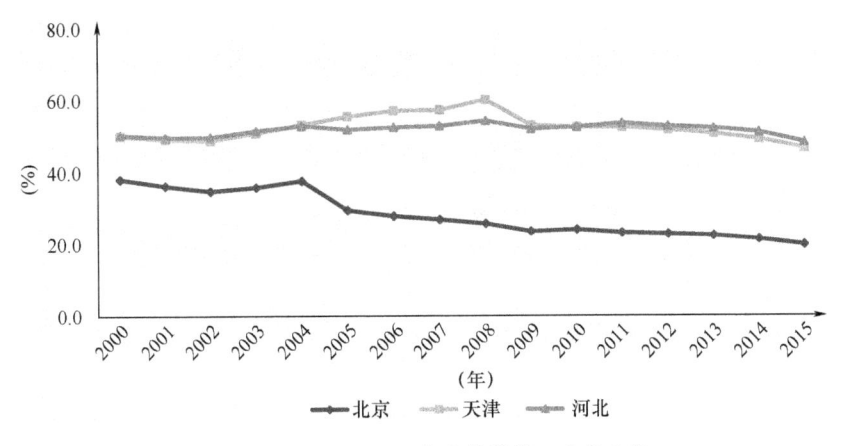

图 2-6　2000—2015 年京津冀第二产业占比

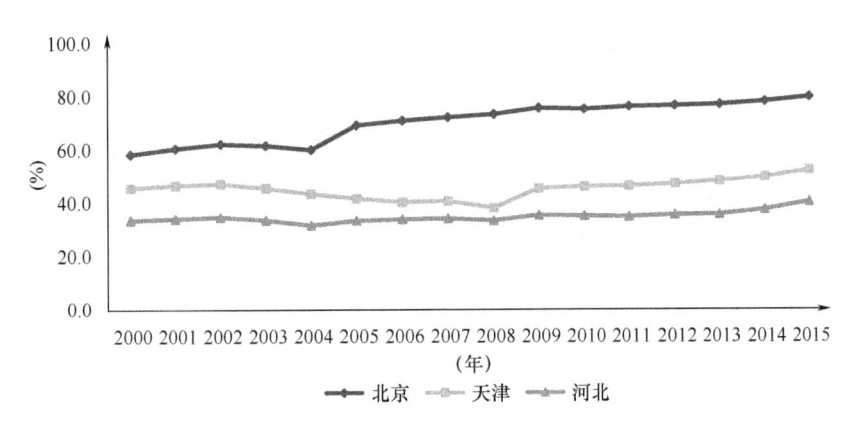

图 2-7　2000—2015 年京津冀第三产业占比

2.1.3　京津冀社会固定资产投资差距

社会固定资产投资是以货币形式表现的在一定时期内全社会建造和购置固定资产的工作量以及与此有关的费用的总称。该指标是反映固定资产投资规模、结构和发展速度的综合性指标,又是观察工程进度和考核投资效果的重要依据[1]。

从社会固定资产投资来看,表 2-4 显示,2014 年全国社会固定资投

---

[1] 参见《中国金融年鉴》(2015)的统计指标解释。

资规模为 512 021 亿元,京津冀社会固定资产投资分别为 7 562 亿元、11 654 亿元和 26 147 亿元,分别占到全国的 1.5%、2.3% 和 5.1%。从京津冀区域来看,北京社会固定资产投资比河北少 18 585 亿元,天津社会固定资产投资比河北少 14 493 亿元,北京社会固定资产投资比天津少 4 092 亿元。

表 2-4 2014 年京津冀社会固定资产投资总体差距

地区	总额(亿元)	全国占比(%)
北京	7 562	1.5
天津	11 654	2.3
河北	26 147	5.1
全国	512 021	100.0

数据来源:《中国金融年鉴》(2015),《中国统计年鉴》(2015)。

从人均社会固定资产投资来看,表 2-5 显示,2014 年,全国人均社会固定资产投资为 37 433 元,京津冀社会固定资产投资分别为 35 139 元、76 823 元和 35 410 元。从京津冀区域来看,北京、天津和河北人均社会固定资产投资分别是全国的 0.9 倍、2.1 倍和 0.9 倍。北京人均社会固定资产投资比河北少 271 元,天津人均社会固定资产投资比河北多 41 413 元,北京人均社会固定资产投资比天津少 41 684 元。

表 2-5 2014 年京津冀社会固定资产投资人均差距

地区	人均额(元)	较全国人均社会固定资产投资(倍数)
北京	35 139	0.9
天津	76 823	2.1
河北	35 410	0.9
全国	37 433	1.0

数据来源:《中国金融年鉴》(2015),《中国统计年鉴》(2015)。

2.1.4　京津冀地方财政收支差距

财政收入指国家财政参与社会产品分配所取得的收入,主要包括各项税收和非税收收入。财政支出是指国家将财政筹集起来的资金进行分配,以满足各项事业的需要,包括中央财政支出和地方财政支出①。

从财政收入来看,表2-6显示,2014年全国财政收入为75 877亿元,京津冀地方财政收入分别为4 027亿元、2 390亿元和2 447亿元,分别占到全国的5.3%、3.1%和3.2%。从京津冀区域来看,北京财政收入比河北多出1 580亿元,天津财政收入比河北少57亿元,北京财政收入比天津多1 637亿元。

表2-6 2014年京津冀地方财政收入总体差距

地区	总额(亿元)	全国占比(%)
北京	4 027	5.3
天津	2 390	3.1
河北	2 447	3.2
全国	75 877	100.0

数据来源:《中国金融年鉴》(2015),《中国统计年鉴》(2015)。

从人均财政收入来看,表2-7显示,2014年全国人均财政收入为5 547元,京津冀地方人均财政收入分别为18 713元、15 755元和3 314元,分别是全国的3.4倍、2.8倍和0.6倍。从京津冀区域来看,北京人均财政收入比河北多15 399元,天津人均财政收入比河北多12 441元,北京人均财政收入比天津多2 958元。

表2-7 2014年京津冀地方财政收入人均差距

地区	人均额(元)	较全国人均财政收入(倍数)
北京	18 713	3.4
天津	15 755	2.8
河北	3 314	0.6
全国	5 547	1.0

数据来源:《中国金融年鉴》(2015),《中国统计年鉴》(2015)。

从财政支出来看,表2-8显示,2014年全国财政支出为129 215亿元,

---

① 参见《中国金融年鉴》(2015)的统计指标解释。

京津冀地方财政支出分别为4 511亿元、2 885亿元和4 638亿元,分别占全国的3.5%、2.2%和3.6%。从京津冀区域来看,北京财政支出比河北少127亿元,天津财政支出比河北少1 753亿元,北京财政支出比天津多1 626亿元。

表2-8　2014年京津冀地方财政支出总体差距

地区	总额(亿元)	全国占比(%)
北京	4 511	3.5
天津	2 885	2.2
河北	4 638	3.6
全国	129 215	100.0

数据来源:《中国金融年鉴》(2015),《中国统计年鉴》(2015)。

从人均财政支出来看,表2-9显示,2014年全国人均财政支出为9 447元,京津冀地方人均财政支出分别为20 962元、19 018元和6 281元,分别是全国的2.2倍、2.0倍和0.7倍。从京津冀区域来看,北京人均财政支出比河北多14 681元,天津人均财政支出比河北多12 737元,北京人均财政支出比天津多1 944元。

表2-9　2014年京津冀地方财政支出人均差距

地区	人均额(元)	较全国人均财政支出(倍数)
北京	20 962	2.2
天津	19 018	2.0
河北	6 281	0.7
全国	9 447	1.0

数据来源:《中国金融年鉴》(2015),《中国统计年鉴》(2015)。

2.1.5　京津冀社会消费品零售总额差距

社会消费品零售总额是指企业(单位、个体户)通过交易直接售给个人、社会集团非生产、非经营用的实物商品金额,以及提升餐饮服务所取得的收入金额。个人包括城乡居民和入境人员,社会集团包括机关、社会团体、部队、学校、企事业单位、居委会或村委会等[①]。

[①] 参见《中国金融年鉴》(2015)的统计指标解释。

从社会消费品零售总额来看,表 2-10 显示,2014 年全国社会消费品零售总额为 271 896 亿元,京津冀社会消费品零售总额分别为 9 098 亿元、4 739 亿元和 11 690 亿元,分别占全国的 3.3%、1.7% 和 4.3%。从京津冀区域来看,北京社会消费品零售总额比河北少 2 592 亿元,天津社会消费品零售总额比河北少 6 951 亿元,北京社会消费品零售总额比天津多 4 359 亿元。

表 2-10　2014 年京津冀社会消费品零售总额

地区	总额(亿元)	全国占比(%)
北京	9 098	3.3
天津	4 739	1.7
河北	11 690	4.3
全国	271 896	100.0

数据来源:《中国金融年鉴》(2015),《中国统计年鉴》(2015)。

从人均社会消费品零售总额来看,表 2-11 显示,2014 年全国人均社会消费品零售总额为 19 878 元,京津冀人均社会消费品零售总额分别为 42 277 元、31 239 元和 15 832 元,分别是全国的 2.1 倍、1.6 倍和 0.8 倍。从京津冀区域来看,北京人均社会消费品零售总额比河北多 26 445 元,天津人均社会消费品零售总额比河北多 15 407 元,北京人均社会消费品零售总额比天津多 11 038 元。

表 2-11　2014 年京津冀人均社会消费品零售额

地区	人均额(元)	较全国人均社会消费零售额(倍数)
北京	42 277	2.1
天津	31 239	1.6
河北	15 832	0.8
全国	19 878	1.0

数据来源:《中国金融年鉴》(2015),《中国统计年鉴》(2015)。

2.1.6　京津冀金融机构存贷款差距

金融机构存款是指企业、机关、团体或居民根据资金必须收回的原则,把货币资金存入金融机构并取得一定利息的一种信用活动形式。金融机构贷款是指金融机构根据资金必须归还的原则,按一定利率为企业、个人等提供资金的一种信用活动形式①。

从金融机构存款余额来看,表2-12显示,2014年全国金融机构存款余额为1 138 645亿元,京津冀金融机构存款余额分别为100 096亿元、24 778亿元和43 764亿元,分别占到全国的8.8%、2.2%和3.8%。从京津冀区域来看,北京金融机构存款余额比河北多56 332亿元,天津金融机构存款余额比河北少18 986亿元,北京金融机构存款余额比天津多75 318亿元。

表2-12　2014年京津冀金融机构存款余额

地区	总额(亿元)	全国占比(%)
北京	100 096	8.8
天津	24 778	2.2
河北	43 764	3.8
全国	1 138 645	100.0

数据来源:《中国金融年鉴》(2015),《中国统计年鉴》(2015)。

从人均金融机构存款余额来看,表2-13显示,2014年全国人均金融机构存款余额为83 245元,京津冀人均金融机构存款余额分别为465 130元、163 336元和59 269元,分别是全国的5.6倍、2.0倍和0.7倍。从京津冀区域来看,北京人均金融机构存款余额比河北多405 861元,天津人均金融机构存款余额比河北多出104 067元,北京人均金融机构存款余额比天津多301 794元。

表2-13　2014年京津冀金融机构人均存款余额

地区	人均存款(元)	较全国人均金融机构存款余额(倍数)
北京	465 130	5.6
天津	163 336	2.0
河北	59 269	0.7
全国	83 245	1.0

数据来源:《中国金融年鉴》(2015),《中国统计年鉴》(2015)。

---

① 参见《中国金融年鉴》(2015)的统计指标解释。

从金融机构贷款余额来看,表2-14显示,2014年全国金融机构贷款余额为816 770亿元,京津冀金融机构贷款余额分别为53 651亿元、23 223亿元和28 052亿元,分别占到全国的6.6%,2.8%和3.4%。从京津冀区域来看,北京金融机构贷款余额比河北多25 599亿元,天津金融机构贷款余额比河北少4 829亿元,北京金融机构贷款余额比天津多30 428亿元。

表2-14 2014年京津冀金融机构贷款余额

地区	总额(亿元)	全国占比(%)
北京	53 651	6.6
天津	23 223	2.8
河北	28 052	3.4
全国	816 770	100.0

数据来源:《中国金融年鉴》(2015),《中国统计年鉴》(2015)。

从人均金融机构贷款余额来看,表2-15显示,2014年全国人均金融机构贷款余额为59 713元,京津冀人均金融机构贷款余额分别为249 308元、153 085元和37 990元,分别是全国的4.2倍、2.6倍和0.6倍。从京津冀区域来看,北京人均金融机构贷款余额比河北多211 318元,天津人均金融机构贷款余额比河北多115 095元,北京人均金融机构贷款余额比天津多96 223元。

表2-15 2014年京津冀金融机构人均贷款余额

地区	人均额(元)	较全国人均金融机构贷款余额(倍数)
北京	249 308	4.2
天津	153 085	2.6
河北	37 990	0.6
全国	59 713	1.0

数据来源:《中国金融年鉴》(2015),《中国统计年鉴》(2015)。

2.1.7 京津冀股票市值差距

从股票市值来看,表2-16显示,2014年全国股票市值为372 547亿元,京津冀股票市值分别为158 109亿元、5 322亿元和6 180亿元,分别占全国的

42.4%、1.4%和1.7%。从京津冀区域来看,北京股票市值比河北多151 929亿元,天津股票市值比河北少858亿元,北京股票市值比天津多152 787亿元。

表2-16 2014年京津冀股票市值

地区	股票市值(亿元)	全国占比(%)
北京	158 109	42.4
天津	5 322	1.4
河北	6 180	1.7
全国	372 547	100.0

数据来源:《中国金融年鉴》(2015),《中国统计年鉴》(2015)。

从人均股票市值来看,表2-17显示,2014年全国人均股票市值为27 237元,京津冀人均股票市值分别为734 707元、35 082元和8 369元,分别是全国的27.0倍、1.3倍和0.3倍。从京津冀区域来看,北京人均股票市值比河北多726 338元,天津人均股票市值比河北多26 713元,北京人均股票市值比天津多699 625元。

表2-17 2014年京津冀人均股票市值

地区	股票市值(元)	较全国人均股票市值(倍数)
北京	734 707	27.0
天津	35 082	1.3
河北	8 369	0.3
全国	27 237	1.0

数据来源:《中国金融年鉴》(2015),《中国统计年鉴》(2015)。

2.1.8 京津冀保险差距

保费收入是指投保人为取得保险人在约定范围内所承担赔偿责任而支付给保险人的费用。赔付支出是指保险人根据保险合同的规定,向被保险人支付的赔偿保险责任损失的金额[1]。

---

[1] 参见《中国金融年鉴》(2014)的统计指标解释。

从保费收入来看,表2-18显示,2014年全国保费收入为20 235亿元,京津冀保费收入分别为1 207亿元、318亿元和932亿元,分别占到全国的6.0%、1.6%和4.6%。从京津冀区域来看,北京保费收入比河北多275亿元,天津保费收入比河北少614亿元,北京保费收入比天津多889亿元。

表2-18 2014年京津冀保险机构保费收入

地区	总额(亿元)	全国占比(%)
北京	1 207	6.0
天津	318	1.6
河北	932	4.6
全国	20 235	100.0

数据来源:《中国金融年鉴》(2015),《中国统计年鉴》(2015)。

从人均保费收入来看,表2-19显示,2014年全国人均保费收入为1 479元,京津冀人均保费收入分别为5 609元、2 096元和1 262元,分别是全国的3.8倍、1.4倍和0.9倍。从京津冀区域来看,北京人均保费收入比河北多4 347元,天津人均保费收入比河北多834元,北京人均保费收入比天津多3 513元。

表2-19 2014年京津冀保险机构人均保费收入

地区	人均额(元)	较全国人均保费收入(倍数)
北京	5 609	3.8
天津	2 096	1.4
河北	1 262	0.9
全国	1 479	1.0

数据来源:《中国金融年鉴》(2015),《中国统计年鉴》(2015)。

从保险机构赔付支出来看,表2-20显示,2014年全国保险机构赔付支出为7 216亿元,京津冀保险机构赔付支出分别为407亿元、104亿元和395亿元,分别占到全国的5.6%、1.4%和5.5%。从京津冀区域来看,北京保险机构赔付支出比河北多12亿元,天津保险机构赔付支出比河北少291亿元,北京保险机构赔付支出比天津多303亿元。

表 2-20 2014 年京津冀保险机构赔付支出

地区	总额(亿元)	全国占比(%)
北京	407	5.6
天津	104	1.4
河北	395	5.5
全国	7 216	100.0

数据来源:《中国金融年鉴》(2015),《中国统计年鉴》(2015)。

从人均保险机构赔付支出来看,表 2-21 显示,2014 年全国人均保险机构赔付支出为 528 元,京津冀人均保险机构赔付支出分别为 1 891 元、686 元和 535 元,分别是全国的 3.6 倍、1.3 倍和 1.0 倍。从京津冀区域来看,北京人均保险机构赔付支出比河北多 1 356 元,天津人均保险机构赔付支出比河北多 151 元,北京人均保险机构赔付支出比天津多 1 205 元。

表 2-21 2014 年京津冀保险机构人均赔付支出

地区	人均额(元)	较全国人均赔付支出(倍数)
北京	1 891	3.6
天津	686	1.3
河北	535	1.0
全国	528	1.0

数据来源:《中国金融年鉴》(2015),《中国统计年鉴》(2015)。

表 2-22 从保险密度和保险深度方面说明京津冀保险差距的情况。保险密度是按照一个国家或地区人口计算的人均保费收入,反映一个国家或地区保险的普及程度和保险业发展水平。保险深度是指某地保费收入占该地生产总值之比,反映了该地保险业在国民经济中的地位[①]。

表 2-22 显示,从保险密度来看,2014 年全国保险密度是 1 479 元/人,京津冀保险密度分别是 5 609 元/人、2 096 元/人和 1 262 元/人,北京和天津高于全国平均水平,而河北远低于全国平均水平。从保险深度来看,全国保险深度为 3.2%,京津冀保险深度分别是 5.7%、2.0% 和 3.2%,北京保险深度高于全国平均水平,河北保险深度和全国平均水平持平,天津保

---

① 参见《中国金融年鉴》(2015)中的统计指标解释。

险深度低于全国平均水平1.2个百分点。从京津冀保险差距来看,北京保险密度比河北多4 347元/人,比天津多3 513元/人,天津保险密度比河北多834元/人。北京保险深度比河北高2.5个百分点,比天津高3.7个百分点,天津保险深度比河北低1.2个百分点。

表2-22 2014年京津冀保险密度和保险深度

地区	保险密度(元/人)	保险深度(%)
北京	5 609	5.7
天津	2 096	2.0
河北	1 262	3.2
全国	1 479	3.2

数据来源:《中国金融年鉴》(2015),《中国统计年鉴》(2015)。

2.2 京津冀居民经济差距

2.2.1 京津冀居民人均可支配收入差距

居民人均可支配收入是指居民可用于最终消费支出和储蓄的总和,即居民可用于自由支配的收入,既包括现金收入,也包括实物收入。按照收入的来源,可支配收入包含四项,分别为工资性收入、经营性收入、财产性收入和转移性收入[①]。

2.2.1.1 京津冀居民人均可支配收入

表2-23显示,2015年全国居民人均可支配收入21 966元,京津冀居民人均可支配收入分别是48 458元、31 291元和18 118元,京津冀居民人均可支配收入分别是全国人均可支配收入的2.2倍、1.4倍和0.8倍。从京津冀区域来看,京冀人均可支配收入差距最大,差距为30 340元,北京超出河北167.5%;京津人均可支配收入差距为17 167元,北京超出天津54.9%;津冀人均可支配收入差距为13 173元,天津超出河北72.7%。

---

① 参见《中国统计年鉴》(2016)中的统计指标解释。

表2-23　2015年京津冀居民人均可支配收入

	整体(元)	较全国人均可支配收入(倍数)
北京	48 458	2.2
天津	31 291	1.4
河北	18 118	0.8
全国	21 966	1.0

数据来源:《中国统计年鉴》(2016)。

2.2.1.2 京津冀城镇居民人均可支配收入

从城镇居民来看,表2-24显示,2015年全国城镇居民人均可支配收入为31 195元,京津冀城镇居民人均可支配收入分别是52 859元、34 101元和26 152元,京津冀城镇居民人均可支配收入分别是全国人均可支配收入的1.7倍、1.1倍和0.8倍。从京津冀区域来看,京冀城镇人均可支配收入差距最大,差距高达26 707元,北京超出河北102.1%;京津城镇人均可支配收入差距也高达18 758元,北京超出天津55.0%;津冀城镇人均可支配收入差距为7 949元,天津超出河北30.4%。

表2-24　2015年京津冀城镇居民人均可支配收入

	整体(元)	较全国城镇人均可支配收入(倍数)
北京	52 859	1.7
天津	34 101	1.1
河北	26 152	0.8
全国	31 195	1.0

数据来源:《中国统计年鉴》(2016)。

2.2.1.3 京津冀农村居民人均可支配收入

从农村居民来看,表2-25显示,2015年全国农村居民人均可支配收入为11 422元,京津冀农村居民人均可支配收入分别是20 569元、18 482元和11 051元,京津冀农村居民人均可支配收入分别是全国农村人均可支配收入的1.8倍、1.6倍和1.0倍。从京津冀区域来看,京冀农村人均可支配收入差距最大,差距高达9 518元,北京超出河北86.1%;津冀农村人均可支配收入差距为7 431元,天津超出河北67.2%;京津农村人均可支配收入差距为2 087元,北京超出天津11.3%。

表 2-25 2015 年京津冀农村居民人均可支配收入

	整体（元）	较全国农村人均可支配收入（倍数）
北京	20 569	1.8
天津	18 482	1.6
河北	11 051	1.0
全国	11 422	1.0

数据来源：《中国统计年鉴》（2016）。

2.2.2 京津冀居民人均消费支出差距

居民人均消费支出是指居民用于满足家庭日常生活消费需要的全部支出，既包括现金消费支出，也包括实物消费支出。消费支出可划分为食品烟酒、衣着、居住、生活用品及服务、交通通信、教育文化娱乐、医疗保健以及其他用品及服务八类[①]。

2.2.2.1 京津冀居民人均消费支出

表 2-26 显示，2015 年全国居民人均消费支出 15 712 元，京津冀居民人均消费支出分别是 33 803 元、24 163 元和 13 031 元，京津冀居民人均消费支出分别是全国人均消费支出的 2.2 倍、1.5 倍和 0.8 倍。从京津冀区域来看，京冀居民人均消费支出差距最大，差距高达 20 772 元，北京超出河北 159.4%；津冀居民人均消费支出差距为 11 132 元，天津超出河北 85.4%；京津居民人均消费支出差距为 9 640 元，北京超出天津 39.9%。

表 2-26 2015 年京津冀居民人均消费支出

	整体（元）	较全国人均消费支出（倍数）
北京	33 803	2.2
天津	24 163	1.5
河北	13 031	0.8
全国	15 712	1.0

数据来源：《中国统计年鉴》（2016）。

---

① 参见《中国统计年鉴》（2016）的统计指标解释。

2.2.2.2 京津冀城镇居民人均消费支出

从城镇居民来看，表2-27显示,2015年全国城镇居民人均消费支出21 392元,京津冀城镇居民人均消费支出分别是36 642元、26 230元和17 587元,京津冀城镇居民人均消费支出分别是全国城镇居民人均消费支出的1.7倍、1.2倍和0.8倍。从京津冀区域来看,京冀城镇居民人均消费差距最大,差距高达19 055元,北京超出河北108.3%;京津城镇居民人均消费支出差距也高达10 412元,北京超出天津39.7%;津冀城镇居民人均消费支出差距为8 643元,天津超出河北49.1%。

表2-27 2015年京津冀城镇居民人均消费支出

	整体(元)	较全国城镇人均消费支出(倍数)
北京	36 642	1.7
天津	26 230	1.2
河北	17 587	0.8
全国	21 392	1.0

数据来源:《中国统计年鉴》(2016)。

2.2.2.3 京津冀农村居民人均消费支出

从农村居民来看,表2-28显示,2015年全国农村居民人均消费支出9 223元,京津冀农村居民人均消费支出分别是15 811元、14 739元和9 023元,京津冀农村居民人均消费支出分别是全国农村居民人均消费支出的1.7倍、1.6倍和1.0倍。从京津冀区域来看,京冀农村居民人均消费差距最大,差距高达6 788元,北京超出河北75.2%;津冀农村居民人均消费支出差距为5 716元,天津超出河北63.3%;京津农村居民人均消费支出差距也高达1 072元,北京超出天津7.3%。

表2-28 2015年京津冀农村居民人均消费支出

	整体(元)	较全国农村人均消费支出(倍数)
北京	15 811	1.7
天津	14 739	1.6
河北	9 023	1.0
全国	9 223	1.0

数据来源:《中国统计年鉴》(2016)。

2.2.3 京津冀居民人均可支配收入城乡差距

从城乡居民可支配收入差距来看,表2-29显示,2015年全国城乡居民可支配收入差距为19 773元,城镇居民可支配收入是农村居民的2.7倍,超出农村居民173.0%。京津冀城乡居民可支配收入差距分别是32 290元、15 619元和15 101元,京津冀城镇居民可支配收入分别是农村居民的2.6倍、1.8倍和2.4倍,分别超出农村居民157.0%、84.5%和136.6%。

表2-29 2015年京津冀居民人均可支配收入城乡差距

	城镇(元)	农村(元)	城乡差距(元)	城镇超出农村(%)
北京	52 859	20 569	32 290	157.0
天津	34 101	18 482	15 619	84.5
河北	26 152	11 051	15 101	136.6
全国	31 195	11 422	19 773	173.0

数据来源:《中国统计年鉴》(2016)。

2.2.4 京津冀居民人均消费支出城乡差距

从城乡居民消费支出差距来看,表2-30显示,2015年全国城乡居民消费支出差距为12 169元,城镇居民消费支出是农村居民的2.3倍,超出农村居民131.9%。京津冀城乡居民消费支出差距分别是20 831元、11 491元和8 564元,京津冀城镇居民消费支出分别是农村居民的2.3倍、1.8倍和1.9倍,分别超出农村居民131.8%、78.0%和94.9%。

表2-30 2015年京津冀居民人均消费支出城乡差距

	城镇(元)	农村(元)	城乡差距(元)	城镇超出农村(%)
北京	36 642	15 811	20 831	131.8
天津	26 230	14 739	11 491	78.0
河北	17 587	9 023	8 564	94.9
全国	21 392	9 223	12 169	131.9

数据来源:《中国统计年鉴》(2016)。

2.3 京津冀家庭金融差距

2.3.1 家庭财富差距

2.3.1.1 京津冀家庭财富差距

表 2-31 显示,全国家庭平均财富是 789 180 元,京津冀地区家庭平均财富为 976 926 元,是全国家庭平均财富的 1.2 倍。从京津冀区域内部来看,北京、天津和河北家庭平均财富分别是 2 403 008 元、1 218 507 元和 454 722 元,分别是全国家庭平均财富的 3.0 倍、1.5 倍和 0.6 倍。从京津冀家庭财富差距来看,北京家庭平均财富比河北高出 1 948 286 元,天津家庭平均财富比河北高出 763 785 元,北京家庭平均财富比天津高出 1 184 501 元,说明京津冀三地家庭财富分布的差距巨大。

表 2-31 京津冀家庭财富差距

地区	整体(元)	较全国家庭平均财富(倍数)
北京	2 403 008	3.0
天津	1 218 507	1.5
河北	454 722	0.6
京津冀	976 926	1.2

数据来源:2015 年 CHFS 数据,后面未做说明的数据均来自 CHFS。

2.3.1.2 京津冀最低 40% 家庭和最高 60% 家庭财富差距

表 2-32 显示,全国最低 40% 家庭平均财富是 57 355 元,京津冀地区是 49 564 元,低于全国平均水平,而北京、天津和河北家庭平均财富分别是 40 388 元、46 881 元和 51 135 元,普遍低于全国平均水平;全国最高 60% 家庭财富是 1 277 088 元,京津冀地区是 1 586 666 元,高出全国平均水平,而北京、天津和河北家庭平均财富分别是 3 035 770 元、1 572 056 元和 851 727 元,除了河北,均高于全国平均水平。

我们用最高60%家庭财富和最低40%家庭财富的差额度量家庭差距程度。从全国来看,全国家庭财富差距是1 219 733元,京津冀地区家庭财富差距为1 537 102元,高于全国家庭财富差距程度,而北京、天津和河北家庭财富差距分别是2 995 382元、1 525 175元和800 592元,除河北外普遍高于全国家庭差距程度。从表2-32还可以看出,全国最高60%家庭财富高出最低40%家庭21.3倍,而京津冀地区、北京、天津和河北分别高出31.0倍、74.2倍、32.5倍和15.7倍。

表2-32 京津冀最低40%家庭和最高60%家庭财富差距

地区	最低40%家庭（元）	最高60%家庭（元）	财富差距（元）	最高60%家庭高出最低40%家庭(倍数)
北京	40 388	3 035 770	2 995 382	74.2
天津	46 881	1 572 056	1 525 175	32.5
河北	51 135	851 727	800 592	15.7
京津冀	49 564	1 586 666	1 537 102	31.0
全国	57 355	1 277 088	1 219 733	21.3

2.3.1.3 京津冀城乡家庭财富差距

表2-33显示,全国城镇家庭平均财富是1 089 250元,京津冀地区是1 353 466元,高于全国平均水平,而北京、天津和河北家庭平均财富分别是2 622 826元、1 379 420元和658 527元,除河北外普遍高于全国平均水平;全国农村家庭财富是291 409元,京津冀地区是220 729元,低于全国平均水平,而北京、天津和河北家庭平均财富分别是406 129元、172 520元和210 858元,除北京外普遍低于全国平均水平。

表2-33 京津冀城乡家庭财富差距

地区	城镇(元)	农村(元)	城乡财富差距(元)	城镇家庭高出农村家庭(倍数)
北京	2 622 826	406 129	2 216 697	5.5
天津	1 379 420	172 520	1 206 900	7.0
河北	658 527	210 858	447 669	2.1
京津冀	1 353 466	220 729	1 132 737	5.1
全国	1 089 250	291 409	797 841	2.7

我们用城镇家庭财富和农村家庭财富的差额度量城乡家庭财富差距程度。从全国来看,全国家庭财富差距是 797 841 元,京津冀地区家庭财富差距为 1 132 737 元,高于全国城乡家庭财富差距程度,而北京、天津和河北城乡家庭财富差距分别是 2 216 697 元、1 206 900 元和 447 669 元,除河北外普遍高于全国城乡家庭差距程度。从表 2-33 还可以看出,全国城镇家庭财富高出农村家庭 2.7 倍,而京津冀地区、北京、天津和河北分别高出 5.1 倍、5.5 倍、7.0 倍和 2.1 倍。

2.3.1.4 京津冀家庭财富基尼系数

考虑到利用最高 60% 家庭财富和最低 40% 家庭财富的差额以及城乡家庭财富的差额来度量家庭差距程度,只能刻画极端值之间的家庭财富差距程度,而且还受到地区发展水平等初始状况的影响,所以不能很好地度量某地区所有家庭的平均分布情况。我们采取国际上比较通用的做法,用基尼系数衡量家庭财富差距程度。

表 2-34 显示,整体上看,全国家庭财富基尼系数为 0.697 4,京津冀地区为 0.697 8,略高于全国水平。基尼系数依次递减的河北、北京和天津分别是 0.666 5,0.574 8 和 0.551 6,普遍低于全国水平和京津冀地区水平。

表 2-34 京津冀家庭财富基尼系数

地区	整体	城镇	农村
北京	0.574 8	0.545 2	0.671 0
天津	0.551 6	0.507 6	0.491 7
河北	0.666 5	0.618 3	0.638 4
京津冀	0.697 8	0.635 4	0.641 5
全国	0.697 4	0.651 6	0.685 7

从城镇看,全国家庭财富基尼系数为 0.651 6,京津冀地区为 0.635 4,略低于全国水平。基尼系数依次递减的河北、北京和天津分别是 0.618 3,0.545 2 和 0.507 6,普遍低于全国水平和京津冀地区水平。

从农村看,全国家庭财富基尼系数为 0.685 7,京津冀地区为 0.641 5,略低于全国水平。基尼系数依次递减的北京、河北和天津分别是 0.671 0,0.638 4 和 0.491 7,普遍低于全国水平。

从城乡比较来看,全国农村高于城镇,京津冀地区农村高于城镇,北京农村高于城镇,天津城镇高于农村,河北农村高于城镇。

2.3.2 家庭收入差距

2.3.2.1 京津冀家庭收入差距

表 2-35 显示,全国家庭平均收入是 78 478 元,京津冀地区家庭平均收入为 72 370 元,是全国家庭平均收入的 0.9 倍。从京津冀区域内部来看,北京、天津和河北家庭平均收入分别是 138 904 元、96 377 元和 45 019 元,分别是全国家庭平均收入的 1.8 倍、1.2 倍和 0.6 倍。从京津冀家庭收入差距来看,北京家庭平均收入比河北高出 93 885 元,天津家庭平均收入比河北高出 51 358 元,北京家庭平均收入比天津高出 42 527 元,说明京津冀三地家庭收入分布的差距巨大。

表 2-35 京津冀家庭收入差距

地区	整体(元)	较全国家庭平均收入(倍数)
北京	138 904	1.8
天津	96 377	1.2
河北	45 019	0.6
京津冀	72 370	0.9
全国	78 478	1.0

2.3.2.2 京津冀最低 40% 家庭和最高 60% 家庭收入差距

表 2-36 显示,全国最低 40% 家庭平均收入是 9 968 元,京津冀地区是 11 034 元,高于全国平均水平,而北京、天津和河北家庭平均收入分别是 11 964 元、13 476 元和 10 699 元,普遍高于全国平均水平;全国最高 60% 家庭收入是 124 177 元,京津冀地区是 117 078 元,低于全国平均水平,而北京、天津和河北家庭平均收入分别是 167 654 元、119 995 元和 86 267 元,天津、河北均低于全国平均水平。

我们用最高 60% 家庭收入和最低 40% 家庭收入的差额度量家庭收入差距程度。从全国来看,全国家庭收入差距是 114 209 元,京津冀地区家庭收入差距 106 044 元,低于全国家庭收入差距程度,而北京、天津和河北家庭收入差距分别是 155 690 元、106 519 元和 75 568 元,天津、河北均低于全国家庭差距程度。从表 2-36 还可以看出,全国最高 60% 家庭收入高出最低 40% 家庭 11.5 倍,而京津冀地区、北京、天津和河北分别高出 9.6 倍、13.0 倍、7.9 倍和 7.1 倍。

表 2-36　京津冀最低 40% 家庭和最高 60% 家庭收入差距

地区	最低 40% 家庭（元）	最高 60% 家庭（元）	收入差距（元）	最高 60% 家庭高出最低 40% 家庭(倍数)
北京	11 964	167 654	155 690	13.0
天津	13 476	119 995	106 519	7.9
河北	10 699	86 267	75 568	7.1
京津冀	11 034	117 078	106 044	9.6
全国	9 968	124 177	114 209	11.5

2.3.2.3　京津冀城乡家庭收入差距

表 2-37 显示,全国城镇家庭平均收入是 99 422 元,京津冀地区是 91 829 元,低于全国平均水平,而北京、天津和河北家庭平均收入分别是 149 283 元、104 572 元和 56 057 元,北京、天津均高于全国平均水平;全国农村家庭收入是 43 735 元,京津冀地区是 33 292 元,低于全国平均水平,而北京、天津和河北家庭平均收入分别是 44 620 元、43 104 元和 31 812 元,仅北京高于全国平均水平。

表 2-37　京津冀城乡家庭收入差距

地区	城镇(元)	农村(元)	城乡收入差距(元)	城镇家庭高出农村家庭(倍数)
北京	149 283	44 620	104 663	2.3
天津	104 572	43 104	61 468	1.4
河北	56 057	31 812	24 245	0.8
京津冀	91 829	33 292	58 537	1.8
全国	99 422	43 735	55 687	1.3

我们用城镇家庭收入和农村家庭收入的差额度量城乡家庭差距程度。

从全国来看,全国家庭收入差距为是 55 687 元,京津冀地区家庭收入差距 58 537 元,高于全国城乡家庭收入差距程度,而北京、天津和河北城乡家庭收入差距分别是 104 663 元、61 468 元和 24 245 元,北京、天津均高于全国城乡家庭收入差距程度。从表 2-37 还可以看出,全国城镇家庭收入高出农村家庭 1.3 倍,而京津冀地区、北京、天津和河北分别高出 1.8 倍、2.3 倍、1.4 倍和 0.8 倍。

2.3.2.4 京津冀家庭收入基尼系数

表 2-38 显示,整体上看,全国家庭收入基尼系数为 0.605 0,京津冀地区为 0.589 0,略低于全国水平。基尼系数依次递减的北京、河北和天津分别是 0.564 5、0.555 3 和 0.499 6,普遍低于全国水平和京津冀地区水平。

从城镇看,全国家庭收入基尼系数为 0.569 9,京津冀地区为 0.555 0,略低于全国水平。基尼系数依次递减的北京、河北和天津分别是 0.553 0、0.512 8 和 0.486 1,普遍低于全国水平和京津冀地区水平。

从农村看,全国家庭收入基尼系数为 0.618 0,京津冀地区为 0.571 8,略低于全国水平。基尼系数依次递减的河北、天津和北京分别是 0.578 8、0.507 9 和 0.505 6,普遍低于全国水平。

从城乡比较来看,全国农村高于城镇,京津冀地区农村高于城镇,北京城镇高于农村,天津农村高于城镇,河北农村高于城镇。

表 2-38 京津冀家庭收入基尼系数

地区	整体	城镇	农村
北京	0.564 5	0.553 0	0.505 6
天津	0.499 6	0.486 1	0.507 9
河北	0.555 3	0.512 8	0.578 8
京津冀	0.589 0	0.555 0	0.571 8
全国	0.605 0	0.569 9	0.618 0

2.3.3 家庭消费差距

2.3.3.1 京津冀家庭消费差距

表 2-39 显示,全国家庭平均消费是 53 868 元,京津冀地区家庭平均

消费为51 049元，是全国家庭平均消费的0.9倍。从京津冀区域内部来看，北京、天津和河北家庭平均消费分别是84 883元、59 031元和38 132元，分别是全国家庭平均消费的1.6倍、1.1倍和0.7倍。从京津冀家庭消费差距来看，北京家庭平均消费比河北高出46 751元，天津家庭平均消费比河北高出20 899元，北京家庭平均消费比天津高出25 852元。

表2-39 京津冀家庭消费差距

地区	整体（元）	较全国家庭平均收入（倍数）
北京	84 883	1.6
天津	59 031	1.1
河北	38 132	0.7
京津冀	51 049	0.9
全国	53 868	1.0

2.3.3.2 京津冀最低40%家庭和最高60%家庭消费差距

表2-40显示，全国最低40%家庭平均消费是15 699元，京津冀地区是14 874元，低于全国平均水平，而北京、天津和河北家庭平均消费分别是16 608元、16 221元和14 517元，除河北外普遍高于全国平均水平；全国最高60%家庭消费是79 315元，京津冀地区是78 140元，低于全国平均水平，而北京、天津和河北家庭平均消费分别是102 148元、73 475元和66 233元，除北京外均低于全国平均水平。

表2-40 京津冀最低40%家庭和最高60%家庭消费差距

地区	最低40%家庭（元）	最高60%家庭（元）	消费差距（元）	最高60%家庭高出最低40%家庭（倍数）
北京	16 608	102 148	85 540	5.2
天津	16 221	73 475	57 254	3.5
河北	14 517	66 233	51 716	3.6
京津冀	14 874	78 140	63 266	4.3
全国	15 699	79 315	63 616	4.1

我们用最高60%家庭消费和最低40%家庭消费的差额度量家庭消费

差距程度。从全国来看,全国家庭消费差距是 63 616 元,京津冀地区家庭消费差距为 63 266 元,低于全国家庭消费差距程度,而北京、天津和河北家庭消费差距分别是 85 540 元、57 254 元和 51 716 元,除北京外均低于全国家庭差距程度。从表 2－40 还可以看出,全国最高 60% 家庭消费高出最低 40% 家庭 4.1 倍,而京津冀地区、北京、天津和河北分别高出 4.3 倍、5.2 倍、3.5 倍和 3.6 倍。

2.3.3.3 京津冀城乡家庭消费差距

表 2－41 显示,全国城镇家庭平均消费是 65 654 元,京津冀地区是 62 232 元,低于全国平均水平,而北京、天津和河北家庭平均消费分别是 89 516 元、63 353 元和 47 085 元,仅北京高于全国平均水平;全国农村家庭消费是 34 318 元,京津冀地区是 28 591 元,低于全国平均水平,而北京、天津和河北家庭平均消费分别是 42 798 元、30 938 元和 27 420 元,仅北京高于全国平均水平。

表 2－41　京津冀城乡家庭消费差距

地区	城镇(元)	农村(元)	城乡家庭消费差距(元)	城镇家庭高出农村家庭(倍数)
北京	89 516	42 798	46 718	1.1
天津	63 353	30 938	32 415	1.1
河北	47 085	27 420	19 665	0.7
京津冀	62 232	28 591	33 641	1.2
全国	65 654	34 318	31 336	0.9

我们用城镇家庭消费和农村家庭消费的差额度量城乡家庭差距程度。从全国来看,全国城乡家庭消费差距是 31 336 元,京津冀地区城乡家庭消费差距为 33 641 元,高于全国城乡家庭消费差距程度,而北京、天津和河北城乡家庭消费差距分别是 46 718 元、32 415 元和 19 665 元,除河北外普遍高于全国城乡家庭消费差距程度。从表 2－41 还可以看出,全国城镇家庭消费高出农村家庭 0.9 倍,而京津冀地区、北京、天津和河北分别高出 1.2 倍、1.1 倍、1.1 倍和 0.7 倍。

2.3.3.4 京津冀家庭消费基尼系数

表2-42显示,整体上看,全国家庭消费基尼系数为0.5027,京津冀地区为0.5035,略高于全国水平。基尼系数依次递减的河北、北京和天津分别是0.4908,0.4751和0.4051,普遍低于全国水平和京津冀地区水平。

从城镇看,全国家庭消费基尼系数为0.4698,京津冀地区为0.4727,略高于全国水平。基尼系数依次递减的河北、北京和天津分别是0.4732,0.4670和0.3730,北京和天津低于全国水平和京津冀地区水平。

从农村看,全国家庭消费基尼系数为0.5080,京津冀地区为0.4829,略低于全国水平。基尼系数依次递减的天津、北京和河北分别是0.5435,0.4865和0.4705,北京和河北低于全国水平。

从城乡比较来看,全国农村高于城镇,京津冀地区农村高于城镇,北京农村高于城镇,天津农村高于城镇,河北城镇高于农村。

表2-42 京津冀家庭消费基尼系数

地区	整体	城镇	农村
北京	0.4751	0.4670	0.4865
天津	0.4051	0.3730	0.5435
河北	0.4908	0.4732	0.4705
京津冀	0.5035	0.4727	0.4829
全国	0.5027	0.4698	0.5080

2.4 京津冀家庭贫困

2015年,经国家统计局、各部门共同研究,国务院确定,2011—2020年的农村贫困标准为"按2010年价格水平每人每年2800元"。该标准同时满足两个假设:一是标准中的食品支出不仅让人吃饱,而且适当吃好;二是对于恩格尔系数,假设食品支出占贫困标准比重的60%,以此保证一定数量的非食品支出①。

同时,2015年,世界银行根据各国购买力平价,重新调整了贫困标准,将原有的极端贫困线从1.25美元/天上调至1.9美元/天。另外,根据其他发展中国家人均消费中位数确定的贫困线,也从1.9美元上调至3.1美元。经2011年中国购买力平价和2011—2014年我国CPI调整之后,1.9美元日均消费对应人均消费2 611元/年,3.1美元日均消费对应人均消费4 260元/年②。由此可知,2015年中国的贫困标准已高于世界银行最新的1.9美元极端贫困标准,但要低于3.1美元的贫困标准。

2.4.1 京津冀贫困率差距

表2-43显示,根据2015CHFS数据统计,按照国家标准,全国贫困率为8.0%,农村为16.1%,城镇为3.1%,农村高出城镇13个百分点。按照1.9美元标准,全国贫困率为6.8%,农村为13.6%,城镇为3.2%,农村高出城镇10.4个百分点。按照3.1美元标准,全国贫困率为14.7%,农村为29.7%,城镇为7.9%,农村高出城镇21.8个百分点。

表2-43 不同口径下全国贫困率比较　　　　　　　　　　%

	全国	城镇	农村	农村高出城镇
国家标准	8.0	3.1	16.1	13.0
1.9美元标准	6.8	3.2	13.6	10.4
3.1美元标准	14.7	7.9	29.7	21.8

注:国家标准指国务院确定的2011—2020年贫困标准"每人每年2 800元",低于2 800元的居民定义为贫困居民。

按照国家标准,表2-44显示,从整体来看,京津冀地区贫困率为10.1%,北京贫困率是4.0%,天津贫困率是3.7%,河北贫困率是13.6%,北京贫困率低于河北9.6%,天津贫困率低于河北9.9%,北京贫困率高出天津0.3%。从农村来看,京津冀地区农村贫困率是19.4%,北京农村贫困率是

---

① 参见国家统计局统计科学研究所王萍萍、徐鑫和郝彦宏《中国农村贫困标准问题研究》(2015年8月)。
② 购买力平价数据来源于世界银行(购买力平价下,1美元等于3.506元人民币),CPI数据来源于我国统计局。

19.3%,天津农村贫困率是17.8%,河北农村贫困率是19.5%,北京农村贫困率低于河北0.2%,天津农村贫困率低于河北1.7%,北京农村贫困率高出天津1.5%。从城镇来看,京津冀地区城镇贫困率为5.4%,北京城镇贫困率是2.3%,天津城镇贫困率是1.6%,河北城镇贫困率是8.6%,北京城镇贫困率低于河北6.3%,天津城镇贫困率低于河北7.0%,北京城镇贫困率高出天津0.7%。

表2-44 国家标准下京津冀贫困率差距　　　　　　　　　　%

地区	整体	城镇	农村
北京	4.0	2.3	19.3
天津	3.7	1.6	17.8
河北	13.6	8.6	19.5
京津冀	10.1	5.4	19.4

按照1.9美元标准,表2-45显示,从整体来看,京津冀地区贫困率为6.4%,低于全国贫困率0.4个百分点,北京贫困率是3.1%,天津贫困率是2.9%,河北贫困率是11.3%,北京贫困率低于河北8.2%,天津贫困率低于河北8.4%,北京贫困率高出天津0.2%。从农村来看,京津冀地区农村贫困率为16.4%,高出全国农村贫困率2.8个百分点,北京农村贫困率是16.3%,天津农村贫困率是13.8%,河北农村贫困率是16.6%,北京农村贫困率低于河北0.3%,天津农村贫困率低于河北2.8%,北京农村贫困率高出天津2.5%。从城镇来看,京津冀地区城镇贫困率为4.1%,高出全国城镇贫困率0.9个百分点,北京城镇贫困率是2.3%,天津城镇贫困率是2.3%,河北城镇贫困率是8.2%,北京城镇贫困率低于河北5.9%,天津城镇贫困率低于河北5.9%,北京城镇贫困率和天津持平。

表2-45 1.9美元标准下京津冀贫困率差距　　　　　　　%

地区	整体	城镇	农村
北京	3.1	2.3	16.3
天津	2.9	2.3	13.8
河北	11.3	8.2	16.6
京津冀	6.4	4.1	16.4

按照 3.1 美元标准,表 2-46 显示,从整体来看,京津冀地区贫困率为 12.6%,低于全国贫困率 2.1 个百分点,北京贫困率是 4.7%,天津贫困率是 5.1%,河北贫困率是 23.9%,北京贫困率低于河北 19.2%,天津贫困率低于河北 18.8%,北京贫困率低于天津 0.4%。从农村来看,京津冀地区农村贫困率为 32.6%,高出全国农村贫困率 2.9 个百分点,北京农村贫困率是 25.0%,天津农村贫困率是 27.6%,河北农村贫困率是 34.1%,北京农村贫困率低于河北 9.1%,天津农村贫困率低于河北 6.5%,北京农村贫困率低于天津 2.6%。从城镇来看,京津冀地区城镇贫困率为 8.1%,高出全国城镇贫困率 0.2 个百分点,北京城镇贫困率是 3.4%,天津城镇贫困率是 3.7%,河北城镇贫困率是 18.1%,北京城镇贫困率低于河北 14.7%,天津城镇贫困率低于河北 14.4%,北京城镇贫困率低于天津 0.3%。

表 2-46 3.1 美元标准下京津冀贫困率差距　　　　　　%

地区	整体	城镇	农村
北京	4.7	3.4	25.0
天津	5.1	3.7	27.6
河北	23.9	18.1	34.1
京津冀	12.6	8.1	32.6

2.4.2 京津冀贫困率城乡差距

表 2-47 显示,从国家标准来看,京津冀地区农村贫困率高出城镇 14.0 个百分点,北京农村贫困率高出城镇 17.0 个百分点,天津农村贫困率高出城镇 16.2 个百分点,河北农村贫困率高出城镇 10.9 个百分点。

表 2-47 京津冀贫困率城乡差距　　　　　　%

地区	国家标准			1.9 美元标准			3.1 美元标准		
	城镇	农村	城乡差距	城镇	农村	城乡差距	城镇	农村	城乡差距
北京	2.3	19.3	17.0	2.3	16.3	14.0	3.4	25.0	21.6
天津	1.6	17.8	16.2	2.3	13.8	11.5	3.7	27.6	23.9
河北	8.6	19.5	10.9	8.2	16.6	8.4	18.1	34.1	16.0
京津冀	5.4	19.4	14.0	4.1	16.4	12.3	8.1	32.6	24.5

从1.9美元标准来看,京津冀地区农村贫困率高出城镇12.3个百分点,北京农村贫困率高出城镇14.0个百分点,天津农村贫困率高出城镇11.5个百分点,河北农村贫困率高出城镇8.4个百分点。

从3.1美元标准来看,京津冀地区农村贫困率高出城镇24.5个百分点,北京农村贫困率高出城镇21.6个百分点,天津农村贫困率高出城镇23.9个百分点,河北农村贫困率高出城镇16.0个百分点。

2.4.3 京津冀贫困人口差距

按照国家标准,表2-48显示,从整体来看,京津冀地区贫困人口1 146万人,北京贫困人口86万人,天津贫困人口56万人,河北贫困人口1 004万人,北京贫困人口低于河北918万人,天津贫困人口低于河北948万人,北京贫困人口高出天津30万人。从农村来看,京津冀地区农村贫困人口770万人,占京津冀贫困总人口的67.2%,北京农村贫困人口43万人,天津农村贫困人口36万人,河北农村贫困人口691万人,北京农村贫困人口低于河北648万人,天津农村贫困人口低于河北655万人,北京农村贫困人口高出天津7万人。从城镇来看,京津冀地区城镇贫困人口645万人,北京城镇贫困人口43万人,天津城镇贫困人口20万人,河北城镇贫困人口313万人,北京城镇贫困人口低于河北270万人,天津城镇贫困人口低于河北293万人,北京城镇贫困人口高出天津23万人。

表2-48 国家标准下京津冀贫困人口差距

地区	整体(万人)	城镇(万人)	农村(万人)	农村占比(%)
北京	86	43	43	50.0
天津	56	20	36	64.3
河北	1 004	313	691	68.8
京津冀	1 146	645	770	67.2

按照1.9美元标准,表2-49显示,从整体来看,京津冀地区贫困人口945万人,北京贫困人口67万人,天津贫困人口44万人,河北贫困人口834万人,北京贫困人口低于河北767万人,天津贫困人口低于河北790万人,北京贫困人口高出天津23万人。从农村来看,京津冀地区农村贫困人口575万人,占京津冀贫困总人口的60.8%,北京农村贫困人口25万人,天津

农村贫困人口15万人,河北农村贫困人口535万人,北京农村贫困人口低于河北510万人,天津农村贫困人口低于河北520万人,北京农村贫困人口高出天津10万人。从城镇来看,京津冀地区城镇贫困人口370万人,北京城镇贫困人口42万人,天津城镇贫困人口29万人,河北城镇贫困人口299万人,北京城镇贫困人口低于河北257万人,天津城镇贫困人口低于河北270万人,北京城镇贫困人口高出天津13万人。

表2-49　1.9美元标准下京津冀贫困人口差距

地区	整体(万人)	城镇(万人)	农村(万人)	农村占比(%)
北京	67	42	25	37.3
天津	44	29	15	34.1
河北	834	299	535	64.1
京津冀	945	370	575	60.8

按照3.1美元标准,表2-50显示,从整体来看,京津冀地区贫困人口1942万人,北京贫困人口100万人,天津贫困人口77万人,河北贫困人口1765万人,北京贫困人口低于河北1665万人,天津贫困人口低于河北1688万人,北京贫困人口高出天津23万人。从农村来看,京津冀地区农村贫困人口1175万人,占京津冀贫困总人口的60.5%,北京农村贫困人口38万人,天津农村贫困人口31万人,河北农村贫困人口1106万人,北京农村贫困人口低于河北1068万人,天津农村贫困人口低于河北1075万人,北京农村贫困人口高出天津7万人。从城镇来看,京津冀地区城镇贫困人口767万人,北京城镇贫困人口62万人,天津城镇贫困人口46万人,河北城镇贫困人口659万人,北京城镇贫困人口低于河北597万人,天津城镇贫困人口低于河北613万人,北京城镇贫困人口高出天津16万人。

表2-50　3.1美元标准下京津冀贫困人口差距

地区	整体(万人)	城镇(万人)	农村(万人)	农村占比(%)
北京	100	62	38	38.0
天津	77	46	31	40.3
河北	1 765	659	1 106	62.2
京津冀	1 942	767	1 175	60.5

2.4.4 京津冀贫困人口城乡差距

表2-51显示,从国家标准来看,京津冀地区农村贫困人口高出城镇125万人,北京农村贫困人口和城镇基本持平,天津农村贫困人口高出城镇16万人,河北农村贫困人口高出城镇378万人。

从1.9美元标准来看,京津冀地区农村贫困人口高出城镇205万人,北京农村贫困人口低于城镇17万人,天津农村贫困人口低于城镇14万人,河北农村贫困人口高出城镇236万人。

从3.1美元标准来看,京津冀地区农村贫困人口高出城镇408万人,北京农村贫困人口低于城镇24万人,天津农村贫困人口低于城镇15万人,河北农村贫困人口高出城镇447万人。

表2-51 京津冀贫困人口城乡差距　　　　　　　　　　万人

地区	国家标准			1.9美元标准			3.1美元标准		
	城镇	农村	城乡差距	城镇	农村	城乡差距	城镇	农村	城乡差距
北京	43	43	0	42	25	-17	62	38	-24
天津	20	36	16	29	15	-14	46	31	-15
河北	313	691	378	299	535	236	659	1 106	447
京津冀	645	770	125	370	575	205	767	1 175	408

2.5　小结

2.5.1 京津冀实体经济不协同

从宏观经济指标来看,京津冀地区GDP、财政支出、社会消费品零售总额由高到低依次为河北、北京、天津;财政收入由高到低依次为北京、河北、天津;社会固定资产投资由高到低依次为河北、天津、北京。从人均角度看,除了人均社会固定资产投资指标,其余指标北京、天津均高于河北,并且河北均低于全国平均水平。另外,京津冀地区产业结构存在差异,北京第三产业在整个产业结构中所占比重最大,其经济进入"退二进三的后工业化阶段",已经成为一个以服务业为主的超级都市。天津的发展主要由第二、三产业协同拉动,天津进入"接二进三的工业化高级阶段"。而河北经济发展主要依靠第二产业,第三产业发展比较滞后,其经济进入"培二育三的工业化中级阶段"。可以看出,京津冀实体经济不协同。

2.5.2 京津冀宏观金融不协同

从宏观金融总量指标来看,金融机构存款余额方面,北京、河北高于天津,北京高于河北;金融机构贷款余额方面,北京、天津高于河北,北京高于天津。股票市值方面,北京、河北高于天津,北京高于河北;保费收入方面,北京、天津高于河北,北京高于天津。保险密度方面,北京、天津高于全国平均水平,河北远低于全国平均水平。保险深度方面,北京保险深度高于全国平均水平,河北保险深度和全国水平持平,天津保险深度低于全国平均水平。从宏观金融人均指标来看,在人均金融机构存款余额、人均金融机构贷款余额、人均股票市值、人均保费收入等指标中,北京、天津高于河北,北京也高于天津。可以看出,京津冀宏观金融不协同。

2.5.3 京津冀家庭金融不协同

从京津冀家庭财富来看,北京、天津家庭财富远高于河北家庭,京津冀地区家庭财富差距程度高于全国家庭财富差距程度,北京、天津家庭财富差距程度高于全国家庭财富差距程度,河北家庭财富差距程度低于全国家庭财富差距程度。从家庭财富城乡差距来看,京津冀地区家庭财富城乡差距程度高于全国家庭财富城乡差距程度,北京、天津家庭财富城乡差距程度高于全国家庭财富城乡差距程度,河北家庭财富城乡差距程度低于全国家庭财富城乡差距程度。可以看出,京津冀家庭财富不协同。

从京津冀家庭收入来看,北京、天津家庭收入远高于河北家庭,京津冀地区家庭收入差距程度低于全国家庭收入差距程度,北京、天津家庭收入差距程度高于全国家庭收入差距程度,河北家庭收入差距程度低于全国家庭收入差距程度。从家庭收入城乡差距来看,京津冀地区家庭收入城乡差距程度高于全国家庭收入城乡差距程度,北京、天津家庭收入城乡差距程度高于全国家庭收入城乡差距程度,河北家庭收入城乡差距程度低于全国家庭收入城乡差距程度。可以看出,京津冀家庭收入不协同。

从京津冀家庭消费来看,北京、天津家庭消费高于河北家庭,北京家庭消费高于天津。京津冀地区家庭消费差距程度低于全国家庭消费差距程度,天津、河北家庭消费差距程度低于全国家庭消费差距程度,北京家庭消费差距程度高于全国家庭消费差距程度。从家庭消费城乡差距来看,京津冀地区家庭消费差距程度高于全国城乡家庭消费差距程度,北京、天津家庭消费城乡差距程度高于全国家庭消费城乡差距程度,河北家庭消费城乡差距程度低于全国家庭消费城乡差距程度。可以看出,京津冀家庭消费不协同。

从京津冀贫困问题来看,按照国家标准、世界银行1.9美元标准和3.1美元标准,京津冀地区贫困率高于全国贫困率,北京、天津贫困率低于河北,北京贫困率高于天津。从城乡贫困率来看,京津冀地区农村贫困率高于城镇。从贫困人口来看,河北出现类似的特征,北京和天津则恰好相反。可以看出,京津冀家庭贫困问题不协同。

3 京津冀家庭金融普惠

3.1 金融普惠的内涵

金融普惠(Financial Inclusion)的概念源于金融排斥,莱申和思里夫特(Leyshon and Thrift,1995)较早尝试定义金融排斥,认为金融排斥是指部分社会群体被排斥在正规金融体系之外的状态。在此基础上,金融普惠的内涵日益丰富和完善。从狭义的角度看,部分学者将金融普惠定义为帮助某些社会群体(包括贫困家庭、弱势群体)消除障碍、克服困难,以保障其低成本地、公平地、安全地使用基础性正规金融服务,如信贷、存款、保险和支付(Carbo Gardener, Molyneux, 2005; Conroy, 2005; Mohan, 2006; Rangarajan, 2008)。从广义上讲,金融普惠是指经济体中的所有成员都能获得基本金融服务的状态(Sarma, 2008, 2012; Chakravarty et al., 2013; Midžić et al., 2014)。

金融普惠理念兴起后得到世界银行集团(WBG)、国际货币基金组织(IMF)、普惠金融联盟(AFI)等全球性金融机构的大力推行。各国政府,尤其是发展中国家政府都重视发展金融普惠。在我国,金融普惠理念最早由中国小额信贷联盟引进。2006年3月,中国人民银行研究局焦瑾璞副局长在北京召开的亚洲小额信贷论坛上,首次正式使用了这个概念。2013年11月12日,中国共产党第十八届中央委员会第三次全体会议通过《中共中央关于全面深化改革若干重大问题的决定》,明确提出"发展普惠金融。鼓励金融创新,丰富金融市场层次和产品"。这表明,构建普惠性金融体系已经成为我国金融市场发展和改革的重点。

3.2 金融普惠的衡量

世界银行集团(WBG)、普惠金融联盟(AFI)等全球性金融机构均构建了评价各国金融普惠实践的金融普惠指标体系,但尚未形成综合性的金融普惠指数。世界银行集团建立了全球性的金融普惠指数体系,其基于2011年对148个国家(地区)15万成年人的调查,分别从正规金融账户拥有、储蓄、支付、信贷、保险不同类型的基础性金融服务出发,衡量微观个人层面的金融普惠状况,系列指标主要包括拥有正规金融机构账户的成年人比例,在正规金融机构储蓄或者贷款的成年人比例,使用非正规渠道储蓄或借款的成年人比例,有信用卡的成年人比例,参与健康保险的成年人比例等。普惠金融联盟则主要从正规金融服务的可获得性和使用情况两大方面设计金融普惠指标,具体采用每万成年人拥有的网点数、拥有网点的行政区比例衡量金融服务可获得性,采用拥有存款(贷款)账户的成年人比例衡量金融服务使用情况。

国内外诸多学者也尝试对金融普惠进行衡量。部分学者采用单一指标或者多个指标组成的指标体系来衡量金融普惠。贝克等(Beck et al.,2006)最先尝试利用各国金融机构外延范围(financial sector outreach)作为金融普惠水平的代理变量,从地理可及性(physical access)、可支付性(affordability)和合格性(eligibility)三个方面分别设计了存款、贷款和支付类银行服务的外延指标。类似地,霍诺汉(Honohan,2008)利用估计的获得正规金融服务的家庭比例来衡量160个国家(地区)的金融普惠水平,阿迪克等(Ardic et al.,2011)也采取类似的衡量方法。

但还有部分学者认为,金融普惠是一种多维现象,分项维度只能提供金融普惠特定方面的局部信息。一个国家可能在金融普惠的某一方面表现良好,在另一方面表现欠佳。因此,需要构建综合性的指数来估计一国金融普惠总体发展水平,研究其动态变化以及在不同地区的差异性(Sarma,2008,2010,2012;Chakravarty et al.,2010,2013)。联合国通过计算分项维度算术平均值的方法构建了人类发展指数(Human Development Index,HDI),为建立综合性指数提供了有益参考。但缺陷在于采取这一方法的前提是各个维度是可以完全替代的,某一维度状态的优化可被另一个维度状态的恶化所抵消。这种依赖各个维度同等重要和完全可替代性的假设是不合理的,受到诸多学者的批评(Desai,1991;Trabold-Nubler,1991;Luchters and Menkhoff,1996;Sagar and Najam,1998)。

为了克服单项指标衡量的不足,同时避免人类发展指数采用简单线性加总方式计算存在的问题,萨尔马(Sarma,2008)最先构建了综合性的金融普惠指数(Index of Financial Inclusion,IFI),他基于银行渗透度(banking penetration)、金融服务可得性(availability of banking service)、金融服务使用性(usage)三个分项维度指标,计算各维度相对于理想值的欧几里得距离,最终形成综合性的金融普惠指数。不过,正如萨尔马(Sarma,2012)所言,这种方式计算依然比较简单,而且对于每一维度没有采用变化的权重。帕克等(Park and Mercado,2015)借鉴萨尔马(Sarma,2008)的方法,建立了两种可得性维度指标和三种使用性维度指标,然后对不同维度指标赋予相同权重,以欧几里得距离作为金融普惠指数的衡量指标。萨尔马(Sarma,2012)对金融普惠指数的计算方法进行了改进,对不同维度赋予不同权重,同时考虑到仅以实际值到理想(最优)状态的欧几里得距离作为金融普惠指数的不足[①],分别计算了实际值到最优状态和最差状态的欧几里得距离,以两者均值作为新的金融普惠指数,其指数具备有界性、无量纲、齐次性、单调性等优良的数学特性。这种方法应用性较广,可以基于不同的微观或者是宏观数据衡量金融普惠指数,也可以衡量不同地域范围的金融普惠水平,还可以衡量不同年份的金融普惠发展变动。与此不同的是,阿米迪奇克(Amidžić,2014)认为,需要避免完全可替代和完全不可替代两个极端,最好的加总方式是有弹性的替代,其利用指数加权平均的方法计算分项维度指数和总体指数。此外,查克拉瓦蒂(Chakravarty,2013)对金融普惠指数的构建依赖于人类发展领域的公理化方法,试图通过使用公理化结构充分利用宝贵的金融机构数据。这种方法首先需要对与指数相关的若干重要基本假设(公理)进行正式定义,在满足基本假设的前提下,采用幂加总的方式构建指数,构建出来的指数能够较好反映金融服务的实际发展状态,可为提升金融发展水平提供有益参考。

国内方面,多数学者主要借鉴萨尔马(Sarma,2008)的方法,基于宏观层

[①] 根据萨尔马(Sarma,2012)的阐述,在 n 维度的空间中,可能存在两个点,其到最差状态距离一样,但是到最优状态的距离不一样;反之,情况也可能存在。若仅以到最优状态的欧几里得距离衡量金融普惠水平,可能出现计算值相等,但是两点实际存在差异的问题,因此,要同时考虑两种欧几里得距离。

面的金融机构数据对金融服务可得性、使用性等不同维度进行衡量,采用欧几里得距离法计算金融普惠指数(王婧、胡国晖,2013;焦瑾璞等,2015;周顺兴、林乐芬,2015;谢升峰、路万忠,2014)。考虑到萨尔马(Sarma,2012)的金融普惠指数计算方法更加科学严谨,本书主要借鉴改进后的方法计算金融普惠指数。值得一提的是,与国内外学者金融普惠指数衡量不同的是,基于中国家庭金融调查(CHFS)在2015年完成的最新一轮大型微观数据,本书将充分利用CHFS微观调查数据提供的丰富详尽的家庭金融服务需求和满足情况信息,同时考虑微观层面的金融机构服务供给情况,试图构建能够尽可能反映京津冀实际金融发展状态的金融普惠指数。下面将首先阐述京津冀地区的金融普惠分项指标构成,而后构建综合性的金融普惠指数。

3.3 金融普惠分项指标

3.3.1 银行账户

表3-1统计了京津冀家庭银行账户(含信用社)的拥有情况。北京家庭银行账户总体拥有比例最高,为88.9%;天津次之,为79.6%;河北最低,仅为59.5%,低于全国平均水平(71.3%)。活期存款账户方面,北京拥有比例为86.3%;天津次之,为74.6%;河北为55.8%,依然低于全国平均水平69.1%。从定期存款拥有比例看,天津家庭最高,为40.5%;北京次之,为39.6%;河北为19.7%。三个地区均高于全国水平(18.5%)。不难看到,京津冀地区均有一定比例的家庭被排斥在正规金融体系之外,河北最为严重,银行账户拥有相较全国平均水平尚有差距。

表3-1 京津冀家庭银行账户拥有情况　　　　　　　%

	活期存款账户拥有	定期存款账户拥有	银行账户总体拥有
北京	86.3	39.6	88.9
天津	74.6	40.5	79.6

续表

	活期存款账户拥有	定期存款账户拥有	银行账户总体拥有
河北	55.8	19.7	59.5
全国	69.1	18.5	71.3

表3-2对比分析了京津冀家庭接触的银行服务形式分布。从表中可以看出,传统的网点柜台模式仍是我国家庭享受金融服务的主流形式。全国91.5%的家庭通过网点柜台获取金融服务,天津为100%,北京略低,为92.4%,河北为90.7%。自助银行方面,全国33.1%的家庭通过自助银行获取金融服务,北京为32.2%,天津次之,为28.9%,河北最低,为15.2%,三个地区均低于全国水平。随着计算机技术在金融领域的应用加深,电子银行服务发展迅猛。全国总体来看,家庭网上银行使用比例为23.6%,手机银行使用比例也达到了17.9%,电话银行使用比例较低,为8.3%。京津冀比较而言,网上银行使用比例上,北京家庭为52.6%,远远高于天津、河北的19.4%和11.8%。手机银行使用比例上,北京家庭为38.4%;天津次之,为13.5%;河北最低,仅为1.9%。天津和河北低于全国水平。而电话银行使用情况上,北京家庭为26.4%,天津和河北家庭则几乎没有接触过这种金融服务形式。由此可见,京津冀家庭在网点柜台使用上的差异不大,而在各类电子银行服务使用上,北京依次领先于天津和河北,说明电子银行在各地普及程度还有待提高,尤其是目前手机已成为我国居民必备的通信工具,手机银行在突破时间空间限制上具有显著优势,可以作为推进金融普惠的有效突破口。

表3-2 京津冀家庭接触的银行服务形式 %

	网点柜台	自助银行	网上银行	电话银行	手机银行
北京	92.4	32.2	52.6	26.4	38.4
天津	100.0	28.9	19.4	0.0	13.5
河北	90.7	15.2	11.8	0.0	1.9
全国	91.5	33.1	23.6	8.3	17.9

表3-3进一步描述了京津冀家庭对银行服务的评价。由表中数据可知,全国总体而言,对银行服务表示"满意"的家庭比例为68.7%,天津和河

北依次为 66.9% 和 66.6%，北京地区最低，仅为 65.8%。对银行服务表示不满意的家庭比例为 4.2%，河北低于全国平均水平，为 3%，北京和天津均高于全国平均水平，依次为 6.9% 和 6.3%。相比较而言，经济较为发达的北京和天津家庭对金融服务的评价较差，而河北虽然金融发展水平相对落后，但是家庭总体对金融服务的评价较好。

表 3-3　京津冀地区银行服务评价　　　　　　　　　　%

	满意	一般	不满意
北京	65.8	27.3	6.9
天津	66.9	26.8	6.3
河北	66.6	30.5	3.0
全国	68.7	27.0	4.2

表 3-4 进一步分析家庭对银行服务不满意的原因。如该表所示，银行工作人员服务质量差是导致家庭对银行服务不满意的主要原因，全国总体而言，这一比例为 79.5%，北京和河北均低于全国平均水平，分别为 73.0%、65.1%，天津则相对较高，为 88.1%。此外，银行网点少、业务程序烦琐、手续费高也是导致家庭对银行服务不满意的重要因素。全国 14.2% 的家庭认为银行网点少，北京和天津家庭这一比例较低，分别为 8.4%、9.1%，而河北这一比例明显较高，为 18.5%，这也间接反映了河北银行服务网点覆盖率较低的现实。全国 14.7% 的家庭认为银行服务手续费偏高，北京这一比例更高，为 15.9%，天津和河北则都比较低。全国家庭中，还有 12.4% 认为银行业务程序烦琐，天津这一比例较低，为 11.6%，北京及河北更低，均不到 7%。总之，未来要提升京津冀家庭的金融服务满意度，重点在提高金融服务质量。此外，还应重点在河北地区提高银行网点覆盖率；在北京规范金融机构收费标准，降低居民获取金融服务成本；在天津优化银行服务程度，提高服务效率。

表 3-4　京津冀家庭对银行服务不满意的原因　　　　　%

	网点少	自助服务终端少	服务质量差	业务程序烦琐	手续费高	不便利	电子金融业务欠缺	没有合适产品	其他
北京	8.4	2.4	73.0	6.4	15.9	0.0	1.4	5.6	19.8

续表

	网点少	自助服务终端少	服务质量差	业务程序烦琐	手续费高	不便利	电子金融业务欠缺	没有合适产品	其他
天津	9.1	0.0	88.1	11.6	6.1	2.0	0.0	0.0	9.0
河北	18.5	7.8	65.1	5.2	2.6	5.1	0.0	0.0	11.4
全国	14.2	5.0	79.5	12.4	14.7	3.6	3.6	3.2	11.1

3.3.2 支付方式

随着现代经济中交易无纸化的发展,借记卡(储蓄卡)、贷记卡(信用卡)、第三方支付(如支付宝)等支付方式日益普及。图3-1报告了京津冀家庭不同支付方式的使用情况①。

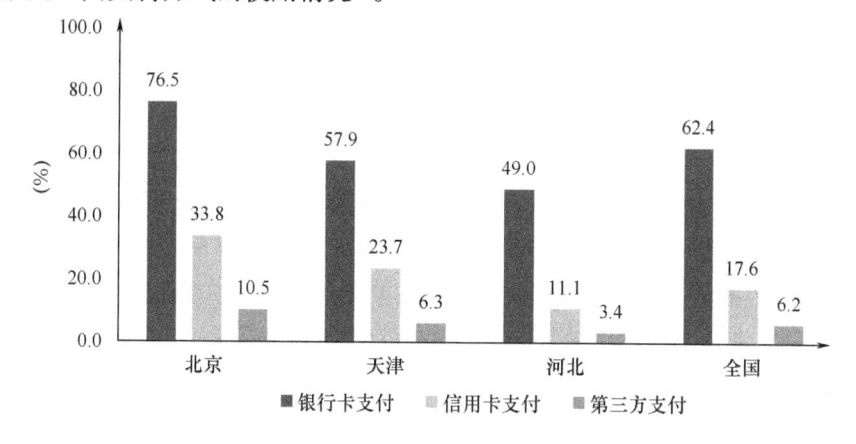

图3-1 京津冀家庭支付方式分布

由图可知,传统银行借记卡(以下简称"银行卡")方面,全国总体而言家庭银行卡持有比例为62.4%,北京最高,为76.5%,天津次之,为57.9%,河北最低,为49.0%;信用卡持有方面,全国家庭信用卡持有比例为17.6%,北京为33.8%,天津为23.7%,河北为11.1%;第三方支付使用情况上,全国平均水平为6.2%,北京最高,为10.5%,天津次之,为6.3%,河北最低,为3.4%。

---

① 在CHFS(2015)问卷中,并未直接询问家庭是否利用银行支付过,本书以家庭银行卡持有情况作为支付情况的近似替代,可能存在一定误差。

由此可见,京津冀家庭在信用卡使用上差异巨大,而各省家庭对新兴的第三方支付方式的接受程度还有待提高。此外,针对家庭信用卡使用情况,CHFS问卷还调查了未持卡家庭的需求状况,发现家庭面临较为严重的信用卡约束。全国总体而言,需要信用卡的家庭中,26.9%没有获得信用卡;北京这一比例最低,为13.1%;天津较高,为22.9%;河北最高,为29.5%。

3.3.3 信贷参与

按照信贷资金来源的不同,家庭信贷可分为正规信贷(贷款)和非正规信贷(借款),前者主要是指家庭通过银行、信用社等正规金融机构获取资金,后者则主要是指家庭通过亲属、朋友、同事及民间金融组织等非正规渠道融入资金。我国信贷市场尚不完善,个人征信体系还没有完全建立起来,信息不对称问题严重,主要依托社会网络的非正规信贷具备灵活性较强、信息相对更充分等诸多优势,是正规信贷的重要补充。

表3-5和表3-6报告了京津冀家庭的贷款及借款拥有情况。从贷款总体拥有情况看,全国有14.3%的家庭拥有贷款,京津冀比较而言,天津最高,为14.0%;其次为北京,为12.0%;河北最低,为9.1%。从贷款用途看,不管是全国总体而言,还是京津冀内部,家庭拥有比例最高的三类贷款均为住房贷款、生产经营贷款和汽车贷款。住房贷款方面,全国家庭平均拥有比例为9.7%,北京和天津均高于全国平均水平,依次为10.9%,12.5%,河北则明显低于全国平均水平,为5.9%,说明河北家庭贷款买房的意愿相对较弱。生产经营贷款(含农业生产经营和工商业生产经营)方面,全国家庭平均拥有比例为2.9%,京津冀家庭这一比例均低于全国平均水平,依次为0.2%,0.7%,1.5%。汽车贷款方面,全国家庭平均拥有比例为1.7%,北京为1.1%,天津为0.8%,河北最高,为2.1%。由此可见,与住房贷款不同的是,河北家庭贷款从事生产经营和贷款买车的意愿在京津冀地区都是最强的。

表3-5 京津冀家庭贷款比例　　　　　　　　　　%

	生产经营贷款	住房贷款	汽车贷款	教育贷款	医疗贷款	其他贷款	总体
北京	0.2	10.9	1.1	0.2	0.1	0.5	12.0
天津	0.7	12.5	0.8	0.3	0.0	0.3	14.0

续表

	生产经营贷款	住房贷款	汽车贷款	教育贷款	医疗贷款	其他贷款	总体
河北	1.5	5.9	2.1	0.4	0.0	0.5	9.1
全国	2.9	9.7	1.7	0.9	0.2	0.6	14.3

如表3-6所示,从借款总体拥有情况看,全国19.9%的家庭拥有借款,北京和天津均远低于全国平均水平,依次为8.2%、7.4%,而在经济相对欠发达的河北,这一比例虽仍低于全国平均水平,但是已达到了17.9%。家庭借款用途相对更加分散化、多元化。家庭借款主要是为了购房,全国总体而言,这一比例为8.6%,京津冀家庭这一比例均低于全国平均水平,北京和天津相对较低,依次为4.7%、2.7%,河北相对较高,为6.7%。生产经营借款(含农业生产经营和工商业生产经营)方面,全国家庭平均拥有比例为5.2%,北京和天津这一比例依然较低,为1.4%、1.8%,而河北为4.4%。医疗借款方面,全国家庭平均拥有比例为4.7%,北京为1.7%,天津为2.1%,河北最高,为3.8%。总之,河北家庭对非正规信贷的依赖相对较强,家庭民间借款市场参与较为活跃。

表3-6 京津冀家庭借款拥有　　　　　　　　　　%

	生产经营借款	住房借款	汽车借款	教育借款	医疗借款	其他借款	总体
北京	1.4	4.7	0.7	0.8	1.7	0.7	8.2
天津	1.8	2.7	0.4	0.3	2.1	1.3	7.4
河北	4.4	6.7	0.6	1.9	3.8	3.9	17.9
全国	5.2	8.6	1.1	2.0	4.7	2.9	19.9

3.3.4 家庭保险

图3-2是全国以及京津冀家庭的各项保险拥有情况。养老保险方面,我国居民总体拥有比例[1]为70.6%;北京最高,达到87.9%;河北次之,为80.0%;天津最低,为79.9%。医疗保险方面,我国居民总体拥有比例[2]

---

[1] 养老保险拥有比例=家庭购买养老保险人口数/家庭16岁以上成员总数(学生除外)。
[2] 医疗保险拥有比例=家庭购买医疗保险人口数/家庭总人口数。

达到88.7%,北京为91.8%,天津为89.7%,河北为89.4%,均高于全国平均水平。工作类保险方面,我国居民总体拥有比例①较低,为32.7%;北京最高,为67.3%;天津为64.8%;河北最低,为21.5%。商业保险方面,全国仅有9.1%的家庭拥有商业保险,其中,北京为16.4%,天津为11.5%,河北为7.2%。

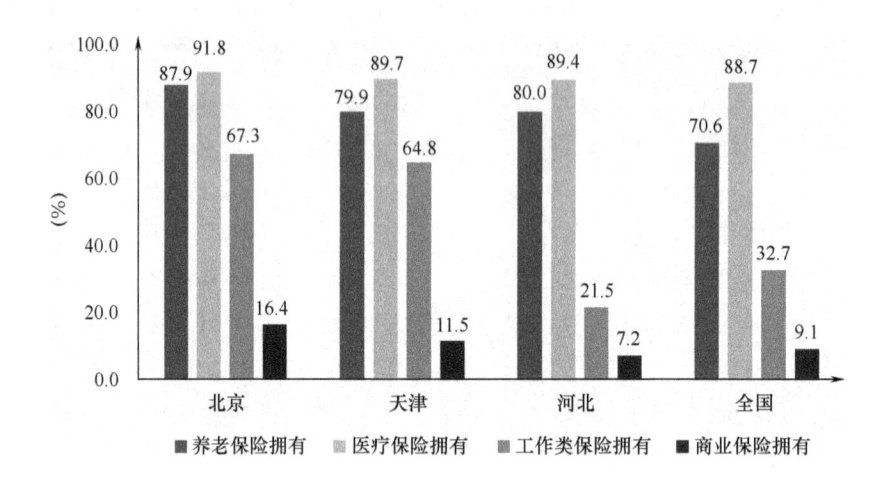

图3-2 京津冀家庭保险持有

3.3.5 社区银行网点

前面主要从金融服务的需求主体——微观家庭的金融服务获得情况来考察地区金融普惠发展水平。考虑到家庭未获得某项金融服务,并不意味着金融普惠水平低下,可能源自家庭本身不需要该项服务,也可能由于获得某项服务时存在难以克服的障碍因素,如服务成本偏高、金融机构距离太远等。因此,单独以家庭的金融服务获得情况来衡量地区金融普惠水平是有偏差的。本小节将尝试构建反映社区层面金融机构渗透情况的若干指标,构建从金融机构供给角度衡量金融普惠发展水平的另一重要分项指标。

---

① 工作类保险拥有比例=家庭购买失业保险、工伤保险、生育保险任意一种保险的人口数/家庭非农就业人口总数。

莱申和思里夫特(Leyshon and Thrift,2006)等人的研究表明,金融机构网点的设立能够有效地缓解金融排斥。而在所有金融机构中,又以商业银行与一般大众的关系最为直接,相比起证券公司、基金公司等机构,银行提供的服务大多是基础服务,与金融普惠的内涵高度契合。随着社会的进步,金融业务的自动化水平大大提高,银行网点已不再是获取服务的唯一物理渠道,ATM等终端设备对传统的银行人工服务形成了有效替代。目前,存款、取款、查询、转账等基本服务都可以通过ATM来实现。此外,村镇银行(社区银行)作为新兴的微型金融机构,具有信息充分、灵活便捷等诸多优势,是提升金融普惠的重要载体。考虑到以上因素,最终社区层面的分项指标选取了社区有银行网点、有ATM、有村镇银行(社区银行)的三种哑变量指标以及社区每平方公里银行网点数、每平方公里ATM数、每千人银行网点数、每千人ATM数四种连续变量指标。如图3-3所示,全国拥有银行网点和ATM的社区比例分别为48.1%和56.1%;北京这一比例相对较高,分别为67.7%和67.6%;天津分别为25.9%和79.7%;河北最低,分别为25.9%和23.8%。全国拥有村镇银行(社区银行)的社区比例仅为3.3%,北京为4.8%;天津最高,为10.4%;河北为4.5%。这说明村镇银行(社区银行)这一最贴近居民生活的新兴微型金融机构在我国尚处于发展初期。

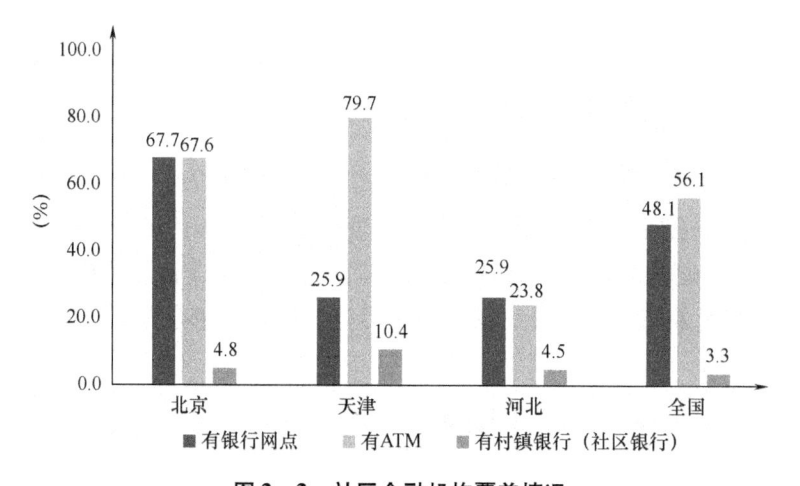

图3-3 社区金融机构覆盖情况

进一步由表3-7可知,从地理维度看,全国每平方公里银行网点和ATM平均数分别为2.89和3.59,在京津冀地区,北京和天津均高于全国水平,前者两项指标取值分别为6.42和8.91,后者分别为6.09和9.56;河北则明显较低,两项指标取值分别为1.93和2.14。从人口维度看,全国每千人银行网点和ATM平均数分别为0.23和0.30,北京这两项指标总体取值分别为0.49和0.51,天津则分别取值0.39和0.57,河北取值分别为0.15和0.18。综合图3-3和表3-7,不难看出,河北金融机构网点覆盖较北京和天津落后较多,还有较大提升空间。

表3-7 社区金融机构覆盖情况(连续变量)[①] 个

	每平方公里银行网点数	每平方公里ATM数	每千人银行网点数	每千人ATM数
北京	6.42	8.91	0.49	0.51
天津	6.09	9.56	0.39	0.57
河北	1.93	2.14	0.15	0.18
全国	2.89	3.59	0.23	0.30

3.4 金融普惠总体指数

3.4.1 京津冀金融发展趋势

国内外诸多学者[②]采用存贷款总额占GDP比重[③]从宏观的角度衡量地区总体金融发展水平。如图3-4所示,我们发现,2004年以来,总体上,京津冀地区金融发展水平在不断提高,北京最为明显。那么京津冀地区的金融普惠状况如何呢?金融发展是否使得社会群体普遍获益?下面将分别

[①] 全样本存在部分不合常理的极大值,进行了最高5%的缩尾处理。

[②] 杨楠等(2014)、孙伍琴等(2013)、孙永强(2012)、王晋斌(2007)、吉梅(Gimet,2011)等均采用贷款总额除以GDP作为金融发展的衡量指标。

[③] GDP数据来源于中经网数据库,存贷款余额数据来源于中国经济社会发展统计数据库。

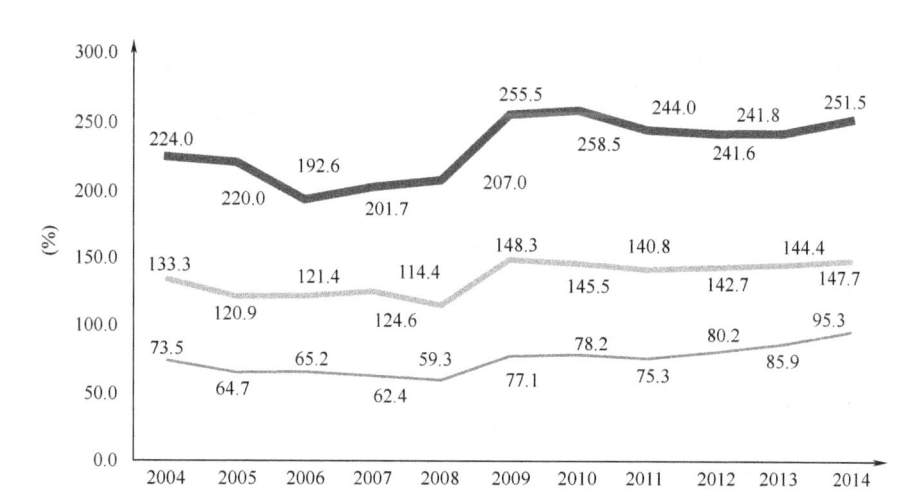

基于家庭层面和社会层面构建相应的金融普惠指数。

图 3-4 京津冀贷款总额占 GDP 比重

3.4.2 家庭层面金融普惠指数

家庭层面金融普惠指数重在定量测评单个家庭的金融普惠状况,只涉及家庭作为金融服务需求方对各类金融服务的享受情况。涉及四个方面分项指标:银行账户方面,衡量指标为是否拥有银行账户;支付手段方面,衡量指标为是否拥有信用卡、是否拥有第三方支付账户;正规贷款方面,衡量指标为是否拥有贷款;商业保险方面,衡量指标为是否拥有商业保险。累计 5 种具体的分项指标,考虑到各分项指标均为哑变量,采用基于矩阵的因子分析法,表 3-8 是因子分析结果,根据特征值大于 1 的原则,可以保留主因子 1,表 3-9 KMO 检验显示,各变量的 KMO 值都在 0.7 以上,说明采用因子分析法是合适的。

表 3-8 因子分析结果

	Factor1	Factor2	Factor3	Factor4	Factor5
特征值	1.805 6	0.091 0	0.011 6	-0.167 6	-0.204 0

续表

	Factor1	Factor2	Factor3	Factor4	Factor5
比重	1.175 1	0.059 3	0.007 6	−0.109 1	−0.132 8
累计比重	1.175 1	1.234 4	1.241 9	1.132 8	1

表 3−9　KMO 值及旋转后的主因子载荷

	KMO	因子载荷
存款账户拥有	0.780 9	0.612 6
第三方支付账户	0.721 5	0.725 3
信用卡拥有	0.703 8	0.760 9
贷款拥有	0.756 5	0.412 8
商业保险拥有	0.811 9	0.346 2
总体	0.737 9	

最后,计算出因子得分如表 3−10 所示,为便于后面分析,将因子得分标准化,得到取值在[0,100]的家庭层面金融普惠指数。全国家庭金融普惠指数均值为 39.270。

表 3−10　描述性统计结果

	N	mean	sd	min	max
因子得分	36 436	0.357	0.358	−0.494	1.672
金融普惠指数	36 436	39.270	16.525	0.000	100.000

由表 3−11 可知,从京津冀地区看,北京家庭金融普惠指数平均水平为 45.240,天津为 40.595,河北则为 34.951。该表还根据家庭分项金融服务获得情况,依次构建了各类分项指数,以银行账户拥有指数为例,相应指数计算公式为(拥有银行账户的家庭/地区家庭总数)×100,各类分项指数取值也在[0,100],除银行账户拥有指数外,其余分项指数普遍低于 50。所以需多管齐下,全面提升家庭对各类基础性金融服务的参与程度,才能提升总体金融普惠水平。

表3-11 京津冀金融普惠指数(家庭层面)

地区	银行账户拥有指数	第三方支付账户指数	信用卡拥有指数	贷款拥有指数	商业保险拥有指数	金融普惠指数
北京	88.9	10.5	33.8	12	16.4	45.240
天津	79.6	6.3	23.7	14	11.5	40.595
河北	59.5	3.4	11.1	9.1	7.2	34.951

3.4.3 社区层面金融普惠指数

社区层面金融普惠指数需要反映整个社区的金融普惠状况,不仅涉及社区内所有家庭对获得各类金融服务的情况,还涉及社区层面金融机构的渗透状况。具体选择以下十种分项指标构建总体社区金融普惠指数:社区金融机构覆盖情况,采用地理维度服务的社区每平方公里网点数、社区每平方公里 ATM 数以及人口维度服务的社区每千人银行网点数以及社区每千人 ATM 数衡量;银行账户方面,衡量指标为社区家庭银行账户拥有比例和社区家庭对银行服务的总体评价[①];支付手段方面,衡量指标为社区家庭信用卡持有比例和社区家庭第三方账户拥有比例;正规贷款方面,衡量指标为社区家庭贷款比例;商业保险方面,衡量指标为社区家庭商业保险拥有比例。

借鉴萨尔马(Sarma,2012)的方法,社区层面金融普惠指数的具体构建过程如下:

第一步,确定各分项指标的权重。本小节沿用国内外学者采用较多的变异系数法来确定各分项指标权重,首先用变异系数来衡量各指标取值的差异程度,以消除不同指标量纲不同的问题,而变异系数是标准差与平均数的比值,分别计算第 i 项指标的平均数 X_i 和标准差 $\sigma_i(i=1,2,\cdots,n)$,则

[①] 金融服务评价关系到金融服务质量、成本,是体现金融普惠水平的重要方面,已有金融普惠衡量中受数据限制,少有学者将这一维度纳入总体金融普惠指数构建中。本书借助独特的微观数据优势,考虑了这一因素,但是对单个家庭而言,金融服务的评价问题缺失值较多,故未纳入家庭层面金融普惠指数构建;而在社区层面指数构建时,将未缺失家庭的金融服务评价进行简单平均,作为社区金融服务评价的近似替代,并作为形成总体指数的分项指标之一。

其变异系数为 $v_i = \dfrac{\sigma_i}{X_i}$；然后，加总求其和 $\sum v_i$；由此，得到各指标的权重 $\omega_i = \dfrac{v_i}{\sum v_i}$。

第二步，单项维度指标标准化。

$$d_i = \omega_i \frac{A_i - m_i}{M_i - m_i} \qquad (3-1)$$

式中：ω_i 为维度 i 的权重，$0 \leq \omega_i \leq 1$；A_i 为维度 i 的实际值；m_i 为所有维度 i 的最低值，M_i 为最高值。

第三步，分别计算某一社区金融普惠状况到最差值和理想值的欧几里得距离，两种欧几里得距离的平均值即为社区金融普惠指数（IFI）。

$$X_1 = \frac{\sqrt{d_1^2 + d_2^2 + \cdots + d_n^2}}{\sqrt{w_1^2 + w_2^2 + \cdots + w_n^2}} \qquad (3-2)$$

$$X_2 = 1 - \frac{\sqrt{(\omega_1 - d_1)^2 + (\omega_2 - d_2)^2 + \cdots + (\omega_n - d_n)^2}}{\sqrt{w_1^2 + w_2^2 + \cdots + w_n^2}} \qquad (3-3)$$

$$\text{IFI} = \frac{1}{2}(X_1 + X_2) \qquad (3-4)$$

基于社区层面的金融普惠指数[①]，得到全国家庭金融普惠指数平均水平为 0.133，如表 3-12 所示：分京津冀地区看，北京为 0.240，明显高于全国平均水平；天津稍落后，为 0.205；河北落后更为严重，仅为 0.083。

表 3-12 京津冀金融普惠指数（社区层面）

地区	京津冀金融普惠指数
北京	0.240
天津	0.205
河北	0.083
全国	0.133

---

① 考虑到社区层面包含更加丰富的分项指标信息，社区层面的金融普惠指数更能反映各地区实际金融普惠状况。

3.5 小结

本章首先介绍京津冀家庭的金融普惠分项指标情况,而后构建了综合性的金融普惠指数,通过先总后分的方式,描述了京津冀地区金融普惠的发展全貌。

从分项指标看:银行账户方面,北京和天津家庭这一比例依次为88.9%,79.6%,均高于全国平均水平,而河北仅为59.5%,低于全国平均水平,落后较多;非现金支付方式上,京津冀家庭仍然主要采用银行借记卡支付,信用卡和第三方支付使用都最高的北京,前者比例为33.8%,后者也仅为10.5%,说明家庭消费观念依然比较保守,新兴互联网支付方式的普及性还不高;信贷市场参与方面,天津家庭贷款比例最高,北京次之,河北家庭借款比例最高,依托人情网络的非正规信贷市场较为活跃;从保险市场参与看,京津冀家庭在养老、医疗之类的社会保险方面参与情况差异不大,各地区的商业保险持有总体比例偏低,北京为16.4%,天津为11.5%,河北仅为7.2%;社区银行网点分布方面,河北银行网点覆盖和ATM覆盖比例均大致为1/4,较北京和天津相差甚远。

从金融普惠总指数看,本章通过因子分析法,构建出取值为[1,100]的单个家庭的金融普惠指数,加权计算得出基于家庭层面的总体金融普惠指数,京津冀依次为45.240,40.595,34.951;然后通过加入更加丰富的金融供给信息,利用欧几里得距离法,构建出取值为[0,1]的单个社区的金融普惠指数,加权计算得出基于社区的总体金融普惠指数,北京为0.240,明显高于全国平均水平,天津稍落后,为0.205,河北仅为0.083。

综上所述,京津冀地区金融普惠水平均有待进一步提升,同时地区内部差距较大,北京和天津相对领先,河北严重落后。

4 京津冀家庭支付与储蓄

4.1 家庭支付特征

4.1.1 家庭支付方式

目前,我国居民主要支付方式为银行卡支付、信用卡支付及第三方支付。从全国来看,超过50%的家庭拥有银行卡支付功能,信用卡支付和第三方支付比例明显较低,分别为17.6%和6.2%。分地区来看,北京家庭各种支付方式拥有比例最高,金融普惠程度最高,银行卡支付、信用卡支付、第三方支付三种方式分别为76.5%、33.8%、10.5%,其次为天津,河北家庭各种支付方式拥有比例最低。具体情况如表4-1所示。

表4-1 家庭支付方式　　　　　　　　　%

	银行卡支付	信用卡支付	第三方支付
北京	76.5	33.8	10.5
天津	57.9	23.7	6.3
河北	49.0	11.1	3.4
全国	62.4	17.6	6.2

注:银行卡支付指的是家庭有借记卡(储蓄卡)的比例,信用卡支付指的是家庭有信用卡的比例,第三方支付指的是家庭有余额宝等的比例。

4.1.2 银行卡支付

4.1.2.1 户主年龄与银行卡支付

从全国来看,随着户主年龄的增加,家庭拥有银行卡支付的比例逐渐下降,户主年龄为30周岁及以下、31~39周岁、40~49周岁、50周岁及以上的家庭银行卡支付比例分别为84.8%、78.3%、70.5%、51.9%,北京、天津及河北的情况也大致符合此特征。具体情况如表4-2所示。

表4-2　户主年龄与银行卡支付比例　　　　　　　　%

	北京	天津	河北	全国
30周岁及以下	91.0	76.5	78.5	84.8
31~39周岁	83.9	78.9	71.3	78.3
40~49周岁	85.8	68.8	59.1	70.5
50周岁及以上	69.5	51.4	36.8	51.9

4.1.2.2　户主学历与银行卡支付

户主受教育程度越高,家庭拥有银行卡支付的比例也越高。户主学历为没上过学、小学、初中、高中、中专/职高、大专/高职、大学本科、硕士/博士研究生的家庭银行卡支付比例分别为32.8%、47.3%、61.3%、71.4%、77.5%、85.5%、88.4%、95.2%。北京、天津及河北的情况也大致符合此特征。这说明从银行卡支付的角度来看,金融普惠程度随着学历层次的提高而提高。具体情况如表4-3所示。

表4-3　户主学历与银行卡支付比例　　　　　　　　%

	北京	天津	河北	全国
没上过学	45.3	13.4	15.5	32.8
小学	58.1	24.5	34.8	47.3
初中	64.6	47.8	48.5	61.3
高中	76.8	61.3	58.0	71.4
中专/职高	68.4	71.8	63.8	77.5
大专/高职	91.3	74.3	83.9	85.5
大学本科	94.8	82.8	86.5	88.4
硕士/博士研究生	94.7	100.0	93.5	95.2

4.1.2.3　户主居住地与银行卡支付

户主居住地为城镇的家庭,银行卡支付比例明显高于户主居住地为农村的家庭。北京、天津、河北受访户主居住地为城镇的家庭拥有银行卡支付的比例分别为79.1%、62.7%、59.7%,均超过50%。由此可知在银行卡支付方面,户主居住地为城镇的家庭金融普惠程度较高,且高于农村。具体情况如表 4-4 所示。

表 4-4　户主居住地与银行卡支付比例　　　　　　　　%

	北京	天津	河北	全国
城镇	79.1	62.7	59.7	72.3
农村	52.4	27.6	36.3	45.8

4.1.2.4　家庭收入与银行卡支付

把家庭收入从低到高排序,等分为五组,可以发现随着户主收入的增加,家庭拥有银行卡支付的比例增加。家庭收入后 20% 的家庭拥有银行卡支付的比例非常高,北京、天津、河北分别为 89.5%、83.1%、83.5%,均超过 80%。这说明从银行卡支付角度来看金融普惠程度随着家庭收入的增加而增加。地区之间的差异在高收入组之间差别不大,在低收入组之间差别较大。具体情况如表 4-5 所示。

表 4-5　家庭收入与银行卡支付比例　　　　　　　　%

	北京	天津	河北	全国
0%~20%	65.8	28.3	31.4	40.0
20%~40%	45.0	40.4	37.8	49.4
40%~60%	68.3	47.3	56.4	64.3
60%~80%	76.7	58.7	67.5	74.1
80%~100%	89.5	83.1	83.5	84.6

4.1.2.5　家庭资产与银行卡支付

把家庭资产从小到大排序,等分为五组,可以发现随着家庭资产的增加,家庭拥有银行卡支付的比例增加。家庭资产 0%~20%,20%~40%,40%~60%,60%~80%,80%~100% 的家庭,银行卡支付比例分别为 36.0%、50.0%、64.7%、77.5%、85.0%。北京、天津、河北的情况也大致符合此特征,且地区之间的差异在高资产组之间差别不大,在低资产组之间差别较大。具体情况如表 4-6 所示。

表4-6 家庭资产与银行卡支付比例   %

	北京	天津	河北	全国
0%~20%	57.6	32.0	22.4	36.0
20%~40%	78.9	41.7	39.3	50.0
40%~60%	68.6	43.0	57.7	64.7
60%~80%	67.2	53.2	69.5	77.5
80%~100%	82.9	77.9	88.2	85.0

4.1.3 信用卡支付

4.1.3.1 户主年龄与信用卡支付

从全国来看,户主年龄在30周岁及以下和31~39周岁的家庭拥有信用卡支付的比例最高,分别为38.6%和38.4%;50周岁及以上的家庭拥有信用卡支付的比例最低,为7.9%。此外,北京和天津家庭的信用卡支付比例明显高于全国水平,说明这两个地区信用卡支付的金融普惠程度较高。具体情况如表4-7所示。

表4-7 户主年龄与信用卡支付比例   %

	北京	天津	河北	全国
30周岁及以下	59.2	41.9	28.9	38.6
31~39周岁	64.8	55.6	25.4	38.4
40~49周岁	43.6	33.8	16.7	21.7
50周岁及以上	18.8	15.9	3.8	7.9

4.1.3.2 户主学历与信用卡支付

户主受教育程度越高,家庭拥有信用卡支付的比例也越高。户主学历为没上过学、小学、初中、高中、中专/职高、大专/高职、大学本科、硕士/博士研究生的家庭信用卡支付比例分别为3.0%、5.3%、10.4%、20.4%、28.3%、44.7%、51.5%、78.5%。北京、天津及河北的情况也大致符合此特征,因此,从信用卡支付的角度也可以说明金融普惠程度随着学历层次的提高而提高。具体情况如表4-8所示。

表4-8　户主学历与信用卡支付比例　　　　　　　　　　%

	北京	天津	河北	全国
没上过学	3.1	3.0	1.0	3.0
小学	13.9	8.2	2.6	5.3
初中	15.3	9.9	4.1	10.4
高中	27.4	23.6	14.9	20.4
中专/职高	29.8	34.4	22.6	28.3
大专/高职	50.9	36.5	42.8	44.7
大学本科	58.0	51.6	49.1	51.5
硕士/博士研究生	76.4	44.5	60.1	78.5

4.1.3.3　京津冀城乡家庭信用卡支付比例

户主居住地为城镇的家庭,信用卡支付比例明显高于户主居住地为农村的家庭。北京、天津、河北受访户主居住地为城镇的家庭拥有信用卡支付的比例分别为37.1%、27.0%、19.3%,均未超过40%。由此可知在信用卡支付方面,家庭金融普惠程度较低,尤其是户主居住地为农村的家庭。具体情况如表4-9所示。

表4-9　户主居住地与信用卡支付比例　　　　　　　　　　%

	北京	天津	河北	全国
城镇	37.1	27.0	19.3	37.1
农村	3.5	1.8	1.4	3.5

4.1.3.4　家庭收入与信用卡支付

把家庭收入从低到高排序,等分为五组,可以发现随着家庭收入的增加,家庭拥有信用卡支付的比例增加。家庭收入0%~20%、20%~40%、40%~60%、60%~80%、80%~100%的家庭,信用卡支付比例分别为6.7%、6.7%、12.2%、20.0%、43.0%。因此,从信用卡支付角度可以说明金融普惠程度随着家庭收入的增加而增加。此外,北京和天津各收入组下的家庭拥有第三方支付比例略高于全国水平,而河北家庭略低于全国水平。具体情况如表4-10所示。

表4-10 家庭收入与信用卡支付比例   %

	北京	天津	河北	全国
0%~20%	16.8	15.2	2.4	6.7
20%~40%	15.1	13.4	5.1	6.7
40%~60%	19.0	10.4	10.0	12.2
60%~80%	22.1	15.9	21.2	20.0
80%~100%	56.3	49.7	37.2	43.0

4.1.3.5 家庭资产与信用卡支付

把家庭资产从低到高排序，等分为五组，可以发现随着家庭资产的增加，家庭拥有信用卡支付的比例增加。家庭资产0%~20%，20%~40%，40%~60%，60%~80%，80%~100%的家庭，信用卡支付比例分别为3.4%，5.8%，11.7%，24.9%，44.9%。北京、天津、河北的情况也符合此特征，且地区之间的差异不大。具体情况如表4-11所示。

表4-11 家庭资产与信用卡支付比例   %

	北京	天津	河北	全国
0%~20%	12.5	5.0	1.6	3.4
20%~40%	27.3	9.3	4.9	5.8
40%~60%	27.2	17.2	5.6	11.7
60%~80%	22.8	16.9	22.0	24.9
80%~100%	42.4	39.5	44.3	44.9

4.1.4 第三方支付

4.1.4.1 户主年龄与第三方支付

从全国来看，户主年龄在30周岁及以下的家庭拥有第三方支付的比例最高，为25.5%；50周岁及以上的家庭拥有第三方支付的比例最低，为1.7%。此外，北京和天津家庭拥有第三方支付比例略高于全国水平，而河北家庭拥有第三方支付比例略低于全国水平。这说明北京和天津第三方支付的金融普惠程度与全国比起来更高，而河北和全国更低。具体情况如表4-12所示。

表 4-12　户主年龄与第三方支付比例　　　　　　　　%

	北京	天津	河北	全国
30 周岁及以下	42.9	13.0	19.7	25.5
31~39 周岁	20.3	14.0	8.9	13.2
40~49 周岁	6.3	12.1	1.6	5.7
50 周岁及以上	3.6	3.5	1.1	1.7

4.1.4.2　户主学历与第三方支付

户主受教育水平越高，家庭拥有第三方支付的比例越高。户主学历为没上过学、小学、初中、高中、中专/职高、大专/高职、大学本科、硕士/博士研究生的家庭第三方支付比例分别为 0.8%、1.5%、3.1%、6.3%、8.3%、16.8%、23.0%、37.9%。北京、天津及河北的情况也大致符合此特征，且北京家庭拥有第三方支付比例明显高于天津和河北。因此，从第三方支付的角度也可以说明金融普惠程度随着学历层次的提高而提高。具体情况如表 4-13 所示。

表 4-13　户主学历与第三方支付比例　　　　　　　　%

	北京	天津	河北	全国
没上过学	3.1	0.0	0.0	0.8
小学	2.5	1.0	0.7	1.5
初中	2.7	3.3	2.0	3.1
高中	6.3	4.7	3.8	6.3
中专/职高	8.0	9.8	6.0	8.3
大专/高职	12.0	10.8	11.2	16.8
大学本科	19.1	14.2	14.7	23.0
硕士/博士研究生	50.4	14.1	23.1	37.9

4.1.4.3　户主居住地与第三方支付

户主居住地为城镇的家庭，第三方支付比例明显高于户主居住地为农村的家庭。北京、天津、河北受访户主居住地为农村的家庭拥有第三方支付的比例分别为 0.0%、1.2%、0.7%，均未超过 2%。由此可知，我国目前第三方支付方面的家庭金融普惠程度非常低,尤其是户主居住地为农村的家庭。具体情况如表 4-14 所示。

表 4-14 户主居住地与第三方支付比例　　　　　　　%

	北京	天津	河北	全国
城镇	11.7	7.1	5.6	9.4
农村	0.0	1.2	0.7	1.0

4.1.4.4 家庭收入与第三方支付

把家庭收入从低到高排序,等分为五组,可以发现家庭收入后 20% 的家庭第三方支付比例明显高于其他收入组家庭,为 15.4%。因此,从第三方支付角度可以说明金融普惠程度在最高家庭收入组中最高,而在其他收入组中较低。具体情况如表 4-15 所示。

表 4-15 家庭收入与第三方支付比例　　　　　　　%

	北京	天津	河北	全国
0%~20%	12.2	2.0	1.9	2.5
20%~40%	3.0	1.2	1.3	2.3
40%~60%	2.6	3.0	3.7	4.3
60%~80%	6.0	6.4	4.9	6.8
80%~100%	18.3	12.4	9.9	15.4

4.1.4.5 家庭资产与第三方支付

把家庭资产从低到高排序,等分为五组,第三方支付的家庭随着家庭资产的增加而增加。家庭资产 0%~20%,20%~40%,40%~60%,60%~80%,80%~100% 的家庭,第三方支付比例分别为 1.4%,2.5%,4.1%,9.0%,15.1%。天津和河北的情况也符合此特征,但北京除最低资产组第三方支付比例为 3.9% 外,其他收入组第三方支付比例均较高,在 10% 左右。具体情况如表 4-16 所示。

表 4-16 家庭资产与第三方支付比例　　　　　　　%

	北京	天津	河北	全国
0%~20%	3.9	0.0	0.8	1.4

续表

	北京	天津	河北	全国
20%~40%	14.1	1.2	1.4	2.5
40%~60%	11.9	5.2	1.5	4.1
60%~80%	8.5	4.8	6.2	9.0
80%~100%	11.7	10.9	13.9	15.1

4.2 家庭储蓄行为

本节从总体储蓄行为、户主年龄、户主学历、户主居住地、家庭收入和家庭资产六个方面对储蓄行为进行研究。本节储蓄是指居民狭义的储蓄行为,即银行储蓄存款,只要家庭拥有银行活期或者定期存款,我们就认定该家庭有储蓄行为。

4.2.1 总体储蓄行为

如表4-17所示,总体储蓄行为方面,北京和天津的储蓄拥有率分别是88.9%和79.6%,高于全国储蓄拥有率(71.4%)。河北的储蓄拥有率为59.5%,低于全国水平。可以看出,北京和天津的金融普惠指数高于全国水平,而河北的金融普惠指数低于全国水平。推进京津冀协同发展,有利于提高河北的金融普惠水平。

表4-17 总体储蓄行为　　　　　　　　　%

	北京	天津	河北	全国
储蓄拥有率	88.9	79.6	59.5	71.4
活期储蓄拥有率	86.3	74.6	55.8	69.2
定期储蓄拥有率	39.6	40.5	19.7	18.5

如表4-18所示,储蓄规模的统计方面,北京和天津的储蓄规模分别是13.1万元和9.4万元,高于全国储蓄规模(6.7万元)。河北的储蓄规模是

4.5万元,低于全国储蓄规模。与表4-17结论一致,即北京和天津的金融普惠指数高于全国水平,而河北的金融普惠指数低于全国水平。

表4-18 储蓄规模 万元

	北京	天津	河北	全国
储蓄规模	13.1	9.4	4.5	6.7
活期储蓄规模	6.4	3.4	2.6	4.3
定期储蓄规模	16.4	12.5	6.3	10.0

4.2.2 家庭特征与储蓄

4.2.2.1 户主年龄与家庭储蓄

如表4-19所示,30周岁及以下的储蓄拥有率北京为92.3%,高于全国水平(86.8%),天津为78.3%,河北为79.4%,均低于全国水平;31~39周岁的储蓄拥有率、40~49周岁的储蓄拥有率和50周岁及以上的储蓄拥有率均为北京和天津高于全国水平,河北低于全国水平。

表4-19 户主年龄与储蓄拥有率 %

	北京	天津	河北	全国
30周岁及以下	92.3	78.3	79.4	86.8
31~39周岁	85.2	83.2	75.6	80.7
40~49周岁	90.4	78.9	67.9	75.7
50周岁及以上	88.8	79.4	50.4	65.2

如表4-20所示,从储蓄规模来看,30周岁及以下的储蓄规模,北京为10.5万元,天津为10.0万元,均高于全国水平(8.9万元),河北为6.6万元,低于全国水平;31~39周岁的储蓄规模、40~49周岁的储蓄规模和50周岁及以上的储蓄规模均为北京和天津高于全国水平,河北低于全国水平。

表4-19和表4-20都一致反映了户主年龄对家庭储蓄行为存在影响,也就是金融普惠水平在各年龄阶段存在差异。总的来说,北京和天津的储蓄倾向高于全国水平,而河北的储蓄倾向低于全国水平,即北京和天津的金融普惠水平高于全国水平,河北的金融普惠水平低于全国水平。

表 4-20　户主年龄与储蓄规模　　　　　　　　　　　　　　万元

	北京	天津	河北	全国
30周岁及以下	10.5	10.0	6.6	8.9
31~39周岁	14.5	8.3	4.6	6.8
40~49周岁	9.4	12.4	5.6	6.2
50周岁及以上	14.3	8.9	3.5	6.4

4.2.2.2　户主学历与家庭储蓄

户主学历对储蓄拥有率和储蓄规模也存在影响。如表4-21所示，除了硕士/博士研究生学历的户主外，北京其他学历的户主储蓄拥有率都高于全国的储蓄拥有率，北京硕士/博士研究生学历的户主储蓄拥有率为94.7%，而全国硕士/博士研究生学历的户主储蓄拥有率为96%；除了小学和大学本科学历的户主，天津其他学历的户主储蓄拥有率都高于全国的储蓄拥有率，天津小学学历的户主储蓄拥有率为58.0%，而全国小学学历的户主储蓄拥有率为58.8%，天津大学本科学历的户主储蓄拥有率为89.2%，而全国大学本科学历的户主储蓄拥有率为92.0%；河北各学历段的储蓄拥有率都低于全国平均水平。除了几个例外情况，总体来说，户主学历越高，储蓄拥有率越高，尤其是河北学历差异对储蓄拥有率影响最大，其次是天津。北京因为各学历阶段都有较高水平的储蓄拥有率，所以学历对储蓄的影响不太大。也就是说从储蓄拥有率来看，北京的金融普惠水平更高，不受学历影响。而天津，尤其是河北，学历对于金融普惠水平存在明显的作用，学历越高，金融普惠水平越高。

表 4-21　户主学历与储蓄拥有率　　　　　　　　　　　　　%

	北京	天津	河北	全国
没上过学	81.0	52.3	26.2	43.4
小学	73.7	58.0	46.4	58.8
初中	85.3	75.7	59.6	71.8
高中	88.6	81.8	72.3	79.4
中专/职高	85.4	85.9	71.8	85.1

续表

	北京	天津	河北	全国
大专/高职	96.4	93.1	88.2	89.5
大学本科	97.9	89.2	88.5	92.0
硕士/博士研究生	94.7	100.0	93.5	96.0

表4-22反映了户主学历对储蓄规模的影响。北京的大学本科学历、硕士/博士研究生的户主储蓄规模分别是17.4万元和28.3万元,显著高于其他学历的户主储蓄规模。所以,在北京,高等学历对储蓄规模有明显的促进作用。这与全国类似,全国大学本科学历、硕士/博士研究生学历的户主储蓄规模分别是14.5万元和21.6万元,显著高于其他学历的户主储蓄规模。天津方面,户主学历在大专/高职以上,便有较高的储蓄规模,但是大学本科和硕士/博士研究生学历的户主储蓄规模不及全国水平。在河北,大学本科学历的户主储蓄规模最高,而硕士/博士研究生学历的户主储蓄规模仅为3.5万元,还略不及河北学历为初中的户主储蓄规模。

表4-22 户主学历与储蓄规模   万元

	北京	天津	河北	全国
没上过学	13.9	3.0	2.8	3.3
小学	9.2	3.3	2.7	3.2
初中	9.1	7.9	3.9	5.2
高中	13.5	8.0	4.0	7.8
中专/职高	8.6	9.5	5.1	7.5
大专/高职	11.4	13.8	7.2	8.5
大学本科	17.4	13.1	9.4	14.5
硕士/博士研究生	28.3	14.0	3.5	21.6

4.2.3 城乡家庭的储蓄

如表4-23所示,分省市看,北京城镇和农村的储蓄拥有率分别为90.7%和73.3%,天津城镇和农村的储蓄拥有率分别为82.0%和64.4%,河北的城镇和农村的储蓄拥有率分别为68.9%和48.3%。全国城镇和农村的储蓄拥有率分别为80.3%和56.8%。北京、天津的储蓄拥有率高于全国水平,河北的储蓄拥有率低于全国水平。

表4-23 户主居住地与储蓄拥有率   %

	北京	天津	河北	全国
城镇	90.7	82.0	68.9	80.3
农村	73.3	64.4	48.3	56.8

如表4-24所示,北京的城镇储蓄规模为14.0万元,农村储蓄规模为2.4万元;天津的城镇储蓄规模为10.0万元,农村储蓄规模为4.1万元;河北的城镇储蓄规模为5.5万元,农村储蓄规模为2.8万元;全国的城镇储蓄规模为8.3万元,农村储蓄规模为2.9万元。

表4-24 户主居住地与储蓄规模   万元

	北京	天津	河北	全国
城镇	14.0	10.0	5.5	8.3
农村	2.4	4.1	2.8	2.9

表4-23和表4-24均显示,城镇的金融普惠水平高于农村。北京和天津的金融普惠水平高于全国水平,河北金融普惠水平低于全国水平。

4.2.4 家庭收入与储蓄

如表4-25所示,比较家庭收入与储蓄拥有率,全国收入最低20%和最高20%家庭的储蓄拥有率分别为49.6%和89.3%,差距为39.7%。北京收入最低20%和最高20%家庭的储蓄拥有率分别为77.8%和95.5%,差距仅为17.7%,不同收入阶层的储蓄拥有率差距小于全国差距,说明北京的金融普惠水平高于全国水平;天津收入最低20%和最高20%家庭的储蓄拥有率分别为54.6%和92.3%,差距为37.7%,差距略小于全国差距,说明天津的金融普惠水平略高于全国水平;河北收入最低20%和最高20%家庭的储蓄拥有率分别为42.7%和89.5%,差距为46.8%,差距大于全国差距,说明河北的金融普惠水平低于全国水平。

表 4-25　家庭收入与储蓄拥有率　　　　　　　　　　　　%

	北京	天津	河北	全国
0%~20%	77.8	54.6	42.7	49.6
20%~40%	73.1	63.5	49.3	60.9
40%~60%	83.7	81.3	68.7	75.0
60%~80%	91.6	81.5	75.6	83.1
80%~100%	95.5	92.3	89.5	89.3

如表 4-26 所示，比较家庭收入和储蓄规模，北京各阶层收入的储蓄规模均大于全国相应阶层的储蓄规模；天津收入最低的 20% 家庭储蓄规模低于全国水平，其余均高于全国水平；河北除收入处于 20%~60% 的家庭储蓄规模高于全国外，其余家庭的储蓄规模均低于全国。

表 4-26　家庭收入与储蓄规模　　　　　　　　　　　　万元

	北京	天津	河北	全国
0%~20%	3.7	1.5	2.5	2.8
20%~40%	3.0	4.5	2.8	2.4
40%~60%	7.6	3.8	3.9	3.4
60%~80%	9.3	7.0	4.9	6.0
80%~100%	20.6	18.5	9.8	15.1

表 4-25 和表 4-26 揭示了家庭收入与家庭储蓄的关系，数据说明北京、天津金融普惠水平高于全国水平，河北的金融普惠水平低于全国水平。

4.2.5　家庭资产与储蓄

如表 4-27 所示，比较家庭资产与储蓄拥有率，全国资产最低 20% 和最高 20% 家庭的储蓄拥有率分别为 46.0% 和 90.4%，差距为 44.4%。北京收入最低 20% 和最高 20% 家庭的储蓄拥有率分别为 76.7% 和 92.8%，差距仅为 16.1%，不同收入阶层的储蓄拥有率差距小于全国差距，说明北京的金融普惠水平高于全国水平；天津收入最低 20% 和最高 20% 家庭的储蓄拥有率分别为61.2%和91.5%,差距为30.3%,差距小于全国差距,说明天津的金融普惠水平高于全国水平;河北收入最低20%和最高20%家庭的储蓄拥有率为31.8%和91.4%,差距为59.6%,差距大于全国差距,说明河北的金融普惠水平低于全国水平。

表4-27　家庭资产与储蓄拥有率　　　　　　　　　　%

	北京	天津	河北	全国
0%~20%	76.7	61.2	31.8	46.0
20%~40%	88.6	72.3	50.2	61.4
40%~60%	75.3	71.8	71.1	74.9
60%~80%	90.4	77.0	81.3	85.6
80%~100%	92.8	91.5	91.4	90.4

如表4-28所示,比较家庭资产和储蓄规模。北京资产最低的80%家庭的储蓄规模大于全国相应阶层的储蓄规模,资产最高的20%家庭的资产阶层的储蓄规模小于全国相应阶层的储蓄规模;天津资产最低的60%家庭储蓄规模高于全国水平,资产最高的40%家庭储蓄规模低于全国水平;河北资产最低的60%家庭储蓄规模高于全国水平,资产最高的40%家庭储蓄规模低于全国水平。

表4-28　家庭资产与储蓄规模　　　　　　　　　　万元

	北京	天津	河北	全国
0%~20%	0.7	0.9	1.0	0.6
20%~40%	5.4	4.2	2.2	2.1
40%~60%	8.2	5.8	3.3	3.0
60%~80%	6.0	4.8	5.0	5.4
80%~100%	17.9	15.4	12.1	18.6

表4-27和表4-28从家庭资产角度出发,说明了北京、天津金融普惠水平高于全国水平,河北的金融普惠水平低于全国水平。

4.3 家庭支付与消费

本节从五个方面对家庭支付与消费进行研究:家庭的总体消费、银行卡支付与家庭消费、信用卡支付与家庭消费、第三方支付与家庭消费、网购与家庭消费。本节我们只考虑家庭的消费性支出。

4.3.1 家庭的总体消费

如表4-29所示,总体消费行为方面,北京的消费水平84 883元显著高于全国的消费水平(53 868元),天津的消费水平59 031元略高于全国的消费水平,河北的消费水平38 132元低于全国的消费水平。

表4-29 总体消费行为　　　　　　　　　　　　　元

	北京	天津	河北	全国
总消费	84 883	59 031	38 132	53 868
食品支出	23 230	23 157	12 289	18 098
居住支出	15 231	8 601	6 517	9 083
教育文娱支出	14 854	6 597	3 949	6 335
交通通信支出	12 736	7 746	6 492	8 957
医疗保健支出	6 370	5 264	4 396	4 293
家庭设备服务支出	7 930	4 314	2 341	3 781
衣着支出	3 489	2 812	1 970	2 542
其他支出	1 044	540	178	778

消费分为食品支出、居住支出、教育文娱支出、交通通信支出和医疗保健支出、家庭设备服务支付、衣着支出以及其他支出。

食品方面,北京、天津家庭平均支出分别为23 230元和23 157元,都高于全国平均支出(18 098元);河北家庭平均支出12 289元,低于全国平均支出。

居住方面,北京家庭平均支出15 231元,高于全国平均支出(9 083元);天津、河北家庭平均支出分别为8 601元和6 517元,都低于全国平均支出。

教育文娱方面,北京、天津家庭平均支出分别为14 854元和6 597元,都高于全国平均支出(6 335元);河北家庭平均支出3 949元,低于全国平均支出。

交通通信方面,北京家庭平均支出12 736元,高于全国平均支出(8 957元);天津、河北家庭平均支出分别为7 746元和6 492元,都低于全国平均支出。

医疗保健方面,北京、天津和河北家庭平均支出分别为6 370元、5 264元和4 396元,都高于全国平均支出(4 293元)。

家庭设备服务方面,北京、天津家庭平均支出分别为7 930元和4 314元,都高于全国平均支出(3 781元);河北家庭平均支出2 341元,低于全国平均支出。

衣着方面,北京、天津家庭平均支出分别为3 489元和2 812元,都高于全国平均支出(2 542元);河北家庭平均支出1 970元,低于全国平均支出。

其他方面,北京家庭平均支出1 044元,高于全国平均支出(778元);天津、河北家庭平均支出分别为540元和178元,都低于全国平均支出。

综上,北京、天津总体消费水平高于全国平均水平,河北总体消费水平低于全国平均水平。

4.3.2　银行卡支付与家庭消费

如表4-30所示,对有银行卡支付的家庭的消费结构差异进行分析,北京每个细分项的消费水平都高于全国平均水平;天津只有居住、交通通信和其他支出低于全国平均水平,其他各项消费支出则高于全国平均水平;河北的各项消费支出都低于全国平均水平。

对无银行卡支付的家庭的消费结构进行分析,北京消费结构里面每个支出项消费水平都高于全国平均水平;天津只有教育文娱支出低于全国平均水平,其他各项消费支出则高于全国平均水平;河北除医疗保健支出外的各项消费支出都低于全国平均水平。

表4-30　银行卡支付与家庭消费　　　　　　　　　　　　　元

	北京		天津		河北		全国	
	有	无	有	无	有	无	有	无
总消费	93 852	56 687	70 778	43 653	49 792	26 288	65 888	33 949
食品支出	24 959	17 372	25 949	19 560	14 825	9 652	21 261	12 886
居住支出	16 786	9 908	10 097	6 644	7 929	5 129	11 143	5 727
教育文娱支出	17 025	8 458	9 513	2 726	6 304	1 646	8 259	3 052
交通通信支出	14 646	6 818	10 450	4 127	10 435	2 282	11 928	4 021
医疗保健支出	6 176	6 918	4 930	5 768	3 924	4 940	4 041	4 714
家庭设备服务支出	9 098	4 448	5 458	2 821	3 416	1 285	4 880	1 979
衣着支出	4 067	1 806	3 746	1 583	2 709	1 249	3 311	1 285
其他支出	1 095	960	635	424	251	106	1 065	287

注："有"表示有银行卡支付的家庭的消费，"无"表示无银行卡支付的家庭的消费。

　　对比有银行卡支付的家庭的消费和无银行卡支付的家庭的消费，如图4-1所示，有银行卡支付的家庭消费支出明显高于无银行卡支付的家庭消费支出。其中，北京有银行卡支付的家庭消费支出为无银行卡支付的家庭消费支出的1.66倍，天津有银行卡支付的家庭消费支出为无银行卡支付的家庭消费支出的1.62倍，河北有银行卡支付的家庭消费支出为无银行卡支付的家庭消费支出的1.89倍。银行卡支付可以显著提升消费水平，推进京津冀一体发展，促进金融普惠，尤其对河北的消费支出有促进作用。

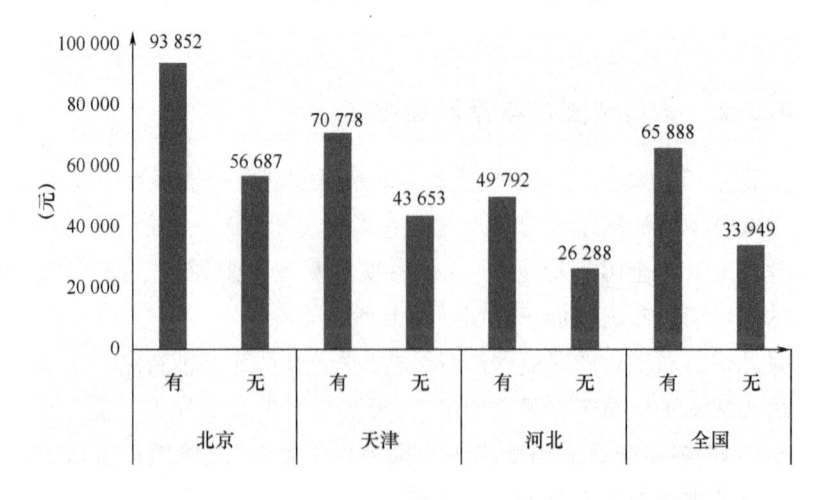

图4-1　银行卡支付的家庭的消费

4.3.3 信用卡与家庭消费

如表 4-31 所示,对有信用卡支付的家庭的消费结构差异进行分析,北京消费结构里面所有支出均高于全国平均水平;天津食品、医疗保健、家庭设备服务消费水平高于全国平均水平,居住、教育文娱、交通通信、衣着、其他支出低于全国平均水平;河北除交通通信、医疗保健支出外,其他各项消费支出都低于全国平均水平。

表 4-31 信用卡与家庭消费　　　　　元

	北京 有	北京 无	天津 有	天津 无	河北 有	河北 无	全国 有	全国 无
总消费	133 989	60 606	86 896	50 380	79 621	33 060	101 056	43 745
食品支出	28 805	20 568	28 358	21 691	20 546	11 248	27 399	16 150
居住支出	21 896	11 982	11 913	7 584	8 892	6 256	16 499	7 482
教育文娱支出	32 056	6 178	12 804	4 659	12 316	2 928	15 636	4 311
交通通信支出	22 949	7 649	14 471	5 414	22 561	4 494	21 970	6 132
医疗保健支出	4 820	7 230	4 401	5 567	3 860	4 492	3 560	4 453
家庭设备服务支出	14 754	4 540	8 369	3 081	5 616	1 945	8 159	2 851
衣着支出	6 476	2 007	5 286	2 075	4 868	1 615	5 941	1 825
其他支出	2 233	451	1 293	309	963	81	1 892	542

注:"有"表示有信用卡支付的家庭的消费,"无"表示无信用卡支付的家庭的消费。

对无信用卡支付的家庭的消费结构差异进行分析,北京消费结构里面除其他支出外,其他各项消费支出都高于全国平均水平;天津只有交通通信和其他支出低于全国平均水平,其他各项消费支出则高于全国平均水平;河北除了医疗保健外,其他各项消费支出都低于全国平均水平。

对比有信用卡支付家庭的消费和无信用卡支付家庭的消费,如图 4-2 所示,有信用卡支付的家庭消费支出明显高于无信用卡支付的家庭消费支出。其中,北京有信用卡支付的家庭消费支出为无信用卡支付的家庭消费支出的 2.21 倍,天津有信用卡支付的家庭消费支出为无信用卡支付的家庭消费支出的 1.72 倍,均低于全国水平(2.31 倍)。河北有信用卡支付的家庭消费支出为无信用卡支付的家庭消费支出的 2.40 倍,高于全国水平。信用卡支付可以显著提升消费水平,推进京津冀一体发展,促进金融普惠,尤其对河北的消费支出有促进作用。

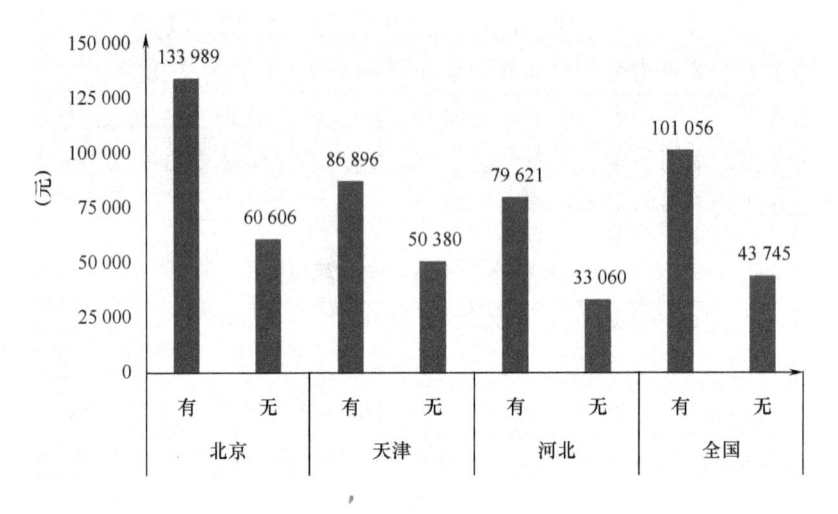

图4-2 信用卡支付的家庭的消费

4.3.4 第三方支付与家庭消费

如表4-32所示,对有第三方支付的家庭消费结构进行分析,北京消费结构里面每个支出项消费水平都高于全国平均水平。天津居住、教育文娱、交通通信、衣着支出低于全国平均水平,食品、医疗保健、家庭设备服务、其他支出高于全国平均水平。河北除交通通信外,其他各项消费支出都低于全国平均水平。

表4-32 第三方支付与家庭消费　　　　　　　　元

	北京 有	北京 无	天津 有	天津 无	河北 有	河北 无	全国 有	全国 无
总消费	149 997	77 274	106 541	55 947	75 381	36 877	101 810	50 651
食品支出	27 205	22 788	34 096	22 436	18 850	12 093	25 521	17 623
居住支出	23 738	14 221	17 116	8 027	7 788	6 481	18 032	8 487
教育文娱支出	41 214	11 749	14 646	6 068	13 890	3 603	15 840	5 698
交通通信支出	23 018	11 554	15 018	7 296	22 058	5 946	20 897	8 129

续表

	北京		天津		河北		全国	
	有	无	有	无	有	无	有	无
医疗保健支出	6 854	6 287	4 892	5 302	2 058	4 471	3 855	4 330
家庭设备服务支出	14 174	7 209	13 197	3 732	6 736	2 195	9 547	3 398
衣着支出	8 028	2 971	4 980	2 681	3 683	1 915	5 999	2 319
其他支出	5 765	496	2 597	405	317	174	2 118	668

注:"有"表示有第三方支付的家庭的消费,"无"表示无第三方支付的家庭的消费。

对无第三方支付的家庭的消费结构进行分析,北京消费结构里面除其他支出外,其他各项消费支出都高于全国平均水平;天津居住、交通通信和其他支出低于全国平均水平,其他各项消费支出则高于全国平均水平;河北除医疗保健支出高于全国平均水平外,其他各项消费支出都低于全国平均水平。

有第三方支付家庭的消费支出明显高于无第三方支付的家庭消费支出,如图4-3所示。其中,北京有第三方支付的家庭消费支出为无第三方支付的家庭消费支出的1.94倍,天津有第三方支付的家庭消费支出为无第三方支付的家庭消费支出的1.90倍,河北有第三方支付的家庭消费支出为无第三方支付的家庭消费支出的2.04倍,均低于全国水平(2.01倍)。第三方支付可以显著提升消费水平,促进作用河北大于北京,北京大于天津,所以第三方支付可以提升金融普惠水平,推进京津冀一体发展。

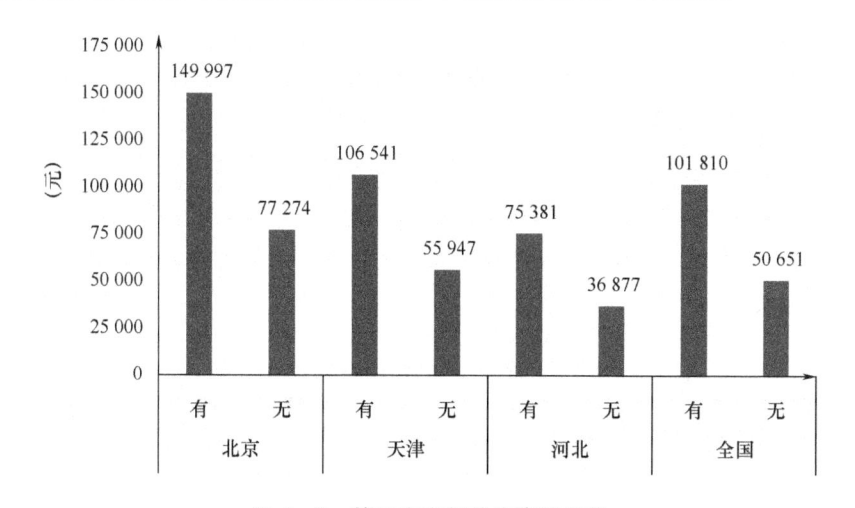

图4-3 第三方支付的家庭的消费

4.3.5 网购与消费

4.3.5.1 网购家庭占比

表4-33显示:从总体家庭来看,北京有网购家庭占比40%,高于全国平均水平(23.7%);天津有网购家庭占比33.3%,高于全国平均水平;河北有网购家庭占比13%,低于全国平均水平。网购消费模式普及越高,金融普惠水平越高。由此可见,北京、天津金融普惠水平高于全国水平,河北的金融普惠水平低于全国水平。

从有第三方支付的家庭来看,北京有网购家庭占比91.5%,高于全国平均水平(86.3%);天津有网购家庭占比84.5%,低于全国平均水平;河北有网购家庭占比71.9%,低于全国平均水平。从有第三方支付的家庭来看,北京金融普惠水平高于全国水平,天津、河北的金融普惠水平低于全国水平。

表4-33 家庭网购 %

	北京	天津	河北	全国
网购家庭	40.0	33.3	13.0	23.7
有第三方支付家庭	91.5	84.5	71.9	86.3

4.3.5.2 网购金额

表4-34显示:从总体家庭来看,北京家庭平均网购金额8 030.8元,高于全国平均水平(3 362.1元);天津家庭平均网购金额4 803.2元,高于全国平均水平;河北家庭平均网购金额1 505.4元,低于全国平均水平。

从有第三方支付的家庭来看,北京家庭网购平均金额27 044.4元,高于全国平均水平(17 798.4元);天津家庭网购平均金额31 011.4元,高于全国平均水平;河北家庭网购平均金额14 085.4元,低于全国平均水平。

综上,北京、天津金融普惠水平高于全国水平,河北的金融普惠水平低于全国水平。

表4-34 网购金额 元

	北京	天津	河北	全国
网购家庭	8 030.8	4 803.2	1 505.4	3 362.1
有第三方支付家庭	27 044.4	31 011.4	14 085.4	17 798.4

4.3.5.3 有网购的家庭年消费

如表4-35所示,对有网购行为家庭的消费结构差异进行分析,北京消费结构里面每个支出项消费水平都高于全国平均水平,天津食品、医疗保健两项支出高于全国平均水平,居住、教育文娱、交通通信、家庭设备服务、衣着、其他支出低于全国平均水平,河北各项消费支出都低于全国平均水平。

表4-35 网购与家庭消费　　　　　　　　　　　　元

	北京		天津		河北		全国	
	有网购	无网购	有网购	无网购	有网购	无网购	有网购	无网购
总消费	11 9034	62 152	82 193	47 490	75 891	32 511	91 674	42 109
食品支出	27 660	20 281	27 550	20 968	21 155	10 969	25 354	15 841
居住支出	20 263	11 881	11 899	6 958	10 602	5 909	16 072	6 910
教育文娱支出	25 688	7 642	10 983	4 411	12 695	2 647	13 328	4 160
交通通信支出	19 537	8 209	14 380	4 440	17 214	4 896	18 644	5 945
医疗保健支出	5 914	6 674	4 119	5 834	2 400	4 694	3 511	4 536
家庭设备服务支出	11 969	5 248	7 397	2 778	6 088	1 783	7 520	2 619
衣着支出	5 818	1 938	4 881	1 781	4 928	1 530	5 260	1 697
其他支出	2 195	279	984	319	808	84	1 985	403

注:"有"表示有网购家庭的消费,"无"表示没有网购家庭的消费。

对无网购行为家庭的消费结构差异进行分析,北京消费结构里面除其他支出以外,每个支出项消费水平都高于全国平均水平;天津只有交通通信支出与其他支出两项低于全国平均水平,其他则高于全国平均水平;河北除医疗保健支出之外的各项消费支出都低于全国平均水平。

有网购行为家庭的消费支出明显高于无网购行为家庭的消费支出,如图4-4所示。其中,北京有网购行为的家庭消费支出为无网购行为的家庭消费支出的1.92倍,天津有网购行为的家庭消费支出为无网购行为的家庭消费支出的1.73倍,均低于全国平均水平(2.18倍)。河北有网购行为的家庭消费支出为无网购行为的家庭消费支出的2.33倍,高于全国水平。可见网上购物可以显著提升消费水平,其促进作用河北大于北京,北京大于天津,所以网上购物可以提升金融普惠水平,推进京津冀一体发展。

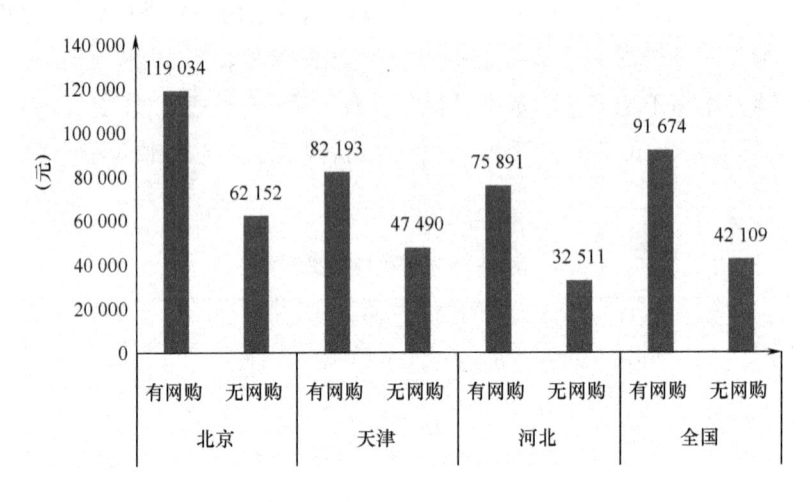

图 4-4 网购行为与家庭消费

4.4 小结

本章我们从家庭支付特征、家庭储蓄行为和家庭支付与储蓄对京津冀家庭金融普惠程度的影响进行研究。

家庭支付特征方面,我们从总体支付方式、银行卡支付、信用卡支付和第三方支付四个方面进行研究。本章中的银行卡支付指的是家庭有银行卡的比例,信用卡支付指的是家庭有信用卡的比例,第三方支付指的是家庭有余额宝等的比例。家庭的支付方式是家庭获取金融服务情况的体现。因此,由本章数据可以看出:第一,我国家庭银行卡支付的金融普惠程度最高,信用卡支付次之,最后是第三方支付。第二,银行卡支付方面,金融普惠程度随着年龄的下降、学历层次的提高、家庭资产和收入的提高而提高,城镇地区的金融普惠程度也明显高于农村地区。第三,信用卡支付方面,北京的金融普惠程度最高,天津次之,河北的金融普惠程度最低。由此可见推动京津冀一体化的必要性。第四,第三方支付方面,第三方支付的金融普惠程度整体比较低。北京的金融普惠程度明显高于天津和河北。

家庭储蓄行为方面,我们从总体储蓄行为、户主年龄、户主学历、户主居住地、家庭收入和家庭资产六个方面对储蓄行为进行研究。本节储蓄等于家庭总收入减去家庭总支出。用储蓄拥有率和储蓄规模两个指标衡量储蓄行为,储蓄拥有率和储蓄规模越高,表示金融普惠程度越高;反之,储蓄拥有率和储蓄规模越低,表示金融普惠程度越低。具体分析如下:第一,总体储蓄行为方面,北京和天津的金融普惠指数高于全国水平,而河北的金融普惠指数低于全国水平。推进京津冀的协同发展,有利于提高河北的金融普惠水平。第二,户主年龄对家庭储蓄行为存在影响,也就是金融普惠水平在各年龄阶段存在差异。总的来说,北京和天津的储蓄倾向高于全国水平,而河北的储蓄倾向低于全国水平,即北京和天津的金融普惠水平高于全国水平,河北的金融普惠水平低于全国水平。第三,户主学历对储蓄拥有率和储蓄规模也存在影响,进而对金融普惠存在影响。从储蓄拥有率来看,北京的金融普惠水平更高,不受学历影响。而天津,尤其是河北,学历对于金融普惠水平存在明显的作用,学历越高,金融普惠水平越高。第四,户主居住地显示城镇的金融普惠水平高于农村。从户主居住地来看,北京和天津的金融普惠水平高于全国水平,河北的金融普惠水平低于全国水平。第五,从家庭收入角度出发,也说明北京、天津金融普惠水平高于全国水平,河北的金融普惠水平低于全国水平。第六,从家庭资产角度出发,说明北京、天津金融普惠水平高于全国水平,河北的金融普惠水平低于全国水平。北京不同收入阶层的储蓄拥有率差距小于全国差距,说明北京的金融普惠水平高于全国水平。天津不同收入阶层的储蓄拥有率差距小于全国差距,说明天津的金融普惠水平高于全国水平。河北不同收入阶层的储蓄拥有率差距大于全国差距,说明河北的金融普惠水平低于全国水平。

家庭支付与消费方面,本节对家庭支付与消费进行研究,从五个方面出发:家庭总体消费、银行卡支付的家庭消费、信用卡支付的家庭消费、第三方支付的家庭消费、网购消费。从总体消费来看,北京的消费水平显著高于全国水平,天津的消费水平略高于全国水平,河北的消费水平低于全国水平。有银行卡支付、信用卡支付或者第三方支付可以显著提升消费水平,促进作用河北大于北京,北京大于天津,所以银行卡、信用卡、第三方支付可以提升金融普惠水平,促进京津冀一体发展。从网购消费占比和金额来看,网购消费模式普及越高,金融普惠水平越高;所以,北京、天津金融普惠水平高于全国水平,河北的金融普惠水平低于全国水平。从家庭消费支出角度来看,北京、天津、河北都体现出有网购行为家庭的各项消费支出均高于无网购行为的家庭。因此,有网购行为家庭的金融普惠程度高于无网购行为的家庭。

5
京津冀家庭信贷行为

5.1 家庭信贷参与

5.1.1 家庭信贷概况

根据资金来源的不同,家庭信贷可分为正规信贷(贷款)和非正规信贷(借款),若家庭有尚未还清的贷款,则认为其参与正规信贷,若有尚未还清的借款,则认为其参与非正规信贷,只要有两者其一,则说明家庭参与信贷市场。

图 5-1 显示了家庭信贷参与情况。由数据可知,全国总体而言,30.1% 的家庭参与信贷,其中,14.3% 的家庭参与正规信贷,19.9 的家庭参与非正规信贷。京津冀地区数据显示,京津冀家庭信贷参与比例普遍低于全国平均水平。河北家庭在信贷市场最为活跃,24.5% 的家庭参与信贷,其中,参与正规信贷的家庭占 9.1%,远低于参与非正规信贷的家庭 17.9%;其次是天津,19.8% 的家庭参与信贷,其中,参与正规信贷的家庭占 14.0%,远高于参与非正规信贷家庭的 7.4%;北京家庭的信贷参与比例相对较低,仅为 18.1%,其中参与正规信贷的家庭占 12.0%,而参与非正规信贷的家庭只有 8.2%。

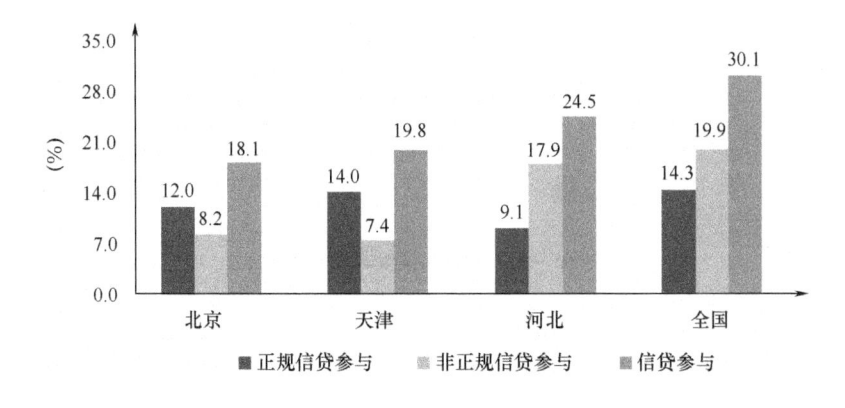

图 5-1 家庭信贷参与

不难发现,北京和天津家庭主要依赖正规融资渠道满足家庭资金缺口,而经济金融较为落后的河北家庭在非正规信贷市场更为活跃,且总体信贷市场参与程度更高。

5.1.2 家庭特征与信贷参与[①]

5.1.2.1 受教育程度、金融知识与信贷参与

教育是体现家庭成员人力资本水平的重要信号,与家庭信贷行为也有着密切关系。一般而言,正规金融机构在对贷款客户进行资信审查时会更青睐教育程度较高的群体。根据户主受教育程度的不同,我们将家庭分为五组,依次为低学历(没上过学或小学)、较低学历(初中)、中等学历(高中/中专/职高)、较高学历(大专/高职/本科)、高学历(研究生及以上)。

图 5-2 给出了户主受教育程度与家庭信贷参与的关系。由数据可知,户主学历越高,参与信贷的家庭比例越高,低学历家庭中仅有 20.8% 的家庭参与信贷,而高学历家庭中这一比例高达 40.8%。与之对应的是,户主学历与家庭正规信贷参与比例正相关,与非正规信贷参与比例负相关。

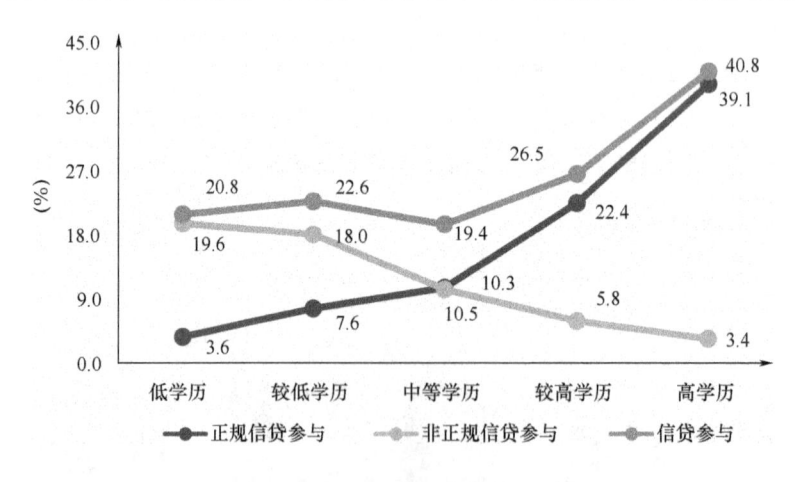

图 5-2 受教育程度与信贷参与

[①] 本节基于不同维度对家庭进行分组,重在比较不同组别家庭的信贷拥有差异,笔者尝试过根据京津冀家庭依次分组,发现各维度下的比较结果差异较小。限于篇幅,本节以京津冀总体家庭为样本进行分析。

具体来讲,低学历家庭中仅有 3.6% 的家庭选择正规信贷,却有高达 19.6% 的家庭选择非正规信贷;高学历家庭中有 39.1% 的家庭选择正规信贷,仅有 3.4% 的家庭选择非正规信贷。这证实了高学历家庭更容易获得正规信贷,也表明高学历家庭可能更偏好从信息透明度更高、更加规范的正规金融机构融资。

家庭金融知识水平反映了家庭成员在经济金融方面的素养,金融知识水平可能通过影响家庭对信贷业务的认知直接影响家庭信贷参与,也可能通过影响家庭投融资决策间接影响家庭信贷参与。CHFS 问卷设计了投资风险、通货膨胀、利息等问题,调查家庭对基本金融知识的掌握程度。借鉴尹志超等(2014,2015)的做法,根据家庭对金融知识相关问题的回答,进行因子分析,通过构建因子得分的方法,衡量家庭金融知识水平。进一步地,根据因子得分高低,将家庭分为两组:低金融知识家庭和高金融知识家庭。图 5-3 给出了不同金融知识水平家庭的信贷参与差异。由图可知,低金融知识家庭正规信贷参与比例仅为 5.6%,远低于高金融知识家庭的 14.7%;而不同金融知识水平家庭之间的非正规信贷参与差距相对较小,低金融知识家庭的这一比例相对较高,为 15.6%,高金融知识家庭相对较低,为 13.1%。总体上高金融知识家庭的信贷参与更高。这说明家庭金融知识是影响家庭信贷参与,尤其是正规信贷参与的重要因素之一,提高居民金融知识水平,有利于提升家庭对正规信贷市场的参与程度。

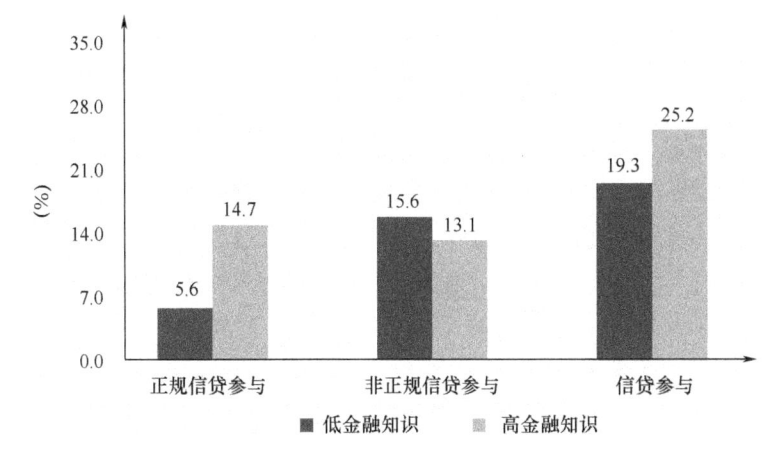

图 5-3 金融知识水平与信贷参与

5.1.2.2 政治面貌、关系网络与信贷参与

家庭成员的政治面貌在一定程度上反映了其政治关系网络或者政治地位。党员身份可能会被正规金融机构识别为体现个人偿债能力的信号,从而使得个人贷款申请通过的可能性更大。根据户主的政治面貌,将家庭分为两组:户主党员家庭和户主非党员家庭。图 5-4 给出了不同政治面貌家庭的信贷参与差异。由图可知,和预期一致,党员家庭正规信贷参与比例为 14.5%,远高于非党员的 8.8%;党员家庭非正规信贷参与比例为 8.7%,低于非党员家庭的 16.5%;总体上,党员家庭负债比例为 21.5%,略低于非党员家庭的 22.8%。所以,户主党员的家庭更多参与正规信贷,更少参与非正规信贷。

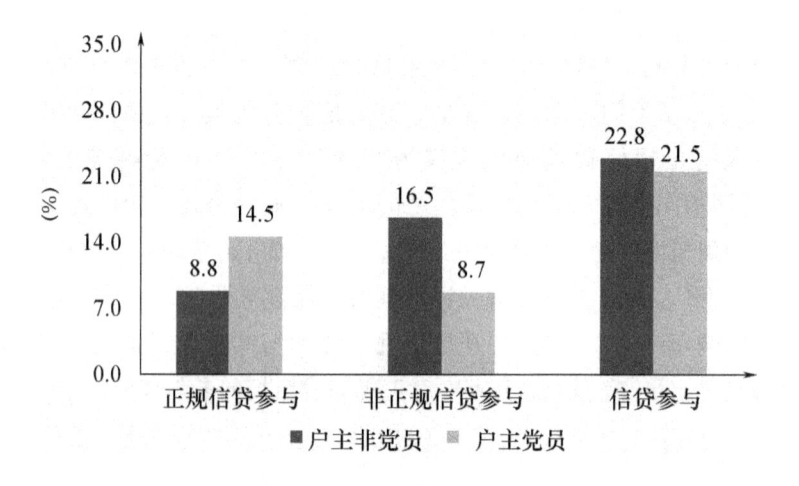

图 5-4 政治面貌与信贷参与

在我国的人情社会背景下,社会关系成为影响家庭信贷参与的又一重要因素。诸多学者发现,社会关系会影响家庭信贷行为(马光荣、杨恩艳,2011;杨汝岱等,2011),参照已有文献做法,以家庭因节假日、红白喜事等事由发生的人情收支总和来衡量家庭社会关系,人情收支总和越大,家庭社会关系网络越广,越容易获取信贷资源。根据人情收支总和的高低将家庭分为三组,依次为弱社会关系家庭、中等社会关系家庭和强社会关系家庭。图 5-5 给出了不同政治关系组家庭的信贷参与情况。由图可知,一方面,社会关系越强,家庭正规信贷参与比例越高,强社会关系家庭这一比

例达到了16.0%,弱社会关系仅为6.6%;另一方面,与部分学者结论不同的是,京津冀家庭数据显示,社会关系越强,非正规信贷的比例越低,强社会关系家庭的非正规信贷比例最低,为11.0%,弱社会关系为16.7%。这可能是因为社会关系更强的家庭更多地转向正规信贷,因而降低了对非正规信贷的需求。总体上看,随着社会关系增强,家庭负债比例呈现缓慢上升趋势。综上可知,社会关系对家庭正规信贷资源获取的影响更大,而对非正规信贷参与的影响相对较小。

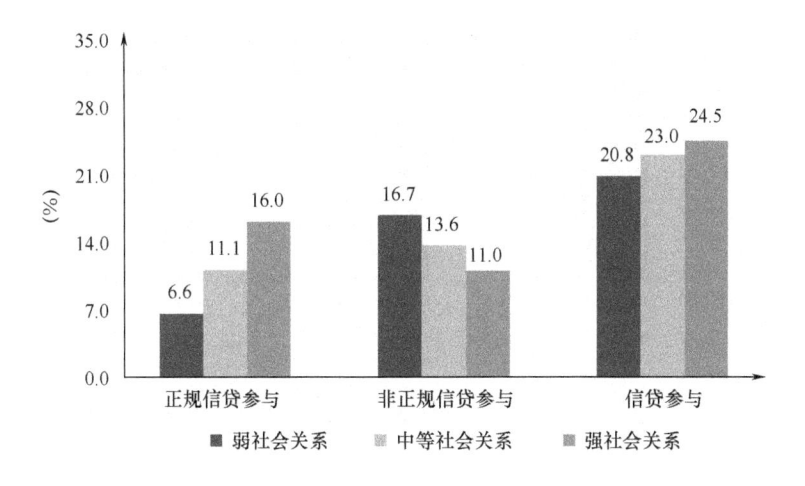

图 5-5 家庭社会关系与信贷参与

5.1.2.3 风险态度与信贷参与

家庭信贷参与是一项风险活动,家庭融入资金之后,可能由于无法偿还贷款,面临抵押品处置、破产等风险,若是从亲朋好友之类的非正规渠道融资,也可能因为无法偿还债务,损害家庭成员声誉。因此,家庭风险态度也会影响信贷参与和选择。CHFS调查通过询问家庭对于投资项目的选择(您最愿意选择哪种投资项目?1.高风险高回报项目;2.略高风险略高回报项目;3.平均风险平均回报项目;4.略低风险略低回报项目;5.不愿意承担任何风险。)来了解家庭风险态度。据此将家庭分为三组,依次为风险偏好家庭(选择1或2)、风险中性家庭(选择3)、风险厌恶家庭(选择4或5)。图5-6给出了不同风险态度家庭的信贷参与情况,由图可知,越是偏好风险的家庭正规信贷参与比例越高,风险偏好家庭这一比例高达23.7%,风险中性家庭为

18.8%,风险厌恶家庭仅为7.8%;而风险态度对家庭非正规信贷影响相对较小,风险偏好家庭的非正规信贷参与比例为12.8%,风险中性家庭略低,为11.4%,而风险厌恶家庭稍高,为15.1%。此外,总体信贷参与比例上,也呈现出家庭越是偏好风险,信贷参与程度越高的趋势。

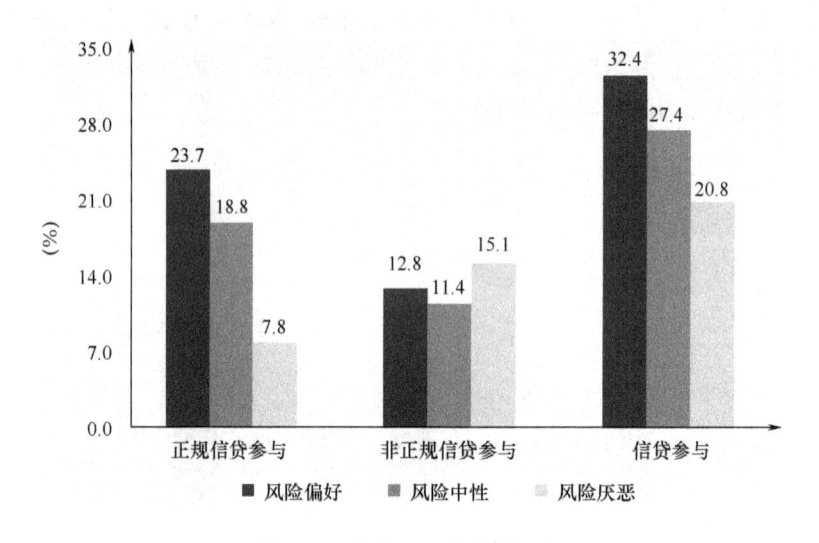

图 5-6 风险态度与信贷参与

5.1.3 银行网点与信贷参与

家庭居住地的金融发展水平是影响家庭信贷市场参与的又一重要因素。银行分支机构网点分布情况是体现家庭居住地局部范围内金融发展水平的微观测度。一般而言,家庭居住地附近银行网点越多,金融服务越便利,金融供给越充裕,家庭越有可能通过银行之类的正规融资渠道获取资金。根据家庭所住的社区(村庄)是否有银行分支机构网点进行分组,图 5-7 给出了是否有银行分支机构与家庭信贷参与的关系。由数据可知,所在社区(村庄)有银行分支机构网点的家庭正规信贷参与比例为13.0%,高于居住地没有银行分支机构的 8.2%,而前者非正规信贷参与比例为9.8%,远低于后者的 18.1%;前者信贷参与总体比例为 20.9%,略低于后者的 23.8%,说明居住地有银行分支机构的家庭,其正规信贷参与的增加尚不能抵消非正规信贷参与的下降,这一结果与京津冀家庭总体更加依赖非正规信贷有关。

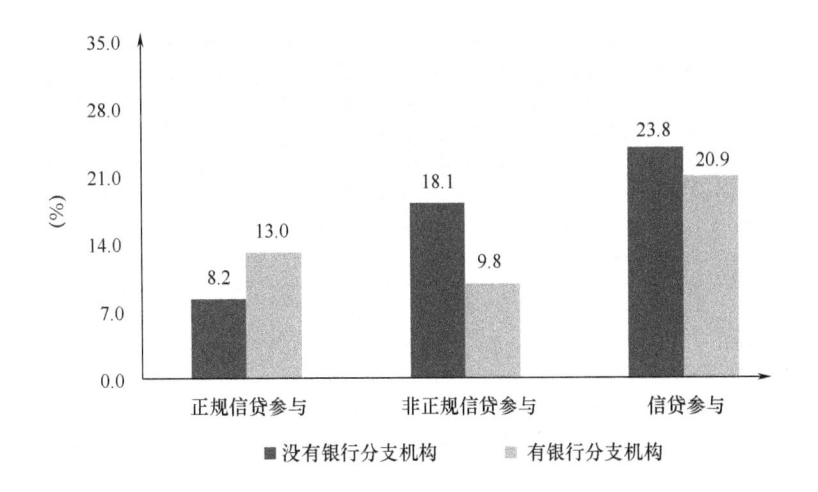

图 5-7 银行网点与信贷参与

5.2 家庭信贷规模及结构

5.2.1 家庭信贷余额及结构

5.2.1.1 按资金来源分类

负债余额是指家庭尚未还清的债务金额,负债总额是指家庭当初贷入(借入)的总金额,根据负债来源不同,均可分为贷款余额、借款余额和贷款总额、借款总额。表 5-1 给出了家庭不同资金来源下的负债余额及其占比情况。由表可知,从贷款方面看,全国平均家庭贷款余额为 121 269 元,占负债余额比例为 71.1%。北京家庭贷款余额平均为 373 257 元,依次高于天津的 220 211 元和河北的 69 105 元,但是天津家庭贷款余额占负债比例最高,为 87.0%,北京稍低,为 82.8%,河北最低,为 67.3%。借款方面,我国家庭借款余额平均为 49 300 元,占负债比例为 28.9%,京津冀家庭中,河北最高,为 33 580 元,占比也最高,为 32.7%。从负债总体余额看,北京和天津家庭均高于全国平均水平,而河北低于全国平均水平。

表5-1 家庭信贷余额及结构

地区	贷款余额 金额（元）	贷款余额 占负债余额比重(%)	借款余额 金额（元）	借款余额 占负债余额比重(%)	负债余额（元）
北京	373 257	82.8	77 529	17.2	450 786
天津	220 211	87.0	32 986	13.0	253 197
河北	69 105	67.3	33 580	32.7	102 685
全国	121 269	71.1	49 300	28.9	170 569

注:仅限于负债余额大于零的家庭。

5.2.1.2 按用途分类

进一步地,根据家庭融资用途不同,表5-2、表5-3给出了家庭分项贷款余额及其占比情况。由表5-2可知,不管是从全国总体,还是分京津冀看,家庭住房贷款余额都最大,其次是生产经营性贷款。由表5-3可知,全国平均而言,家庭住房贷款余额占总体贷款余额的比例为67.4%,京津冀内部,天津最高,为93.9%,北京略低,为87.9%,河北最低,为62.3%。在生产经营性贷款余额占比上,河北领先,为22.8%,依次高于北京的8.6%和天津的4.5%。此外,在汽车贷款余额和教育贷款余额占比上,河北也相对较高。针对表中数据结果,可能的解释是由于河北房价相对京津两地较低,家庭购房支出负担相对较小,河北家庭可以将更多信贷资源配置到其他用途上。

表5-2 家庭分项贷款余额　　　　　　　　　　元

地区	生产经营性贷款	住房贷款	汽车贷款	教育贷款	医疗贷款	其他贷款
北京	48 453	493 928	7 299	360	124	11 792
天津	13 996	292 317	1 541	526	0	2 913
河北	43 892	119 806	13 000	631	0	14 868
全国	64 080	173 648	8 242	1 207	381	10 106

注:仅限于负债余额大于零的家庭。

表 5-3 家庭分项贷款余额占比   %

地区	生产经营性贷款	住房贷款	汽车贷款	教育贷款	医疗贷款	其他贷款
北京	8.6	87.9	1.3	0.1	0.0	2.1
天津	4.5	93.9	0.5	0.2	0.0	0.9
河北	22.8	62.3	6.8	0.3	0.0	7.7
全国	24.9	67.4	3.2	0.5	0.1	3.9

注：仅限于负债余额大于零的家庭。

表 5-4、表 5-5 给出了家庭分项借款余额及其占比情况。由表 5-4 可知，不管是从全国总体，还是分京津冀看，家庭住房借款余额依然最大，其次是生产经营性借款。由表 5-5 可知，全国平均而言，家庭住房借款余额占总体借款余额的比例为 35.2%，低于前述住房贷款余额占总体贷款余额的比例。京津冀家庭的住房借款占比差异较小，北京和天津大致为 48%，河北略低，为 40.4%，三地均高于全国平均占比。在生产经营性借款余额占比上，北京最高，为 39.9%，天津和河北大致相当。在汽车借款余额占比上，天津最高，为 4.9%，河北其次，北京最低，且均低于全国平均水平（8.9%）。此外，河北教育和医疗借款余额占比依次为 4.3%，10.9%，在京津冀内部最高，且均高于全国平均水平。综上可知，相对而言，河北家庭因为教育和医疗发生的负债更多，此外，京津冀家庭借款资金用途分布相对贷款都更加分散化和多样化。

表 5-4 家庭分项借款余额   元

地区	生产经营性借款	住房借款	汽车借款	教育借款	医疗借款	其他借款
北京	69 261	83 766	2 541	3 297	12 626	2 097
天津	25 408	44 374	4 509	749	8 662	7 924
河北	13 107	18 395	1 179	1 939	4 973	5 956
全国	24 569	26 199	6 634	1 946	6 008	9 044

注：仅限于负债余额大于零的家庭。

表 5-5 家庭分项借款余额占比   %

地区	生产经营性借款	住房借款	汽车借款	教育借款	医疗借款	其他借款
北京	39.9	48.3	1.5	1.9	7.3	1.2
天津	27.7	48.4	4.9	0.8	9.5	8.6
河北	28.8	40.4	2.6	4.3	10.9	13.1
全国	33.0	35.2	8.9	2.6	8.1	12.2

注:仅限于负债余额大于零的家庭。

表 5-6、表 5-7 给出了家庭分项负债余额及其占比情况。各地区分项负债余额占比与分项贷款余额占比差异不大。家庭住房负债是家庭负债的主要构成部分,全国平均而言,占比为 58.1%,北京和天津都超过了 80%,河北则略低于全国平均水平。其次,家庭负债主要用于生产经营性活动,河北该项比例最高,为 24.8%,但是依然稍低于全国平均水平。家庭负债总体结构分布进一步证实了住房支出是家庭负债的主要来源,对于这一大额支出,多数家庭需要借助外部融资渠道来弥补自身资金不足。

表 5-6 家庭分项负债余额   元

地区	生产经营性负债	住房负债	汽车负债	教育负债	医疗负债	其他负债
北京	63 117	365 483	5 980	1 712	5 722	8 771
天津	19 048	222 762	2 714	642	3 118	4 914
河北	25 444	56 638	5 544	1 656	3 666	9 737
全国	46 437	99 111	8 269	1 857	4 161	10 734

注:仅限于负债余额大于零的家庭。

表 5-7 家庭分项负债余额占比   %

地区	生产经营性负债	住房负债	汽车负债	教育负债	医疗负债	其他负债
北京	14.0	81.1	1.3	0.4	1.3	1.9
天津	7.5	88.0	1.1	0.3	1.2	1.9

续表

地区	生产经营性负债	住房负债	汽车负债	教育负债	医疗负债	其他负债
河北	24.8	55.2	5.4	1.6	3.6	9.5
全国	27.2	58.1	4.8	1.1	2.4	6.3

注：仅限于负债余额大于零的家庭。

5.2.2 家庭信贷总额及结构[①]

5.2.2.1 按资金来源分类

表5-8给出了家庭不同资金来源下的负债总额及其占比情况。由数据可知，全国平均而言，家庭贷款总额为167 472元，占负债总额比重为74.8%，借款总额为56 551元，占负债总额比重为25.2%。京津冀内部看，北京和天津家庭贷款总额及其占比均高于全国平均水平，而河北低于全国平均水平。负债总额显示，全国家庭平均值为224 022元，北京高达548 334元，天津和河北依次降低，分别为340 978元、141 908元。

表5-8 家庭信贷总额及结构　　　　　%

地区	贷款总额 金额(元)	占负债总额比重(%)	借款总额 金额(元)	占负债总额比重(%)	负债总额(元)
北京	455 175	83.0	93 159	17.0	548 334
天津	305 441	89.6	35 538	10.4	340 978
河北	99 170	69.9	42 738	30.1	141 908
全国	167 472	74.8	56 551	25.2	224 022

注：仅限于负债余额大于零的家庭。

5.2.2.2 按用途分类

进一步地，根据家庭融资用途不同，表5-9、表5-10给出了家庭分项贷款总额及其占比情况。由表可知，家庭住房贷款总额不论规模还是占

---

① 由于CHFS只询问了生产经营、住房、汽车、教育及医疗几类用途负债的总额，因此，本节中的各类负债总额均只包含这几类用途的负债。

比,都在家庭贷款总额中占据首要地位,全国家庭住房贷款总额均值为234 487元,北京达到604 598元,天津次之,为393 242元,河北则仅为160 610元,但是在住房贷款总额占比上,天津最高,为95.9%,其次是北京,河北最低。生产经营性贷款方面,北京最高,河北次之,天津最低,河北该项贷款占比最高,为24.3%,远高于北京的9.7%和天津的2.8%。此外,在汽车贷款总额和占比上,河北均在京津冀地区领先。家庭教育贷款和医疗贷款总额相对较小,这不难理解,以医疗用途为由从正规金融机构获得资金的难度较大,因而贷款总额比例基本可以忽略。

表5-9 家庭分项贷款总额 元

地区	生产经营性贷款	住房贷款	汽车贷款	教育贷款	医疗贷款
北京	66 417	604 598	11 567	367	227
天津	11 458	393 242	3 905	1 305	0
河北	59 249	160 610	22 399	1 156	0
全国	87 072	234 487	14 236	1 476	515

注:仅限于负债余额大于零的家庭。

表5-10 家庭分项贷款总额占比 %

地区	生产经营性贷款	住房贷款	汽车贷款	教育贷款	医疗贷款
北京	9.7	88.5	1.7	0.1	0.0
天津	2.8	95.9	1.0	0.3	0.0
河北	24.3	66.0	9.2	0.5	0.0
全国	25.8	69.4	4.2	0.4	0.2

注:仅限于负债余额大于零的家庭。

表5-11、表5-12给出了家庭分项借款总额及其占比情况。由表可知,住房借款方面,北京住房借款总额依然居首位,河北最低,但河北住房借款总额占比反而最高,达到59.9%,北京为54.2%,天津则为48.2%。生产经营性借款方面,北京家庭该项借款总额及其占比均高于天津和河

北。此外,值得注意的是各地区家庭医疗借款规模及其占比都显著高于医疗贷款相应数值,北京家庭医疗借款总额最高,平均为 18 075,其次是天津,为 14 139,河北较低,为 8 216;河北该项借款占比最高,为 13.5%,其次是天津,为 12.8%,两地都高于全国平均(11.7%),北京占比则比全国平均水平低 3 个百分点。

表 5 - 11 家庭分项借款总额   元

地区	生产经营性借款	住房借款	汽车借款	教育借款	医疗借款
北京	69 229	112 959	4 491	3 745	18 075
天津	35 851	53 116	5 900	1 280	14 139
河北	12 947	36 507	1 900	1 425	8 216
全国	24 800	42 705	8 473	2 371	10 332

注:仅限于负债余额大于零的家庭。

表 5 - 12 家庭分项借款总额占比   %

地区	生产经营性借款	住房借款	汽车借款	教育借款	医疗借款
北京	33.2	54.2	2.2	1.8	8.7
天津	32.5	48.2	5.3	1.2	12.8
河北	21.2	59.9	3.1	2.3	13.5
全国	28.0	48.2	9.6	2.7	11.7

注:仅限于负债余额大于零的家庭。

表 5 - 13、表 5 - 14 给出了家庭分项负债总额及其占比情况。家庭各用途的负债总额分布与贷款总额分布大致类似。由表可知,住房负债方面,北京住房负债总额居首位,而天津住房负债总额占比最高。在生产经营性负债方面,北京家庭该项负债总额最高,河北该项负债总额占比最高。此外,河北汽车负债总额及其占比都明显高于北京和天津,教育负债和医疗负债虽然总额不高,但是占比也在京津冀内部最高。总之,京津冀家庭负债总额的结构特征再次反映出北京和天津家庭负债大比例集中于住房

负债的现实,只有河北家庭负债用途相对分散。

表 5-13 家庭分项负债总额　　　　　　　　　　　　元

地区	生产经营性负债	住房负债	汽车负债	教育负债	医疗负债
北京	75 184	453 296	9 708	1 918	8 227
天津	20 090	310 136	4 811	1 385	4 556
河北	33 221	90 995	10 458	1 471	5 763
全国	59 033	143 439	12 463	2 242	6 847

注:仅限于负债余额大于零的家庭。

表 5-14 家庭分项负债总额占比　　　　　　　　　　%

地区	生产经营性负债	住房负债	汽车负债	教育负债	医疗负债
北京	13.7	82.7	1.8	0.3	1.5
天津	5.9	91.0	1.4	0.4	1.3
河北	23.4	64.1	7.4	1.0	4.1
全国	26.4	64.0	5.6	1.0	3.1

注:仅限于负债余额大于零的家庭。

5.3　家庭信贷参与的福利效应

通过参与信贷市场,家庭可以对资源进行跨期配置,从而实现家庭福利水平提升。家庭收入、消费、资产等经济状况是反映家庭福利状况的物质层面指标,而主观幸福感是反映家庭福利状况的精神层面指标。下面分析不同信贷参与状况下家庭的各方面福利状况差异。

5.3.1　信贷参与和家庭收入

家庭收入方面,由表 5-15 可知,不管是从京津冀总体看,还是分地区看,家庭信贷参与的收入效应效果一致。以京津冀地区为例,无贷款家庭年收入均值为64 672元,低于有贷款家庭的132 302元;无借款家庭的年收入均值为75 128元,高于有借款家庭的51 440元;无负债家庭的年收入平均为68 016元,低于有负债家庭的85 260元。不难看出,总体上,负债家庭收入水平更高,其中,贷款拥有的收入效应为正,而借款的收入效应为负。根据前面对家庭信贷结构的分析可以看到:家庭贷款除自住房屋支出外,多用于投资性用途;而家庭借款会更多地分散在消费用途上,因此对家庭增收致富作用相对较小。

表5-15 家庭信贷参与的收入效应 元

信贷参与	北京	天津	河北	京津冀总体
无贷款	114 987	86 666	43 377	64 672
有贷款	211 947	154 960	88 790	132 302
无借款	128 526	98 038	48 962	75 128
有借款	106 508	73 650	41 007	51 440
无负债	118 316	87 688	44 788	68 016
有负债	165 396	131 553	56 278	85 260

5.3.2 信贷参与和家庭消费

家庭消费水平是反映家庭福利状况的另一重要指标。由表5-16可知,与家庭年收入类似,对于京津冀地区而言,无贷款家庭的年消费均值为46 903,远低于有贷款家庭的79 904元。而无借款家庭的年消费水平为50 572元,高于有借款家庭的48 982元,但北京和河北却相反,无借款家庭的消费水平分别为81 436元和37 012元,低于有借款家庭的88 932元和42 290元。总体上,负债家庭的消费均值较高。分京津冀看,家庭信贷的消费效应和总体一致,具体数据见表5-16。

表5-16 家庭信贷参与的消费效应 元

信贷拥有	北京	天津	河北	京津冀总体
无贷款	76 699	55 139	35 687	46 903

续表

信贷拥有	北京	天津	河北	京津冀总体
有贷款	121 228	83 456	60 750	79 904
无借款	81 436	59 304	37 012	50 572
有借款	88 932	56 742	42 290	48 982
无负债	76 303	54 863	35 126	47 271
有负债	107 871	76 538	46 674	60 953

5.3.3 信贷参与和家庭财富

家庭总资产是家庭多年财富积累的成果,由表5-17可知,从京津冀地区总体来看,有贷款家庭的总资产均值远高于无贷款家庭;有借款家庭的总资产均值则一致低于无借款家庭,分京津冀看同样如此,具体数值详见表5-17。有负债家庭和无负债家庭的资产差距则较小。

表5-17 家庭信贷参与的财富效应　　　　　　　　元

信贷拥有	北京	天津	河北	京津冀总体
无贷款	2 264 484	1 121 415	419 058	898 521
有贷款	3 261 363	2 166 886	934 081	1 744 354
无借款	2 434 497	1 304 482	489 373	1 056 501
有借款	1 820 483	801 767	356 314	565 773
无负债	2 324 236	1 153 558	441 865	966 939
有负债	2 653 680	1 738 243	538 799	1 054 384

5.3.4 信贷参与和家庭幸福

除了家庭收入、消费和总资产这些反映家庭物质水平的指标外,接下来分析不同负债状态家庭的主观幸福感差异。CHFS问卷设计了关于主观幸福感的问题(总的来说,您现在觉得幸福吗? 1.非常幸福;2.幸福;3.一般;4.不幸福;5.非常不幸福),据此构建反映家庭幸福状态的哑变量,选择1,2和3赋值为1,选择4和5赋值为0。表5-18反映了各种情况下感觉幸福的家庭占比。由表可知,京津冀总体来看,有贷款家庭的幸福比例为

95.3%,略高于无贷款家庭的94.9%;而有借款家庭的幸福比例为92.5%,低于无借款家庭的95.4%;总体上,有负债家庭的幸福比例较低,为94.1%,而无负债家庭的幸福比例较高,为95.2%。在"无债一身轻"的传统观念下,负债家庭的幸福比例更低是可以理解的。但其中北京的幸福状态则相反,有贷款家庭的幸福比例为97.3%,高于无贷款家庭的95.2%;北京总体上有负债家庭的幸福比例更高,为96.0%,高于无负债家庭的95.4%,说明北京家庭观念更加超前、开放。

表5-18 家庭信贷参与和幸福　　　　　　　　　　%

信贷拥有	北京	天津	河北	京津冀总体
无贷款	95.2	95.8	94.6	94.9
有贷款	97.3	95.5	94.4	95.3
无借款	95.8	96.8	94.9	95.4
有借款	92.4	82.5	93.5	92.5
无负债	95.4	96.9	94.7	95.2
有负债	96.0	91.3	94.2	94.1

5.4　家庭信贷约束[①]

5.4.1　生产经营信贷

5.4.1.1　生产经营项目

家庭生产经营活动作为能够带来经济收益的投资性活动,对于家庭福利水平有着至关重要的影响。囿于自身财富积累周期较长,且规模有限,生产经营活动往往需要借助外部融资渠道获取资金,以实现扩大生产规模和把握有利的投资机会。家庭能否顺利获得外部融资,是影响家庭生产经

---

① 由于CHFS问卷仅对生产经营信贷的需求和约束情况进行详细询问,故本节仅涉及生产经营信贷。

营规模及其收益的重要因素，因此，CHFS详细询问了家庭生产经营信贷的参与、需求及满足情况。下面先分析京津冀家庭的生产经营活动参与情况，然后对生产经营信贷行为进行详细分析。

根据行业不同，家庭生产经营活动可以分为农业生产经营和工商业生产经营。表5-19给出了家庭两种生产经营项目的拥有情况。由表内数据可知，从工商业生产经营来看，全国有16.3%的家庭从事工商业生产经营，京津冀地区普遍低于全国平均水平，其中河北最高，也只有13.0%，天津次之，为10.1%，北京则仅为9.5%；农业生产经营方面，全国从事农业生产活动的家庭占比为33.6%，河北则高达51.5%，明显高于全国平均水平，而天津和北京务农家庭比例都很低；在生产经营项目总体拥有上，全国家庭平均拥有比例为45.9%，河北为58.5%，天津和北京家庭都不足20%。总体来看，河北家庭最富有创业热情，也有最多家庭投入农业生产，生产经营活动是其主要的经济来源，相对而言，北京和天津创业比例较低。

表5-19　家庭生产经营项目拥有情况　　　　　　　　%

地区	工商业项目拥有	农业项目拥有	生产经营项目总体拥有
北京	9.5	5.4	14.5
天津	10.1	11.3	19.8
河北	13.0	51.5	58.5
全国	16.3	33.6	45.9

5.4.1.2　生产经营信贷参与

表5-20给出了家庭生产经营信贷参与情况。由数据可知，从工商业信贷看，我国工商业家庭中7.5%拥有工商业负债，京津冀地区家庭这一比例均相对较低，其中，北京和天津基本持平，而河北最低，仅为4.5%；分信贷用途看，全国有3.7%的工商业家庭拥有工商业贷款，高于天津的2.4%，北京和河北均不到2%；我国家庭工商业借款的拥有比例为4.7%，北京的比例较高，为6.2%，天津次之，河北最低。从农业信贷看，全国农业家庭的总体农业信贷参与比例为8.6%，明显高于京津冀家庭相应比例；在农业贷款方面，全国平均占比为2.7%，天津和河北都未超过2%；在家庭农业借款

拥有比例上,全国平均水平为9.3%,北京较高,为10.4%,天津稍低,为7.1%,河北则只有4.5%。从生产经营信贷看,全国平均而言,15.8%的家庭拥有生产经营信贷,依次高于天津的11.6%,北京的10.6%和河北的9.1%,其中,家庭贷款、借款比例的全国平均值依次为6.3%,11.4%,均高于京津冀各地区相应比例。综上可知,京津冀生产经营家庭总体负债比例较低,并且借款比例普遍高于贷款比例。这说明京津冀家庭主要通过亲友借贷满足生产经营资金需求。

表5-20 家庭生产经营信贷参与 %

地区	工商业信贷 贷款比例	工商业信贷 借款比例	工商业信贷 负债比例	农业信贷 贷款比例	农业信贷 借款比例	农业信贷 负债比例	生产经营信贷 贷款比例	生产经营信贷 借款比例	生产经营信贷 负债比例
北京	1.1	6.2	6.7	0.0	10.4	3.9	1.1	10.2	10.6
天津	2.4	4.9	6.8	1.3	7.1	4.9	3.7	8.9	11.6
河北	1.5	3.6	4.5	1.1	4.5	4.6	2.6	7.6	9.1
全国	3.7	4.7	7.5	2.7	9.3	8.6	6.3	11.4	15.8

注:仅限有生产经营项目的家庭。

5.4.1.3 家庭偿还贷款的能力

对于有生产经营负债的家庭,CHFS调查还询问家庭生产经营信贷偿还能力,以此把握家庭生产经营债务违约风险。表5-21给出了家庭对自身生产经营信贷偿还能力的评估。由数据可知,全国有35.1%的家庭表示偿还生产经营负债"完全没有问题",北京这一比例更是高达64.3%,天津略高于全国平均水平,为37.0%,河北则低于全国平均水平;此外,我国40.4%的家庭对自身偿债能力评价为"基本没有问题",河北这一比例也较高,为43.8%,依次高于天津和北京;全国总体来看,20.8%的家庭表示"很难偿还"生产经营负债,天津这一比例最高,为24.6%,其次是河北,北京最低;还有3.7%的家庭认为"完全没有能力偿还"生产经营负债,天津这一比例更是达到了10.2%,河北为2.4%,北京则无此情况出现。总体来看,京津冀家庭生产经营信贷风险不容忽视,尤其是天津家庭,隐藏较大的债务违约风险。

表 5-21 家庭生产经营信贷偿还能力 %

偿还能力评价	北京	天津	河北	全国
完全没有问题	64.3	37.0	31.7	35.1
基本没有问题	17.6	28.2	43.8	40.4
很难偿还	18.1	24.6	22.2	20.8
完全没有能力偿还	0.0	10.2	2.4	3.7

5.4.2 农业信贷约束[①]

由于农业生产经营和工商业生产经营在项目规模、项目周期、经营收益等诸多方面都存在显著差异,因此 CHFS 对两种生产经营信贷行为进行了分别询问。对于有生产经营项目的家庭,首先询问其生产经营信贷参与情况,如果没有生产经营信贷,将进一步询问家庭生产经营信贷需求情况。因此,家庭的生产经营信贷需求包括两类:一类是目前有信贷的家庭;另一类是目前没有信贷,但是需要信贷的家庭。对于后一类家庭,进一步定义其处于信贷约束状态。此外,考虑到家庭即使获得信贷,也可能存在信贷需求没有完全得到满足的情况,即实际借到的金额低于计划或者需要借入的金额,这是另外一种形式的信贷约束状态,CHFS 调查也询问了获得生产经营信贷家庭的信贷满足程度。依托翔实的信贷信息,可以实现对生产经营家庭信贷状况的细致、深入把握。基于此,下面将依次分析家庭农业信贷行为和工商业信贷行为。

5.4.2.1 农业信贷约束

表 5-22 给出了家庭农业信贷参与、需求及其约束状况。由数据可知,我国家庭农业贷款需求总体为 12.7%,需要但是没有获得贷款(面临贷款约束)的家庭占比达到了 70.8%,京津冀家庭这一比例均高于全国平均水平,且以北京最高;家庭农业借款需求总体为 12.0%,需要借款但是没有借到的家庭占比为 20.3%,北京和天津家庭均未表现出借款约束,河北需要农业借款的家庭中 17.9% 存在借款约束。

---

① 本节分析仅限有农业生产经营项目的家庭。

表 5-22　农业生产经营信贷参与、需求及约束　　　　%

地区	贷款拥有	贷款需求	贷款约束	借款拥有	借款需求	借款约束
北京	0.0	7.5	100.0	10.4	10.4	0.0
天津	2.2	19.9	88.9	7.1	7.2	0.0
河北	1.3	8.2	84.6	4.5	5.5	17.9
全国	3.7	12.7	70.8	9.3	12.0	20.3

表 5-23、表 5-24 进一步给出了没有贷款(借款)的农业生产经营家庭对农业贷款(借款)的需求情况分布。由表 5-23 可知，多数没有获得农业贷款的家庭，没有表现出信贷需求。面临农业贷款约束的家庭中，一般没有尝试过申请贷款，全国这一比例为 6.8%，天津明显高于全国和北京、河北，为 11.9%。此外，还有部分家庭申请过贷款但是被拒绝，也以天津最为突出，相应比例为 4.8%。由表 5-24 可知，没有农业借款的家庭，一般也不需要农业借款，只有少数河北家庭出现了需要没有去借，或者是借过但是没有借到的情况。

表 5-23　农业贷款需求分布　　　　%

农业贷款需求	北京	天津	河北	全国
不需要	92.5	81.9	93.0	90.7
需要,但是没有申请过	6.2	11.9	6.4	6.8
需要,申请过被拒绝	0.0	4.8	0.7	2.1
需要,正在申请	1.3	1.4	0.0	0.5

表 5-24　农业借款需求分布　　　　%

农业借款需求	北京	天津	河北	全国
不需要	100.0	100.0	99.0	97.3
需要,但是没有找别人借过	0.0	0.0	0.7	2.0
需要,找别人借过,但是没有借到	0.0	0.0	0.3	0.7

表 5-25、表 5-26 进一步给出了没有申请农业贷款以及申请被拒的

原因分布。由表 5-25 可知,全国总体而言,因估计贷款申请不会被批准而未申请贷款的比例最高,为 38.5%;其次,20.4% 的家庭表示不会申请贷款或者是担心还不起,还有不少比例家庭认为申请过程太麻烦或者是贷款利息太高而没有申请。从京津冀地区看,河北 51.2% 的家庭因担心贷款申请不能获批而未申请贷款,北京和天津这一比例较低,均为 29.7%;河北 28.9% 的家庭表示不知道如何申请贷款,天津和河北则不存在此情况;京津冀家庭因申请过程麻烦而没有申请贷款的比例差异不大;北京和天津还有较高比例的家庭因为贷款利息太高、不认识放贷工作人员或者没有抵押品等没有申请贷款,河北相应比例则都比较低。总体来看,京津冀家庭主要由于缺乏信心没有申请贷款,河北最为突出,北京和天津还有较多家庭的贷款需求被贷款成本抑制。

表 5-25 没有申请贷款的原因分布①　　　　　　　　　　%

未申请农业贷款的原因	北京	天津	河北	全国
不知道如何申请贷款	0.0	0.0	28.9	20.4
估计贷款申请不会被批准	29.7	29.7	51.2	38.5
申请过程麻烦	17.8	17.8	16.3	18.5
贷款利息太高	29.7	29.7	9.4	13.7
还款期限或方式不符合需求	0.0	0.0	4.5	2.6
不认识银行/信用社工作人员	17.8	17.8	7.2	7.3
没有抵押品或担保人	17.8	17.8	10.7	11.4
担心还不起	0.0	0.0	9.5	20.4

由表 5-26 可知,在申请贷款但是没有获得的原因分布上,全国总体而言,家庭农业贷款申请被拒主要由于没有人担保,为 30.8%,其次是收入较低,为 28.3%,还有 26.2% 的家庭认为其不认识银行工作人员导致贷款申请被拒;天津家庭认为没有人担保以及没有抵押品的家庭占比持平,为 43.8%,河北家庭中,认为不认识银行工作人员导致贷款被拒的家庭比例

---

① 对应问题为多选,因此各纵列比例之和可能大于、等于或小于 100%。下节工商业信贷相应表格同。

最高,为28.9%,其次是27.8%的家庭认为自身收入较低,还有23.4%的家庭觉得没有人担保是主要原因。总之,天津家庭主要因为担保抵押贷款被拒,河北家庭除此之外,还认为缺乏关系是导致贷款被拒的主要原因,从侧面反映出河北的贷款审批规范度和透明度有待提升。

表5-26　申请贷款被拒的原因分布① 　　　　　　　%

农业贷款申请被拒的原因	天津	河北	全国
有未还清贷款	0.0	9.1	1.3
没有人担保	43.8	23.4	30.8
不认识银行/信用社工作人员	0.0	28.9	26.2
收入低,银行/信用社担心还不清	0.0	27.8	28.3
没有抵押品	43.8	9.1	14.1
不良信用记录	0.0	0.0	3.5
项目风险大	0.0	9.1	1.5
政策原因	0.0	0.0	7.6

5.4.2.2　农业信贷满足情况

表5-27、表5-28给出了获得了农业贷款(借款)的家庭,其具体的贷款(借款)满足程度。由表5-27可知,全国获得农业贷款家庭中,一半以上表示农业贷款需求完全得到满足,河北稍高,为55.4%;天津家庭认为贷款需求大部分得到满足的比例最高,超过了60%,河北、全国总体比例均较低;此外,天津家庭还有37.6%的家庭表示只满足了一半需求,也高于河北及全国总体相应比例。由表5-28可知,家庭借款满足程度上,全国59.8%的家庭表示完全满足了需求,河北这一比例最高,为66.4%,北京和河北都没有超过40%;天津家庭表示借款需求只有小部分被满足的比例最高,为69.9%,北京也有半数以上表示只满足小部分需求,河北相应比例只有12.5%。可以看到,河北家庭贷款需求满足相对不足,而借款需求满足程度相对较高。

---

①　对应问题为多选,因此各纵列比例之和可能大于、等于或小于100%。下节工商业信贷相应表格同。

表 5-27　农业贷款满足程度　　　　　　　　　　　　　　　　　%

农业贷款满足	天津	河北	全国
完全满足需求	0.0	55.4	51.3
大部分满足需求	62.4	17.4	15.9
小部分满足需求	0.0	15.3	20.2
满足一半需求	37.6	11.9	12.7

注：由于北京市家庭农业生产经营贷款拥有比例接近0，此表未报告北京样本情况。

表 5-28　农业借款满足程度　　　　　　　　　　　　　　　　　%

农业借款满足	北京	天津	河北	全国
完全满足需求	36.0	30.1	66.4	59.8
大部分满足需求	13.6	0.0	11.1	14.4
小部分满足需求	50.3	69.9	12.5	15.4
满足一半需求	0.0	0.0	10.0	10.5

5.4.3　工商业信贷约束

5.4.3.1　工商业信贷约束概况

表 5-29 给出家庭工商业信贷参与、需求及其约束状况。由数据可知，全国家庭中 19.4% 有工商业贷款需求，46.1% 面临工商业贷款约束。京津冀家庭工商业贷款需求都低于全国水平，其中，河北家庭的工商业贷款需求最高，为 13.3%；北京家庭的工商业贷款约束最高，达到了 78.6%，天津、河北都略高于全国平均水平。在工商业借款上，全国 17.5% 的家庭有借款需求，只有 16.2% 的家庭存在借款约束，河北借款需求比例最高，为 17.8%，但是借款约束比例最低，为 3.5%，天津和北京的借款需求比例都较低，而天津的借款约束比例最高，为 24.2%。

表 5-29　工商业生产经营信贷参与及约束　　　　　　　　　　　　%

地区	贷款拥有	贷款需求	贷款约束	借款拥有	借款需求	借款约束
北京	1.7	8.3	78.6	9.7	10.9	8.3
天津	4.8	8.8	46.2	9.6	13.1	24.2

续表

地区	贷款拥有	贷款需求	贷款约束	借款拥有	借款需求	借款约束
河北	6.9	13.3	48.4	16.4	17.8	3.5
全国	10.4	19.4	46.1	13.5	17.5	16.2

表5-30、表5-31进一步给出了没有工商业贷款(借款)的工商业生产经营家庭对工商业贷款(借款)的需求情况分布。由表5-30可知,工商业贷款方面,没有工商业贷款的家庭绝大多数不需要贷款,全国7.0%的家庭表示"需要,但是没有申请过",2.2%表示"需要,申请过被拒绝",京津冀地区这两项比例都较低。总体上看,京津冀家庭工商业贷款需求普遍较弱。

由表5-31可知,工商业借款方面,没有工商业借款的家庭,不需要借款的比例相比贷款更高。全国总体2.6%的家庭表示"需要,但是没有找别人借过",天津相对较高,为3.4%,北京为1.0%,河北还不到1%。此外,只有天津的小部分家庭在工商业借款过程中存在被拒现象,比例仅为0.1%。

表5-30　工商业贷款需求分布　　　　　　　　　　%

工商业贷款需求	北京	天津	河北	全国
不需要	93.4	95.7	93.1	90.0
需要,但是没有申请过	5.4	2.9	5.0	7.0
需要,申请过被拒绝	0.8	1.4	0.9	2.2
需要,正在申请	0.4	0.0	1.0	0.9

表5-31　工商业借款需求分布　　　　　　　　　　%

工商业借款需求	北京	天津	河北	全国
不需要	99.0	96.5	99.3	96.7
需要,但是没有找别人借过	1.0	3.4	0.8	2.6
需要,找别人借过但是没有借到	0.0	0.1	0.0	0.7

表5-32给出了工商业贷款未申请的主要原因。由表可知,全国总体而言,因担心贷款被拒未申请的比例最高,为32.7%,认为申请过程麻烦的比例为26%,由于抵押或是担保缺乏没有申请的比例为17.3%。从京津冀内部看,天津绝大部分家庭由于申请过程麻烦没有申请贷款,北京家庭这一比例也接近一半,河北相应比例则不到20%;北京35.6%的家庭估计贷款会被拒,河北的这一比例更高,为42.4%,其他原因分布详见表5-32。不难看出,信心不足以及申请过程麻烦是京津冀家庭没有申请贷款的主要原因,此外,河北家庭还面临贷款成本较高的障碍。

表5-32 没有申请贷款的原因分布　　　　　　　　%

没有申请工商业贷款的原因	北京	天津	河北	全国
不知道如何申请贷款	15.6	0.0	12.6	15.7
估计贷款申请不会被批准	35.6	0.0	42.4	32.7
申请过程麻烦	48.8	97.2	15.9	26.0
贷款利息太高	0.0	0.0	33.2	13.0
还款期限或方式不符合需求	0.0	0.0	0.0	1.7
不认识银行/信用社工作人员	0.0	0.0	0.0	5.2
没有抵押或担保人	18.8	2.8	15.4	17.3
担心还不起	0.0	0.0	0.3	0.1

表5-33给出了工商业贷款申请被拒的原因分布,由表可知,全国家庭中,因为没有抵押品贷款被拒的比例最高,为35.1%,其次是不认识银行工作人员,为30%。从京津冀内部看,河北家庭半数以上认为不认识银行工作人员是贷款被拒的主要原因,其次是抵押品缺乏;北京家庭一致认为政策原因是导致贷款被拒的主因,其次还有很大比例家庭觉得担保、抵押缺乏,不认识银行工作人员,收入低,这些也都构成了贷款被拒的原因;天津家庭认为不良的信用记录是贷款申请被拒的最重要原因,其次是收入较低。由表5-33数据可知,不同地区家庭对于工商业贷款申请被拒的原因差异明显。

表 5-33　申请贷款被拒的原因分布　　　　　　　　　　　　%

工商业贷款申请被拒的原因	北京	天津	河北	全国
有未还清贷款	0.0	0.0	0.0	0.1
没有人担保	65.7	0.0	0.0	17.5
不认识银行/信用社工作人员	65.7	0.0	57.8	32.1
收入低,银行/信用社担心还不清	65.7	42.5	0.0	8.4
没有抵押品	65.7	0.0	31.3	35.1
不良信用记录	0.0	57.5	0.0	1.5
项目风险大	0.0	0.0	0.0	0.8
政策原因	0.0	0.0	0.0	14.3

5.4.3.2　工商业信贷满足情况

表 5-34、表 5-35 给出了获得了工商业贷款(借款)的家庭具体的贷款(借款)满足程度。由表 5-34 可知,全国家庭中有 48.7% 工商业贷款完全得到满足,北京这一比例最高,为 73.2%,其次是天津的 55.7%,河北仅为 36.4%;我国家庭中 24.6% 表示工商业贷款需求大部分得到满足,天津这一比例较高,为 38.1%,其次是北京,河北落后;河北家庭有 40.4% 表示贷款需求只有小部分得到满足,明显高于全国平均水平和北京、天津。总体上,河北家庭工商业贷款需求满足程度相对较差。由表 5-35 可知,家庭借款需求满足方面,河北也不及北京和天津,以借款需求完全得到满足的家庭占比为例,河北为 50.9%,天津超过了 80%,北京也超过了 60%,其他具体数据可见表 5-35。比较而言,北京家庭的工商业贷款满足比例比借款更高,天津和河北反之。

表 5-34　工商业贷款满足程度　　　　　　　　　　　　%

工商业贷款满足	北京	天津	河北	全国
完全满足需求	73.2	55.7	36.4	48.7
大部分满足需求	26.8	38.1	17.0	24.6
小部分满足需求	0.0	6.2	40.4	17.5
满足一半需求	0.0	0.0	6.3	9.2

表5-35 工商业借款满足程度　　　　　　　　　　　%

工商业借款满足	北京	天津	河北	全国
完全满足需求	60.3	80.8	50.9	57.5
大部分满足需求	7.1	0.0	20.7	15.6
小部分满足需求	21.3	16.4	14.4	18.3
满足一半需求	11.3	2.8	14.0	8.6

5.5 家庭信贷需求及融资偏好

5.5.1 家庭信贷需求

家庭总体信贷需求反映了家庭当前的信贷融资缺口情况，前面小节详细阐述了生产经营项目家庭的生产经营信贷需求，那么家庭总体信贷需求状况如何呢？除了生产经营项目家庭的生产经营信贷需求之外，CHFS也调查了其他方面的总体信贷需求。根据家庭收入水平的分位数，将家庭分为低收入、中等收入、高收入三组。表5-36给出了不同收入组家庭的信贷需求情况。由表可知，全国来看，8.4%的家庭有信贷需求，收入越低的家庭组信贷需求比例越高，低收入家庭这一比例为9.7%，高收入为6.9%。从京津冀内部来看，北京有信贷需求的家庭比例为3.8%，中等收入最高，为4.8%，低收入和高收入比例相当；天津信贷需求比例总体为3.4%，与全国趋势一致，越是低收入家庭的信贷需求比例越高；河北家庭信贷需求比例总体为7.4%，在京津冀内部最高，河北内部则表现出中等收入家庭信贷需求最强，其次是低收入，最后是高收入的特征。

表5-36 不同收入家庭信贷需求情况　　　　　　　　%

收入分组	北京	天津	河北	全国
低收入	3.3	4.3	7.6	9.7
中等收入	4.8	3.8	8.1	8.5

续表

收入分组	北京	天津	河北	全国
高收入	3.4	2.9	6.0	6.9
总体	3.8	3.4	7.4	8.4

对于有信贷需求的家庭,进一步分析其产生信贷需求的原因。表 5-37 给出家庭信贷需求的原因分布,由数据可知,全国总体来看,因买房需要借钱的家庭比例最高,达到了 43.1%,有 20.2% 和 19.9% 的家庭因为教育和看病需要借钱,因为买车需要借钱的家庭占比也达到了 12.5%,说明随着居民生活水平的提升,除了购房外,家庭负债购车的意愿也较为突出。从京津冀地区看,北京家庭中,有高达 73.3% 的家庭需要借钱买房,还有 14.4% 的非生产经营家庭需要借钱投资工商业经营,近 1/10 的家庭因为红白喜事或者看病产生信贷需求。天津家庭中,因购房需要借钱的比例低于北京,为 63%,因看病需要借钱的比例次之,达到 21.6%,此外,因买车产生信贷需求的家庭占比为 9.7%。河北的情况显示,45% 的家庭因购房需要借钱,这一比例明显低于北京和天津,且与前两个地区不同的是,27.5% 的河北家庭因为教育需要借钱,此外,因为看病和买车需要借钱的家庭占比也都较高。由此可见,相对而言,河北家庭的信贷需求更加分散化,受到高房价的影响,北京和天津家庭的信贷需求动机中,绝大多数为购房。

表 5-37 家庭信贷需求的原因分布① %

信贷需求原因	北京	天津	河北	全国
买房	73.3	63.0	45.0	43.1
农业经营	0.0	0.0	0.4	0.9
工商业经营	14.4	1.6	7.7	5.1
非生产经营投资	0.0	0.0	3.8	2.3
教育	6.5	6.3	27.5	20.2
看病	9.5	21.6	15.9	19.9

① 对应问题为多选,因此各纵列比例之和可能大于、等于或小于 100%。

续表

信贷需求原因	北京	天津	河北	全国
买车	5.7	9.7	15.9	12.5
红白喜事	9.7	5.5	7.5	4.1
其他	6.6	0.0	8.6	9.5

表5-38给出不同收入组的信贷需求金额差异。由表可知,全国来看,家庭信贷需求金额为194 602元,越是收入较高的家庭组,信贷需求金额越大,其中,低收入为135 276元,高收入超过其两倍,达到了303 703元。分京津冀看,北京家庭总体信贷需求额度最高,为931 735元,信贷需求额度随收入变动的趋势和全国保持一致;天津家庭总体信贷需求额度明显低于北京,为318 499元,同样是收入越高,家庭信贷需求规模越大;河北家庭总体信贷需求金额为164 154元,大致为天津的一半,北京的1/6,其中,与前两个地区不同的是,中等收入家庭的信贷需求额度最低,最高依然是高收入家庭。总体上看,越是居住在经济发达地区,越是高收入家庭,其信贷需求额度越大。

表5-38 不同收入家庭信贷需求金额 元

信贷需求额度	北京	天津	河北	全国
低收入	239 675	153 817	171 979	135 276
中等收入	982 935	307 769	131 419	175 369
高收入	1 058 673	411 915	208 687	303 703
总体	931 735	318 499	164 154	194 602

5.5.2 家庭融资渠道偏好

由前述可知,目前我国家庭主要依赖亲朋好友之类的非正规信贷渠道融资,而对于正规信贷的参与相对较少。一方面,从家庭融资特征来看,家庭融资规模相对较小,统一的征信体系还未建立,家庭信用等级和信贷风险较难控制,这些都导致正规信贷供给对于家庭这一微观主体的信贷需求,尤其是生产经营性信贷需求和非住房类消费需求的供给不足。另一方面,从家庭融资渠道偏好来看,由于正规渠道存在高成本、较长审核周期等不足,而非正规信贷具有融资便利性、灵活性的天然优势,家庭可能本身就更加不愿意从正规渠道融资。家庭实际的融资偏好究竟如何? 为回答这一问题,对于有信贷需求的家庭,CHFS 调查还了解了家庭的计划(意愿)融资渠道。表 5-39 给出京津冀家庭的融资选择比较。由表可知,全国来看,47.3% 的家庭偏好从非正规渠道融资,36.4% 的家庭偏好从正规渠道融资,还有 16.3% 的家庭认为两者都可以,说明总体家庭非正规渠道融资意愿更强。从京津冀地区看,北京有高达 51.6% 的家庭计划从正规渠道融资,这一比例略低于天津的 54.3%,但是京津两市都明显高于河北的 22.8%;其次,北京和天津偏好通过非正规渠道融资的家庭占比相差不大,均低于河北省的 50%;最后,认为两种融资渠道都可以的家庭占比,河北省最高,为 27.1%。可以看出,北京和天津家庭都更加偏好正规融资渠道,而河北家庭更加偏好非正规融资渠道,这与河北金融服务发展滞后有关,也可能由于河北家庭观念更加保守,因而倾向于通过亲朋好友之类的熟人网络来借钱。

表 5-39 家庭融资渠道选择　　　　　　　　　　%

融资渠道偏好	北京	天津	河北	全国
正规融资	51.6	54.3	22.8	36.4
非正规融资	39.1	33.6	50.0	47.3
都可以	9.3	12.2	27.1	16.3

表 5-40 以京津冀总体家庭为样本,给出了不同收入组家庭的融资渠道选择分布。由表可知,高收入家庭更加倾向于通过正规渠道融资,这一比例为 40.2%,而中低收入家庭相应比例都不到 30%;收入越高的家庭,通过非正规渠道融资的比例越低,高收入家庭为 35.8%,低收入家庭高达 54.9%,中等收入家庭也有接近一半(47.1%)选择从非正规渠道融资;另外,对于两种融资渠道没有表现出明显偏好的家庭占比,中等收入家庭最高,其次是高收入家庭,低收入家庭最低。总之,家庭收入越高的家庭主动选择正规金融机构的可能性越大,因此未来的金融普惠政策,需要重点关注低收入家庭的信贷需求,努力提升其正规信贷参与积极性,防止信贷资源在不同群体之间分布不均。

表 5-40　不同收入组家庭融资渠道选择　　　　　　　　　　%

融资渠道偏好	低收入	中等收入	高收入
正规融资	27.1	26.4	40.2
非正规融资	54.9	47.1	35.8
都可以	17.9	26.4	24.0

5.6　小结

本章从家庭信贷参与、信贷规模、信贷需求和约束等方面对京津冀家庭信贷行为进行了详细分析。此外还涉及家庭信贷参与的福利影响，以及家庭信贷偏好等问题。通过数据分析，我们发现：

在信贷参与方面，总体上，北京和天津家庭正规信贷参与比例更高，河北家庭非正规信贷参与比例更高。家庭信贷参与既与自身特征有关，也受到居住地金融服务便利程度的影响。我们发现，教育程度越高，家庭正规信贷参与比例越高，非正规信贷参与比例越低；金融知识水平越高的家庭也更多地获得正规信贷，更少依赖非正规信贷；户主是党员的家庭更容易获得正规信贷资源，更少寻求非正规资源；家庭社会关系越强，也更容易获得正规信贷，而非正规信贷的需求因此被抑制，非正规信贷参与比例相对较低；越是偏好风险的家庭更多参与正规信贷；最后，所住村（社区）有银行网点的家庭正规信贷参与也更多。

从信贷金额及结构看，不管是全国总体，还是京津冀家庭，贷款余额占家庭负债余额的绝对比例，北京和天津都超过了 80%。在信贷余额的用途分布中，贷款和借款均以住房用途为主，其次是生产经营性用途。京津冀家庭中，住房贷款余额占比最高的天津超过了 90%，最低的河北也有 60% 以上；住房借款余额占比都超过了 40%。相对而言，住房借款余额用途比贷款余额用途更加分散化。医疗和教育借款在家庭借款余额中的占比也不容忽视。家庭信贷总额的结构特征和信贷余额差异不大。住房和生产经营用途信贷是目前家庭的主要债务负担来源。

信贷参与的福利效应方面,不管是就京津冀总体而言,还是分京津冀看,信贷参与对家庭各方面福利状态的影响大体一致。一般而言,拥有贷款的家庭与没有贷款的家庭比较,前者拥有更高的年均收入和消费水平,也拥有更大的资产总量,幸福感也更强;而拥有借款的家庭与没有借款的家庭比较结果与前述相反。这意味着家庭正规信贷参与的福利效应为正,非正规信贷参与的福利效应为负。总体上,负债家庭的收入、消费、资产等物质生活水平依然更高,但是主观幸福感比无负债家庭低。

信贷约束及满足方面,从农业信贷看,京津冀需要农业贷款的家庭,其农业贷款约束普遍在80%以上,但是借款约束则较低,北京和天津家庭没有表现出借款约束;受到信贷约束的家庭,较多没有申请过贷款,从家庭没有申请贷款的原因看,农业贷款申请信心不足是主要原因,其次,河北家庭表现出贷款知识缺乏,北京和天津家庭则较多受贷款成本约束;天津和河北还有部分家庭申请贷款被拒,主要原因有缺乏抵押担保、缺乏关系等。农业信贷满足方面,天津和河北多数家庭表示贷款需求完全或者是大部分得到满足,在借款需求满足程度上,北京和天津较强,河北较差。在工商业信贷方面,信贷约束及其各项原因分布与农业信贷差异不大。在工商业信贷满足度上,河北工商业贷款满足度最差,借款满足情况也不容乐观,北京和天津的贷款满足相对借款满足也有待进一步提升。

在信贷需求及偏好方面,总体上,河北家庭信贷需求比例为7.4%,依次高于北京和天津。分收入组看,大致呈现收入越高的家庭,信贷需求比例越低的趋势。从家庭信贷需求的原因分布看,京津冀家庭需要信贷主要是为买房,其次,北京的工商业信贷需求、天津的医疗信贷需求、河北的教育信贷需求也较高。从信贷需求金额看,北京最高,并且京津冀家庭都表现出收入越高,信贷需求金额越大的特征。北京和天津家庭更多偏好正规渠道融资,河北家庭则更多偏好非正规渠道融资;分收入组发现,越是高收入家庭,越偏好正规信贷渠道。

综上所述,京津冀家庭的正规信贷参与需要进一步提升,信贷资金用途的多元化不足,正规信贷尤为突出,信贷约束和信贷满足程度尚不容忽视,而家庭信贷需求意愿不强,融资偏好也呈现出明显的地域差异。因此,未来应该进一步加大信贷市场培育力度,提升家庭信贷参与积极性,尤其要注意提高河北家庭信贷可获得性,着重满足低收入群体信贷需求,极大降低信贷资源在地区之间的不均衡分配,促进普惠金融发展。

6 京津冀家庭保险与保障

6.1 社会保障

6.1.1 社会养老保险

6.1.1.1 养老保险覆盖率

表6-1给出了中国居民的养老方式分布情况,28.9%的居民无任何形式的养老保障,61.9%的居民依靠社会养老保险的方式养老,8.3%的居民领取退休金养老。对京津冀地区而言,16.3%的居民无任何形式的养老保障,要低于全国平均值;69.4%的居民依靠社会养老保险养老,13.3%的居民领取退休金养老,均高于全国平均值。在北京,10.4%的居民无任何形式的养老保障,66.5%的居民依靠社会养老保险养老,21.6%的居民领取退休金养老。在天津,18.3%的居民无任何形式的养老保障,64.7%的居民依靠社会养老保险养老,16.0%的居民领取退休金养老。在河北,19.4%的居民无任何形式的养老保障,74.2%的居民依靠社会养老保险养老,5.7%的居民领取退休金养老。对比分析来看,在京津冀地区,北京无养老保障的比例最低,河北无养老保障的比例最高;北京居民依靠退休工资养老的比例要高于天津和河北,河北居民依靠社会保险养老的比例则要高于北京和天津。

表6-1 居民养老方式分布　　　　　　%

养老方式	全国	京津冀	北京	天津	河北
无社会养老保险	28.9	16.3	10.4	18.3	19.4
有社会养老保险	70.2	82.7	88.1	80.7	79.9
养老保险	61.9	69.4	66.5	64.7	74.2
退休工资	8.3	13.3	21.6	16.0	5.7
其他	0.9	1.0	1.5	1.0	0.7

表6-2给出了社会养老保险的类型分布。在社会养老保险中,占比

最高的是城镇职工基本养老保险和新型农村社会养老保险。全国总体而言,城镇职工基本养老保险占比为 35.4%,京津冀为 49.4%,北京为 67.8%,天津为 85.1%,河北为 19.7%。全国总体而言,新型农村社会养老保险占比为 52.8%,京津冀为 42.8%,北京为 21.1%,天津为 6.4%,河北为 75.0%。从京津冀地区来看,北京和天津居民主要依靠城镇职工基本养老保险养老,河北居民主要依靠新型农村社会养老保险养老。

表 6-2 社会养老保险种类分布   %

社会养老保险种类	全国	京津冀	北京	天津	河北
城镇职工基本养老保险	35.4	49.4	67.8	85.1	19.7
城镇居民基本养老保险	8.9	6.4	8.3	7.3	4.8
新型农村社会养老保险	52.8	42.8	21.1	6.4	75.0
城乡统一居民社会养老保险	2.9	1.4	2.8	1.2	0.5

6.1.1.2　养老保险领取

表 6-3 给出了 55 周岁以上拥有社会养老保险的居民已经开始领取养老金的比例。拥有养老保险并且年龄在 55 周岁以上的人群中,有 65% 的居民已经开始领取养老保险金,35% 的居民尚未开始领取。京津冀地区 71.1% 的居民已经开始领取养老保险金,要高于全国平均值。北京居民领取社会养老保险金的比例是 76.8%,低于天津的 78.9%,高于河北的 60.9%。

表 6-3 55 周岁以上开始领取社会养老保险金的比例   %

是否领取	全国	京津冀	北京	天津	河北
领取	65.0	71.1	76.8	78.9	60.9
未领取	35.0	28.9	23.2	21.1	39.1

6.1.1.3　社会养老保险保费与收入

表 6-4 给出了居民的养老保险保费和收入情况。全国居民的养老金缴费支出平均值是 2 850 元/年,京津冀地区是 3 777 元/年,高于全国平均水平;北京居民的缴费支出平均为 7 538 元/年,高于天津的 7 452 元/年和河北的 996 元/年。全国居民的养老金收入平均值是 18 248 元/年,京津冀地区是 24 774 元/年,同样高于全国平均水平;北京居民的养老金收入平均

值是34 966元/年,高于天津的30 523元/年和河北的8 843元/年。

表6-4 社会养老保险个人缴费和收入比较　　　　　元/年

比较项目	全国	京津冀	北京	天津	河北
缴费支出	2 850	3 777	7 538	7 452	996
领取收入	18 248	24 774	34 966	30 523	8 843

按照社会养老保险种类来分析保费和收入水平。表6-5给出了2014年社会养老保险平均个人缴费支出情况。从全国看,城镇职工基本养老保险由个人承担的保费金额平均为5 702元/年,城镇居民基本养老保险的保费金额平均为7 052元/年,新型农村社会养老保险的保费金额平均为732元/年,城乡统一居民社会养老保险的保费金额平均为4 511元/年。对京津冀地区而言,城镇职工基本养老保险由个人承担的保费金额平均为6 659元/年,城镇居民基本养老保险的保费金额平均为7 048元/年,新型农村社会养老保险的保费金额平均为552元/年,城乡统一居民社会养老保险的保费金额平均为7 228元/年。

表6-5 社会养老保险个人缴费支出　　　　　元/年

社会保险种类	全国	京津冀	北京	天津	河北
城镇职工基本养老保险	5 702	6 659	7 009	7 656	4 153
城镇居民基本养老保险	7 052	7 048	10 265	8 316	2 665
新型农村社会养老保险	732	552	1 423	436	420
城乡统一居民社会养老保险	4 511	7 228	2 009	17 959	597

表6-6给出了2014年社会养老保险的个人保费收入情况。从全国看,城镇职工基本养老保险的保费收入平均为28 923元/年,城镇居民基本养老保险的保费收入平均为16 062元/年,新型农村社会养老保险的保费收入平均为2 678元/年,城乡统一居民社会养老保险的保费收入平均为10 785元/年。对京津冀地区而言,城镇职工基本养老保险的保费收入平均为31 484元/年,城镇居民基本养老保险的保费收入平均为17 138元/年,新型农村社会养老保险的保费收入平均为2 107元/年,城乡统一居民社会养老保险的保费收入平均为9 215元/年。

表6-6　社会养老保险个人领取收入　　　　　　　元/年

社会保险种类	全国	京津冀	北京	天津	河北
城镇职工基本养老保险	28 923	31 484	36 537	29 594	24 168
城镇居民基本养老保险	16 062	17 138	23 925	17 669	8 544
新型农村社会养老保险	2 678	2 107	5 294	8 031	1 029
城乡统一居民社会养老保险	10 785	9 215	11 263	6 600	2 917

6.1.1.4 养老保险金与退休金的比较

表6-7给出了养老保险金与退休金的比较。从全国来看，相对于社会养老保险平均为13 475元/年的养老金而言，退休人员的平均工资收入为35 893元/年。对京津冀地区而言，社会养老保险的养老金平均为18 987元/年，退休人员的平均工资收入为41 100元/年；北京居民的养老金收入最高，社会养老保险的养老金平均为28 181元/年，退休人员的平均工资收入为46 259元/年；天津居民的养老金收入次之，社会养老保险的养老金平均为27 488元/年，退休人员的平均工资收入为38 670元/年；河北居民的养老金收入则最低，社会养老保险的养老金平均仅为5 687元/年，退休人员的平均工资收入为29 735元/年。

表6-7　社会养老保险收入和退休金比较　　　　　元/年

领取金额	全国	京津冀	北京	天津	河北
社会保险	13 475	18 987	28 181	27 488	5 687
退休金	35 893	41 100	46 259	38 670	29 735

6.1.1.5 社会养老保险账户余额

不同社会养老保险的平均余额差距很大。如表6-8所示，就全国而言，城镇职工基本养老保险的账户余额平均为18 939元，城镇居民基本养老保险的账户余额平均为14 996元，城乡统一居民社会养老保险的账户余额平均为8 845元，而新型农村社会养老保险的账户余额仅仅为2 625元。在京津冀地区，城镇职工基本养老保险的账户余额平均为16 100元，城镇居民基本养老保险的账户余额平均为12 694元，城乡统一居民社会养老保险的账户余额平均为11 896元，而新型农村社会养老保险的账户余额则平均为1 850元。

表 6-8　社会养老保险账户余额　　　　　　　　　　　元

社会保险种类	全国	京津冀	北京	天津	河北
城镇职工基本养老保险	18 939	16 100	16 523	15 359	17 305
城镇居民基本养老保险	14 996	12 694	13 763	15 300	9 826
新型农村社会养老保险	2 625	1 850	1 444	1 847	1 920
城乡统一居民社会养老保险	8 845	11 896	9 697	22 804	2 297

6.1.1.6　企业年金

由表 6-9 可知,拥有企业年金的居民,全国占比为 5.8%,京津冀地区占比为 5.6%,北京占比为 8.0%,天津占比为 2.9%,河北占比为 5.0%。拥有企业年金并且开始领取的居民,全国占比为 17.9%,京津冀地区占比为 21.2%,北京占比为 27.1%,天津占比为 12.2%,河北占比为 9.8%。

表 6-9　企业年金拥有和领取情况　　　　　　　　　　%

年金拥有与领取	全国	京津冀	北京	天津	河北
拥有企业年金占比	5.8	5.6	8.0	2.9	5.0
已经开始领取占比	17.9	21.2	27.1	12.2	9.8

由表 6-10 可知,个人年金缴费,全国平均为 5 846 元/年,京津冀地区平均为 6 877 元/年,北京平均为 7 602 元/年,天津平均为 4 351 元/年,河北平均为 7 416 元/年。个人年金收入,全国平均为 24 244 元/年,京津冀地区平均为 31 648 元/年,北京平均为 36 022 元/年,天津平均为 18 600 元/年,河北平均为 6 390 元/年。个人年金账户余额,全国平均为 19 435 元/年,京津冀地区平均为 14 291 元/年,北京平均为 13 745 元/年,天津平均为 22 500 元/年,河北平均为 8 917 元/年。

表 6-10　企业年金缴费、收入与账户余额情况　　　　　元

年金缴费与收入	全国	京津冀	北京	天津	河北
个人年金缴费	5 846	6 877	7 602	4 351	7 416
个人年金收入	24 244	31 648	36 022	18 600	6 390
个人年金账户余额	19 435	14 291	13 745	22 500	8 917

6.1.2 医疗保险

6.1.2.1 医疗保险覆盖率

由表6-11可知,全国医疗保险覆盖率为88.5%,其中,社会医疗保险覆盖率为86%,商业医疗保险覆盖率为2.2%。京津冀地区医疗保险覆盖率为89.2%,其中,社会医疗保险覆盖率为86.2%,商业医疗保险覆盖率为2.6%,均略高于全国平均水平。北京的医疗保险覆盖率为91.1%,其中,社会医疗保险覆盖率为85.8%,商业医疗保险覆盖率为3.7%。天津的医疗保险覆盖率为87%,其中,社会医疗保险覆盖率为83.4%,商业医疗保险覆盖率为4.2%。河北的医疗保险覆盖率为89%,其中,社会医疗保险覆盖率为88%,商业医疗保险覆盖率为1%。通过对比分析发现,在京津冀地区,天津居民拥有最高的商业医疗保险覆盖率,河北居民拥有最高的社会医疗保险覆盖率。

表6-11 医疗保险覆盖率   %

有无医保	全国	京津冀	北京	天津	河北
有	88.5	89.2	91.1	87.0	89.0
社会医疗保险	86.0	86.2	85.8	83.4	88.0
商业医疗保险	2.2	2.6	3.7	4.2	1.0
其他	1.4	1.8	4.1	1.4	0.5
没有	11.5	10.8	8.9	13.0	11.0

由表6-12可知,在全国,有21.7%的居民拥有城镇职工基本医疗保险,56.9%的居民拥有新型农村合作医疗保险。在京津冀地区,有36.7%的居民拥有城镇职工基本医疗保险,40.9%的居民拥有新型农村合作医疗保险。在北京,有49.4%的居民拥有城镇职工基本医疗保险,17.6%的居民拥有新型农村合作医疗保险。在天津,有63.5%的居民拥有城镇职工基本医疗保险,13.5%的居民拥有新型农村合作医疗保险。在河北,有14.0%的居民拥有城镇职工基本医疗保险,71.4%的居民拥有新型农村合作医疗保险。

表6-12 医疗保险种类分布　　　　　　　　　　%

医保种类	全国	京津冀	北京	天津	河北
城镇职工基本医疗保险	21.7	36.7	49.4	63.5	14.0
城镇居民基本医疗保险	12.1	11.0	12.5	10.9	10.1
新型农村合作医疗保险	56.9	40.9	17.6	13.5	71.4
城乡居民基本医疗保险	2.3	1.0	1.1	1.3	0.8
公费医疗	1.3	3.4	8.4	1.8	0.8
企业补充医疗保险	0.2	0.4	1.0	0.3	0.1
大病医疗统筹	2.0	6.0	5.1	15.4	1.8
社会互助	0.1	0.1	0.1	0.4	0.0
商业医疗保险(单位购买)	0.9	0.8	1.1	1.5	0.1
商业医疗保险(个人购买)	1.6	2.1	2.9	3.3	1.0
其他	1.5	2.0	4.3	1.5	0.6

6.1.2.2 医疗保险保费

如表6-13所示,全国居民的社会医疗保险保费支出平均为326元/年,京津冀地区是410元/年,北京是609元/年,天津是568元/年,河北居民的社会医疗保费平均支出要低于全国、北京以及天津的平均值,只有214元/年。在不同社会医疗保险种类中,城镇职工基本医疗保险的保费支出最高,全国平均为600元/年,京津冀地区平均为556元/年;其次是城镇居民基本医疗保险,全国平均为517元/年,京津冀地区平均为405元/年;对农村居民很重要的新型农村合作医疗保险而言,全国居民医疗保险保费支出平均为119元/年,京津冀地区则为106元/年。

表6-13 医疗保险保费支出　　　　　　　　　　元

保费支出	全国	京津冀	北京	天津	河北
社会医疗保险	326	410	609	568	214
城镇职工基本医疗保险	600	556	644	512	440
城镇居民基本医疗保险	517	405	466	541	275
新型农村合作医疗保险	119	106	112	136	102
城乡居民基本医疗保险	416	305	188	118	576

续表

保费支出	全国	京津冀	北京	天津	河北
企业补充医疗保险	86	68	94	0	0
大病医疗统筹	184	237	613	78	176

6.1.2.3 医疗保险账户余额

表6-14给出了拥有医疗保险居民的账户余额。从全国看,医疗保险账户余额平均为2 216元,京津冀地区为3 479元,北京为5 396元,天津为3 547元,河北为1 799元。对于拥有社会医疗保险账户的居民来说,全国居民的社会医疗保险账户余额平均为2 048元,京津冀地区为3 212元,北京为4 718元,天津为3 458元,河北为1 780元。对于拥有商业医疗保险账户的居民来说,全国居民的商业医疗保险账户余额平均为11 782元,京津冀地区为15 393元,北京为22 976元,天津为8 947元,河北为4 997元。

表6-14 医疗保险账户余额 元

账户余额	全国	京津冀	北京	天津	河北
医疗保险	2 216	3 479	5 396	3 547	1 799
社会医疗保险	2 048	3 212	4 718	3 458	1 780
商业医疗保险	11 782	15 393	22 976	8 947	4 997

6.1.2.4 医疗保险与住院情况

表6-15是有医疗保险和没有医疗保险的居民在住院比例上的对比分析。从全国平均水平看,有医疗保险的居民有10.3%的住院比例,其中,参加社会医疗保险居民的住院比例是10.4%,购买商业医疗保险的居民住院比例是8.0%;而没有医疗保险居民的住院比例是5.3%。对京津冀地区而言,有医疗保险的居民有8.8%的住院比例,其中,参加社会医疗保险居民的住院比例是8.9%,购买商业医疗保险的居民住院比例是6.3%;而没有医疗保险居民的住院比例是3.7%。

表6-15 有医保和无医保住院比例对比　　　　　　　　　　%

住院比例	全国	京津冀	北京	天津	河北
医疗保险	10.3	8.8	9.3	8.3	8.7
社会医疗保险	10.4	8.9	9.4	8.4	8.7
商业医疗保险	8.0	6.3	5.4	5.2	10.9
没有医疗保险	5.3	3.7	3.2	2.8	4.5

表6-16是有医疗保险和没有医疗保险的居民在住院费用上的对比分析。从全国平均水平看,有医疗保险的居民住院费用支出是15 790元/年,其中,参加社会医疗保险的居民住院费用是15 779元/年,购买商业医疗保险的居民住院费用是21 587元/年;而没有医疗保险的居民住院费用是13 518元/年。对京津冀地区而言,有医疗保险的居民住院费用支出是21 029元/年,其中,参加社会医疗保险居民的住院费用是21 099元/年,购买商业医疗保险的居民住院费用是14 235元/年;而没有医疗保险的居民住院费用是11 892元/年。

表6-16 有医保和无医保住院费用对比　　　　　　　　　元/年

住院费用	全国	京津冀	北京	天津	河北
医疗保险	15 790	21 029	33 632	22 804	12 233
社会医疗保险	15 779	21 099	33 650	23 073	12 251
商业医疗保险	21 587	14 235	28 600	8 583	7 917
没有医疗保险	13 518	11 892	10 379	20 344	9 543

表6-17描述了医疗保险在住院费用上的报销比例。全国平均水平是49.3%,其中,社会医疗保险的报销比例是49.3%,商业医疗保险的报销比例是56.5%。京津冀地区的平均水平是51.2%,其中,社会医疗保险的报销比例是51.1%,商业医疗保险的报销比例是57.7%,均要高于全国平均水平。北京居民的医疗保险报销比例最高,平均为60.2%;天津居民的医疗保险报销比例次之,平均为47.5%;河北居民的医疗保险报销比例最低,平均为47.3%。

表 6-17　医疗保险报销比例　　　　　　　　　　　　　　　　%

报销比例	全国	京津冀	北京	天津	河北
医疗保险	49.3	51.2	60.2	47.5	47.3
社会医疗保险	49.3	51.1	60.4	47.2	47.2
商业医疗保险	56.5	57.7	69.9	71.0	38.5

6.1.3　失业、生育和工伤保险

表6-18给出了失业保险、工伤保险和生育保险的覆盖情况。从全国看，年龄大于16周岁、有非农工作的居民中有28.8%的拥有失业保险，有29.4%的拥有工伤保险，有23.5%的拥有生育保险。在京津冀地区，这三项保险覆盖率高于全国平均水平，其中，失业保险覆盖率是46.8%，工伤保险覆盖率是45.8%，生育保险覆盖率是41.5%。北京的三险覆盖率也要高于天津和河北，其中，北京年龄大于16周岁、有非农工作的居民中有66.3%的拥有失业保险，有63.3%的拥有工伤保险，有58.5%的拥有生育保险；天津大于16周岁、有非农工作的居民中有62.2%的拥有失业保险，有60.7%的拥有工伤保险，有58.5%的拥有生育保险；河北大于16周岁、有非农工作的居民中有18.9%的拥有失业保险，有19.9%的拥有工伤保险，有14.4%的拥有生育保险。

表 6-18　失业、生育和工伤保险的覆盖情况　　　　　　　　　%

	全国	京津冀	北京	天津	河北
失业保险覆盖率	28.8	46.8	66.3	62.2	18.9
工伤保险覆盖率	29.4	45.8	63.3	60.7	19.9
生育保险覆盖率	23.5	41.5	58.5	58.5	14.4

6.1.4　住房公积金

如表6-19所示，拥有住房公积金的居民占比为11.7%，京津冀地区为18.4%，北京为28.8%，天津为23.6%，河北为7.7%。在拥有住房公积金的居民中，有大约94.1%的居民还在继续缴纳住房公积金，京津冀地区继续缴纳比例为95.9%。2014年缴纳的住房公积金平均为7 836元，京津

冀地区居民平均缴纳9 992元。公积金账户余额平均为47 211元,京津冀地区为42 557元。拥有公积金的居民中,2014年使用公积金的居民占比为14.8%,京津冀地区使用公积金的占比为16.4%。2014年提取公积金平均为34 998元,京津冀地区居民平均提取38 509元。

表6-19 住房公积金基本情况

基本情况	全国	京津冀	北京	天津	河北
拥有住房公积金比例(%)	11.7	18.4	28.8	23.6	7.7
当前缴费比例(%)	94.1	95.9	96.6	94.8	96.1
2014年缴纳的公积金(元)	7 836	9 992	10 310	12 114	4 539
公积金账户余额(元)	47 211	42 557	41 446	51 467	26 680
2014年使用公积金的比例(%)	14.8	16.4	19.0	13.7	14.1
2014年提取公积金的金额(元)	34 998	38 509	33 860	51 931	31 477

如表6-20所示,提取公积金的原因中,占比最高的是买房,全国平均为50.3%,京津冀地区为51.6%,北京为49.4%,天津为45.5%,河北为70.5%。其次为偿还购房贷款本息。其他提取公积金的原因主要包括房屋建造、大修、翻建,付房租,以及离退休等。

表6-20 住房公积金提取原因   %

原因	全国	京津冀	北京	天津	河北
买房	50.3	51.6	49.4	45.5	70.5
房屋建造、大修、翻建	5.2	6.4	8.7	1.3	6.8
偿还购房贷款本息	31.5	28.8	22.5	49.4	15.9
付房租	2.5	4.6	7.5	0.0	2.3
离退休	2.5	1.4	2.5	0.0	0.0
与单位解除劳动关系	1.1	1.4	1.3	2.6	0.0
投资股票等	0.8	0.4	0.6	0.0	0.0
出境定居	0.1	0.0	0.0	0.0	0.0
其他	6.0	5.4	7.5	1.2	4.5

6.2 商业保险

6.2.1 商业保险投保

商业保险在我国居民中的投保比例较低。如表6-21所示,从全国来看,只有7.6%的居民购买了商业保险,其中,4.1%的居民购买了商业人寿保险,2.4%的居民购买了商业健康保险,1.5%的居民购买了其他商业保险,剩余92.4%的居民则没有购买任何商业保险。在京津冀地区,有90.3%的居民没有购买任何商业保险,拥有商业人寿保险的居民占比为5.0%,拥有商业健康保险的居民占比为3.9%,拥有其他商业保险的居民占比为1.8%。在北京居民中,有86.3%的居民没有购买任何商业保险,拥有商业人寿保险的居民占比为6.9%,拥有商业健康保险的居民占比为6.0%,拥有其他商业保险的居民占比为3.0%。在天津居民中,有89.3%的居民没有购买任何商业保险,拥有商业人寿保险的居民占比为5.8%,拥有商业健康保险的居民占比为3.6%,拥有其他商业保险的居民占比为1.8%。在河北居民中,有93.4%的居民没有购买任何商业保险,拥有商业人寿保险的居民占比为3.4%,拥有商业健康保险的居民占比为2.7%,拥有其他商业保险的居民占比为0.9%。通过对比分析发现,京津冀地区的商业保险投保比例要高于全国平均水平,其中,以北京居民的投保比例最高,河北居民的投保比率最低。

表6-21 商业保险投保比例　　　　　　　%

商业保险种类	全国	京津冀	北京	天津	河北
有商业保险	7.6	9.7	13.7	10.7	6.6
商业人寿保险	4.1	5.0	6.9	5.8	3.4
商业健康保险	2.4	3.9	6.0	3.6	2.7
其他商业保险	1.5	1.8	3.0	1.8	0.9

续表

商业保险种类	全国	京津冀	北京	天津	河北
没有商业保险	92.4	90.3	86.3	89.3	93.4

注：由于同一个居民可能同时购买多个商业保险，题目为多选题，所以商业人寿保险、商业健康保险和其他商业保险的比例加总可能会大于有商业保险的比例。

6.2.2 商业人寿保险

表6-22给出了居民购买商业人寿保险的基本情况。从表6-22可知，在购买了商业人寿保险的居民中，总保额为114 778元，京津冀地区为132 028元，北京为166 078元，天津为114 635元，河北为102 231元。从寿险分红占比看，有40.9%的居民购买的商业寿险有分红，分红金额平均为973元；京津冀地区为43.1%，分红金额平均为1 533元。从返还本金看，有66.8%的居民购买的商业寿险会返还本金，京津冀地区为67.6%。2014年购买商业寿险的居民，人均缴费支出为4 827元，京津冀地区为7 641元，北京为11 531元，天津为7 243元，河北则只有3 043元。有2.7%的居民在2014年获得了商业寿险赔付，平均获得赔付7 754元；京津冀地区居民获得赔付占比为2.6%，平均获得赔付10 850元；北京居民获得赔付占比为2.5%，平均获得赔付5 458元；天津居民获得赔付占比为4.3%，平均获得赔付11 371元；河北获得赔付的比例是1.1%，平均获得赔付25 200元。

表6-22 商业人寿保险基本情况

人寿保险特征	全国	京津冀	北京	天津	河北
总保额(元)	114 778	132 028	166 078	114 635	102 231
分红寿险占比(%)	40.9	43.1	42.7	46.1	41.0
2014年获得分红金额(元)	973	1 533	1 026	3 331	511
返本寿险占比(%)	66.8	67.6	65.3	72.8	66.1
2014年保险缴费支出(元)	4 827	7 641	11 531	7 243	3 043
2014年获得赔付占比(%)	2.7	2.6	2.5	4.3	1.1
2014年赔付金额(元)	7 754	10 850	5 458	11 371	25 200

6.2.3 商业健康保险

表6-23给出了商业健康保险的基本情况。由表6-23可知,拥有商业健康保险的居民,2014年平均缴纳保费支出6 237元,京津冀地区居民平均缴费6 052元,北京居民平均缴纳5 969元,天津居民平均缴纳8 383元,河北居民平均缴纳4 578元。2014年有4.1%的居民获得了健康险报销,平均获得5 881元;京津冀地区获得健康险报销的比例是2.8%,平均获得4 805元;北京居民获得健康险报销的比例是3.5%,平均获得3 637元;天津居民获得健康险报销的比例是2.2%,平均获得12 500元;河北居民获得健康险报销的比例是2.2%,平均获得2 400元。

表6-23 商业健康保险情况

商业健康保险特征	全国	京津冀	北京	天津	河北
缴纳保费支出(元)	6 237	6 052	5 969	8 383	4 578
获得报销比例(%)	4.1	2.8	3.5	2.2	2.2
非零报销金额(元)	5 881	4 805	3 637	12 500	2 400

6.3 保险保障与贫困

6.3.1 保险保障影响家庭贫困的描述性统计

表6-24给出了1.9美元贫困标准下,全国范围内贫困家庭与非贫困家庭的对比分析。从表6-24可知,除社会医疗保险覆盖率外,非贫困家庭的社会养老保险覆盖率、商业寿险覆盖率和商业健康险覆盖率都要显著高于贫困家庭。其中,社会养老保险覆盖率在非贫困家庭的均值是73.77%,在贫困家庭则只有63.89%;商业寿险覆盖率在非贫困家庭的均值是4.6%,在贫困家庭则只有0.63%;商业健康险覆盖率在非贫困家庭的均值是2.69%,在贫困家庭则只有0.48%。

除此之外,表6-24还表明非贫困家庭的净资产、可支配收入、金融资产占比、风险偏好程度、平均受教育年限、户主年龄小于等于60岁的占比、所在社区的人均可支配年收入、所在社区的工作人员教育水平、所在社区的领导一肩挑占比,要显著高于贫困家庭。而贫困家庭的民间借贷比重、小于16岁和大于65岁人口比重、男性户主比重、自评健康差的人口比重、所在社区与市中心距离、所在社区归属于农村地区,则要显著高于非贫困家庭。

表6-24 贫困与非贫困家庭的描述性统计(全国样本)

变量	(1) 非贫困家庭	(2) 贫困家庭	(3) T值	(4) P值
社会养老保险参与	0.737 7	0.638 9	12.59	0.000 0
社会医疗保险参与	0.854 8	0.853 9	0.15	0.879 4
商业寿险参与	0.046 0	0.006 3	12.09	0.000 0
商业健康险参与	0.026 9	0.004 8	8.61	0.000 0
家庭净资产	12.484 2	10.663 0	45.87	0.000 0
家庭可支配收入	10.290 3	9.284 9	22.49	0.000 0
金融资产占比	0.184 8	0.162 7	4.43	0.000 0
民间借贷哑变量	0.192 6	0.237 5	-5.49	0.000 0
风险偏好	0.095 7	0.038 0	9.71	0.000 0
小于16岁人口数	0.491 3	0.740 3	-15.77	0.000 0
大于65岁人口数	0.474 6	0.717 7	-15.85	0.000 0
平均受教育年限	9.369 4	6.694 9	35.32	0.000 0
男性	0.753 0	0.824 3	-8.01	0.000 0
年龄哑变量(≤30岁)	0.064 1	0.011 1	10.58	0.000 0
年龄哑变量(>30岁且≤60)	0.624 7	0.523 2	10.07	0.000 0
自评健康差	0.160 0	0.273 6	-14.79	0.000 0
人均可支配年收入	9.246 9	8.683 6	25.68	0.000 0
与市中心距离	2.730 2	3.639 6	-26.38	0.000 0
工作人员大专及以上学历占比	0.423 4	0.210 9	29.36	0.000 0
领导一肩挑	0.484 9	0.353 6	12.63	0.000 0
农村	0.289 8	0.628 3	-36.04	0.000 0

表6-25给出了1.9美元贫困标准下,京津冀地区贫困家庭与非贫困家庭的对比分析。从表6-25可知,非贫困家庭的社会养老保险覆盖率、社会医疗保险覆盖率、商业寿险覆盖率和商业健康险覆盖率都要显著高于贫困家庭。其中,社会养老保险覆盖率在非贫困家庭的均值是85.56%,在贫困家庭则只有74.42%;社会医疗保险覆盖率在非贫困家庭的均值是86.25%,在贫困家庭则只有80.71%。商业寿险覆盖率在非贫困家庭的均值是5.29%,在贫困家庭则只有1.08%;商业健康险覆盖率在非贫困家庭的均值是4.09%,在贫困家庭则只有0.91%。

与表6-24类似,表6-25还表明非贫困家庭的净资产、可支配收入、风险偏好程度、平均受教育年限、户主年龄小于等于60岁的占比、所在社区的人均可支配年收入、所在社区的工作人员教育水平、所在社区的领导一肩挑占比,要显著高于贫困家庭。而贫困家庭小于16岁和大于65岁人口比重、自评健康差的人口比重、所在社区与市中心距离、所在社区归属于农村地区比重,则要显著高于非贫困家庭。与表6-24不同,京津冀地区的非贫困家庭和贫困家庭,在金融资产占比、民间借贷占比上并没有显著的差异。

表6-25　贫困与非贫困家庭的描述性统计(京津冀样本)

变量	(1) 非贫困家庭	(2) 贫困家庭	(3) T值	(4) P值
社会养老保险参与	0.855 6	0.744 2	5.56	0.000 0
社会医疗保险参与	0.862 5	0.807 1	3.03	0.002 4
商业寿险参与	0.052 9	0.010 8	3.83	0.000 1
商业健康险参与	0.040 9	0.009 1	3.17	0.001 5
家庭净资产	12.912 5	10.541 0	16.78	0.000 0
家庭可支配收入	10.522 0	9.380 3	8.40	0.000 0
金融资产占比	0.206 8	0.222 5	-0.86	0.390 2
民间借贷哑变量	0.116 7	0.135 5	-0.89	0.371 9
风险偏好	0.096 0	0.027 9	3.62	0.000 3
小于16岁人口数	0.384 3	0.529 9	-3.53	0.000 4

续表

变量	(1) 非贫困家庭	(2) 贫困家庭	(3) T值	(4) P值
大于65岁人口数	0.498 2	0.764 9	-5.33	0.000 0
平均受教育年限	10.626 8	7.558 6	12.66	0.000 0
男性	0.690 7	0.823 3	-4.42	0.000 0
年龄哑变量（≤30岁）	0.064 2	0.020 1	2.81	0.005 0
年龄哑变量（>30岁且≤60岁）	0.589 6	0.534 1	1.72	0.085 8
自评健康差	0.148 8	0.219 1	-3.00	0.002 7
人均可支配年收入	9.575 0	8.759 6	11.61	0.000 0
与市中心距离	2.141 5	2.971 9	-8.27	0.000 0
工作人员大专及以上学历占比	0.485 5	0.237 7	10.39	0.000 0
领导一肩挑	0.566 2	0.378 5	5.81	0.000 0
农村	0.164 0	0.470 0	-12.35	0.000 0

6.3.2 保险保障影响家庭贫困的实证结果

在本节，我们实证研究家庭层面的保险保障对贫困的影响。保险保障参与，以家庭拥有保险保障的人数与家庭总人数的比值度量，主要包括社会养老保险参与、社会医疗保险参与、商业寿险参与和商业健康险参与4个维度。采用1.9美元贫困标准，构建反映家庭贫困状况的哑变量，若家庭人均日消费小于1.9美元，则定义为贫困家庭，否则是非贫困家庭。计量模型采用Probit模型，见下式：

$$\Pr(\text{Poverty}_i = 1 | X_i)$$
$$= \text{Pro}(\beta_0 + \beta_1 \text{Sslife}_i + \beta_2 \text{Ssmedc}_i + \beta_3 \text{Cmlife}_i + \beta_4 \text{Cmmedc}_i + \beta_5 X_i > 0 | X_i)$$

(6-1)

式中：Poverty_i等于1表示该家庭是1.9美元标准下的贫困家庭，等于0则表示是1.9美元标准下的非贫困家庭；Sslife_i、Ssmedc_i、Cmlife_i、Cmmedc_i分别表示社会养老保险参与、社会医疗保险参与、商业寿险参与和商业健康险参与；X_i代表一系列控制变量，主要包括家庭特征变量（家庭净资产、家庭可支配收入、金融资产占比、民间借贷哑变量、风险偏好、小于16岁人口数、大于65岁人口数、平均受教育年限)、户主特征变量(男性、小于等于30岁年龄哑变量、大于30岁小于等于60岁年龄哑变量、自评健康差)、社区特征变量(人均可支配年收入、与市中心距离、工作人员大专及以上学历占比、领导一肩挑、农村、中部、西部),以及省份固定效应。

表6-26给出了回归结果。(1)~(4)列分别代表京津冀整体、北京、天津和河北家庭。从第(1)列可知,在京津冀地区,提高社会养老保险和社会医疗保险覆盖率,可以显著降低家庭贫困的概率;提高商业寿险和商业健康险覆盖率,对家庭贫困则没有显著的影响。从(2)~(4)列可知,提高社会养老保险和社会医疗保险覆盖率,可以显著降低天津家庭贫困的概率,对北京家庭和河北家庭则没有显著的影响。

从表6-26还可以得知,提高家庭金融资产占比、获得民间借贷、更加偏好风险,以及提高家庭成员的平均受教育年限,也可以显著降低京津冀地区家庭贫困的概率;而小于16岁人口和大于65岁人口数量的增加,则会显著提高京津冀地区家庭贫困的概率。对于北京家庭而言,大于65岁人口数量、家庭成员受教育年限对贫困有显著的影响;对于天津家庭而言,金融资产占比、大于65岁人口数量对贫困有显著的影响;不同于北京和天津家庭,对于河北家庭而言,民间借贷和小于16岁人口数量对贫困有显著的影响。

表6-26 保险保障覆盖对家庭贫困的影响

变量	(1) 京津冀	(2) 北京	(3) 天津	(4) 河北
社会养老保险参与	-0.027 1***	-0.013 2	-0.031 3**	-0.030 8
	(0.010 4)	(0.015 4)	(0.015 4)	(0.022 1)
社会医疗保险参与	-0.033 3***	-0.008 4	-0.057 9***	-0.034 2
	(0.012 2)	(0.017 1)	(0.017 9)	(0.027 3)
商业寿险参与	-0.062 3	-0.015 9		-0.127 7*
	(0.045 4)	(0.039 8)		(0.076 1)
商业健康险参与	-0.041 0	-0.005 7	-0.005 4	-0.125 0
	(0.048 8)	(0.031 9)	(0.048 4)	(0.154 3)

续表

变量	(1) 京津冀	(2) 北京	(3) 天津	(4) 河北
家庭特征				
家庭净资产	-0.014 8***	-0.009 0***	-0.010 4***	-0.023 5***
	(0.001 9)	(0.002 1)	(0.002 2)	(0.004 2)
家庭可支配收入	-0.000 6	0.000 8	-0.002 2	-0.001 0
	(0.001 9)	(0.002 6)	(0.002 4)	(0.003 7)
金融资产占比	-0.029 0*	-0.004 7	-0.054 4**	-0.032 6
	(0.015 0)	(0.014 3)	(0.021 9)	(0.034 5)
民间借贷哑变量	-0.025 0**	0.008 0	-0.037 0	-0.046 9**
	(0.011 3)	(0.023 9)	(0.022 9)	(0.019 4)
风险偏好	-0.064 1***			-0.086 8*
	(0.023 7)			(0.044 5)
小于16岁人口数	0.010 4**	-0.000 8	0.007 2	0.018 0**
	(0.004 5)	(0.006 2)	(0.008 1)	(0.008 4)
大于65岁人口数	0.016 6***	0.016 2**	0.019 8***	0.017 3
	(0.005 5)	(0.007 8)	(0.007 5)	(0.011 3)
平均受教育年限	-0.002 5*	-0.004 9***	0.000 9	-0.002 7
	(0.001 4)	(0.001 6)	(0.001 8)	(0.003 1)
户主特征				
男性	0.012 2	-0.004 6	0.014 9	0.029 3
	(0.009 2)	(0.008 2)	(0.016 0)	(0.021 4)
年龄哑变量(≤30岁)	-0.025 2	-0.018 4		-0.008 5
	(0.024 0)	(0.025 6)		(0.049 2)
年龄哑变量(>30岁且≤60岁)	0.007 0	0.004 9	0.002 5	0.009 9
	(0.010 1)	(0.015 5)	(0.014 1)	(0.021 8)
自评健康差	-0.005 7	-0.011 5	-0.013 5	-0.004 3
	(0.009 0)	(0.016 7)	(0.011 6)	(0.018 4)
社区特征				
人均可支配年收入	-0.012 1*	-0.007 6	-0.020 3**	-0.018 4
	(0.007 2)	(0.007 8)	(0.008 1)	(0.015 8)

续表

变量	(1) 京津冀	(2) 北京	(3) 天津	(4) 河北
与市中心距离	0.004 1	0.003 9	0.007 2	0.001 4
	(0.003 7)	(0.002 9)	(0.005 6)	(0.007 5)
工作人员大专及以上学历占比	0.001 5	0.018 2	0.013 4	-0.021 2
	(0.018 2)	(0.019 2)	(0.023 3)	(0.046 0)
领导一肩挑	0.004 8	-0.001 7	0.006 1	0.007 2
	(0.013 7)	(0.009 9)	(0.019 5)	(0.033 1)
农村	0.023 7*	0.038 9***	-0.004 0	0.032 4
	(0.013 7)	(0.012 3)	(0.022 1)	(0.025 6)
天津	-0.027 9**			
	(0.013 3)			
河北	0.010 9			
	(0.014 3)			
观测值	3 567	977	812	1 487
Pseudo R^2	0.209 5	0.278 3	0.314 1	0.140 3

注：*，**，*** 分别表示在10%，5%，1%水平显著，括号内为聚类标准误（按社区聚类）。

6.4 保险保障与消费

6.4.1 保险保障影响家庭消费的描述性统计

我们根据全国范围内家庭的人均消费，划分了低消费家庭和高消费家庭。表6-27给出了全国范围内两类家庭的对比分析。从表6-27可知，除社会医疗保险参与外，低消费家庭的社会养老保险参与、商业寿险参与和商业健康险参与都要显著低于高消费家庭。其中，社会养老保险参与在低消费家庭的均值是67.44%，在高消费家庭则为78.60%；商业寿险参与在低消费家庭的均值是2.03%,在高消费家庭则为6.45%;商业健康险参与在低消费家庭的均值是1.05%,在高消费家庭则为3.86%。不同于上述三类保险,社会医疗保险参与,在低消费家庭的均值是86.71%,要大于高消费家庭的84.61%。

除此之外,表6-27还表明高消费家庭的净资产、可支配收入、金融资产占比、风险偏好程度、平均受教育年限、户主年龄小于等于60岁的占比、所在社区的人均可支配年收入、所在社区的工作人员教育水平、所在社区的领导一肩挑占比,要显著大于低消费家庭。而低消费家庭的民间借贷比重、小于16岁和大于65岁人口比重、男性户主比重、自评健康差的人口比重、所在社区与市中心距离、所在社区归属于农村地区,则要显著大于高消费家庭。

表6-27 低消费和高消费家庭的描述性统计(全国样本)

变量	(1)低消费	(2)高消费	(3)T值	(4)P值
社会养老保险参与	0.674 4	0.786 0	-28.346	0.000 0
社会医疗保险参与	0.867 1	0.846 1	7.067	0.000 0
商业寿险参与	0.020 3	0.064 5	-26.904	0.000 0
商业健康险参与	0.010 5	0.038 6	-22.031	0.000 0
家庭净资产	11.694 0	13.006 0	-69.187	0.000 0
家庭可支配收入	9.791 4	10.634 0	-37.981	0.000 0
金融资产占比	0.163 5	0.201 3	-15.032	0.000 0
民间借贷哑变量	0.240 4	0.154 3	20.819	0.000 0
风险偏好	0.058 8	0.120 8	-20.763	0.000 0
小于16岁人口数	0.628 0	0.396 4	29.164	0.000 0
大于65岁人口数	0.566 1	0.420 3	18.722	0.000 0
平均受教育年限	7.753 6	10.525 0	-76.959	0.000 0
男性	0.814 5	0.705 4	24.343	0.000 0
年龄哑变量(≤30岁)	0.028 4	0.088 6	-24.351	0.000 0
年龄哑变量(>30岁且≤60岁)	0.614 1	0.623 7	-1.867	0.061 9

续表

变量	(1) 低消费	(2) 高消费	(3) T值	(4) P值
自评健康差	0.212 0	0.125 3	22.335	0.000 0
人均可支配年收入	8.909 3	9.487 4	−53.561	0.000 0
与市中心距离	3.333 9	2.285 3	62.495	0.000 0
工作人员大专及以上学历占比	0.292 7	0.517 9	−63.880	0.000 0
领导一肩挑	0.400 9	0.547 6	−27.961	0.000 0
农村	0.480 6	0.153 9	71.880	0.000 0

对于京津冀地区而言,我们又根据京津冀范围内家庭的人均消费均值,划分了低消费家庭和高消费家庭。表6−28给出了京津冀地区两类家庭的对比分析。从表6−28可知,在京津冀地区,除社会医疗保险参与外,低消费家庭的社会养老保险参与、商业寿险参与和商业健康险参与都要显著低于高消费家庭。其中,社会养老保险参与在低消费家庭的均值是68.25%,在高消费家庭则为79.63%;商业寿险参与在低消费家庭的均值是2.31%,在高消费家庭则为6.92%;商业健康险参与在低消费家庭的均值是1.16%,在高消费家庭则为4.25%。不同于上述三类保险,社会医疗保险参与,在低消费家庭的均值是86.46%,要大于高消费家庭的84.54%。

与表6−27类似,表6−28还表明京津冀地区高消费家庭的净资产、可支配收入、金融资产占比、风险偏好程度、平均受教育年限、户主年龄小于等于30岁的占比、所在社区的人均可支配年收入、所在社区的工作人员教育水平、所在社区的领导一肩挑占比,要显著大于低消费家庭。而低消费家庭的民间借贷比重、小于16岁和大于65岁人口比重、男性户主比重、自评健康差的人口比重、所在社区与市中心距离、所在社区归属于农村地区,则要显著大于高消费家庭。与表6−27不同,京津冀地区大于30岁小于等于60岁的户主,在低消费家庭和高消费家庭之间没有显著的差异。

表6−28 低消费和高消费家庭的描述性统计(京津冀样本)

变量	(1) 低消费	(2) 高消费	(3) T值	(4) P值
社会养老保险参与	0.682 5	0.796 3	−28.643	0.000 0

续表

变量	(1) 低消费	(2) 高消费	(3) T值	(4) P值
社会医疗保险参与	0.864 6	0.845 4	6.396	0.000 0
商业寿险参与	0.023 1	0.069 2	-27.852	0.000 0
商业健康险参与	0.011 6	0.042 5	-23.993	0.000 0
家庭净资产	11.803 6	13.109 0	-68.105	0.000 0
家庭可支配收入	9.865 3	10.695 0	-37.036	0.000 0
金融资产占比	0.166 7	0.204 3	-14.800	0.000 0
民间借贷哑变量	0.233 5	0.147 1	20.710	0.000 0
风险偏好	0.061 1	0.129 4	-22.652	0.000 0
小于16岁人口数	0.608 8	0.378 0	28.791	0.000 0
大于65岁人口数	0.550 5	0.413 4	17.431	0.000 0
平均受教育年限	7.978 6	10.751 0	-76.162	0.000 0
男性	0.804 3	0.698 3	23.416	0.000 0
年龄哑变量(≤30岁)	0.032 4	0.094 6	-24.958	0.000 0
年龄哑变量(>30岁且≤60岁)	0.618 7	0.619 4	-0.138	0.890 3
自评健康差	0.203 6	0.120 0	21.306	0.000 0
人均可支配年收入	8.956 5	9.534 1	-52.966	0.000 0
与市中心距离	3.244 1	2.206 1	61.182	0.000 0
工作人员大专及以上学历占比	0.312 9	0.533 8	-61.899	0.000 0
领导一肩挑	0.412 3	0.560 2	-27.897	0.000 0
农村	0.447 2	0.136 3	67.236	0.000 0

6.4.2 保险保障影响家庭消费的实证结果

在本节,我们研究家庭层面的保险保障对消费支出的影响。与前述相同,保险保障参与,以家庭拥有保险保障的人数与家庭总人数的比值度量,主要包括社会养老保险参与、社会医疗保险参与、商业寿险参与和商业健康险参与4个维度。消费支出采用家庭成员的人均消费支出来衡量。计量模型,我们首先采用 OLS 研究保险保障对消费支出的平均影响,其次采用分位数回归研究保险保障对消费支出的异质性影响。

(1)保险保障对消费支出的 OLS 回归

OLS 回归模型,如下式,

$$Pcmp_i = \gamma_0 + \gamma_1 Sslife_i + \gamma_2 Ssmedc_i + \gamma_3 Cmlife_i + \gamma_4 Cmmedc_i + \gamma_5 X_i + \varepsilon_i \quad (6-2)$$

式中:$Pcmp_i$ 表示家庭 i 的人均消费支出,$Sslife_i$、$Ssmedc_i$、$Cmlife_i$、$Cmmedc_i$ 分别表示社会养老保险参与、社会医疗保险参与、商业寿险参与和商业健康险参与;X_i 代表一系列控制变量,主要包括家庭特征变量(家庭净资产、家庭可支配收入、金融资产占比、民间借贷哑变量、风险偏好、小于 16 岁人口数、大于 65 岁人口数、平均受教育年限)、户主特征变量(男性、小于等于 30 岁年龄哑变量、大于 30 岁小于等于 60 岁年龄哑变量、自评健康差)、社区特征变量(人均可支配年收入、与市中心距离、工作人员大专及以上学历占比、领导一肩挑、农村、中部、西部),以及省份固定效应。

表 6-29 给出了回归结果。(1)~(4)列分别代表京津冀整体、北京、天津和河北家庭。从(1)列可知,在京津冀地区,提高商业寿险和商业健康险参与,可以显著提高家庭的人均消费支出,提高社会养老保险和社会医疗保险参与,对人均消费支出则没有显著的影响。从(2)~(4)列可知,提高商业寿险和商业健康险参与,可以显著提高北京和河北家庭的人均消费支出,对天津家庭则没有显著的影响。

从表 6-29 还可以得知,提高家庭净资产、可支配收入、金融资产占比、获得民间借贷、更加偏好风险,以及提高家庭成员的平均受教育年限,也可以显著提高京津冀地区家庭的人均消费支出;而小于 16 岁人口数量和大于 65 岁人口数量的增加、男性户主家庭以及生活在农村地区,人均消费支出则会显著下降。对于北京家庭而言,家庭净资产、可支配收入、家庭成员受教育年限、户主年龄小于等于 30 岁对人均消费支出有显著的正向影响;小于 16 岁人口数量和大于 65 岁人口数量的增加、男性户主家庭以及生活在农村地区,对人均消费支出则有显著的负向影响。与北京家庭不同,提高金融资产占比、所在社区人均收入水平的提高,可以显著提高天津家庭的人均消费支出。与北京和天津家庭均不同,民间借贷对河北家庭的人均消费支出有显著的正向影响。

表6-29 保险保障覆盖对人均消费支出的影响

变量	(1) 京津冀	(2) 北京	(3) 天津	(4) 河北
社会养老保险参与	0.053 6	0.018 4	0.136 5	0.030 1
	(0.045 6)	(0.093 9)	(0.093 3)	(0.064 8)
社会医疗保险参与	0.074 2	-0.022 5	0.162 9	0.033 5
	(0.050 9)	(0.079 6)	(0.102 1)	(0.089 8)
商业寿险参与	0.249 0***	0.243 9**	0.140 4	0.422 5**
	(0.073 8)	(0.111 7)	(0.087 9)	(0.159 8)
商业健康险参与	0.292 0***	0.211 3*	0.243 0	0.541 5***
	(0.073 1)	(0.107 9)	(0.149 4)	(0.137 3)
家庭特征				
家庭净资产	0.081 6***	0.076 3***	0.061 8***	0.096 7***
	(0.009 1)	(0.013 7)	(0.016 8)	(0.015 1)
家庭可支配收入	0.022 2***	0.030 8***	0.016 0	0.018 1*
	(0.007 0)	(0.010 9)	(0.015 7)	(0.010 8)
金融资产占比	0.175 6***	0.178 9	0.170 5**	0.026 3
	(0.058 3)	(0.120 7)	(0.062 8)	(0.082 6)
民间借贷哑变量	0.082 4**	0.047 3	0.010 7	0.111 8**
	(0.037 2)	(0.083 5)	(0.061 3)	(0.054 3)
风险偏好	0.212 8***	0.151 7**	0.177 8**	0.247 2***
	(0.042 0)	(0.063 1)	(0.081 9)	(0.076 5)
小于16岁人口数	-0.197 0***	-0.197 5***	-0.193 4***	-0.199 8***
	(0.016 0)	(0.042 0)	(0.026 3)	(0.020 2)
大于65岁人口数	-0.085 4***	-0.073 5**	-0.107 9***	-0.066 6**
	(0.018 2)	(0.029 5)	(0.036 8)	(0.028 1)
平均受教育年限	0.043 5***	0.062 9***	0.031 4***	0.031 7***
	(0.005 5)	(0.009 0)	(0.009 2)	(0.008 6)
户主特征				
男性	-0.048 8*	-0.067 4*	0.007 3	-0.053 2
	(0.027 4)	(0.036 2)	(0.045 4)	(0.054 5)

续表

变量	(1) 京津冀	(2) 北京	(3) 天津	(4) 河北
年龄哑变量(≤30岁)	0.261 9***	0.399 0***	-0.055 3	0.217 6**
	(0.062 6)	(0.067 1)	(0.113 7)	(0.105 3)
年龄哑变量(>30岁且≤60岁)	-0.056 0	-0.100 1	-0.077 7	0.009 0
	(0.036 4)	(0.063 4)	(0.064 1)	(0.059 7)
自评健康差	0.035 7	0.066 5	0.029 7	0.029 4
	(0.032 2)	(0.058 2)	(0.049 4)	(0.050 8)
社区特征				
人均可支配年收入	0.101 5***	0.065 8	0.061 9**	0.160 0***
	(0.028 6)	(0.046 3)	(0.025 7)	(0.043 9)
与市中心距离	-0.024 0	-0.032 5	-0.019 5	0.007 1
	(0.014 6)	(0.020 7)	(0.013 8)	(0.023 3)
工作人员大专及以上学历占比	0.090 3	-0.048 7	0.048 8	0.188 2
	(0.062 5)	(0.120 8)	(0.060 0)	(0.129 3)
领导一肩挑	0.039 3	0.068 3	0.184 3**	-0.013 4
	(0.050 2)	(0.066 7)	(0.075 0)	(0.088 5)
农村	-0.202 9***	-0.449 6***	-0.346 1***	-0.131 8*
	(0.063 7)	(0.124 2)	(0.075 8)	(0.073 0)
天津	-0.027 5			
	(0.050 5)			
河北	-0.269 3***			
	(0.064 1)			
常数项	6.947 7***	7.298 2***	7.544 1***	6.026 3***
	(0.320 2)	(0.519 5)	(0.379 8)	(0.378 6)
观测值	3 642	1 127	975	1 540
R-squared	0.425 9	0.294 3	0.246 6	0.308 8

注：*，**，*** 分别表示在10%，5%，1%水平显著，括号内为聚类标准误（按社区聚类）。

(2)保险保障影响消费支出的分位数回归

在表6-29中,我们发现社会保险保障对京津冀地区的人均消费支出没有显著的影响。但是，表6-29的结论是基于均值回归模型得出的。在本节，我们考察社会保险保障是否存在分位数上的异质性影响。为此，我们采用条件分位数回归模型。

表6-30给出了在京津冀地区保险保障对人均消费支出的分位数回归结果。在表6-30中，我们汇报了5个分位点，包括10分位点、25分位点、50分位点、75分位点以及90分位点。从表6-30可知，社会养老保险和社会医疗保险对人均消费支出的影响，主要存在于低分位点上，包括10分位点和25分位点。这也就是说，社会养老保险和社会医疗保险可以显著提高低消费家庭的人均消费支出，但是对于高消费家庭的影响则不显著。

表6-30　保险保障对人均消费支出的分位数回归结果

京津冀地区变量	(1) 10分位点	(2) 25分位点	(3) 50分位点	(4) 75分位点	(5) 90分位点
社会养老保险参与	0.139 5*	0.135 3*	0.025 6	0.062 7	-0.102 5
	(0.074 5)	(0.081 7)	(0.050 7)	(0.052 6)	(0.069 8)
社会医疗保险参与	0.105 3	0.134 6***	0.071 0	0.031 4	0.087 2
	(0.074 4)	(0.051 5)	(0.055 9)	(0.049 9)	(0.069 0)
商业寿险参与	0.370 2***	0.172 9**	0.253 8***	0.267 4***	0.284 5**
	(0.062 4)	(0.078 2)	(0.062 3)	(0.095 4)	(0.125 1)
商业健康险参与	0.475 1***	0.270 5***	0.197 8***	0.252 9*	0.342 0***
	(0.074 2)	(0.068 1)	(0.058 1)	(0.129 2)	(0.091 6)
控制变量	已控制	已控制	已控制	已控制	已控制
常数项	4.947 7***	6.175 7***	6.929 6***	7.512 2***	8.267 5***
	(0.293 3)	(0.248 2)	(0.194 2)	(0.235 5)	(0.267 0)
观测值	3 635	3 635	3 635	3 635	3 635

注：*，**，*** 分别表示在10%，5%，1%水平显著，括号内为异方差稳健标准误。控制变量与表6-29相同。

6.4.3　保险保障影响社区消费差距的实证结果

在本节，我们主要研究保险保障对消费差距的影响。消费差距，以社区内人均消费的基尼系数衡量。鉴于食品消费和非食品消费之间的差异，我们分别计算了食品消费的社区基尼系数和非食品消费的社区基尼系数。社区保险保障水平，以覆盖率度量，等于拥有该项保险的居民数量与社区总人口数的比值，主要包括社会养老保险覆盖率、社会医疗保险覆盖率、商业寿险覆盖率和商业健康险覆盖率。

实证分析，我们采用 OLS 模型，如下式：

$$Ineq\_cmp_j = \beta_0 + \beta_1 Sslife_j + \beta_2 Ssmedc_j + \beta_3 Cmlife_j + \beta_4 Cmmedc_j + \beta_5 X_j + \varepsilon_j \tag{6-3}$$

式中：$Ineq\_cmp_j$ 表示社区 j 的人均消费不平等指标，$\beta_1 Sslife_j$，$\beta_2 Ssmedc_j$，$\beta_3 Cmlife_j$ 和 $\beta_4 Cmmedc_j$ 分别代表社会养老保险覆盖率、社会医疗保险覆盖率、商业寿险覆盖率和商业健康险覆盖率；X_j 代表一系列社区层面的控制变量，包括社区经济特征（社区人均可支配年收入、是否有支持产业的哑变量）、社区人口特征（未成年人口占社区比重、老年人人口占社区比重、人均教育水平）、社区基础设施建设（初中数量、医院数量）、社区治理特征（工作人员大专及以上学历占比、领导一肩挑）、社区地理特征（与市中心距离公里数、农村、中西部），以及省份固定效应。

实证分析见表 6-31，(1)列是保险保障对食品消费差距的回归结果，(2)列是保险保障对非食品消费差距的回归结果。从表 6-31 可知，保险保障对社区消费差距的影响主要体现在非食品消费上，并且只有社会养老保险覆盖率可以显著降低非食品消费的差距。(2)列结果显示，京津冀样本下，社会养老保险覆盖率在 10% 显著性水平对非食品消费差距有显著的负向影响，系数估计值是 -0.1612。

表 6-31 保险保障对社区消费差距的影响

变量	(1)京津冀	(2)京津冀
社会养老保险覆盖率	0.0635	-0.1612*
	(0.0744)	(0.0967)
社会医疗保险覆盖率	0.0129	-0.1487
	(0.1088)	(0.1144)
商业寿险覆盖率	-0.0546	-0.1402
	(0.1331)	(0.2192)

续表

变量	(1)京津冀	(2)京津冀
商业健康险覆盖率	−0.007 7	0.127 0
	(0.007 9)	(0.415 1)
控制变量	已控制	已控制
观测值	120	120

注：*、**、*** 分别表示在10%、5%、1%水平显著，括号内为聚类异方差稳健标准误。

6.5 小结

在本章，我们首先描述了京津冀地区保险保障状况，包括社会保险和商业保险。其次，实证分析了保险保障对京津冀家庭贫困和消费的影响。

京津冀地区的社会养老保险状况如下：社会养老保险覆盖率是82.7%，其中，主要是城镇职工基本养老保险和新型农村社会养老保险，占比分别是49.4%和42.8%，个人缴费支出分别是6 659元/年和552元/年，账户余额分别是16 100元和1 850元。企业年金的覆盖率是5.6%，个人缴费支出是6 877元/年，账户余额是14 291元。

京津冀地区的医疗保险状况如下：医疗保险覆盖率是89.2%，其中，社会医疗保险覆盖率是86.2%，商业医疗保险覆盖率是2.6%。社会医疗保险保费支出是410元/年，账户余额是3 212元，报销比例是51.1%。在拥有社会医疗保险的家庭中，城镇职工基本医疗保险和新型农村合作医疗保险占比最高，分别是36.7%和40.9%。在拥有商业医疗保险的家庭中，单位购买的商业医疗保险占比0.8%，个人购买的商业医疗保险占比2.1%。

京津冀地区其他社会保障状况如下：失业保险覆盖率是46.8%，工伤保险覆盖率是45.8%，生育保险覆盖率是41.5%，住房公积金覆盖率是18.4%。住房公积金2014年缴费支出9 992元，账户余额是42 557元，提取公积金比例是16.4%。提取住房公积金的主要目的是买房和偿还购房贷款本息，占比分别是51.6%和28.8%。

京津冀地区的商业保险状况如下：商业保险投保率仅有 9.7%，其中，商业人寿保险投保率是 5.0%，商业健康保险投保率是 3.9%，其他商业保险投保率是 1.8%。具体而言，商业人寿保险的总保额平均是 132 028 元，2014 年缴费支出是 7 641 元，分红险占比是 43.1%，返本险占比是 67.6%，获得赔付占比是 2.6%，平均获得赔付是 10 850 元。商业健康险 2014 年缴费支出是 6 052 元，获得健康险赔付占比 2.8%，平均获得赔付额 4 805 元。

保险保障对贫困影响的实证分析结果显示，社会养老保险参与和社会医疗保险参与，可以显著降低京津冀地区家庭陷入贫困的概率，边际效应分别是 -0.027 1 和 -0.033 3。但是，商业寿险参与和商业健康险参与对京津冀地区家庭贫困没有显著的影响。

保险保障对消费影响的 OLS 实证分析显示，社会养老保险参与和社会医疗保险参与，对京津冀地区人均消费支出没有显著的影响；商业寿险参与和商业健康险参与，则可以显著提高京津冀地区的人均消费支出。但是，分位数回归结果显示，社会保险保障对京津冀地区人均消费支出的影响主要体现在人均消费的低分位点上，社会养老保险参与在 10 分位点和 25 分位点的系数估计值分别是 0.139 5 和 0.135 3，社会医疗保险参与在 25 分位点的系数估计值是 0.134 6。

保险保障对社区消费差距的实证分析结果显示，社会养老保险覆盖率可以显著降低京津冀地区的非食品消费差距，系数估计值是 -0.161 2；但是对食品消费的社区差距没有显著的影响。社会医疗保险覆盖率、商业寿险覆盖率和商业健康险覆盖率，对京津冀地区的食品消费差距和非食品消费差距均没有显著的影响。

7 京津冀金融普惠和家庭财富差距

传统生命周期理论假设家庭在生命周期的不同阶段转移财富（Modigliani and Brumberg,1954），实现消费平滑，从而实现终生消费最大化（Friedman,1957）。但是,如果存在家庭财富差距,甚至家庭财富差距严重,那么,每个家庭财富最优配置并不能保证整个社会财富的帕累托最优（庇古,1920）。

改革开放以来,我国国民财富快速增长,城乡居民生活水平有了较大提高,但是也呈现出较大的财富差距（陈彦斌,2008）。2015年10月26日召开的中国共产党第十五届中央委员会第五次全体会议提出了"十三五规划"建议,确立7 000万人全部脱贫和全面实现小康社会的目标。收入差距和财富差距过大,将直接影响家庭就业、创业和教育机会（Davies et al.,2008）和中国经济的均衡发展。所以,在"三期叠加"期间,缓解家庭收入差距和财富不均问题,能够增强家庭安全感和社会稳定性,减少贫困（原鹏飞等,2014）,扩大内需,刺激经济增长,实现"十三五规划"攻坚目标。

7.1　金融普惠与家庭财富差距

基斯特（Keister,2000）发现,白人比黑人购买了更多高风险、高收益资产,控制家庭财富历史、教育水平、婚姻行为等因素后,发现种族差异是影响家庭财富差异的重要因素。坎贝尔和考夫曼（Campbell and Kaufman,2006）超出黑人和白人的种族界限,对黑人、白人、美籍亚洲人、美籍墨西哥人和美籍西班牙人家庭财富状况进行分析。卢萨尔迪和米切尔（Lusardi and Mitchell,2006）利用生命周期框架下的财富积累模型,控制家庭特征变量教育水平、婚姻、孩子和性别等变量,发现金融知识能够解释为什么有人接近退休没有财富或者有很少的财富。罗伊等（Rooij et al.,2011）依靠荷兰中央银行调查数据（DHS）发现,金融知识和金融净财富有很强的正相关关系,并讨论了金融知识促进财富积累的两条途径：一条途径是金融知识增加了家庭在证券市场上投资的可能性,允许投资者从股权中获利;另一条途径是金融知识和退休计划正相关,储蓄计划能够促进家庭财富积累。

国内外涉及贫富差距的研究主要立足于"收入创造"(Nee,1989;Walder,1994;Parish and Michelson,1996)和"财富积累"(Keister,2000)视角。王弟海、龚六堂(2006)讨论了当个人劳动能力和偏好存在差距的情况下,资本收入和劳动收入分配的差距如何通过遗产机制影响收入和财富分配的持续性差距程度。王弟海、严成樑、龚六堂(2011)研究了收入和财富分配差距的动态演化过程和均衡时持续性差距决定问题。何晓斌、夏凡(2012)指出,将生产、劳动以及所有权的变化导致的收入机会变化而产生的"收入创造"等同于"财富积累"是不恰当的。陈彦斌(2008)认为,研究财富差距要比研究收入差距更具价值。张春安、唐杰(2004)指出,随着时间的推移,收入差距逐渐转化为财富差距,财富差距化程度往往比收入差距化程度更大(Keister,2000)。原鹏飞等(2014)发现,我国城镇居民的财富不平等显著高于收入不平等。张大永、曹红(2012)基于家庭金融微观调查数据发现,房地产财富效应大于金融资产的财富效应。陈彦斌(2008)计算了我国2007年城乡财富分布,发现高财富家庭的资产组合呈现出多元化,而中低财富家庭则较为单一。

从现有文献资料中可以看出,研究财富差距主要从两条线展开:一是从经济增长的角度,该角度偏宏观;二是从微观基础入手,该角度属于家庭资源配置的范畴。然而,这些文献中涉及金融知识和家庭财富差距关系的文献甚少,由于我国家庭金融调查起步较晚,家庭微观数据的缺乏制约着对家庭财富差距问题的研究。本章研究金融普惠和家庭财富差距之间的关系,并且从潜在的微观机理方面探求家庭财富差距的原因,这是对现有文献的一个重要补充。

7.1.1 家庭金融普惠和家庭财富差距状况

7.1.1.1 中国家庭净财富差距的国际比较

如表7-1所示,中国家庭财富基尼系数从2000年的0.550提高到2015年的0.725,中国家庭财富差距不断扩大。

表7-1 中国家庭财富差距状况国际比较

国家/地区	Gini	年度	排序	来源	国家/地区	Gini	年度	排序	来源
瑞士	0.803	2000	1	Davies(2008)	英国	0.697	2000	16	Davies(2008)
美国	0.801	2000	2	Davies(2008)	中国	0.696	2008	17	原鹏飞(2014)
巴西	0.784	2000	3	Davies(2008)	加拿大	0.688	2000	18	Davies(2008)
印度尼西亚	0.764	2000	4	Davies(2008)	越南	0.682	2000	19	Davies(2008)
墨西哥	0.749	2000	5	Davies(2008)	印度	0.669	2000	20	Davies(2008)
阿根廷	0.740	2000	6	Davies(2008)	德国	0.667	2000	21	Davies(2008)
尼日利亚	0.736	2000	7	Davies(2008)	孟加拉国	0.660	2000	22	Davies(2008)
法国	0.730	2000	8	Davies(2008)	荷兰	0.650	2000	24	Davies(2008)
中国	0.725	2015	9	原鹏飞(2014)	澳大利亚	0.622	2000	25	Davies(2008)
土耳其	0.718	2000	10	Davies(2008)	意大利	0.609	2000	26	Davies(2008)
中国	0.717	2013	11	CHFS(2013)	韩国	0.579	2000	27	Davies(2008)
泰国	0.710	2000	12	Davies(2008)	西班牙	0.570	2000	28	Davies(2008)
中国	0.707	2010	13	原鹏飞(2014)	中国	0.550	2000	29	Davies(2008)
俄罗斯	0.699	2000	14	Davies(2008)	日本	0.547	2000	30	Davies(2008)
巴基斯坦	0.698	2000	15	Davies(2008)					

数据来源：Davies,Sandstrom,Shorrocks,and Wolff(2008)，原鹏飞、冯蕾(2014)和CHFS(2013)并加以整理。

7.1.1.2 家庭金融普惠和家庭净财富差距状况

(1)家庭金融普惠和家庭净财富差距

表7-2显示,全国金融普惠家庭与非金融普惠家庭的家庭净财富差距为707 791元,金融普惠家庭净财富是非金融普惠家庭的家庭净财富的3.5倍。东、中、西地区金融普惠家庭与非金融普惠家庭家庭净财富差距分别是1 033 461元、455 275元和482 305元,金融普惠家庭净财富是非金融普惠家庭净财富的3.4倍、3.3倍和3.5倍。从城乡比较来看,城镇、农村金融普惠家庭和非金融普惠家庭的家庭净财富差距分别是790 373元、208 254元,城镇明显高于农村,城镇、农村的金融普惠家庭净财富分别是非金融普惠家庭净财富的2.7倍、2.5倍。

表7-2 家庭金融普惠和家庭净财富差距

	金融普惠家庭(元)	非金融普惠家庭(元)	差距(元)	倍数
东部	1 462 631	429 170	1 033 461	3.4
中部	649 548	194 273	455 275	3.3
西部	678 032	195 727	482 305	3.5
全国	986 545	278 754	707 791	3.5
农村	344 475	136 221	208 254	2.5
城镇	1 261 526	471 153	790 373	2.7

(2)家庭储蓄和家庭净财富差距

表7-3显示,全国储蓄家庭与无储蓄家庭的家庭净财富差距为682 319元,储蓄家庭净财富是无储蓄家庭净财富的3.2倍。东、中、西地区储蓄家庭与无储蓄家庭家庭净财富差距分别是1 027 578元、456 805元和394 042元,储蓄家庭净财富是无储蓄家庭净财富的3.3倍、3.2倍和2.4倍。从城乡比较来看,城镇、农村储蓄家庭和无储蓄家庭的家庭净财富差距分别是710 654元、208 363元,城镇明显高于农村,城镇、农村的储蓄家庭净财富分别是无储蓄家庭净财富的2.3倍、2.5倍。

表7-3　家庭储蓄和家庭净财富差距

	储蓄家庭(元)	无储蓄家庭(元)	差距(元)	倍数
东部	1 481 923	454 345	1 027 578	3.3
中部	663 152	206 347	456 805	3.2
西部	671 429	277 387	394 042	2.4
全国	997 154	314 835	682 319	3.2
农村	351 936	143 573	208 363	2.5
城镇	1 261 580	550 926	710 654	2.3

(3)家庭支付和家庭净财富差距

表7-4显示,全国支付家庭与无支付家庭的家庭净财富差距为689 011元,支付家庭净财富是无支付家庭净财富的2.8倍。东、中、西地区支付家庭与无支付家庭家庭净财富差距分别是1 050 792元、469 216元和403 111元,支付家庭净财富是无支付家庭净财富的2.9倍、2.9倍和2.3倍。从城乡比较来看,城镇、农村支付家庭和无支付家庭的家庭净财富差距分别是684 120元、227 136元,城镇明显高于农村,城镇、农村的支付家庭净财富分别是无支付家庭净财富的2.1倍、2.4倍。

表7-4　家庭支付和家庭净财富差距

	支付家庭(元)	无支付家庭(元)	差距(元)	倍数
东部	1 600 275	549 483	1 050 792	2.9
中部	713 636	244 420	469 216	2.9
西部	704 842	301 731	403 111	2.3
全国	1 064 339	375 328	689 011	2.8
农村	385 024	157 888	227 136	2.4
城镇	1 315 557	631 437	684 120	2.1

(4)家庭信贷和家庭净财富差距

表7-5显示,全国信贷家庭与非信贷家庭的家庭净财富差距为606 160元,信贷家庭净财富是无信贷家庭净财富的1.8倍。东、中、西地区信贷家庭与非信贷家庭家庭净财富差距分别是905 235元、507 892元和

359 608元,信贷家庭净财富是无信贷家庭净财富的1.8倍、2.2倍和1.7倍。从城乡比较来看,城镇、农村信贷家庭和无信贷家庭的家庭净财富差距分别是607 018元、243 937元,城镇明显高于农村,城镇、农村的信贷家庭净财富分别是无信贷家庭净财富的1.6倍、2.0倍。

表7-5 家庭信贷和家庭净财富差距

	信贷家庭(元)	无信贷家庭(元)	差距(元)	倍数
东部	1 992 937	1 087 702	905 235	1.8
中部	948 925	441 033	507 892	2.2
西部	868 003	508 395	359 608	1.7
全国	1 322 781	716 621	606 160	1.8
农村	480 369	236 432	243 937	2.0
城镇	1 626 834	1 019 816	607 018	1.6

(5)家庭保险和家庭净财富差距

表7-6显示,全国保险家庭与无保险家庭的家庭净财富差距为1 199 810元,保险家庭净财富是无保险家庭净财富的2.8倍。东、中、西地区保险家庭与无保险家庭家庭净财富差距分别是1 589 872元、867 986元和611 466元,保险家庭净财富是无保险家庭净财富的2.6倍、3.1倍和2.2倍。从城乡比较来看,城镇、农村保险家庭和无保险家庭的家庭净财富差距分别是1 023 188元、827 729元,城镇明显高于农村,城镇、农村的保险家庭净财富分别是无保险家庭净财富的2.1倍、4.5倍。

表7-6 家庭保险和家庭净财富差距

	保险家庭(元)	无保险家庭(元)	差距(元)	倍数
东部	2 593 361	1 003 489	1 589 872	2.6
中部	1 285 495	417 509	867 986	3.1
西部	1 110 378	498 912	611 466	2.2
全国	1 867 618	667 808	1 199 810	2.8
农村	1 064 767	237 038	827 729	4.5
城镇	1 978 668	955 480	1 023 188	2.1

7.1.1.3 家庭金融普惠和家庭资产差距状况

(1)家庭金融普惠和家庭资产差距

表7-7显示,全国金融普惠家庭与非金融普惠家庭的家庭资产差距为755 711元,金融普惠家庭资产是非金融普惠家庭资产的3.6倍。东、中、西地区金融普惠家庭与非金融普惠家庭家庭资产差距分别是1 104 968元、482 662元和518 799元,金融普惠家庭资产是非金融普惠家庭资产的3.5倍、3.3倍和3.5倍。从城乡比较来看,城镇、农村金融普惠家庭和非金融普惠家庭的家庭资产差距分别是850 828元、227 559元,城镇明显高于农村,城镇、农村的金融普惠家庭资产分别是非金融普惠家庭资产的2.8倍、2.5倍。

表7-7 家庭金融普惠和家庭资产差距

	金融普惠家庭(元)	非金融普惠家庭(元)	差距(元)	倍数
东部	1 543 751	438 783	1 104 968	3.5
中部	692 206	209 544	482 662	3.3
西部	725 791	206 992	518 799	3.5
全国	1 046 499	290 788	755 711	3.6
农村	376 116	148 557	227 559	2.5
城镇	1 333 606	482 778	850 828	2.8

(2)家庭储蓄和家庭资产差距

表7-8显示,全国储蓄家庭与无储蓄家庭的家庭资产差距为711 674元,储蓄家庭资产是无储蓄家庭资产的3.1倍。东、中、西地区储蓄家庭与无储蓄家庭家庭资产差距分别是1 076 282元、467 422元和414 099元,储蓄家庭资产是无储蓄家庭资产的3.2倍、3.0倍和2.4倍。从城乡比较来看,城镇、农村储蓄家庭和无储蓄家庭的家庭资产差距分别是741 683元、216 350元,城镇明显高于农村,城镇、农村的储蓄家庭资产分别是无储蓄家庭资产的2.3倍、2.3倍。

表7-8　家庭储蓄和家庭资产差距

	储蓄家庭(元)	无储蓄家庭(元)	差距(元)	倍数
东部	1 558 489	482 207	1 076 282	3.2
中部	700 832	233 410	467 422	3.0
西部	716 155	302 056	414 099	2.4
全国	1 053 095	341 421	711 674	3.1
农村	379 197	162 847	216 350	2.3
城镇	1 329 275	587 592	741 683	2.3

(3)家庭支付和家庭资产差距

表7-9显示,全国支付家庭与无支付家庭的家庭资产差距为729 274元,支付家庭资产是无支付家庭资产的2.8倍。东、中、西地区支付家庭与无支付家庭家庭资产差距分别是1 115 398元、488 380元和430 679元,支付家庭资产是无支付家庭资产的2.9倍、2.8倍和2.3倍。从城乡比较来看,城镇、农村支付家庭和无支付家庭的家庭资产差距分别是729 341元、242 032元,城镇明显高于农村,城镇、农村的支付家庭资产分别是无支付家庭资产的2.1倍、2.4倍。

表7-9　家庭支付和家庭资产差距

	支付家庭(元)	无支付家庭(元)	差距(元)	倍数
东部	1 687 565	572 167	1 115 398	2.9
中部	756 188	267 808	488 380	2.8
西部	753 538	322 859	430 679	2.3
全国	1 127 035	397 761	729 274	2.8
农村	416 878	174 846	242 032	2.4
城镇	1 389 659	660 318	729 341	2.1

(4)家庭信贷和家庭资产差距

表7-10显示,全国信贷家庭与无信贷家庭的家庭资产差距为849 269元,信贷家庭资产是无信贷家庭资产的2.2倍。东、中、西地区信贷家庭与无信贷家庭家庭资产差距分别是1 268 538元、675 364元和526 135元,信贷

家庭资产是无信贷家庭资产的2.2倍、2.5倍和2.0倍。从城乡比较来看，城镇、农村信贷家庭和无信贷家庭的家庭资产差距分别是897 053元、357 812元，城镇明显高于农村，城镇、农村的信贷家庭资产分别是无信贷家庭资产的1.9倍、2.4倍。

表7-10　家庭信贷和家庭资产差距

	信贷家庭(元)	无信贷家庭(元)	差距(元)	倍数
东部	236 5074	1 096 536	1 268 538	2.2
中部	1 129 757	454 393	675 364	2.5
西部	1 044 382	518 247	526 135	2.0
全国	1 576 300	727 031	849 269	2.2
农村	605 697	247 885	357 812	2.4
城镇	1 926 621	1 029 568	897 053	1.9

(5)家庭保险和家庭资产差距

表7-11显示，全国保险家庭与无保险家庭的家庭资产差距为1 340 383元，保险家庭资产是无保险家庭资产的2.9倍。东、中、西地区保险家庭与无保险家庭家庭资产差距分别是1 812 406元、933 822元和673 204元，保险家庭资产是无保险家庭资产的2.7倍、3.1倍和2.3倍。从城乡比较来看，城镇、农村保险家庭和无保险家庭的家庭资产差距分别是1 169 939元、880 725元，城镇明显高于农村，城镇、农村的保险家庭资产分别是无保险家庭资产的2.2倍、4.4倍。

表7-11　家庭保险和家庭资产差距

	保险家庭(元)	无保险家庭(元)	差距(元)	倍数
东部	2 863 857	1 051 451	1 812 406	2.7
中部	1 379 215	445 393	933 822	3.1
西部	1 205 497	532 293	673 204	2.3
全国	2 047 613	707 230	1 340 383	2.9
农村	1 139 675	258 950	880 725	4.4
城镇	2 173 199	1 003 260	1 169 939	2.2

7.1.1.4 家庭金融普惠和家庭负债差距状况

(1) 家庭金融普惠和家庭负债差距

表7-12显示,全国金融普惠家庭与非金融普惠家庭的家庭负债差距为44 821元,金融普惠家庭负债是非金融普惠家庭负债的2.1倍。东、中、西地区金融普惠家庭与非金融普惠家庭的家庭负债差距分别是251 250元、86 660元和92 531元,金融普惠家庭负债是非金融普惠家庭负债的6.3倍、3.0倍和3.6倍。从城乡比较来看,城镇、农村金融普惠家庭和非金融普惠家庭的家庭负债差距分别是191 727元、44 364元,城镇明显高于农村,城镇、农村的金融普惠家庭负债分别是非金融普惠家庭负债的4.3倍、2.3倍。

表7-12 家庭金融普惠和家庭负债差距

	金融普惠家庭(元)	非金融普惠家庭(元)	差距(元)	倍数
东部	298 662	47 412	251 250	6.3
中部	129 392	42 732	86 660	3.0
西部	128 608	36 077	92 531	3.6
全国	86 547	41 726	44 821	2.1
农村	79 022	34 658	44 364	2.3
城镇	250 673	58 946	191 727	4.3

(2) 家庭储蓄和家庭负债差距

表7-13显示,全国储蓄家庭与无储蓄家庭的家庭负债差距为114 488元,储蓄家庭负债是无储蓄家庭负债的2.6倍。东、中、西地区储蓄家庭与无储蓄家庭家庭负债差距分别是205 890元、60 389元和65 735元,储蓄家庭负债是无储蓄家庭负债的3.1倍、1.9倍和2.0倍。从城乡比较来看,城镇、农村储蓄家庭和无储蓄家庭的家庭负债差距分别是119 412元、29 692元,城镇明显高于农村,城镇、农村的储蓄家庭负债分别是无储蓄家庭负债的1.9倍、1.6倍。

表 7-13　家庭储蓄和家庭负债差距

	储蓄家庭(元)	无储蓄家庭(元)	差距(元)	倍数
东部	305 502	99 612	205 890	3.1
中部	125 517	65 128	60 389	1.9
西部	128 423	62 688	65 735	2.0
全国	188 046	73 558	114 488	2.6
农村	75 780	46 088	29 692	1.6
城镇	248 902	129 490	119 412	1.9

(3) 家庭支付和家庭负债差距

表 7-14 显示,全国支付家庭与无支付家庭的家庭负债差距为126 341元,支付家庭负债是无支付家庭负债的2.8倍。东、中、西地区支付家庭与无支付家庭家庭负债差距分别是233 113元、67 929元和71 633元,支付家庭负债是无支付家庭家庭负债的3.5倍、2.1倍和2.2倍。从城乡比较来看,城镇、农村支付家庭和无支付家庭的家庭负债差距分别是129 405元、37 995元,城镇明显高于农村,城镇、农村的支付家庭负债分别是无支付家庭负债的2.0倍、1.9倍。

表 7-14　家庭支付和家庭负债差距

	支付家庭(元)	无支付家庭(元)	差距(元)	倍数
东部	327 217	94 104	233 113	3.5
中部	132 296	64 367	67 929	2.1
西部	132 953	61 320	71 633	2.2
全国	198 205	71 864	126 341	2.8
农村	82 334	44 339	37 995	1.9
城镇	255 326	125 921	129 405	2.0

(4) 家庭信贷和家庭负债差距

表 7-15 显示,全国信贷家庭与无信贷家庭的家庭负债差距为213 374元,信贷家庭负债是无信贷家庭的家庭负债的5.0倍。东、中、西地区信贷家庭与非信贷家庭家庭负债差距分别是332 623元、33 423元和139 845元,

信贷家庭负债是无信贷家庭负债的 6.0 倍、1.6 倍和 4.2 倍。从城乡比较来看，城镇、农村信贷家庭和无信贷家庭的家庭负债差距分别是 239 873 元、91 536 元，城镇明显高于农村，城镇、农村的信贷家庭负债分别是无信贷家庭负债的 4.1 倍、3.5 倍。

表 7-15　家庭信贷和家庭负债差距

	信贷家庭（元）	无信贷家庭（元）	差距（元）	倍数
东部	399 195	66 572	332 623	6.0
中部	86 704	53 281	33 423	1.6
西部	183 413	43 568	139 845	4.2
全国	266 407	53 033	213 374	5.0
农村	128 606	37 070	91 536	3.5
城镇	317 786	77 913	239 873	4.1

（5）家庭保险和家庭负债差距

表 7-16 显示，全国保险家庭与无保险家庭的家庭负债差距为 341 730 元，保险家庭负债是无保险家庭负债的 3.7 倍。东、中、西地区保险家庭与无保险家庭的家庭负债差距分别是 555 837 元、165 960 元和 119 115 元，保险家庭负债是无保险家庭负债的 3.7 倍、2.9 倍和 2.2 倍。从城乡比较来看，城镇、农村保险家庭和无保险家庭的家庭负债差距分别是 299 852 元、172 087 元，城镇明显高于农村，城镇、农村的保险家庭负债分别是无保险家庭负债的 2.5 倍、4.0 倍。

表 7-16　家庭保险和家庭负债差距

	保险家庭（元）	无保险家庭（元）	差距（元）	倍数
东部	758 104	202 267	555 837	3.7
中部	251 636	85 676	165 960	2.9
西部	215 712	96 597	119 115	2.2
全国	466 792	125 062	341 730	3.7
农村	229 969	57 882	172 087	4.0
城镇	493 881	194 029	299 852	2.5

7.1.2 京津冀金融普惠和家庭财富差距状况

7.1.2.1 京津冀金融普惠和家庭净财富差距状况

(1)京津冀金融普惠和家庭净财富差距

表 7-17 显示,京津冀金融普惠家庭与非金融普惠家庭的家庭净财富差距为1 282 779元,金融普惠家庭净财富是非金融普惠家庭净财富的3.6倍。北京、天津和河北地区金融普惠家庭与非金融普惠家庭的家庭净财富差距分别是1 440 042元、640 868元和482 456元,金融普惠家庭净财富是非金融普惠家庭净财富的1.9倍、2.7倍和3.3倍。从城乡比较来看,城镇、农村金融普惠家庭和非金融普惠家庭的家庭净财富差距分别是1 351 077元、183 807元,城镇明显高于农村,城镇、农村的金融普惠家庭净财富都是非金融普惠家庭净财富的2.6倍。

表 7-17 京津冀金融普惠和家庭净财富差距

	金融普惠家庭(元)	非金融普惠家庭(元)	差距(元)	倍数
北京	2 985 479	1 545 437	1 440 042	1.9
天津	1 029 143	388 275	640 868	2.7
河北	693 645	211 189	482 456	3.3
京津冀	1 774 438	491 659	1 282 779	3.6
农村	299 326	115 519	183 807	2.6
城镇	2 182 091	831 014	1 351 077	2.6

(2)京津冀家庭储蓄和家庭净财富差距

表 7-18 显示,京津冀储蓄家庭与无储蓄家庭的家庭净财富差距为1 325 955元,储蓄家庭净财富是无储蓄家庭净财富的3.7倍。北京、天津和河北地区储蓄家庭与无储蓄家庭的家庭净财富差距分别是1 498 760元、619 115元和508 642元,储蓄家庭净财富是无储蓄家庭净财富的2.0倍、2.4倍和3.5倍。从城乡比较来看,城镇、农村储蓄家庭和无储蓄家庭的家庭净财富差距分别是1 397 983元、171 848元,城镇明显高于农村,城镇、农村的储蓄家庭净财富分别是无储蓄家庭净财富的2.7倍、2.3倍。

表 7-18　京津冀家庭储蓄和家庭净财富差距

	储蓄家庭(元)	无储蓄家庭(元)	差距(元)	倍数
北京	3 010 542	1 511 782	1 498 760	2.0
天津	1 048 444	429 329	619 115	2.4
河北	713 624	204 982	508 642	3.5
京津冀	1 815 733	489 778	1 325 955	3.7
农村	300 466	128 618	171 848	2.3
城镇	2 225 947	827 964	1 397 983	2.7

(3)京津冀家庭支付和家庭净财富差距

表 7-19 显示,京津冀支付家庭与无支付家庭的家庭净财富差距为 1 374 367元,支付家庭净财富是无支付家庭净财富的 3.0 倍。北京、天津和河北地区支付家庭与无支付家庭的家庭净财富差距分别是1 227 987元、766 824元和535 137元,支付家庭净财富是无支付家庭净财富的 1.7 倍、2.5 倍和 3.2 倍。从城乡比较来看,城镇、农村支付家庭和无支付家庭的家庭净财富差距分别是1 231 761元、200 664元,城镇明显高于农村,城镇、农村的支付家庭净财富分别是无支付家庭净财富的2.1 倍、2.2 倍。

表 7-19　京津冀家庭支付和家庭净财富差距

	支付家庭(元)	无支付家庭(元)	差距(元)	倍数
北京	3 110 014	1 882 027	1 227 987	1.7
天津	1 275 415	508 591	766 824	2.5
河北	780 991	245 854	535 137	3.2
京津冀	2 045 347	670 980	1 374 367	3.0
农村	363 104	162 440	200 664	2.2
城镇	2 348 342	1 116 581	1 231 761	2.1

(4)京津冀家庭信贷和家庭净财富差距

表 7-20 显示,京津冀信贷家庭与无信贷家庭的家庭净财富差距为 645 183元,信贷家庭净财富是无信贷家庭净财富的 1.5 倍。北京、天津和河北地区信贷家庭与无信贷家庭的家庭净财富差距分别是491 797元、

569 441元和507 506元,信贷家庭净财富是无信贷家庭净财富的1.2倍、1.7倍和2.1倍。从城乡比较来看,城镇、农村信贷家庭和无信贷家庭的家庭净财富差距分别是304 692元、190 348元,城镇明显高于农村,城镇、农村的信贷家庭净财富分别是无信贷家庭净财富的1.2倍、1.9倍。

表7-20 京津冀家庭信贷和家庭净财富差距

	信贷家庭(元)	无信贷家庭(元)	差距(元)	倍数
北京	3 254 735	2 762 938	491 797	1.2
天津	1 363 117	793 676	569 441	1.7
河北	958 128	450 622	507 506	2.1
京津冀	2 039 566	1 394 383	645 183	1.5
农村	409 226	218 878	190 348	1.9
城镇	2 214 273	1 909 581	304 692	1.2

(5)京津冀家庭保险和家庭净财富差距

表7-21显示,京津冀保险家庭与无保险家庭的家庭净财富差距为968 545元,保险家庭是无保险家庭家庭净财富的1.7倍。北京、天津和河北地区保险家庭与无保险家庭的家庭净财富差距分别是466 868元、695 940元和742 276元,保险家庭净财富是无保险家庭净财富的1.2倍、1.9倍和2.8倍。从城乡比较来看,城镇、农村保险家庭和无保险家庭的家庭净财富差距分别是687 191元、182 183元,城镇明显高于农村,城镇、农村的保险家庭净财富分别是无保险家庭净财富的1.4倍、1.9倍。

表7-21 京津冀家庭保险和家庭净财富差距

	保险家庭(元)	无保险家庭(元)	差距(元)	倍数
北京	3 126 720	2 659 852	466 868	1.2
天津	1 439 194	743 254	695 940	1.9
河北	1 156 900	414 624	742 276	2.8
京津冀	2 271 546	1 303 001	968 545	1.7
农村	387 067	204 884	182 183	1.9
城镇	2 449 875	1 762 684	687 191	1.4

7.1.2.2 京津冀金融普惠和家庭资产差距状况

(1)京津冀金融普惠和家庭资产差距

表7-22显示,京津冀金融普惠家庭与非金融普惠家庭的家庭资产差距为1 348 589元,金融普惠家庭资产是非金融普惠家庭资产的3.7倍。北京、天津和河北地区金融普惠家庭与非金融普惠家庭的家庭资产差距分别是1 532 705元、689 616元和528 645元,金融普惠家庭资产是非金融普惠家庭资产的2.0倍、2.7倍和3.4倍。从城乡比较来看,城镇、农村金融普惠家庭和非金融普惠家庭的家庭资产差距分别是1 432 179元、195 511元,城镇明显高于农村,城镇、农村的金融普惠家庭资产分别是非金融普惠家庭资产的2.7倍、2.6倍。

表7-22 京津冀金融普惠和家庭资产差距

	金融普惠家庭(元)	非金融普惠家庭(元)	差距(元)	倍数
北京	3 083 099	1 550 394	1 532 705	2.0
天津	1 083 750	394 134	689 616	2.7
河北	747 581	218 936	528 645	3.4
京津冀	1 846 817	498 228	1 348 589	3.7
农村	318 143	122 632	195 511	2.6
城镇	2 269 272	837 093	1 432 179	2.7

(2)京津冀家庭储蓄和家庭资产差距

表7-23显示,京津冀储蓄家庭与无储蓄家庭的家庭资产差距为1 363 857元,储蓄家庭资产是无储蓄家庭资产的3.6倍。北京、天津和河北地区储蓄家庭与无储蓄家庭的家庭资产差距分别是1 560 372元、627 807元和531 367元,有储蓄家庭资产是无储蓄家庭资产的2.0倍、2.3倍和3.4倍。从城乡比较来看,城镇、农村储蓄家庭和无储蓄家庭的家庭资产差距分别是1 445 974元、158 500元,城镇明显高于农村,城镇、农村的储蓄家庭资产分别是无储蓄家庭资产的2.7倍、2.1倍。

表7-23 京津冀家庭储蓄和家庭资产差距

	储蓄家庭(元)	无储蓄家庭(元)	差距(元)	倍数
北京	3 106 466	1 546 094	1 560 372	2.0
天津	1 093 772	465 965	627 807	2.3
河北	753 627	222 260	531 367	3.4
京津冀	1 881 524	517 667	1 363 857	3.6
农村	309 320	150 820	158 500	2.1
城镇	2 307 152	861 178	1 445 974	2.7

(3)京津冀家庭支付和家庭资产差距

表7-24显示,京津冀支付家庭与无支付家庭的家庭资产差距为1 434 405元,支付家庭资产是无支付家庭资产的3.1倍。北京、天津和河北地区支付家庭与无支付家庭的家庭资产差距分别是1 315 110元、804 612元和567 846元,支付家庭资产是无支付家庭资产的1.7倍、2.5倍和3.2倍。从城乡比较来看,城镇、农村支付家庭和无支付家庭的家庭资产差距分别是1 298 530元、200 319元,城镇明显高于农村,城镇、农村的支付家庭资产均是无支付家庭资产的2.1倍。

表7-24 京津冀家庭支付和家庭资产差距

	支付家庭(元)	无支付家庭(元)	差距(元)	倍数
北京	3 217 049	1 901 939	1 315 110	1.7
天津	1 337 683	533 071	804 612	2.5
河北	828 408	260 562	567 846	3.2
京津冀	2 125 810	691 405	1 434 405	3.1
农村	377 231	176 912	200 319	2.1
城镇	2 440 753	1 142 223	1 298 530	2.1

(4)京津冀家庭信贷和家庭资产差距

表7-25显示,京津冀信贷家庭与无信贷家庭的家庭资产差距为986 146元,信贷家庭资产是无信贷家庭资产的1.7倍。北京、天津和河北地区信贷家庭与无信贷家庭的家庭资产差距分别是983 845元、806 951元

和753 390元，信贷家庭资产是无信贷家庭资产的1.4倍、2.0倍和2.6倍。从城乡比较来看，城镇、农村信贷家庭和无信贷家庭的家庭资产差距分别是666 353元、338 386元，城镇明显高于农村，城镇、农村的信贷家庭资产分别是无信贷家庭资产的1.3倍、2.5倍。

表7-25 京津冀家庭信贷和家庭资产差距

	信贷家庭（元）	无信贷家庭（元）	差距（元）	倍数
北京	3 752 589	2 768 744	983 845	1.4
天津	1 606 439	799 488	806 951	2.0
河北	1 211 797	458 407	753 390	2.6
京津冀	2 386 875	1 400 729	986 146	1.7
农村	563 683	225 297	338 386	2.5
城镇	2 582 248	1 915 895	666 353	1.3

(5)京津冀家庭保险和家庭资产差距

表7-26显示，京津冀保险家庭与无保险家庭的家庭资产差距为1 117 139元，保险家庭资产是无保险家庭资产的1.8倍。北京、天津和河北地区保险家庭与无保险家庭的家庭资产差距分别是722 621元、705 165元和774 603元，保险家庭资产是无保险家庭资产的1.3倍、1.9倍和2.7倍。从城乡比较来看，城镇、农村保险家庭和无保险家庭的家庭资产差距分别是839 252元、170 596元，城镇明显高于农村，城镇、农村保险家庭资产分别是无保险家庭资产的1.5倍、1.8倍。

表7-26 京津冀家庭保险和家庭资产差距

	保险家庭（元）	无保险家庭（元）	差距（元）	倍数
北京	3 453 556	2 730 935	722 621	1.3
天津	1 486 596	781 431	705 165	1.9
河北	1 221 773	447 170	774 603	2.7
京津冀	2 467 931	1 350 792	1 117 139	1.8
农村	387 184	216 588	170 596	1.8
城镇	2 664 833	1 825 581	839 252	1.5

7.1.2.3 京津冀金融普惠和家庭负债差距状况

(1)京津冀金融普惠和家庭负债差距

表7-27显示,京津冀金融普惠家庭与非金融普惠家庭的家庭负债差距为261 780元,金融普惠家庭是非金融普惠家庭负债的9.0倍。北京、天津和河北地区金融普惠家庭与非金融普惠家庭的家庭负债差距分别是377 261元、183 893元和155 652元,金融普惠家庭负债是非金融普惠家庭负债的6.0倍、7.1倍和6.1倍。从城乡比较来看,城镇、农村金融普惠家庭和非金融普惠家庭负债差距分别是300 845元、52 400元,城镇明显高于农村,城镇、农村的金融普惠家庭负债分别是非金融普惠家庭负债的6.5倍、3.2倍。

表7-27 京津冀金融普惠和家庭负债差距

	金融普惠家庭(元)	非金融普惠家庭(元)	差距(元)	倍数
北京	452 941	75 680	377 261	6.0
天津	214 035	30 142	183 893	7.1
河北	186 136	30 484	155 652	6.1
京津冀	294 469	32 689	261 780	9.0
农村	76 121	23 721	52 400	3.2
城镇	355 252	54 407	300 845	6.5

(2)京津冀家庭储蓄和家庭负债差距

表7-28显示,京津冀储蓄家庭与无储蓄家庭的家庭负债差距为200 434元,储蓄家庭负债是无储蓄家庭的家庭负债的3.1倍。北京、天津和河北地区储蓄家庭与无储蓄家庭的家庭负债差距分别是256 575元、95 492元和95 778元,储蓄家庭负债是无储蓄家庭负债的2.3倍、1.8倍和2.7倍。从城乡比较来看,城镇、农村储蓄家庭和无储蓄家庭的家庭负债差距分别是210 431元、-19 073元,城镇、农村的储蓄家庭负债分别是无储蓄家庭负债的2.4倍、0.7倍。

表7-28 京津冀家庭储蓄和家庭负债差距

	储蓄家庭(元)	无储蓄家庭(元)	差距(元)	倍数
北京	461 454	204 879	256 575	2.3
天津	211 428	115 936	95 492	1.8
河北	153 552	57 774	95 778	2.7
京津冀	297 613	97 179	200 434	3.1
农村	43 139	62 212	-19 073	0.7
城镇	360 357	149 926	210 431	2.4

(3)京津冀家庭支付和家庭负债差距

表7-29显示,京津冀支付家庭与无支付家庭的家庭负债差距为242 591元,支付家庭负债是无支付家庭负债的3.7倍。北京、天津和河北地区支付家庭与无支付家庭的家庭负债差距分别是294 638元、157 522元和114 748元,支付家庭负债是无支付家庭负债的2.6倍、2.6倍和3.1倍。从城乡比较来看,城镇、农村支付家庭和无支付家庭的家庭负债差距分别是221 318元、17 981元,城镇明显高于农村,城镇、农村的支付家庭负债分别是无支付家庭负债的2.5倍、1.4倍。

表7-29 京津冀家庭支付和家庭负债差距

	支付家庭(元)	无支付家庭(元)	差距(元)	倍数
北京	473 330	178 692	294 638	2.6
天津	258 152	100 630	157 522	2.6
河北	168 978	54 230	114 748	3.1
京津冀	331 949	89 358	242 591	3.7
农村	66 870	48 889	17 981	1.4
城镇	372 618	151 300	221 318	2.5

(4)京津冀家庭信贷和家庭负债差距

表7-30显示,京津冀信贷家庭与无信贷家庭的家庭负债差距为319 729元,信贷家庭负债是无信贷家庭负债的6.7倍。北京、天津和河北地区信贷家庭与无信贷家庭的家庭负债差距分别是446 028元、204 128元

和237 262元,信贷家庭负债是无信贷家庭负债的5.4倍、4.8倍和6.9倍。从城乡比较来看,城镇、农村信贷家庭和无信贷家庭的家庭负债差距分别是302 933元、126 043元,城镇明显高于农村,城镇、农村的信贷家庭负债分别是无信贷家庭负债的4.1倍、5.4倍。

表7-30 京津冀家庭信贷和家庭负债差距

	信贷家庭(元)	无信贷家庭(元)	差距(元)	倍数
北京	547 074	101 046	446 028	5.4
天津	257 702	53 574	204 128	4.8
河北	277 693	40 431	237 262	6.9
京津冀	375 723	55 994	319 729	6.7
农村	154 457	28 414	126 043	5.4
城镇	401 601	98 668	302 933	4.1

(5)京津冀家庭保险和家庭负债差距

表7-31显示,京津冀保险家庭与无保险家庭的家庭负债差距为369 875元,保险家庭负债是无保险家庭负债的2.7倍。北京、天津和河北地区保险家庭与无保险家庭的家庭负债差距分别是669 295元、-51 718元和81 472元,保险家庭负债是无保险家庭负债的2.7倍、0.7倍和1.7倍。从城乡比较来看,城镇、农村保险家庭和无保险家庭的家庭负债差距分别是284 289元、-24 395元,城镇明显高于农村,城镇、农村的保险家庭负债分别是无保险家庭负债的1.9倍、0.5倍。

表7-31 京津冀家庭保险和家庭负债差距

	保险家庭(元)	无保险家庭(元)	差距(元)	倍数
北京	1 060 308	391 013	669 295	2.7
天津	121 968	173 686	-51 718	0.7
河北	203 636	122 164	81 472	1.7
京津冀	587 136	217 261	369 875	2.7
农村	20 000	44 395	-24 395	0.5
城镇	596 135	311 846	284 289	1.9

7.2 京津冀金融普惠对家庭财富差距的影响

7.2.1 金融普惠和家庭财富差距模型设定

本节参考莫里斯塞特和张(Morissette and Zhang,2006)的界定方法,将家庭财富界定为家庭净财富值,即等于家庭总资产减去家庭总债务。根据 CHFS 数据,家庭总资产包括农业、工商业、房产、汽车、耐用品、奢侈品、活期存款、定期存款、股票、基金、期货、权证、外汇资产、黄金和借出款等。家庭总负债包括正规金融贷款和非正规金融贷款。社区家庭平均财富是指社区家庭净财富的平均值。基尼系数经常被用作衡量收入、财富差距的指标,李强(1997)使用基尼系数以及五个等分的收入组的收入差距作为研究社会经济分层的指标。金烨、李宏彬和吴斌珍(2011)按年龄对收入进行分组,采用基尼系数衡量收入差距。本节采用社区财富基尼系数度量家庭财富差距。为考察金融普惠对家庭财富差距的影响,模型设定为:

$$\text{Weath\_Inequality} = \alpha \text{Financial\_Inclusion} + X\beta + \mu \quad (7-1)$$

其中

$$\mu \sim N(0,\sigma^2)$$

模型中:Wealth_Inequaity 是家庭财富差距指标,是被解释变量;Financial_Inclusion 是金融普惠指标,用社区家庭持有金融账户的比例来度量(世界银行,2014;NAB,2011);X 是控制变量,包括社区特征变量、宏观经济变量和省区固定变量。

为了考察金融普惠影响家庭财富差距的微观因素,本节分析金融普惠对家庭财富的影响。凯恩克和巴西特(Koenker and Bassett,1978)提出标准分位数回归模型(Quantile Regression),可在考虑个体异质性的基础上识别出差异分布,获得更多结构性认识,同时不依赖于 OLS 的正态性、同方差性要求。现有研究中,不少学者使用分位数方法对不同部门的收入差异进行估计,因为分位数回归可以依据整个样本的分布来分析自变量对因变量的影响,而不像 OLS 回归那样依赖条件均值(Buchinsky,1998)。张义博(2012)利用分位数模型指出,公共部门对非公共部门的收入优势在不同分位数和年份上变化明显。余向华、陈雪娟(2012)利用分位数模型指出户籍分割使城乡户籍劳动力面临不同的工资决定机制。为考察金融普惠对家庭财富差异影响的原因,模型设定为:

$$\text{Household\_Wealth} = \eta \text{Financial\_Inclusion} + Z\gamma + \upsilon \quad (7-2)$$

$$Q^{\tau} = 0 \quad (7-3)$$

模型中:Household_Wealth 是家庭净财富对数值,是被解释变量;Financial_Inclusion 是我们关注的家庭金融普惠;Z 是控制变量,包括家庭特征变量、地区变量和省区固定效应变量;υ 指个体间的残差项;Q^{τ} 指残差 υ 的 τ 分位数。

7.2.2 金融普惠和家庭财富差距之间内生性讨论

金融普惠和家庭财富差距之间存在反向因果、遗漏变量等导致的内生性问题。一方面,家庭财富差距可能造成家庭受教育机会不均以及对经济信息关注不充分,限制家庭参与金融活动,减少家庭金融普惠概率;另一方面,遗漏变量问题也可能导致高估或低估金融普惠的影响。因而,需要选取工具变量解决内生性问题。我们选取"社区附近金融机构数量"作为金融普惠的工具变量,主要考虑社区附近金融机构数量越多,家庭更方便获得金融账户,社区金融普惠水平就越高,但社区附近金融机构数量的客观分布对社区家庭之间的财富差距并没有直接影响。

7.2.3 京津冀金融普惠对家庭财富差距的影响

从表 7-32 的 OLS 和 2SLS 回归结果来看,尽管表 7-32(2)列显示第一阶段 F 值接近于 10,不存在弱工具变量问题,但是 DWH 值并不显著,说明金融普惠不存在内生性问题。表 7-32(1)列显示,京津冀社区金融普惠提高 1 个百分点,社区家庭财富基尼系数将显著下降 19.7%,家庭财富差距显著下降。从其他变量来看,京津冀社区户主已婚比例提高 1 个百分点,社区家庭财富基尼系数将显著下降 54.9%;其他变量对家庭财富差距没有显著的影响。

表7-32 京津冀金融普惠对家庭财富差距的影响

被解释变量:社区家庭财富基尼系数	(1) OLS	(2) 2SLS
社区金融普惠	-0.197*** (0.062)	-0.345* (0.196)
社区户主平均年龄	0.014 (0.029)	0.004 (0.029)
社区户主平均年龄平方/100	-0.014 (0.026)	-0.006 (0.027)
社区户主男性比例	0.100 (0.077)	0.056 (0.092)
社区户主平均受教育年限	-0.002 (0.004)	-0.000 (0.005)
社区户主已婚比例	-0.484** (0.197)	-0.549** (0.215)
社区风险偏好家庭比例	-0.072 (0.236)	-0.024 (0.242)
社区风险厌恶家庭比例	-0.026 (0.108)	0.014 (0.122)
常数项	0.792 (0.648)	1.185 (0.732)
有效样本量	124	124
F值/Wald chi2	2.96***	21.70***
R^2	0.189	0.147
DWH内生性检验		0.608
p值		0.477
第一阶段F值		9.710***

注:*,**,*** 分别表示在10%,5%,1%显著水平,括号内为异方差稳健标准误,控制了省区固定效应。

7.2.4 京津冀金融普惠对不同分位数上家庭财富的影响

表7-32论证了京津冀金融普惠对家庭财富差距的显著负向影响。为了分析京津冀金融普惠影响家庭财富差距的内在机制,本节分析京津冀金融普惠对不同分位数家庭财富的影响。表7-33回归结果说明京津冀金融普惠在不同分位点是如何影响家庭财富的。从家庭层次来看,金融普惠在0.1分位点、0.2分位点、0.3分位点、0.4分位点、0.5分位点、0.6分位点、0.7分位点、0.8分位点和0.9分位点对家庭财富的显著正向影响系数分别是2.274、2.195、2.256、2.479、2.462、2.296、2.142、1.908和1.906,据对这些系数的F检验来看,存在显著的差异,可以看出京津冀金融普惠对家庭财富的影响呈现出如下特征:京津冀金融普惠对在0.4分位点、0.5分位点、0.6分位点家庭财富的影响最大,对在0.1分位点、0.2分位点、0.3分位点家庭财富的影响次之,对0.4分位点、0.5分位点、0.6分位点、0.7分位点、0.8分位点和0.9分位点家庭财富的影响呈递减趋势,这也是金融普惠显著降低家庭财富差距的内在原因。

表7-33 京津冀金融普惠对不同分位数上家庭财富的影响

解释变量	(1) Q10	(2) Q20	(3) Q30	(4) Q40	(5) Q50	(6) Q60	(7) Q70	(8) Q80	(9) Q90
金融普惠	2.274*** (0.743)	2.195*** (0.507)	2.256*** (0.335)	2.479*** (0.229)	2.462*** (0.190)	2.296*** (0.178)	2.142*** (0.178)	1.908*** (0.155)	1.906*** (0.194)
户主年龄	0.429* (0.240)	0.330** (0.161)	0.134 (0.240)	-0.005 (0.065)	-0.035 (0.056)	-0.062 (0.044)	-0.087** (0.042)	-0.076* (0.043)	-0.065 (0.050)
户主年龄平方	-0.435* (0.2320)	-0.312* (0.169)	-0.111 (0.086)	-0.032 (0.064)	0.075 (0.055)	0.098** (0.046)	0.122*** (0.044)	0.113** (0.045)	0.101** (0.049)
户主男性	-0.361 (0.808)	-1.230* (0.635)	-1.776*** (0.336)	-1.979*** (0.262)	-1.801*** (0.239)	-1.746*** (0.191)	-1.617*** (0.204)	-1.390*** (0.181)	-1.149*** (0.219)
户主受教育年限	0.290*** (0.027)	0.255*** (0.022)	0.211*** (0.016)	0.138*** (0.013)	0.106*** (0.009)	0.093*** (0.007)	0.091*** (0.007)	0.086*** (0.008)	0.076*** (0.008)
户主风险偏好	6.525** (3.246)	4.464*** (1.587)	3.330*** (0.901)	2.922*** (0.753)	2.559*** (0.572)	1.644*** (0.465)	1.094*** (0.498)	1.510*** (0.563)	1.001 (0.638)

续表

解释变量	(1) Q10	(2) Q20	(3) Q30	(4) Q40	(5) Q50	(6) Q60	(7) Q70	(8) Q80	(9) Q90
户主风险厌恶	2.030 (1.244)	-0.112 (0.813)	-0.045 (0.513)	-0.197 (0.389)	-0.462 (0.337)	-0.628** (0.270)	-0.562* (0.296)	-0.617** (0.250)	-0.622* (0.326)
家庭老人数量	1.044 (0.749)	0.834 (0.710)	0.090 (0.430)	-0.135 (0.266)	-0.380 (0.250)	-0.489* (0.251)	-0.495** (0.236)	-0.534** (0.242)	-0.863*** (0.234)
家庭孩子数量	1.346* (0.688)	1.436*** (0.390)	1.113*** (0.247)	0.949*** (0.169)	0.954*** (0.145)	0.904*** (0.138)	1.010*** (0.144)	0.993*** (0.136)	0.812*** (0.132)
金融发展水平	0.040 (0.047)	0.058 (0.036)	0.092*** (0.019)	0.125*** (0.014)	0.148*** (0.010)	0.154*** (0.009)	0.157*** (0.011)	0.165*** (0.010)	0.157*** (0.013)
有效样本量	3926	3926	3926	3926	3926	3926	3926	3926	3926
Pseudo R²	0.086	0.114	0.145	0.178	0.206	0.223	0.236	0.236	0.224

注：*，**，***分别表示在10%，5%，1%水平显著，括号内为聚类异方差稳健标准误（按社区聚类分析，避免异方差和组内自相关），控制了户主特征变量和家庭特征变量。

7.3 北京、天津和河北金融普惠对家庭财富差距的影响

7.3.1 北京金融普惠对家庭财富差距的影响

为了探讨北京样本下金融普惠对家庭财富差距的影响，表7-34(1)(2)列显示了金融普惠对家庭财富差距的 OLS 和 2SLS 回归的结果。表7-34(1)列显示，北京社区金融普惠对社区家庭财富基尼系数没有显著的影响。从其他变量来看，北京地区社区户主男性比例提高1个百分点，社区家庭财富基尼系数提高78.1%。北京社区户主已婚比例提高1个百分点，社区家庭财富基尼系数

将显著下降68.8%;北京其他变量对家庭财富差距没有显著的影响。

表7-34 北京金融普惠对家庭财富差距的影响

被解释变量:社区家庭财富基尼系数	(1) OLS	(2) 2SLS
社区金融普惠	-0.160 (0.195)	-0.250 (0.785)
社区户主平均年龄	-0.053 (0.046)	-0.052 (0.039)
社区户主平均年龄平方/100	0.053 (0.042)	0.053 (0.035)
社区户主男性比例	0.781*** (0.215)	0.733 (0.499)
社区户主平均受教育年限	-0.009 (0.007)	-0.009 (0.006)
社区户主已婚比例	-0.688*** (0.022)	-0.679** (0.213)
社区风险偏好家庭比例	-0.374 (0.500)	-0.346 (0.602)
社区风险厌恶家庭比例	0.218 (0.281)	0.190 (0.262)
常数项	2.077 (1.232)	2.165* (1.297)
有效样本量	32	32
F值/Wald chi2	8.88***	110.46***
R^2	0.601	0.598
DWH内生性检验		0.011
p值		0.916
第一阶段F值		1.738

注:*,**,***分别表示在10%、5%、1%水平显著,括号内为聚类异方差稳健标准误(按社区聚类分析,避免异方差和组内自相关)。控制了省区固定效应(下同)。

7.3.2 天津金融普惠对家庭财富差距的影响

为了探讨天津样本下金融普惠对家庭财富差距的影响,表7-35(1)(2)列显示了金融普惠对家庭财富差距的OLS和2SLS回归的结果。表7-35(1)列显示,天津社区金融普惠对社区家庭财富基尼系数没有显著的影响。从其他变量来看,天津社区户主年龄平均提高1年,社区家庭财富基尼系数显著提高11.2%;天津社区户主男性比例提高1个百分点,社区家庭财富基尼系数将显著下降23.5%;天津社区户主已婚比例提高1个百分点,社区家庭财富基尼系数将显著下降118.0%;天津社区户主平均受教育年限、社区风险偏好家庭比例和社区风险厌恶家庭比例对家庭财富差距没有显著的影响。

表7-35 天津金融普惠对家庭财富差距的影响

被解释变量:社区家庭财富基尼系数	(1) OLS	(2) 2SLS
社区金融普惠	-0.134 (0.178)	-0.371 (0.850)
社区户主平均年龄	0.112*** (0.031)	0.115*** (0.027)
社区户主平均年龄平方/100	-0.107*** (0.029)	-0.106*** (0.027)
社区户主男性比例	-0.235* (0.215)	-0.236** (0.119)
社区户主平均受教育年限	-0.001 (0.006)	0.001 (0.010)
社区户主已婚比例	-1.180*** (0.226)	-1.219*** (0.251)
社区风险偏好家庭比例	0.203 (0.368)	0.129 (0.465)

续表

被解释变量:社区家庭财富基尼系数	(1) OLS	(2) 2SLS
社区风险厌恶家庭比例	0.209 (0.273)	0.151 (0.305)
常数项	-1.177 (0.698)	-1.104* (0.661)
有效样本量	28	28
F 值/Wald chi2	4.07***	35.16***
R^2	0.579	0.540
DWH 内生性检验		0.111
p 值		0.739
第一阶段 F 值		0.714

注:*,**,***分别表示在10%,5%,1%水平显著,括号内为聚类异方差稳健标准误(按社区聚类分析,避免异方差和组内自相关)。

7.3.3 河北金融普惠对家庭财富差距的影响

为了探讨河北样本下金融普惠对家庭财富差距的影响,表7-36(1)(2)列报告了河北金融普惠对家庭财富差距的 OLS 和 2SLS 回归的结果。表7-36(1)列显示,河北社区金融普惠对社区家庭财富基尼系数没有显著的影响。社区风险厌恶家庭比例提高1个百分点,社区家庭财富基尼系数显著下降20.0%。河北其他变量对社区家庭财富差距都没有显著的影响。

表7-36 河北金融普惠对家庭财富差距的影响

被解释变量:家庭财富基尼系数	(1) OLS	(2) 2SLS
金融普惠	-0.047 (0.103)	-0.153 (0.609)
社区户主平均年龄	0.051 (0.045)	0.042 (0.071)

续表

被解释变量:家庭财富基尼系数	(1) OLS	(2) 2SLS
社区户主平均年龄平方/100	-0.045 (0.040)	-0.038 (0.055)
社区户主男性比例	0.039 (0.104)	0.043 (0.100)
社区户主平均受教育年限	-0.001 (0.005)	0.001 (0.008)
社区户主已婚比例	-0.373 (0.368)	-0.383 (0.362)
社区风险偏好家庭比例	-0.129 (0.343)	-0.092 (0.404)
社区风险厌恶家庭比例	-0.200* (0.114)	-0.160 (0.271)
常数项	-0.302 (0.970)	0.024 (2.153)
有效样本量	64	64
F 值/Wald chi2	1.25	11.34
R^2	0.117	0.095
DWH 内生性检验		0.030
p 值		0.863
第一阶段 F 值		0.095

注:*,**,*** 分别表示在10%,5%,1%水平显著,括号内为聚类异方差稳健标准误(按社区聚类分析,避免异方差和组内自相关)。

7.4 稳健性检验

奥利维尔等(Olivier et al.,2014)采取90分位数和10分位数的差额作为家庭财富差距程度指标;金烨等(2011)以25%最高收入家庭的收入和25%最低收入家庭的收入的比值(Ratio75/25)作为收入差距指标进行稳健性分析,本节用 p90/p10 度量家庭财富差距。表 7-37 中稳健性检验 1 显示京津冀金融普惠对家庭财富差距影响的稳健性。表 7-37 中稳健性检验 2 上下删除 1% 样本,也显示京津冀金融普惠对家庭财富差距影响的稳健性。

表 7-37 京津冀金融普惠对家庭财富差距的影响:稳健性检验

	(1) OLS	(2) 2SLS
稳健性检验1:用 p90/p10 度量家庭财富差距		
金融普惠	-0.393*** (0.077)	-0.528* (0.222)
稳健性检验2:上下删除1%样本		
金融普惠	-0.197*** (0.062)	-0.347* (0.196)

注:*,**,*** 分别表示在 10%,5%,1% 水平显著,括号内为聚类异方差稳健标准误(按社区聚类分析,避免异方差和组内自相关),控制了社区特征变量、宏观经济变量和省区固定效应。

7.5 小结

京津冀社区金融普惠提高 1 个百分点,社区家庭财富基尼系数将显著下降 19.7%,家庭财富差距显著下降。

北京社区金融普惠对社区家庭财富基尼系数没有显著的影响。天津社区金融普惠对社区家庭财富基尼系数没有显著的影响。河北社区金融普惠对社区家庭财富基尼系数没有显著的影响。

本章还发现京津冀金融普惠对家庭财富的影响呈现出如下特征:京津

冀金融普惠对在0.4分位点、0.5分位点、0.6分位点家庭财富的影响最大，对在0.1分位点、0.2分位点、0.3分位点家庭财富的影响次之，对0.4分位点、0.5分位点、0.6分位点、0.7分位点、0.8分位点和0.9分位点家庭财富的影响呈递减趋势。

8 京津冀金融普惠和家庭收入差距

改革开放以来,中国家庭收入差距逐渐扩大(李实和罗楚亮,2011;甘犁等,2013)。至 2010 年,中国家庭的基尼系数达到 0.61(甘犁,2012),高于全球基尼系数平均值(0.44)。收入不平等将有损于社会福利。事实上,根据世界价值观调查(Word Value Survey)结果,1990 年至 2007 年中国居民的生活满意度不升反降。相关研究显示,收入不平等问题对人们主观福利感受的影响可能抵消了绝对收入水平提高带来的主观福利感受的上升,即人们处于"不患寡而患不均"的状态。

8.1 金融普惠与家庭收入差距

张立军、湛永(2006)认为,金融发展是通过门槛效应、非均衡效应和降低贫困效应来影响城乡收入差距的。国内学者对于金融发展与收入差距关系的论证也发现了不同的结论。一是中国金融发展扩大收入差距。较多国内学者对金融发展影响居民收入进行了实证研究,分析其渠道与途径。叶志强、陈习定、张顺明(2011)实证发现,金融发展显著扩大收入差距,并且与农村居民收入增长存在显著的负相关关系,与城市居民收入不存在显著相关关系。孙永强、万永琳(2011)认为,从长期来看,金融发展和对外开放均显著扩大城乡居民收入差距,且金融发展的影响大于对外开放。刘敏楼(2006)试图从金融发展的视角,利用中国的地区截面数据,分析其与收入分配的关系。他发现,金融机构的发展对以城乡居民收入比为代表的中国收入分配的影响呈"倒 U 型"关系,但以金融产业增加值和 GDP 的比重为代表的金融贡献指标和收入分配之间的关系不能确定。乔海曙、陈力(2009)从金融集聚理论的角度,结合中国二元经济结构特征,分析了金融发展影响城乡收入差距的内在机理,并运用 Kendall 非参数相关检验和分位数的思想和方法,对两者的关系进行了实证检验。他以金融深度为指标,划分出三个区间,以此来说明金融发展与居民收入之间的关系。他发现,从中国的县域金融截面来看,金融深度分位数小于 20% 的地区,城乡收入差距显著扩大;金融深度分位数在 20%～70% 的地区,二者相关性不显著;而金融深度分位数大于70%的地区,城乡收入差距显著缩小。这进一步论证了金融发展和收入不平等之间存在的"倒U型"的非线性关系。

从现有研究来看,关于金融发展和经济增长、收入不平等的文献并没有获得一致结论。已有研究者多从宏观上研究金融发展和收入不平等之间的经验关系,缺乏对其微观机制的探讨。并且多数以金融深化衡量的金融发展水平指标分析其对收入不平等的影响,没有构建一个反映金融普惠发展程度的综合性指标,更没有对金融普惠的不同维度对收入差距的影响效应进行深入比较分析。作为金融发展的重要内容,金融普惠与收入差距之间的关系仍然需要从学术上进行更深入的讨论,尤其需要用采自不同国家的数据进行严谨的实证研究。国内的研究则鲜有基于微观数据的实证研究,本节将基于微观数据为金融普惠和收入不平等提供新的数据。

8.1.1 家庭金融普惠和家庭收入差距状况

8.1.1.1 家庭金融普惠和家庭收入差距

表8-1显示,全国金融普惠家庭与非金融普惠家庭的家庭收入差距为58 329元,金融普惠家庭收入是非金融普惠家庭收入的2.7倍。东、中、西地区金融普惠家庭与非金融普惠家庭的家庭收入差距分别是74 677元、49 224元和46 809元,金融普惠家庭收入是非金融普惠家庭收入的2.9倍、2.4倍和2.7倍。从城乡比较来看,城镇、农村金融普惠家庭和非金融普惠家庭的家庭收入差距分别是65 577元、25 214元,城镇明显高于农村,城镇、农村的金融普惠家庭收入分别是非金融普惠家庭收入的2.5倍、1.9倍。

表8-1 家庭金融普惠和家庭收入差距

	金融普惠家庭(元)	非金融普惠家庭(元)	差距(元)	倍数
东部	114 788	40 111	74 677	2.9
中部	84 750	35 526	49 224	2.4
西部	74 529	27 720	46 809	2.7
全国	93 130	34 801	58 329	2.7
农村	52 491	27 277	25 214	1.9
城镇	110 535	44 958	65 577	2.5

8.1.1.2 家庭储蓄和家庭收入差距

表8-2显示,全国储蓄家庭与无储蓄家庭的家庭收入差距为56 650元,储蓄家庭收入是无储蓄家庭的家庭收入的2.5倍。东、中、西地区储蓄家庭与无储蓄家庭的家庭收入差距分别是72 323元、49 279元和43 384元,储蓄家庭收入是无储蓄家庭收入的2.7倍、2.4倍和2.4倍。从城乡比较来看,城镇、农村储蓄家庭和无储蓄家庭的家庭收入差距分别是60 414元、25 147元,城镇明显高于农村,城镇、农村的储蓄家庭收入分别是无储蓄家庭收入的2.2倍、1.9倍。

表8-2 家庭储蓄和家庭收入差距

	储蓄家庭(元)	无储蓄家庭(元)	差距(元)	倍数
东部	115 699	43 376	72 323	2.7
中部	85 726	36 447	49 279	2.4
西部	75 118	31 734	43 384	2.4
全国	94 019	37 369	56 650	2.5
农村	53 074	27 927	25 147	1.9
城镇	110 799	50 385	60 414	2.2

8.1.1.3 家庭支付和家庭收入差距

表8-3显示,全国支付家庭与无支付家庭的家庭收入差距为60 622元,支付家庭收入是无支付家庭收入的2.5倍。东、中、西地区支付家庭与无支付家庭的家庭收入差距分别是79 895元、52 846元和45 186元,支付家庭收入是无支付收入的2.7倍、2.3倍和2.3倍。从城乡比较来看,城镇、农村支付家庭和无支付家庭的家庭收入差距分别是64 229元、27 748元,城镇明显高于农村,城镇、农村的支付家庭收入分别是无支付家庭收入的2.2倍、1.9倍。

表8-3 家庭支付和家庭收入差距

	支付家庭(元)	无支付家庭(元)	差距(元)	倍数
东部	126 034	46 139	79 895	2.7
中部	92 314	39 468	52 846	2.3
西部	79 060	33 874	45 186	2.3

续表

	支付家庭(元)	无支付家庭(元)	差距(元)	倍数
全国	100 850	40 228	60 622	2.5
农村	57 393	29 645	27 748	1.9
城镇	116 921	52 692	64 229	2.2

8.1.1.4 家庭信贷和家庭收入差距

表8－4显示,全国信贷家庭与无信贷家庭的家庭收入差距为75 247元,信贷家庭收入是无信贷家庭收入的2.1倍。东、中、西地区信贷家庭与无信贷家庭的家庭收入差距分别是108 991元、76 465元和42 597元,信贷家庭收入是无信贷家庭收入的2.3倍、2.3倍和1.8倍。从城乡比较来看,城镇、农村信贷家庭和无信贷家庭的家庭收入差距分别是74 722元、54 004元,城镇明显高于农村,农村、城镇的信贷家庭收入分别是无信贷家庭收入的2.5倍、1.9倍。

表8－4 家庭信贷和家庭收入差距

	信贷家庭(元)	无信贷家庭(元)	差距(元)	倍数
东部	189 970	80 979	108 991	2.3
中部	136 033	59 568	76 465	2.3
西部	99 277	56 680	42 597	1.8
全国	142 219	66 972	75 247	2.1
农村	90 686	36 682	54 004	2.5
城镇	160 819	86 097	74 722	1.9

8.1.1.5 家庭保险和家庭收入差距

表8－5显示,全国保险家庭与无保险家庭的家庭收入差距为125 726元,保险家庭收入是无保险家庭收入的2.9倍。东、中、西地区保险家庭和无保险家庭的家庭收入差距分别是151 649元、60 783元和121 741元,保险家庭收入是无保险家庭收入的2.9倍、2.0倍和3.2倍。从城乡比较来看,城镇、农村保险家庭和非保险家庭的家庭收入差距分别是104 936元、170 786元,农村明显高于城镇,农村、城镇的保险家庭收入分别是无保险

家庭收入的 5.4 倍、2.2 倍。

表 8-5　家庭保险和家庭收入差距

	保险家庭(元)	无保险家庭(元)	差距(元)	倍数
东部	231 440	79 791	151 649	2.9
中部	121 323	60 540	60 783	2.0
西部	177 021	55 280	121 741	3.2
全国	191 672	65 946	125 726	2.9
农村	209 237	38 451	170 786	5.4
城镇	189 243	84 307	104 936	2.2

8.1.2　京津冀金融普惠和家庭收入差距状况

8.1.2.1　京津冀金融普惠和家庭收入差距

表 8-6 显示,京津冀金融普惠家庭与非金融普惠家庭的家庭收入差距为 79 860 元,金融普惠家庭收入是非金融普惠家庭收入的 3.1 倍。北京、天津、河北地区金融普惠家庭与非金融普惠家庭的家庭收入差距分别是 108 816 元、47 790 元和 37 436 元,金融普惠家庭收入是非金融普惠家庭收入的 2.8 倍、2.1 倍和 2.5 倍。从城乡比较来看,城镇、农村金融普惠家庭和非金融普惠家庭的家庭收入差距分别是 88 215 元、19 499 元,城镇明显高于农村,城镇、农村的金融普惠家庭收入分别是非金融普惠家庭收入的 2.7 倍、1.8 倍。

表 8-6　京津冀金融普惠和家庭收入差距

	金融普惠家庭(元)	非金融普惠家庭(元)	差距(元)	倍数
北京	169 437	60 621	108 816	2.8
天津	93 249	45 459	47 790	2.1
河北	62 947	25 511	37 436	2.5
京津冀	118 713	38 853	79 860	3.1
农村	45 050	25 551	19 499	1.8
城镇	139 069	50 854	88 215	2.7

8.1.2.2 京津冀家庭储蓄和家庭收入差距

表8-7显示,京津冀储蓄家庭与无储蓄家庭的家庭收入差距为79 855元,储蓄家庭收入是无储蓄家庭收入的2.9倍。北京、天津、河北地区储蓄家庭与无储蓄家庭的家庭收入差距分别是107 790元、49 394元和34 589元,储蓄家庭收入是无储蓄家庭收入的2.7倍、2.1倍和2.2倍。从城乡比较来看,城镇、农村储蓄家庭和无储蓄家庭的家庭收入差距分别是86 436元、19 395元,城镇明显高于农村,城镇、农村的储蓄家庭收入分别是无储蓄家庭收入的2.6倍、1.7倍。

表8-7 京津冀家庭储蓄和家庭收入差距

	储蓄家庭(元)	无储蓄家庭(元)	差距(元)	倍数
北京	170 428	62 638	107 790	2.7
天津	95 460	46 066	49 394	2.1
河北	63 337	28 748	34 589	2.2
京津冀	120 816	40 961	79 855	2.9
农村	45 652	26 257	19 395	1.7
城镇	141 165	54 729	86 436	2.6

8.1.2.3 京津冀家庭支付和家庭收入差距

表8-8显示,京津冀支付家庭与无支付家庭的家庭收入差距为92 085元,支付家庭收入是无支付家庭收入的3.0倍。北京、天津、河北地区支付家庭与无支付家庭的家庭收入差距分别是118 268元、67 166元和37 735元,支付家庭收入是无支付家庭收入的2.8倍、2.4倍和2.2倍。从城乡比较来看,城镇、农村支付家庭和无支付家庭的家庭收入差距分别是94 491元、20 009元,城镇明显高于农村,城镇、农村的支付家庭收入分别是无支付家庭收入的2.6倍、1.6倍。

表8-8 京津冀家庭支付和家庭收入差距

	支付家庭(元)	无支付家庭(元)	差距(元)	倍数
北京	183 343	65 075	118 268	2.8
天津	116 626	49 460	67 166	2.4

续表

	支付家庭(元)	无支付家庭(元)	差距(元)	倍数
河北	68 573	30 838	37 735	2.2
京津冀	138 230	46 145	92 085	3.0
农村	50 959	30 950	20 009	1.6
城镇	153 949	59 458	94 491	2.6

8.1.2.4 京津冀家庭信贷和家庭收入差距

表 8-9 显示,京津冀信贷家庭与无信贷家庭的家庭收入差距为 78 916 元,信贷家庭收入是无信贷家庭收入的 1.9 倍。北京、天津、河北地区信贷家庭与无信贷家庭的家庭收入差距分别是 106 536 元、47 526 元和 58 652 元,信贷家庭收入是无信贷家庭收入的 1.8 倍、1.6 倍和 2.4 倍。从城乡比较来看,城镇、农村信贷家庭和无信贷家庭的家庭收入差距分别是 67 882 元、19 257 元,城镇明显高于农村,城镇、农村的信贷家庭收入分别是无信贷家庭收入的 1.6 倍、1.5 倍。

表 8-9 京津冀家庭信贷和家庭收入差距

	信贷家庭(元)	无信贷家庭(元)	差距(元)	倍数
北京	247 480	140 944	106 536	1.8
天津	122 411	74 885	47 526	1.6
河北	100 507	41 855	58 652	2.4
京津冀	168 111	89 195	78 916	1.9
农村	55 823	36 566	19 257	1.5
城镇	180 143	112 261	67 882	1.6

8.1.2.5 京津冀家庭保险和家庭收入差距

表 8-10 显示,京津冀保险家庭与无保险家庭的家庭收入差距为 97 768 元,保险家庭收入是无保险家庭收入的 2.1 倍。北京、天津、河北地区保险家庭与无保险家庭的家庭收入差距分别是 121 455 元、35 601 元和 48 730 元,保险家庭收入是无保险家庭收入的 1.9 倍、1.5 倍和 2.2 倍。从城乡比较来看,城镇、农村保险家庭和无保险家庭的家庭收入差距分别是

91 417元、-12 702元,城镇明显高于农村,城镇、农村的保险家庭收入分别是无保险家庭收入的1.8倍、0.6倍。

表8-10 京津冀家庭保险和家庭收入差距

	保险家庭(元)	无保险家庭(元)	差距(元)	倍数
北京	258 596	137 141	121 455	1.9
天津	108 903	73 302	35 601	1.5
河北	90 126	41 396	48 730	2.2
京津冀	183 825	86 057	97 768	2.1
农村	21 484	34 186	-12 702	0.6
城镇	199 188	107 771	91 417	1.8

8.2 京津冀金融普惠对家庭收入差距的影响

8.2.1 金融普惠和家庭收入差距的模型设定

根据中国家庭金融调查,家庭收入主要包括工资收入、农业收入、工商业收入、财产性收入和转移性收入。其中:工资收入包括税后工资、税后奖金和税后补贴;农业收入是指家庭从事农业生产经营所获得的净收入,即农业毛收入减去农业生产成本(因农业生产经营而产生的雇佣成本和其他成本),再加上从事农业生产经营获得的食品补贴和货币补贴;工商业收入是指家庭从事工商业经营项目所获得的净收入,工商业经营项目包括个体户和自主创业;财产性收入主要包括金融资产收入(包括定期存款利息收入、股票价差或分红收入、债券投资获得的收入、基金差价或分红收入、金融衍生品收入、金融理财产品获得的收入、非人民币资产投资获得的收入和黄金投资获得的收入等)、房屋土地出租收入(土地出租获得的租金及土地分红、房屋出租获得的租金和商铺出租的租金收入)及汽车保险理赔收入;转移性收入包括个人转移收入和政府转移收入,个人转移收入是指退休养老收入和保险收入,政府转移收入包括关系性收入、征地拆迁补贴、政府补贴(非农)及其他收入(甘犁、尹志超等,2012)。

本节采用社区家庭收入基尼系数度量家庭收入差距。为考察金融普惠对家庭收入差距的影响,模型设定为:

$$\text{Income\_Inequality} = \alpha \text{Financial\_Inclusion} + X\beta + \mu \quad (8-1)$$

其中

$$\mu \sim N(0, \sigma^2)$$

模型中:Income_Inequality 是家庭收入差距指标,是被解释变量;Financial_Inclusion 是金融普惠指标,用社区家庭持有金融账户的比例来度量(世界银行,2014;NAB,2011);X 是控制变量,包括社区特征变量、宏观经济变量和省区固定变量。

为了考察金融普惠影响家庭收入差距的微观因素,本节分析金融普惠对家庭收入的影响。为考察金融普惠对家庭收入差异影响的原因,模型设定为:

$$\text{Household\_Income} = \eta \text{Financial\_Inclusion} + Z\gamma + \upsilon \quad (8-2)$$

$$Q^\tau = 0 \quad (8-3)$$

模型中:Household_Income 是家庭收入对数值,是被解释变量;Financial_Inclusion是我们关注的家庭金融知识;Z 是控制变量,包括家庭特征变量、地区变量和省区固定效应变量;υ 指个体间的残差项;Q^τ 指残差 υ 的 τ 分位数。

8.2.2　金融普惠和家庭收入差距之间内生性讨论

金融普惠和家庭收入差距之间存在反向因果、遗漏变量等导致的内生性问题。一方面,家庭收入差距可能造成家庭受教育机会不均,限制家庭参与金融活动,降低家庭金融普惠概率;另一方面,遗漏变量问题也可能导致高估或低估金融普惠的影响。因而,需要选取工具变量解决内生性问题。本节选取"社区附近金融机构数量"作为金融普惠的工具变量,主要考虑社区附近金融机构数量越多,家庭更方便获得金融账户,社区金融普惠水平就越高,但社区附近金融机构数量的客观分布对社区家庭之间的收入差距并没有直接影响。

8.2.3 京津冀金融普惠对家庭收入差距的影响

从表 8-11 的 OLS 和 2SLS 回归结果来看，OLS 回归低估了京津冀金融普惠对家庭收入差距的影响。表 8-11(2) 列的 DWH 值并不显著，这表明金融普惠不存在显著的内生性问题。

表 8-11(1) 列显示，京津冀社区金融普惠提高 1 个百分点，社区家庭收入基尼系数将显著下降 24.2%，家庭收入差距显著下降。从其他变量来看，省区金融发展水平越高的地区家庭收入差距就越大，其他变量对家庭收入差距没有显著的影响。

表 8-11 京津冀金融普惠对家庭收入差距的影响

被解释变量:社区家庭收入基尼系数	(1) OLS	(2) 2SLS
社区金融普惠	-0.242***	-0.744***
	(0.053)	(0.421)
社区户主平均年龄	-0.001	-0.007
	(0.003)	(0.006)
社区户主平均受教育年限	0.002	0.006
	(0.004)	(0.005)
社区户主已婚比例	-0.058	0.027
	(0.137)	(0.189)
社区风险偏好家庭比例	0.007	0.140
	(0.338)	(0.384)
社区风险厌恶家庭比例	-0.022	0.036
	(0.036)	(0.167)
社区平均家庭规模	-0.036	-0.104
	(0.023)	(0.064)
GDP	0.000	-0.006
	(0.000)	(0.085)
金融发展水平	-0.006	0.009*
	(0.023)	(0.005)

续表

被解释变量:社区家庭收入基尼系数	(1) OLS	(2) 2SLS
常数项	0.954***	1.656***
	(0.210)	(0.536)
有效样本量	124	124
F 值/Wald chi2	6.78***	29.46***
R^2	0.256	
DWH 内生性检验		1.742
p 值		(0.187)
第一阶段 F 值		3.326***

注:*,**,***分别表示在10%,5%,1%显著水平,括号内为异方差稳健标准误,控制了省区固定效应。

8.2.4 京津冀金融普惠对不同分位数家庭收入的影响

表 8-11 的结果表明,京津冀金融普惠对家庭收入差距存在显著负向影响。为了分析京津冀金融普惠影响家庭收入差距的内在机制,本节分析京津冀金融普惠对不同分位数家庭收入的影响。表 8-12 回归结果说明京津冀金融普惠在不同分位点是如何影响家庭收入的。从家庭层次来看,京津冀金融普惠在 0.1 分位点、0.2 分位点、0.3 分位点、0.4 分位点、0.5 分位点、0.6 分位点、0.7 分位点、0.8 分位点和 0.9 分位点对家庭财富的显著正向影响系数分别是 2.355、2.438、3.030、1.736、1.633、1.423、1.264、1.211 和 1.253,据对这些系数的 F 检验来看,存在显著的差异,可以看出京津冀金融普惠对家庭财富的影响呈现出如下特征:京津冀金融普惠对各分位点家庭收入的影响基本呈现递减趋势,这也是金融普惠显著降低家庭收入差距的内在原因。

表 8-12 京津冀金融普惠对家庭各分位数上收入的影响

解释变量	(1) Q10	(2) Q20	(3) Q30	(4) Q40	(5) Q50	(6) Q60	(7) Q70	(8) Q80	(9) Q90
金融普惠	2.355***	2.438***	3.030***	1.736***	1.633***	1.423***	1.264***	1.211***	1.253***
	(0.590)	(0.249)	(0.184)	(0.144)	(0.134)	(0.129)	(0.132)	(0.133)	(0.138)

续表

解释变量	(1) Q10	(2) Q20	(3) Q30	(4) Q40	(5) Q50	(6) Q60	(7) Q70	(8) Q80	(9) Q90
户主年龄	0.125** (0.052)	0.037*** (0.014)	0.017* (0.010)	0.008 (0.008)	0.003 (0.008)	-0.009 (0.008)	-0.004 (0.008)	-0.005 (0.009)	-0.003 (0.010)
户主年龄平方	-0.084** (0.043)	-0.023* (0.013)	-0.009 (0.008)	-0.003 (0.007)	-0.001 (0.007)	0.008 (0.008)	0.003 (0.007)	0.003 (0.008)	-0.001 (0.009)
户主受教育年限	0.179*** (0.020)	0.134*** (0.012)	0.110*** (0.007)	0.101*** (0.006)	0.093*** (0.006)	0.084*** (0.005)	0.081*** (0.005)	0.078*** (0.005)	0.068*** (0.006)
户主已婚	2.885** (0.373)	0.393** (0.180)	0.279*** (0.076)	0.289*** (0.057)	0.336*** (0.050)	0.294*** (0.056)	0.207*** (0.062)	0.170*** (0.046)	0.194** (0.076)
户主风险偏好	-0.089 (0.527)	0.139 (0.135)	0.135 (0.097)	0.181** (0.072)	0.224*** (0.077)	0.236*** (0.061)	0.254*** (0.079)	0.370*** (0.100)	0.554*** (0.124)
户主风险厌恶	-0.099 (0.146)	-0.053 (0.082)	-0.065 (0.055)	-0.065* (0.039)	-0.066 (0.041)	-0.086** (0.040)	-0.094*** (0.031)	-0.118*** (0.043)	-0.114*** (0.040)
家庭规模	0.356*** (0.038)	0.297*** (0.022)	0.254*** (0.017)	0.231*** (0.016)	0.215*** (0.016)	0.212*** (0.016)	0.216*** (0.015)	0.228*** (0.019)	0.228*** (0.022)
GDP	0.942*** (0.237)	0.663*** (0.107)	0.576*** (0.064)	0.470*** (0.058)	0.436*** (0.047)	0.413*** (0.044)	0.390*** (0.052)	0.306*** (0.046)	0.356*** (0.056)
金融发展水平	0.017 (0.017)	0.008 (0.009)	0.014** (0.006)	0.013** (0.005)	0.013** (0.006)	0.018*** (0.004)	0.021*** (0.005)	0.025*** (0.006)	0.015** (0.007)
有效样本量	3926	3926	3926	3926	3926	3926	3926	3926	3926
Pseudo R^2	0.127	0.167	0.180	0.184	0.184	0.183	0.186	0.194	0.208

注：*，**，***分别表示在10%，5%，1%水平显著，括号内为聚类异方差稳健标准误（按社区聚类分析，避免异方差和组内自相关），控制了户主特征变量、家庭特征变量、地区变量、宏观经济变量和省区固定效应。

8.3 北京、天津和河北金融普惠对家庭收入差距的影响

8.3.1 北京金融普惠对家庭收入差距的影响

为了探讨北京样本下金融普惠对家庭收入差距的影响,表8-13(1)(2)列显示了北京金融普惠对家庭财富差距的OLS和2SLS回归的结果。表8-13(1)列显示,北京社区金融普惠对社区家庭收入基尼系数没有显著的影响。北京其他变量对社区家庭收入差距都没有显著的影响。

表8-13 北京金融普惠对家庭收入差距的影响

被解释变量:社区家庭收入基尼系数	(1) OLS	(2) 2SLS
社区金融普惠	0.080 (0.338)	-6.065 (10.603)
社区户主平均年龄	-0.001 (0.005)	0.014 (0.031)
社区户主平均受教育年限	-0.001 (0.006)	-0.003 (0.019)
社区户主已婚比例	-0.024 (0.232)	2.451 (4.058)
社区风险偏好家庭比例	0.340 (0.607)	-0.658 (1.948)
社区风险厌恶家庭比例	0.182 (0.295)	-1.215 (2.337)
社区平均家庭规模	-0.042 (0.093)	-1.643 (2.721)
常数项	0.495 (0.746)	8.665 (14.075)

续表

被解释变量:社区家庭收入基尼系数	(1) OLS	(2) 2SLS
有效样本量	32	32
F 值/Wald chi2	1.32	0.49
R^2	0.076	
DWH 内生性检验		2.003
p 值		(0.157)
第一阶段 F 值		0.264

注:*,**,*** 分别表示在 10%,5%,1% 水平显著,括号内为聚类异方差稳健标准误(按社区聚类分析,避免异方差和组内自相关),控制了社区特征变量。

8.3.2 天津金融普惠对家庭收入差距的影响

为了探讨天津样本下金融普惠对家庭收入差距的影响,表 8-14(1)(2)列显示了天津金融普惠对家庭财富差距的 OLS 和 2SLS 回归的结果。表 8-14(1)列显示,天津社区金融普惠对社区家庭收入基尼系数没有显著的影响。天津其他变量对社区家庭收入差距都没有显著的影响。

表 8-14 天津金融普惠对家庭收入差距的影响

被解释变量:社区家庭收入基尼系数	(1) OLS	(2) 2SLS
社区金融普惠	-0.232 (0.189)	0.738 (1.328)
社区户主平均年龄	-0.005 (0.006)	-0.018 (0.020)
社区户主平均受教育年限	0.006 (0.007)	-0.002 (0.016)
社区户主已婚比例	-0.612** (0.274)	-0.493 (0.345)
社区风险偏好家庭比例	0.624 (0.534)	0.947 (0.868)

续表

被解释变量:社区家庭收入基尼系数	(1) OLS	(2) 2SLS
社区风险厌恶家庭比例	0.123 (0.319)	0.338 (0.483)
社区平均家庭规模	0.019 (0.093)	0.041 (0.077)
常数项	0.495 (0.746)	8.665 (14.075)
有效样本量	28	28
F值/Wald chi2	1.32	10.17
R^2	0.076	
DWH内生性检验		1.036
p值		(0.157)
第一阶段F值		0.547

注:*,**,***分别表示在10%,5%,1%水平显著,括号内为聚类异方差稳健标准误(按社区聚类分析,避免异方差和组内自相关),控制了社区特征变量。

8.3.3 河北金融普惠对家庭收入差距的影响

为了探讨河北样本下金融普惠对家庭收入差距的影响,表8-15(1)(2)列显示了河北金融普惠对家庭财富差距的OLS和2SLS回归的结果。表8-15(1)列显示,河北社区金融普惠提高1个百分点,社区家庭收入基尼系数将显著下降23.7%,家庭收入差距显著下降。河北其他变量对社区家庭收入差距都没有显著的影响。

表8-15 河北金融普惠对家庭收入差距的影响

被解释变量:社区家庭收入基尼系数	(1) OLS	(2) 2SLS
社区金融普惠	-0.237*** (0.068)	-0.909* (0.540)

续表

被解释变量:社区家庭收入基尼系数	(1) OLS	(2) 2SLS
社区户主平均年龄	0.001	-0.014
	(0.004)	(0.013)
社区户主平均受教育年限	0.001	0.009
	(0.006)	(0.010)
社区户主已婚比例	0.134	0.184
	(0.226)	(0.321)
社区风险偏好家庭比例	-0.154	0.127
	(0.526)	(0.599)
社区风险厌恶家庭比例	-0.099	0.102
	(0.194)	(0.273)
社区平均家庭规模	-0.040	-0.114
	(0.033)	(0.072)
常数项	0.724***	1.925***
	(0.303)	(0.959)
有效样本量	64	64
F 值/Wald chi2	3.7***	7.68
R^2	0.155	
DWH 内生性检验		1.531
p 值		(0.216)
第一阶段 F 值		1.568

注:*,**,***分别表示在10%,5%,1%水平显著,括号内为聚类异方差稳健标准误(按社区聚类分析,避免异方差和组内自相关),控制了社区特征变量。

8.4 稳健性检验

奥利维尔等(Olivier et al.,2014)以 90 分位数和 10 分位数的差额作为家庭财富差距程度指标,金烨等(2011)用25%最高收入家庭的收入和25%最低收入家庭的收入比值(Ratio75/25)作为收入差距指标。本节用p90/p10度量社区家庭收入差距,并做稳健性分析。表8-16中稳健性检验1显示金融普惠对家庭收入差距影响的稳健性。表8-16中稳健性检验2上下删除1%样本,也显示金融普惠对家庭收入差距影响的稳健性。

表8-16 京津冀金融普惠对家庭收入差距的影响:稳健性检验

	(1) OLS	(2) 2SLS
稳健性检验1:用p90/p10度量家庭收入差距		
金融普惠	-0.373***	-0.543*
	(0.081)	(0.321)
稳健性检验2:上下删除1%样本		
金融普惠	-0.264***	-0.556*
	(0.049)	(0.330)

注:*,**,***分别表示在10%,5%,1%水平显著,括号内为聚类异方差稳健标准误(按社区聚类分析,避免异方差和组内自相关),控制了社区特征变量、宏观经济变量和省区固定效应。

8.5 小结

本章描述了京津冀地区金融普惠与家庭收入差距状况,并实证分析了金融普惠对家庭收入差距的影响。

在京津冀地区,金融普惠家庭比非金融普惠家庭收入高79 860元,金融普惠家庭的家庭收入是非金融普惠家庭的3.1倍。其中,京津冀储蓄家庭比无储蓄家庭的家庭收入高79 855元,储蓄家庭是无储蓄家庭的家庭收入的2.9倍;京津冀支付家庭比无支付家庭的家庭收入高92 085元,支付家庭是无支付家庭的家庭收入的3.0倍;京津冀信贷家庭比无信贷家庭的家庭收入高78 916元,信贷家庭是无信贷家庭的家庭收入的1.9倍;京津冀保险家庭比无保险家庭的家庭收入高97 768元,保险家庭是无保险家庭的家庭收入的2.1倍。

京津冀社区金融普惠提高1个百分点,社区家庭收入基尼系数将显著下降24.2%,家庭收入差距显著下降。京津冀金融普惠对各分位点家庭收入的影响基本呈现递减趋势,这也是金融普惠显著降低家庭收入差距的内在原因。

北京、天津社区金融普惠对社区家庭收入基尼系数没有显著的影响,而河北社区金融普惠提高1个百分点,社区家庭收入基尼系数将显著下降23.7%。最后,本章用p90/p10度量社区家庭收入差距和上下删除1%样本进行稳健性检验,显示京津冀整体金融普惠对家庭收入差距的显著负向影响。

9 京津冀金融普惠和家庭消费差距

国内外研究消费不平等问题大致归为三类:一是从消费结构的角度研究家庭分项消费不平等;二是讨论消费不平等的变化趋势;三是探求消费不平等的成因。

第一类研究主要包含如下文献:加纳(Garner,1993)采用1987年美国消费支出调查(CEX)数据,研究美国家庭各项消费支出的不平等情况,研究表明,美国家庭在经营、衣着、家庭服务与娱乐活动方面消费的基尼系数相对较高,增加对这些商品和服务的征税可以降低经济不平等产生的社会影响。伊德莱斯和阿玛德(Idrees and Ahmad,2010)采用巴基斯坦1992—1993年、1998—1999年和2004—2005年家庭综合经济调查数据(HIES),研究了巴基斯坦家庭消费不平等情况,研究表明,1992—2005年,巴基斯坦家庭消费不平等略有增加,家庭食品消费的不平等显著低于非食品消费项目;家庭在教育方面消费支出的不平等程度高于总体不平等程度。

第二类研究主要包括如下文献:阿塔纳西奥等(Attanasio et al.,2004)将美国家庭的消费支出划分为耐用品与非耐用品两类消费支出,并采用非耐用品消费对数的标准差对消费不平等进行测度,发现在20世纪90年代这一时期,非耐用品消费的不平等大约增长了5%。阿吉亚尔和比尔斯(Aguiar and Bils,2011)采用1980—2007年美国消费者支出调查(CEX)的数据,将家庭储蓄与税后收入考虑进来,对预算约束下的消费进行测度,研究发现,1980—2007年,消费不平等在很大程度上反映了收入不平等。杨继东(2012)采用1991—2010年城镇居民调查数据,对分项消费的不平等演变趋势进行了考察。他发现,1992—2010年,我国城镇家庭消费不平等呈现一定增长趋势;但在八大类消费品中,消费不平等的时间演变趋势存在明显差异;其中,交通、通信、文化娱乐服务和食品消费不平等呈增加趋势,而家用电器、医疗保健和衣着消费不平等则呈现下降趋势。

第三类研究主要包括如下文献:克鲁格和珀莉(Krueger and Perri,2006)采用1980—2003年美国消费者支出调查(CEX)数据,对美国收入不平等与消费不平等的关系进行了讨论,研究发现,在1980—2003年,美国家庭收入不平等显著增加,而消费不平等的增长则十分缓慢;将家庭按照住户特征(教育程度、性别、种族等)进行分组,结果发现,家庭组的组内收入不平等与组间收入不平等均明显增加,而尽管组内消费不平等与组内收入不平等的增加具有一致性,但组间消费不平等的增加明显低于组间收入不平等的增加;研究通过建立内生性债务约束模型对这种现象进行了解释,并从理论上分析了受约束的有效消费分布如何随着收入波动而变化。迪顿和帕克森(Deaton and Paxson,1994)以永久收入假说作为理论基础,认为老龄一代人中的消费不平等要高于年轻一代人;随着年龄的增长,在年轻一代人逐渐取代老龄一代人的过程中,总体消费不平等程度的变化主要取决于家庭资产由老龄一代向下一代的转移以及人口年龄结构。他们采用美国(1980—1990)、英国(1969—1990)和中国台湾(1976—1990)的家庭调查数据,通过将总体消费和收入不平等分解为出生组组内效应(或年龄效应)、出生组组间效应和时间效应,分别观察三个国家和地区不同年代出生的人群,其消费与收入不平等随着年龄变化的情况。结果表明,这三个国家和地区的不同年代的人群,其消费与收入不平等均随着各自年龄的增长而增加,消费不平等反映了人们消费的累积差异。林毅夫和陈斌开(2009)采用1978—2004年中国27省的时间序列样本,对发展战略与城乡差距的关系进行检验。他们发现:赶超程度越大,城乡消费差距越大;实证结果不支持库兹涅茨"倒U型"假说;市场化和经济开放等经济转型因素导致城乡消费差距扩大;政府干预导致中国城乡消费差距扩大;农业生产支持程度和农业贷款对中国城乡消费差距影响不稳定。杨继东(2012)采用1991—2010年城镇居民调查数据,对消费不平等的成因进行了考察,研究发现,收入不平等对消费不平等具有显著影响;通过对收入差距的分解发现,临时性收入差距对消费不平等构成和增速有显著影响;同时,永久性收入不平等也是导致消费不平等程度加深的重要因素。

综上,一方面,从金融视角研究消费问题的文献,多数关注的是消费信贷、保险等金融变量对消费总量或者是微观家庭消费水平的影响,但是少有关注到消费不平等问题。金融普惠程度决定着不同社会主体享受金融服务的差异,不管是通过生产性信贷约束影响未来消费能力,还是通过消费信贷约束影响即期消费能力,抑或是通过保险服务参与影响消费意愿和消费水平,都将对消费差距产生影响。另一方面,尽管对消费不平等已经有很多研究,但是从金融普惠角度研究消费不平等的文献还很少见。金融普惠作为综合的金融发展指标,其支付、储蓄、信贷、保险等不同维度都将对消费不平等产生重要影响,因此,本章的研究是对现有文献的一个重要补充。

9.1 金融普惠与家庭消费差距的统计描述

9.1.1 家庭金融普惠与人均消费

我们根据家庭金融普惠指数,将样本三等分,分别代表低金融普惠家庭、中金融普惠家庭和高金融普惠家庭。首先,以消费总支出为对象,描述不同家庭金融普惠水平下人均消费支出的差异。然后,根据国家统计局的标准,将家庭消费划分为食品、衣着、居住、生活用品及服务、交通通信、文教娱乐、医疗保健与其他八项子消费,进一步描述不同家庭金融普惠水平与每一类消费支出的关系。

9.1.1.1 人均消费支出

表9-1描述了全国样本下,家庭金融普惠水平与人均消费支出的关系。可以发现,随着家庭金融普惠水平的提高,人均消费支出也在增加。在低的家庭金融普惠水平下,全国的人均消费支出是12 665元,城镇的人均消费支出是15 832元,农村的人均消费支出是8 701元。在中等家庭金融普惠水平下,全国的人均消费支出是16 243元,城镇的人均消费支出是18 812元,农村的人均消费支出是10 481元。在高的家庭金融普惠水平下,全国的人均消费支出是27 602元,城镇的人均消费支出是28 919元,农村的人均消费支出是15 059元。

表9-1 全国样本下的金融普惠与人均消费支出　　　元

地区	低普惠	中普惠	高普惠
全国	12 665	16 243	27 602
城镇	15 832	18 812	28 919
农村	8 701	10 481	15 059

表9-2描述了京津冀样本下,家庭金融普惠水平与人均消费支出的

关系。不难发现,京津冀地区的人均消费支出要高于全国平均水平;并且,随着家庭金融普惠水平的提高,人均消费支出也在增加。在低的家庭金融普惠水平下,京津冀地区的人均消费支出是 13 598 元,城镇的人均消费支出是 16 365 元,农村的人均消费支出是 7 839 元。在中等家庭金融普惠水平下,京津冀地区的人均消费支出是 20 245 元,城镇的人均消费支出是 22 120 元,农村的人均消费支出是 10 317 元。在高的家庭金融普惠水平下,京津冀地区的人均消费支出是 30 324 元,城镇的人均消费支出是 31 195 元,农村的人均消费支出是 10 228 元。

表 9-2　京津冀样本下的金融普惠与人均消费支出　　　元

地区	低普惠	中普惠	高普惠
京津冀	13 598	20 245	30 324
城镇	16 365	22 120	31 195
农村	7 839	10 317	10 228

表 9-3 详细描述了北京、天津和河北地区家庭金融普惠水平与人均消费支出的关系。从数据可知,在京津冀地区,北京的人均消费支出最高,其次是天津,河北最低;但是,无论是北京、天津还是河北,人均消费支出都会随着家庭金融普惠水平的提高而增加。在低的家庭金融普惠水平下,北京的人均消费支出是 21 951 元,天津的人均消费支出是 18 312 元,河北的人均消费支出是 9 492 元。在中等家庭金融普惠水平下,北京的人均消费支出是 25 999 元,天津的人均消费支出是 22 584 元,河北的人均消费支出是 12 583 元。在高的家庭金融普惠水平下,北京的人均消费支出是 36 408 元,天津的人均消费支出是 28 512 元,河北的人均消费支出是 20 315 元。

表 9-3　北京、天津、河北地区家庭金融普惠与人均消费支出　　　元

地区	低普惠	中普惠	高普惠
北京	21 951	25 999	36 408
天津	18 312	22 584	28 512
河北	9 492	12 583	20 315

9.1.1.2 消费支出的结构

表9-4描述了全国样本下家庭金融普惠水平与人均分类消费支出的关系。从表9-4可知,在所有家庭消费中,食品消费支出最多,其次是居住消费、医疗保健支出、交通通信和文教娱乐,生活用品及服务、衣着及其他则排在最后三位。其次,随着家庭金融普惠水平的提高,每一类消费支出都会增加。具体而言,在低的家庭金融普惠水平下,人均食品支出4 975元,人均衣着支出502元,人均居住支出2 253元,人均生活用品及服务支出840元,人均交通通信支出1 703元,人均文教娱乐支出1 190元,人均医疗保健支出1 893元,人均其他支出193元。在中等家庭金融普惠水平下,人均食品支出6 679元,人均衣着支出730元,人均居住支出2 931元,人均生活用品及服务支出1 190元,人均交通通信支出2 241元,人均文教娱乐支出1 697元,人均医疗保健支出1 662元,人均其他支出160元。在高的家庭金融普惠水平下,人均食品支出9 054元,人均衣着支出1 852元,人均居住支出5 773元,人均生活用品及服务支出2 805元,人均交通通信支出6 344元,人均文教娱乐支出5 270元,人均医疗保健支出1 371元,人均其他支出809元。

表9-4　全国样本下的金融普惠与人均分类消费支出　　　　元

消费种类	低普惠	中普惠	高普惠
食品	4 975	6 679	9 054
衣着	502	730	1 852
居住	2 253	2 931	5 773
生活用品及服务	840	1 190	2 805
交通通信	1 703	2 241	6 344
文教娱乐	1 190	1 697	5 270
医疗保健	1 893	1 662	1 371
其他	193	160	809

与表9-4不同,表9-5描述了全国样本下家庭金融普惠水平与每类人均消费支出占比的关系。从表9-5可知,不同种类的人均消费支出随家庭金融普惠水平提高发生了差异性的变化。食品消费占总消费比重最

高,但该比重随着家庭金融普惠水平的提高而降低;类似的还有居住消费占比和医疗保健消费占比。与之不同,衣着、生活用品及服务、交通通信、文教娱乐及其他消费占比,随着家庭金融水平的提高而增加。具体来说,在低的家庭金融普惠水平下,人均食品支出占比43.2%,人均衣着支出占比4.1%,人均居住支出占比14.2%,人均生活用品及服务支出占比5.8%,人均交通通信支出占比10.0%,人均文教娱乐支出占比7.8%,人均医疗保健支出占比12.6%,人均其他支出占比2.3%。在中等家庭金融普惠水平下,人均食品支出占比44.5%,人均衣着支出占比4.6%,人均居住支出占比13.5%,人均生活用品及服务支出占比6.1%,人均交通通信支出占比11.0%,人均文教娱乐支出占比9.2%,人均医疗保健支出占比8.8%,人均其他支出占比2.3%。在高的家庭金融普惠水平下,人均食品支出占比35.3%,人均衣着支出占比5.6%,人均居住支出占比13.7%,人均生活用品及服务支出占比7.7%,人均交通通信支出占比14.4%,人均文教娱乐支出占比13.7%,人均医疗保健支出占比4.9%,人均其他支出占比4.7%。

表9-5 全国样本下的金融普惠与分类消费占比　　　　　%

消费种类	低普惠	中普惠	高普惠	变化
食品	43.2	44.5	35.3	-
衣着	4.1	4.6	5.6	+
居住	14.2	13.5	13.7	-
生活用品及服务	5.8	6.1	7.7	+
交通通信	10.0	11.0	14.4	+
文教娱乐	7.8	9.2	13.7	+
医疗保健	12.6	8.8	4.9	-
其他	2.3	2.3	4.7	+

表9-6描述了京津冀样本下家庭金融普惠水平与每一类人均消费支出的关系。在所有家庭消费中,食品消费支出最多,其次是居住消费、医疗保健支出、交通通信和文教娱乐,生活用品及服务、衣着及其他则排在最后三位。其次,随着家庭金融普惠水平的提高,每一类消费支出也都会有所

增加。京津冀地区的每类人均消费支出要高于全国平均水平。具体而言，在京津冀地区的低家庭金融普惠水平下，人均食品支出5 506元，人均衣着支出541元，人均居住支出2 420元，人均生活用品及服务支出979元，人均交通通信支出1 933元，人均文教娱乐支出1 329元，人均医疗保健支出2 973元，人均其他支出129元。在京津冀地区中等家庭金融普惠水平下，人均食品支出7 941元，人均衣着支出857元，人均居住支出3 815元，人均生活用品及服务支出1 534元，人均交通通信支出2 423元，人均文教娱乐支出2 288元，人均医疗保健支出2 838元，人均其他支出68元。在京津冀地区的高家庭金融普惠水平下，人均食品支出9 267元，人均衣着支出1 985元，人均居住支出6 590元，人均生活用品及服务支出3 661元，人均交通通信支出6 505元，人均文教娱乐支出7 426元，人均医疗保健支出2 180元，人均其他支出836元。

表9-6 京津冀样本下的金融普惠与人均分类消费支出　　　元

消费种类	低普惠	中普惠	高普惠
食品	5 506	7 941	9 267
衣着	541	857	1 985
居住	2 420	3 815	6 590
生活用品及服务	979	1 534	3 661
交通通信	1 933	2 423	6 505
文教娱乐	1 329	2 288	7 426
医疗保健	2 973	2 838	2 180
其他	129	68	836

表9-7描述了京津冀地区家庭金融普惠水平与每一类人均消费支出占比的关系。在京津冀地区，食品消费占比、居住消费占比和医疗保健消费占比随着家庭金融普惠水平的提高而降低，衣着、生活用品及服务、交通通信、文教娱乐及其他消费占比则随着家庭金融普惠水平的提高而增加。京津冀地区人均居住消费占比和医疗保健消费占比要高于全国平均水平，其他种类的人均消费占比则要低于全国平均水平。具体来说，在京津冀地区的家庭金融普惠水平下，人均食品支出占比41.5%，人均衣着支出占比

4.0%，人均居住支出占比17.9%，人均生活用品及服务支出占比5.6%，人均交通通信支出占比8.8%，人均文教娱乐支出占比6.6%，人均医疗保健支出占比13.6%，人均其他支出占比0.3%。在京津冀地区的中等家庭金融普惠水平下，人均食品支出占比41.6%，人均衣着支出占比4.0%，人均居住支出占比16.8%，人均生活用品及服务支出占比6.0%，人均交通通信支出占比9.9%，人均文教娱乐支出占比9.2%，人均医疗保健支出占比9.7%，人均其他支出占比0.1%。在京津冀地区的高家庭金融普惠水平下，人均食品支出占比33.8%，人均衣着支出占比5.2%，人均居住支出占比14.7%，人均生活用品及服务支出占比7.8%，人均交通通信支出占比13.7%，人均文教娱乐支出占比14.1%，人均医疗保健支出占比5.4%，人均其他支出占比0.5%。

表9-7 京津冀样本下的金融普惠与分类消费占比　　　　%

消费种类	低普惠	中普惠	高普惠	变化
食品	41.5	41.6	33.8	-
衣着	4.0	4.0	5.2	+
居住	17.9	16.8	14.7	-
生活用品及服务	5.6	6.0	7.8	+
交通通信	8.8	9.9	13.7	+
文教娱乐	6.6	9.2	14.1	+
医疗保健	13.6	9.7	5.4	-
其他	0.3	0.1	0.5	+

9.1.2 社区金融普惠与消费差距

我们根据社区金融普惠指数，将社区样本三等分，分别代表低金融普惠社区、中金融普惠社区和高金融普惠社区。首先，以消费总支出为对象，描述不同社区金融普惠水平下人均消费支出的社区基尼系数[①]。然后，根

---

① 以社区为基尼系数的计算单位，根据社区内每户家庭的人均消费支出，计算该社区内所有家庭之间的消费差距。为了描述方便，本节简称为"社区消费基尼系数"。

据国家统计局的标准,将家庭消费划分为食品、衣着、居住、生活用品及服务、交通通信、文教娱乐、医疗保健与其他八项子消费,进一步描述不同社区金融普惠水平与每一类消费支出基尼系数的关系。

9.1.2.1 人均消费支出的社区基尼系数

表9-8描述了全国样本下社区金融普惠水平与社区消费基尼系数的关系。可以发现,随着社区金融普惠水平的提高,社区消费基尼系数呈现递减的趋势。在低的社区金融普惠水平下,人均消费支出的社区基尼系数是0.375,城镇地区的社区消费基尼系数是0.363,农村地区的社区消费基尼系数是0.381。在中等社区金融普惠水平下,人均消费支出的社区基尼系数是0.363,城镇地区的社区消费基尼系数是0.348,农村地区的社区消费基尼系数是0.385。在高的社区金融普惠水平下,人均消费支出的社区基尼系数是0.340,城镇地区的社区消费基尼系数是0.334,农村地区的社区消费基尼系数是0.374。

表9-8 全国样本下社区金融普惠与消费基尼系数

地区	低普惠	中普惠	高普惠	变化
全国	0.375	0.363	0.340	—
城镇	0.363	0.348	0.334	—
农村	0.381	0.385	0.374	—

表9-9描述了在京津冀样本下社区金融普惠水平与社区消费基尼系数的关系。在京津冀地区以及城镇,社区消费基尼系数随着社区金融普惠水平的上升而下降;但是与表9-8不同的是,在京津冀的农村地区,社区消费基尼系数随着社区金融普惠水平的提高呈现先升后降、总体上升的趋势。具体而言,在京津冀地区低的社区金融普惠水平下,人均消费支出的社区基尼系数是0.349,城镇地区的社区消费基尼系数是0.360,农村地区的社区消费基尼系数是0.341。在京津冀地区中等社区金融普惠水平下,人均消费支出的社区基尼系数是0.337,城镇地区的社区消费基尼系数是0.332,农村地区的社区消费基尼系数是0.361。在京津冀地区高的社区金融普惠水平下,人均消费支出的社区基尼系数是0.314,城镇地区的社区消费基尼系数是0.309,农村地区的社区消费基尼系数是0.358。

表9-9 京津冀样本下社区金融普惠与消费基尼系数

地区	低普惠	中普惠	高普惠	变化
京津冀	0.349	0.337	0.314	-
城镇	0.360	0.332	0.309	-
农村	0.341	0.361	0.358	+

表9-10详细描述了北京、天津和河北地区,社区金融普惠水平与社区消费基尼系数的关系。从中可知,在京津冀地区,河北的社区消费基尼系数最高,其次是北京,天津最低;并且,随着社区金融普惠水平的上升,北京、天津和河北地区的社区消费基尼系数表现出不同的趋势,北京是逐渐递减,天津和河北则是先升后降。具体来说,在低的社区金融普惠水平下,北京的社区消费基尼系数是0.351,天津是0.241,河北是0.354。在中等社区金融普惠水平下,北京的社区消费基尼系数是0.336,天津是0.312,河北是0.361。在高的社区金融普惠水平下,北京的社区消费基尼系数是0.300,天津是0.305,河北是0.349。

表9-10 北京、天津、河北地区社区金融普惠与消费基尼系数

地区	低普惠	中普惠	高普惠
北京	0.351	0.336	0.300
天津	0.241	0.312	0.305
河北	0.354	0.361	0.349

9.1.2.2 分类人均消费支出的社区基尼系数

表9-11描述了全国样本下社区金融普惠水平与每类消费的社区基尼系数的关系。从表9-11可知,反映衣食住行等基本生活需要的消费基尼系数较低,而文教娱乐和医疗保健的消费基尼系数则较高;并且,随着社区金融普惠水平的提高,不同种类消费的基尼系数也表现出不同的趋势,食品、居住和文教娱乐整体趋于下降,衣着、生活用品及服务、交通通信和医疗保健则趋于上升。具体而言,在低的社区金融普惠水平下,食品消费基尼系数是0.425,衣着消费基尼系数是0.594,居住消费基尼系数是0.613,生活用品及服务消费基尼系数是0.589,交通通信消费基尼系数是0.592,

文教娱乐消费基尼系数是 0.756，医疗保健消费基尼系数是 0.714，其他消费基尼系数是 0.949。在中等社区金融普惠水平下，食品消费基尼系数是 0.394，衣着消费基尼系数是 0.572，居住消费基尼系数是 0.613，生活用品及服务消费基尼系数是 0.603，交通通信消费基尼系数是 0.621，文教娱乐消费基尼系数是 0.709，医疗保健消费基尼系数是 0.733，其他消费基尼系数是 0.949。在高的社区金融普惠水平下，食品消费基尼系数是 0.389，衣着消费基尼系数是 0.614，居住消费基尼系数是 0.594，生活用品及服务消费基尼系数是 0.627，交通通信消费基尼系数是 0.645，文教娱乐消费基尼系数是 0.680，医疗保健消费基尼系数是 0.751，其他消费基尼系数是 0.947。

表 9-11　全国样本下社区金融普惠与分类消费基尼系数

消费种类	低普惠	中普惠	高普惠	变化
食品	0.425	0.394	0.389	-
衣着	0.594	0.572	0.614	+
居住	0.613	0.613	0.594	-
生活用品及服务	0.589	0.603	0.627	+
交通通信	0.592	0.621	0.645	+
文教娱乐	0.756	0.709	0.680	-
医疗保健	0.714	0.733	0.751	+
其他	0.949	0.949	0.947	=

表 9-12 描述了京津冀样本下社区金融普惠水平与每类消费的社区基尼系数的关系。与全国样本相同的是，反映衣食住行等基本生活需要的消费基尼系数较低，而文教娱乐和医疗保健的消费基尼系数则较高。京津冀地区的居住消费基尼系数随着金融普惠水平的提高而增加。具体而言，在京津冀低的社区金融普惠水平下，食品消费基尼系数是 0.440，衣着消费基尼系数是 0.616，居住消费基尼系数是 0.527，生活用品及服务消费基尼系数是 0.593，交通通信消费基尼系数是 0.643，文教娱乐消费基尼系数是 0.779，医疗保健消费基尼系数是 0.727，其他消费基尼系数是 0.951。在京津冀中等社区金融普惠水平下，食品消费基尼系数是 0.394，衣着消费基尼

系数是 0.622,居住消费基尼系数是 0.540,生活用品及服务消费基尼系数是 0.631,交通通信消费基尼系数是 0.613,文教娱乐消费基尼系数是 0.698,医疗保健消费基尼系数是 0.706,其他消费基尼系数是 0.958。在京津冀高的社区金融普惠水平下,食品消费基尼系数是 0.384,衣着消费基尼系数是 0.654,居住消费基尼系数是 0.578,生活用品及服务消费基尼系数是 0.655,交通通信消费基尼系数是 0.658,文教娱乐消费基尼系数是 0.699,医疗保健消费基尼系数是 0.760,其他消费基尼系数是 0.955。

表 9-12 京津冀样本下社区金融普惠与分类消费基尼系数

消费种类	低普惠	中普惠	高普惠	变化
食品	0.440	0.394	0.384	-
衣着	0.616	0.622	0.654	+
居住	0.527	0.540	0.578	+
生活用品及服务	0.593	0.631	0.655	+
交通通信	0.643	0.613	0.658	+
文教娱乐	0.779	0.698	0.699	-
医疗保健	0.727	0.706	0.760	+
其他	0.951	0.958	0.955	=

9.2 京津冀金融普惠对家庭消费差距的影响

9.2.1 金融普惠和家庭消费差距模型设定

本节参考金烨、李宏彬和吴斌珍(2011)用基尼系数衡量收入差距的做法,采用社区消费基尼系数度量家庭消费差距。为考察金融普惠对京津冀家庭消费差距的影响,模型设定为:

$$\text{Consumption\_Inequality} = \alpha \text{Financial\_Inclusion} + X\beta + \mu \quad (9-1)$$

其中

$$\mu \sim N(0,\sigma^2)$$

模型中：Consumption_Inequality 是家庭财富差距指标，是被解释变量；Financial_Inclusion 是金融普惠指标，用社区家庭持有金融账户的比例来度量（世界银行，2014；NAB，2011）；X 是控制变量，包括社区特征变量和省区固定变量。

为了考察金融普惠影响家庭消费差距的微观因素，本节分析金融普惠对家庭财富的影响。凯恩克和巴西特（Koenker and Bassett，1978）提出标准分位数回归模型（Quantile Regression），可在考虑个体异质性的基础上识别出差异分布，获得更多结构性认识，同时不依赖于 OLS 的正态性、同方差性要求。现有研究中，不少学者使用分位数方法对不同部门的收入差距进行估计，因为分位数回归可以依据整个样本的分布来分析自变量对因变量的影响，而不像 OLS 回归那样依赖条件均值（Buchinsky，1998）。张义博（2012）利用分位数模型指出，公共部门对非公共部门的收入优势在不同分位数和年份上变化明显。余向华、陈雪娟（2012）利用分位数模型指出，户籍分割使城乡户籍劳动力面临不同的工资决定机制。为考察金融普惠对家庭消费差距影响的原因，模型设定为：

$$\text{Household\_Consumption} = \eta \text{Financial\_Inclusion} + Z\gamma + \upsilon \quad (9-2)$$

$$Q^{\tau} = 0 \quad (9-3)$$

模型中：Household_Consumption 是家庭消费对数值，是被解释变量；Financial_Inclusion 是我们关注的家庭金融普惠；Z 是控制变量，包括家庭特征变量和省区固定效应变量；υ 指个体间的残差项；Q^{τ} 指残差 υ 的 τ 分位数。

9.2.2 金融普惠和家庭消费差距之间内生性讨论

金融普惠和家庭消费差距之间存在反向因果、遗漏变量等导致的内生性问题。一方面，家庭消费差距限制家庭参与金融活动，减少家庭金融普惠概率；另一方面，遗漏变量问题也可能导致高估或低估金融普惠的影响。因而，需要选取工具变量解决内生性问题。我们选取"社区附近金融机构数量"作为金融普惠的工具变量，主要考虑社区附近金融机构数量越多，家庭更方便获得金融账户，社区金融普惠水平就越高，但社区附近金融机构数量的客观分布对社区家庭之间的消费差距并没有直接影响。

9.2.3 京津冀金融普惠对家庭消费差距的影响

尽管表 9-13 中,两阶段最小二乘估计(2SLS)回归第一阶段 F 值接近 10,不存在弱工具变量问题,但是 DWH 值不显著,说明 OLS 回归估计系数是无偏的。表 9-13 第(1)列显示,京津冀社区金融普惠提高 1 个百分点,社区家庭财富基尼系数将显著下降 7.6%,家庭消费差距显著下降。

表 9-13 金融普惠对京津冀家庭消费差距的影响

被解释变量:家庭消费基尼系数	(1) OLS	(2) 2SLS
社区金融普惠	-0.076* (0.044)	-0.210* (0.112)
社区户主平均年龄	-0.026 (0.019)	-0.047** (0.024)
社区户主平均年龄平方/100	0.026 (0.019)	0.047** (0.024)
社区风险偏好家庭比例	0.089 (0.193)	0.156 (0.209)
社区风险厌恶家庭比例	0.057 (0.102)	0.088 (0.102)
社区平均家庭老人数量	-0.098 (0.072)	-0.135* (0.078)
北京	0.015 (0.016)	0.027 (0.022)
河北	-0.019 (0.028)	-0.036 (0.029)
常数项	1.047** (0.477)	1.645*** (0.632)
有效样本量	124	124
F 值/Wald chi2	1.16	7.85
R^2	0.051	0.147

续表

被解释变量:家庭消费基尼系数	(1) OLS	(2) 2SLS
DWH 内生性检验		0.205
p 值		0.329
第一阶段 F 值		9.799***

注:*,**,***分别表示在10%,5%,1%显著水平,括号内为异方差稳健标准误,控制了省区固定效应。

9.2.4 京津冀金融普惠对不同分位数上家庭消费的影响

表9-13论证了京津冀金融普惠对家庭消费差距的显著负向影响。为了分析京津冀金融普惠影响家庭消费差距的内在机制,下面分析京津冀金融普惠对不同分位数家庭消费的影响。表9-14回归结果说明了京津冀金融普惠在不同分位点是如何影响家庭消费的。从家庭层次来看,金融普惠在0.1分位点、0.2分位点、0.3分位点、0.4分位点、0.5分位点、0.6分位点、0.7分位点、0.8分位点和0.9分位点对家庭财富的显著正向影响系数分别是2.438,2.299,2.185,2.117,1.996,1.971,1.838,1.784和1.809,从对这些系数的F检验来看,存在显著的差异,可以看出京津冀金融普惠对家庭财富的影响呈现出如下特征:京津冀金融普惠对在0.1分位点、0.2分位点、0.3分位点、0.4分位点、0.5分位点、0.6分位点、0.7分位点、0.8分位点和0.9分位点家庭消费的影响呈递减趋势,这也是金融普惠显著降低家庭消费差距的内在原因。

表9-14 京津冀金融普惠对不同分位数上家庭消费的影响

解释变量	(1) Q10	(2) Q20	(3) Q30	(4) Q40	(5) Q50	(6) Q60	(7) Q70	(8) Q80	(9) Q90
金融普惠	2.438*** (0.168)	2.299*** (0.102)	2.185*** (0.091)	2.117*** (0.090)	1.996*** (0.083)	1.971*** (0.093)	1.838*** (0.085)	1.784*** (0.079)	1.809*** (0.126)
户主年龄	0.035** (0.015)	0.006 (0.012)	0.003 (0.010)	-0.005 (0.008)	-0.006 (0.008)	-0.011 (0.008)	-0.019** (0.008)	-0.021** (0.008)	-0.022*** (0.008)

续表

解释变量	(1) Q10	(2) Q20	(3) Q30	(4) Q40	(5) Q50	(6) Q60	(7) Q70	(8) Q80	(9) Q90
户主年龄平方	-0.055*** (0.016)	-0.023* (0.013)	-0.019* (0.010)	-0.009 (0.008)	-0.007 (0.008)	-0.003 (0.008)	0.006 (0.008)	0.008 (0.008)	0.008 (0.008)
户主已婚	0.386*** (0.109)	0.357*** (0.059)	0.356*** (0.055)	0.346*** (0.051)	0.368*** (0.049)	0.362*** (0.0448)	0.339*** (0.050)	0.291*** (0.062)	0.309*** (0.056)
户主风险偏好	0.315*** (0.090)	0.209** (0.090)	0.220** (0.082)	0.245*** (0.058)	0.298*** (0.066)	0.263*** (0.051)	0.204*** (0.052)	0.159** (0.076)	0.175** (0.084)
户主风险厌恶	0.009 (0.073)	-0.014 (0.060)	-0.051 (0.042)	-0.044 (0.041)	-0.073* (0.043)	-0.085** (0.036)	-0.088* (0.045)	-0.151*** (0.042)	-0.184*** (0.068)
家庭老人数量	0.066 (0.052)	0.042 (0.052)	0.059* (0.035)	0.035 (0.029)	0.044* (0.026)	0.044** (0.020)	0.001 (0.026)	-0.008 (0.025)	-0.041 (0.038)
北京	0.163 (0.122)	0.127* (0.072)	0.058 (0.047)	0.029 (0.069)	0.083 (0.062)	0.068 (0.067)	0.076 (0.060)	0.121* (0.062)	0.107 (0.102)
河北	-0.187** (0.090)	-0.171** (0.072)	-0.162** (0.067)	-0.186*** (0.069)	-0.176*** (0.060)	-0.140** (0.061)	-0.194*** (0.060)	-0.171** (0.062)	-0.195** (0.087)
常数项	7.054*** (0.382)	8.243*** (0.297)	8.632*** (0.231)	9.037*** (0.190)	9.296*** (0.195)	9.633*** (0.219)	10.163*** (0.211)	10.541*** (0.236)	10.931*** (0.248)
样本量	3 926	3 926	3 926	3 926	3 926	3 926	3 926	3 926	3 926
Pseudo R^2	0.157	0.164	0.169	0.166	0.162	0.155	0.148	0.144	0.133

注：*，**，***分别表示在10%，5%，1%水平显著，括号内为聚类异方差稳健标准误。

9.3 北京、天津和河北金融普惠对家庭消费财富差距的影响

9.3.1 北京金融普惠对家庭消费差距的影响

表9-15讨论了北京样本下金融普惠对家庭消费差距的影响。

表9-15第(1)列显示,北京社区推行金融普惠,社区家庭消费基尼系数显著下降28.2%。

表9-15 金融普惠对北京家庭消费差距的影响

被解释变量:家庭消费基尼系数	(1) OLS	(2) 2SLS
社区金融普惠	-0.282*** (0.072)	-0.450 (0.347)
社区户主平均年龄	-0.020 (0.036)	-0.014 (0.032)
社区户主平均年龄平方/100	0.015 (0.038)	0.010 (0.033)
社区风险偏好家庭比例	0.260 (0.409)	0.313 (0.410)
社区风险厌恶家庭比例	0.199 (0.160)	0.138 (0.182)
社区平均家庭老人数量	0.037 (0.169)	0.040 (0.144)
常数项	1.080 (0.869)	1.099 (0.756)
有效样本量	32	32
F值/Wald chi2	3.74***	11.78*
R^2	0.276	0.229
DWH内生性检验		0.283
p值		0.595
第一阶段F值		3.70**

注:*,**,***分别表示在10%,5%,1%水平显著,括号内为聚类异方差稳健标准误。

9.3.2 天津金融普惠对家庭消费差距的影响

表9-16讨论了天津样本下金融普惠对家庭消费差距的影响。

表9-16(1)列显示,天津社区金融普惠对社区家庭消费基尼系数没有显著的影响。

表9-16 金融普惠对天津家庭消费差距的影响

被解释变量:家庭消费基尼系数	(1) OLS	(2) 2SLS
社区金融普惠	-0.118 (0.241)	0.028 (0.639)
社区户主平均年龄	0.003 (0.041)	0.004 (0.037)
社区户主平均年龄平方/100	0.006 (0.038)	0.002 (0.037)
社区风险偏好家庭比例	-0.150 (0.446)	-0.148 (0.354)
社区风险厌恶家庭比例	-0.011 (0.306)	0.016 (0.241)
社区平均家庭老人数量	-0.298 (0.983)	-0.271 (0.185)
常数项	0.298 (0.983)	0.203 (0.946)
有效样本量	28	28
F值/Wald chi2	1.33	9.48
R^2	0.211	0.061
DWH内生性检验		0.205
p值		0.804
第一阶段F值		0.617

注:*,**,***分别表示在10%,5%,1%水平显著,括号内为聚类异方差稳健标准误。

9.3.3 河北金融普惠对家庭消费差距的影响

表9-17讨论了河北样本下金融普惠对家庭消费差距的影响。

表9-17(1)列显示,河北社区金融普惠对社区家庭消费基尼系数没有显著的影响。

表9-17 金融普惠对河北家庭消费差距的影响

被解释变量:家庭消费基尼系数	(1) OLS	(2) 2SLS
社区金融普惠	-0.010 (0.062)	-0.210* (0.112)
社区户主平均年龄	-0.029 (0.028)	-0.047** (0.024)
社区户主平均年龄平方/100	0.033 (0.028)	0.047** (0.024)
社区风险偏好家庭比例	0.025 (0.247)	0.156 (0.209)
社区风险厌恶家庭比例	-0.013 (0.138)	0.088 (0.102)
社区平均家庭老人数量	-0.076 (0.089)	-0.135* (0.078)
常数项	1.010 (0.690)	1.645*** (0.632)
有效样本量	64	64
F值/Wald chi2	0.38	5.21*
R^2	0.050	—
DWH内生性检验		1.969
p值		0.161
第一阶段F值		1.889

注:*,**,***分别表示在10%,5%,1%水平显著,括号内为聚类异方差稳健标准误。

9.4 稳健性检验

金烨等（2011）用25%最高收入家庭收入和25%最低收入家庭收入的比值（Ratio75/25）度量收入差距，奥利维尔等（Olivier et al.,2014）采取90分位数和10分位数的差额作为家庭收入差距程度指标；我们用 p90 - p10、p90/p10 度量家庭消费差距进行稳健性检验。表9 - 18 中稳健性检验1、稳健性检验2 均显示京津冀金融普惠对家庭消费差距影响的稳健性。表9 - 18中稳健性检验3 上下删除1%样本，也显示京津冀金融普惠对家庭消费差距影响的稳健性。

表9 - 18　京津冀金融普惠对家庭消费差距的影响：稳健性检验

	(1) OLS	(2) 2SLS
稳健性检验1：用 p90/p10 度量家庭财富差距		
金融普惠	-0.126*** (0.040)	-0.225** (0.102)
稳健性检验2：用 p90 - p10 度量家庭财富差距		
金融普惠	-0.650** (0.283)	-1.402* (0.813)
稳健性检验3：上下删除1%样本		
金融普惠	-0.075* (0.045)	-0.188* (0.114)

注：*，**，*** 分别表示在10%，5%，1%水平显著，括号内为聚类异方差稳健标准误，控制了社区特征变量和省区固定效应。

9.5 小结

本章描述了京津冀地区金融普惠与家庭消费差距状况,并实证分析了金融普惠对家庭消费差距的影响。

在京津冀地区,随着家庭金融普惠水平的提高,人均消费支出也在增加,且食品、衣着、居住、生活用品及服务、交通通信、文教娱乐、医疗保健及其他八项子消费中,每一类消费支出均在增加。

同时,在京津冀地区,随着社区金融普惠水平的提高,社区消费基尼系数呈现递减的关系,反映衣食住行等基本生活需要的消费基尼系数较低,而文教娱乐和医疗保健的基尼系数则较高。京津冀地区的居住消费基尼系数随着金融普惠水平的提高而增加。

本章的实证结果显示,京津冀社区金融普惠提高1个百分点,社区家庭消费基尼系数将显著下降7.6%,家庭消费差距显著下降。本章还发现京津冀金融普惠对家庭消费的影响呈现出如下特征:京津冀金融普惠对在0.1分位点、0.2分位点、0.3分位点、0.4分位点、0.5分位点、0.6分位点、0.7分位点、0.8分位点和0.9分位点家庭消费的影响呈递减趋势,这也是金融普惠显著降低家庭消费差距的内在原因。

从北京子样本来看,社区提高金融普惠1个百分点,社区家庭消费基尼系数显著下降28.2%。从天津和河北的子样本来看,社区金融普惠对社区家庭财富基尼系数都没有显著的影响,在其他变量对社区家庭消费差距的影响上,北京、天津和河北三地存在异质性特征。

10 京津冀金融普惠和家庭贫困

2015年10月26日召开的中国共产党第十五届中央委员会第五次全体会议提出了"十三五规划"建议,确立7 000万人全部脱贫和全面实现小康社会的目标。在"三期叠加"期间,提高家庭收入和减少贫困,能够增强家庭安全感和社会稳定性,减少贫困,扩大内需,刺激经济增长,实现"十三五规划"攻坚目标。

班纳吉和纽曼(Banerjee and Newman,1993)发现,通过提高生产力而使人们减贫的关键因素是金融资源的可获得性。加勒和泽拉(Galor and Zeira,1993)认为,没有拓宽的融资渠道,如受到信贷约束,贫困家庭或小微创业者很难投资高收益的项目,这将降低金融资源的配置效率,对经济增长和减贫产生不利的影响。宾斯万格(Binswanger,1995)发现,商业银行服务向印度农村的扩展显著降低了农村的贫困和显著增加了非农就业,但这种作用在农业收入大于农业成本的情况下才能实现。拉詹和津盖尔(Rajan and Zingales,1998)认为,对于大部分人来说,金融可获得性对于富人来说是很重要的,金融发展对经济增长的促进作用是通过减少企业外部融资成本而实现的。贝克等(Beck et al.,2005)发现,金融发展弱化约束效应,小企业将受益最多。伯吉斯和潘德(Burgess and Pande,2005)利用印度数据发现,农村网点的扩展能够帮助减少贫困,尤其能够降低没有金融机构的农村地区的贫困率。银行机构在农村设立的数量每增加1%,农村贫困率降低0.34%。卡杰蒂和纳迪(Cagetti and Nardi,2006)指出,信贷约束可以减少财富集中和减小公司规模,降低创业比重,进而改变创业者和工人之间的财富分配状况。拉托雷等(De la Torre et al.,2006)使用"机构楔"(Agency Wedge)理论阐明,信贷获取渠道的缺乏将阻止低收入家庭和小企业投资高收益项目,对经济增长和减贫有不利影响。贝克等(Beck et al.,2007)发现,金融发展不对称地提高最贫困家庭收入,金融发展40%用于增加对最贫困人群收入的增长,60%用于对经济总量的增长。布龙等(Brune et al.,2011)在马拉维的田野实验中发现,增加储蓄账户的使用能够改善贫困家庭的生活水平,因为这将导致农业投入增加。古普塔等(Guptea et al.,2012)将金融普惠视为一种"准公共物品"(quasi-public good),提高金融普惠水平,有利于促进弱势群体,尤其是低收入群体参与金融市场。帕克和默卡多(Park and Mercado,2015)将金融普惠考虑成"经济增长普惠"的关键元素，因为"金融可获得渠道"能够促进经济参与者的消费和投资决策，并参与生产活动，对减少贫困有显著的影响。

从国内的有关研究来看，温涛等(2005)发现，中国金融发展对农民收入增长具有显著负效应，用金融发展与经济增长的正向作用直接替代金融发展与农民收入增长的关系并不符合中国现实。杨俊等(2008)发现，中国金融发展在短期内缓解了贫困状况，并改善了贫困人口的收入分配状况，但从长期来看，它没有成为促进贫困减少的重要因素。王定祥等(2011)发现，绝大多数贫困型农户都有信贷需求，且以中短期小额需求为主，但实际发生借贷行为的贫困型农户较少，从正规金融机构获得过贷款的贫困型农户更少，金融需求满足率极低。崔艳娟和孙刚(2012)认为，金融发展可以通过经济增长、收入分配途径提高穷人的收入水平，但金融波动会抵消金融发展的减贫效果。同时，受金融服务成本限制，金融发展减缓贫困的作用出现先恶化后改善效应。张冰和冉光和(2013)发现，落后地区只有跨越相应金融发展水平门槛，外商直接投资才能更有效地促进区域贫困减缓。王小华等(2014)运用分位数回归和工具变量分位数回归发现，农户信贷对非贫困县农民收入增长起到显著的推动作用，而贫困县的农户信贷并没有成为推动农民收入增长的显著资源要素。

从现有文献看，贫困问题在国内外都是一个研究的热点，但是主要从信贷角度研究，还未从金融普惠角度进行研究。本章在京津冀样本下对金融普惠和家庭贫困展开研究。

10.1　家庭金融普惠与贫困描述分析

本节描述家庭金融普惠水平与家庭贫困之间的关系。主要从两个部分展开分析：一是基于构造的家庭金融普惠指数划分金融普惠水平；二是基于金融普惠指数所包含的成分划分金融普惠水平，包括是否有存款账户、是否使用第三方支付、是否有信用卡账户、是否获得贷款和是否购买商业保险五项。

10.1.1 金融普惠与家庭贫困

10.1.1.1 基于家庭金融普惠指数的分析

表10-1是全国样本下家庭金融普惠与贫困发生的描述统计结果,包括1.9美元标准定义的贫困和3.1美元标准定义的贫困。从表10-1可知,随着金融普惠水平的提高,贫困率逐渐下降;城镇的贫困率要低于农村的贫困率。具体来说,当贫困线标准是1.9美元时,在低的家庭金融普惠水平下,全国的贫困率是12.0%,城镇的贫困率是7.0%,农村的贫困率是18.2%;在中等家庭金融普惠水平下,全国的贫困率是5.0%,城镇的贫困率是2.9%,农村的贫困率是9.6%;在高的家庭金融普惠水平下,全国的贫困率是2.4%,城镇的贫困率是1.6%,农村的贫困率是10.0%。当贫困线标准是3.1美元时,在低的家庭金融普惠水平下,全国的贫困率是24.5%,城镇的贫困率是14.7%,农村的贫困率是36.9%;在中等家庭金融普惠水平下,全国的贫困率是12.1%,城镇的贫困率是6.8%,农村的贫困率是24.0%;在高的家庭金融普惠水平下,全国的贫困率是4.2%,城镇的贫困率是2.8%,农村的贫困率是18.2%。

表10-1　全国样本下金融普惠与家庭贫困 %

贫困线	地区	低普惠	中普惠	高普惠
1.9美元	全国	12.0	5.0	2.4
	城镇	7.0	2.9	1.6
	农村	18.2	9.6	10.0
3.1美元	全国	24.5	12.1	4.2
	城镇	14.7	6.8	2.8
	农村	36.9	24.0	18.2

表10-2报告了京津冀地区样本下家庭金融普惠与贫困发生的关系,同样包括了1.9美元标准定义的贫困和3.1美元标准定义的贫困。从表10-2可知,随着金融普惠水平的提高,京津冀地区的贫困率也逐渐下降;城镇的贫困率要低于农村的贫困率。具体来说,当贫困线标准是1.9美元时,在低的家庭金融普惠水平下,京津冀的贫困率是12.0%,城镇的贫困率

是 7.6%,农村的贫困率是 20.9%;在中等家庭金融普惠水平下,京津冀的贫困率是 4.5%,城镇的贫困率是 3.6%,农村的贫困率是 9.4%;在高的家庭金融普惠水平下,京津冀的贫困率是 2.4%,城镇的贫困率是 1.8%,农村的贫困率是 17.9%。当贫困线标准是 3.1 美元时,在低的家庭金融普惠水平下,京津冀的贫困率是 23.6%,城镇的贫困率是 15.9%,农村的贫困率是 39.4%;在中等家庭金融普惠水平下,京津冀的贫困率是 9.6%,城镇的贫困率是 7.0%,农村的贫困率是 23.6%;在高的家庭金融普惠水平下,京津冀的贫困率是 3.7%,城镇的贫困率是 2.8%,农村的贫困率是 25.6%。

表 10 - 2　京津冀样本下金融普惠与家庭贫困　　　　%

贫困线	地区	低普惠	中普惠	高普惠
1.9 美元	京津冀	12.0	4.5	2.4
	城镇	7.6	3.6	1.8
	农村	20.9	9.4	17.9
3.1 美元	京津冀	23.6	9.6	3.7
	城镇	15.9	7.0	2.8
	农村	39.4	23.6	25.6

表 10 - 3 报告了在北京、天津和河北,家庭金融普惠与贫困发生的关系,包括 1.9 美元标准定义的贫困和 3.1 美元标准定义的贫困。从表 10 - 3 可知,随着金融普惠水平的提高,无论是北京、天津,还是河北,贫困率都逐渐下降;北京的贫困率要低于天津,河北的贫困率则最高。具体来说,当贫困线标准是 1.9 美元时,在低的家庭金融普惠水平下,北京的贫困率是 8.6%,天津的贫困率是 3.6%,河北的贫困率是 16.0%;在中等家庭金融普惠水平下,北京的贫困率是 2.9%,天津的贫困率是 3.0%,河北的贫困率是 7.5%;在高的家庭金融普惠水平下,北京的贫困率是 0.9%,天津的贫困率是 2.1%,河北的贫困率是 6.1%。当贫困线标准是 3.1 美元时,在低的家庭金融普惠水平下,北京的贫困率是 12.3%,天津的贫困率是 8.0%,河北的贫困率是 32.6%;在中等家庭金融普惠水平下,北京的贫困率是 4.8%,天津的贫困率是 4.5%,河北的贫困率是 18.6%;在高的家庭金融普惠水平下,北京的贫困率是 1.1%,天津的贫困率是 2.9%,河北的贫困率是 10.0%。

表10-3　北京、天津和河北金融普惠与家庭贫困　　　　%

贫困线	地区	低普惠	中普惠	高普惠
1.9美元	北京	8.6	2.9	0.9
	天津	3.6	3.0	2.1
	河北	16.0	7.5	6.1
3.1美元	北京	12.3	4.8	1.1
	天津	8.0	4.5	2.9
	河北	32.6	18.6	10.0

10.1.1.2　基于家庭金融普惠的分类指标分析

表10-4描述了家庭存款账户与贫困的关系。从表10-4可知，无论是在1.9美元的贫困线标准下，还是在3.1美元的贫困线标准下，有存款账户的家庭发生贫困的比例都要低于没有存款账户的家庭。具体而言，当贫困线是1.9美元时，在没有存款账户的家庭中，全国的贫困率是13.0%，京津冀的贫困率是13.1%，北京的贫困率是10.8%，天津的贫困率是3.8%，河北的贫困率是16.8%；在有存款账户的家庭中，全国的贫困率是3.9%，京津冀的贫困率是3.5%，北京的贫困率是1.8%，天津的贫困率是2.3%，河北的贫困率是6.7%。当贫困线是3.1美元时，在没有存款账户的家庭中，全国的贫困率是26.7%，京津冀的贫困率是26.0%，北京的贫困率是15.6%，天津的贫困率是8.8%，河北的贫困率是34.2%；在有存款账户的家庭中，全国的贫困率是9.4%，京津冀的贫困率是6.9%，北京的贫困率是2.9%，天津的贫困率是3.5%，河北的贫困率是15.2%。

表10-4　存款账户与家庭贫困　　　　%

地区	1.9美元标准		3.1美元标准	
	没有	有	没有	有
全国	13.0	3.9	26.7	9.4
京津冀	13.1	3.5	26.0	6.9
北京	10.8	1.8	15.6	2.9
天津	3.8	2.3	8.8	3.5
河北	16.8	6.7	34.2	15.2

表 10-5 描述了家庭第三方支付与贫困的关系。从表 10-5 可知,无论是在 1.9 美元的贫困线标准下,还是在 3.1 美元的贫困线标准下,使用第三方支付的家庭发生贫困的比例都要低于没有使用第三方支付的家庭。具体而言,当贫困线是 1.9 美元时,在没有使用第三方支付的家庭中,全国的贫困率是 7.1%,京津冀的贫困率是 6.8%,北京的贫困率是 3.5%,天津的贫困率是 3.0%,河北的贫困率是 11.7%;在使用第三方支付的家庭中,全国的贫困率是 0.5%,京津冀的贫困率是 0.4%,北京的贫困率是 0.0%,天津的贫困率是 0.0%,河北的贫困率是 1.6%。当贫困线是 3.1 美元时,在没有使用第三方支付的家庭中,全国的贫困率是 15.5%,京津冀的贫困率是 13.4%,北京的贫困率是 5.3%,天津的贫困率是 5.2%,河北的贫困率是 24.8%;在使用第三方支付的家庭中,全国的贫困率是 1.3%,京津冀的贫困率是 1.1%,北京的贫困率是 0.0%,天津的贫困率是 0.0%,河北的贫困率是 4.8%。

表 10-5 第三方支付与家庭贫困　　　　　　　　　　%

地区	1.9 美元 没有	1.9 美元 有	3.1 美元 没有	3.1 美元 有
全国	7.1	0.5	15.5	1.3
京津冀	6.8	0.4	13.4	1.1
北京	3.5	0.0	5.3	0.0
天津	3.0	0.0	5.2	0.0
河北	11.7	1.6	24.8	4.8

表 10-6 描述了家庭信用卡账户与贫困的关系。从表 10-6 可知,无论是在 1.9 美元的贫困线标准下,还是在 3.1 美元的贫困线标准下,拥有信用卡账户的家庭发生贫困的比例都要低于没有信用卡账户的家庭。具体而言,当贫困线是 1.9 美元时,在没有信用卡账户的家庭中,全国的贫困率是 7.9%,京津冀的贫困率是 7.9%,北京的贫困率是 4.8%,天津的贫困率是 3.7%,河北的贫困率是 12.1%;在拥有信用卡账户的家庭中,全国的贫困率是 0.8%,京津冀的贫困率是 0.8%,北京的贫困率是 0.0%,天津的贫

困率是 0.4%，河北的贫困率是 3.2%。当贫困线是 3.1 美元时，在没有信用卡账户的家庭中，全国的贫困率是 17.3%，京津冀的贫困率是 15.9%，北京的贫困率是 7.1%，天津的贫困率是 6.3%，河北的贫困率是 26.3%；在拥有信用卡账户的家庭中，全国的贫困率是 2.1%，京津冀的贫困率是 1.1%，北京的贫困率是 0.2%，天津的贫困率是 0.8%，河北的贫困率是 3.7%。

表 10-6　信用卡账户与家庭贫困　　　　　　　　　%

地区	1.9 美元 没有	1.9 美元 有	3.1 美元 没有	3.1 美元 有
全国	7.9	0.8	17.3	2.1
京津冀	7.9	0.8	15.9	1.1
北京	4.8	0.0	7.1	0.2
天津	3.7	0.4	6.3	0.8
河北	12.1	3.2	26.3	3.7

表 10-7 描述了家庭获得贷款与贫困的关系。从表 10-7 可知，无论是在 1.9 美元的贫困线标准下，还是在 3.1 美元的贫困线标准下，获得贷款的家庭发生贫困的比例都要低于没有获得贷款的家庭。具体而言，当贫困线是 1.9 美元时，在没有获得贷款的家庭中，全国的贫困率是 7.4%，京津冀的贫困率是 6.9%，北京的贫困率是 3.5%，天津的贫困率是 3.2%，河北的贫困率是 12.1%；在获得贷款的家庭中，全国的贫困率是 2.5%，京津冀的贫困率是 1.9%，北京的贫困率是 0.0%，天津的贫困率是 1.4%，河北的贫困率是 4.0%。当贫困线是 3.1 美元时，在没有获得贷款的家庭中，全国的贫困率是 15.8%，京津冀的贫困率是 13.7%，北京的贫困率是 5.2%，天津的贫困率是 5.6%，河北的贫困率是 25.7%；在获得贷款的家庭中，全国的贫困率是 7.0%，京津冀的贫困率是 3.5%，北京的贫困率是 0.7%，天津的贫困率是 2.1%，河北的贫困率是 7.4%。

表 10-7 贷款与家庭贫困　　　　　　　　　　　%

地区	1.9美元		3.1美元	
	没有	有	没有	有
全国	7.4	2.5	15.8	7.0
京津冀	6.9	1.9	13.7	3.5
北京	3.5	0.0	5.2	0.7
天津	3.2	1.4	5.6	2.1
河北	12.1	4.0	25.7	7.4

表 10-8 描述了家庭购买商业保险与贫困的关系。从表 10-8 可知，无论是在 1.9 美元的贫困线标准下，还是在 3.1 美元的贫困线标准下，购买商业保险的家庭发生贫困的比例都要低于没有购买商业保险的家庭。具体而言，当贫困线是 1.9 美元时，在没有购买商业保险的家庭中，全国的贫困率是 7.7%，京津冀的贫困率是 7.4%，北京的贫困率是 3.7%，天津的贫困率是 3.3%，河北的贫困率是 12.6%；在购买商业保险的家庭中，全国的贫困率是 1.7%，京津冀的贫困率是 2.0%，北京的贫困率是 1.3%，天津的贫困率是 1.5%，河北的贫困率是 3.6%。当贫困线是 3.1 美元时，在没有购买商业保险的家庭中，全国的贫困率是 16.5%，京津冀的贫困率是 14.5%，北京的贫困率是 5.4%，天津的贫困率是 5.6%，河北的贫困率是 26.5%；在购买商业保险的家庭中，全国的贫困率是 4.7%，京津冀的贫困率是 4.3%，北京的贫困率是 2.5%，天津的贫困率是 2.9%，河北的贫困率是 8.1%。

表 10-8 商业保险与家庭贫困　　　　　　　　　　　%

地区	1.9美元		3.1美元	
	没有	有	没有	有
全国	7.7	1.7	16.5	4.7
京津冀	7.4	2.0	14.5	4.3
北京	3.7	1.3	5.4	2.5
天津	3.3	1.5	5.6	2.9
河北	12.6	3.6	26.5	8.1

10.1.2 金融普惠与社区贫困

社区金融普惠水平,采用构造的社区金融普惠指数,划分为高、中、低三类(三等分);贫困标准采用 1.9 美元和 3.1 美元的贫困线;社区贫困包括社区贫困率、贫困强度和贫困深度三个维度,其中,社区贫困率等于该社区内贫困家庭占比,社区贫困强度和社区贫困深度的计算见下式:

$$社区贫困强度 = \frac{1}{社区人口数} \times \sum \frac{贫困线 - 家庭人均消费}{贫困线}$$

$$社区贫困深度 = \frac{1}{社区人口数} \times \sum \left(\frac{贫困线 - 家庭人均消费}{贫困线}\right)^2$$

表 10-9 汇报了全国样本下社区金融普惠水平与社区贫困之间的关系。从表 10-9 可知,随着社区金融普惠水平的提高,无论是贫困率、贫困强度还是贫困深度,社区贫困问题都会降低。具体而言,当贫困线标准是 1.9 美元时,在低普惠社区,贫困率是 12.8%,贫困强度是 4.8%,贫困深度是 2.7%;在中等普惠社区,贫困率是 5.7%,贫困强度是 2.1%,贫困深度是 1.1%;在高普惠社区,贫困率是 4.1%,贫困强度是 1.8%,贫困深度是 1.1%。当贫困线标准是 3.1 美元时,在低普惠社区,贫困率是 27.5%,贫困强度是 10.7%,贫困深度是 5.9%;在中等普惠社区,贫困率是 12.9%,贫困强度是 4.8%,贫困深度是 2.6%;在高普惠社区,贫困率是 9.0%,贫困强度是 3.6%,贫困深度是 2.1%。

表 10-9 全国样本下金融普惠与社区贫困　　　　%

贫困线		低社区普惠	中社区普惠	高社区普惠
1.9 美元	贫困率	12.8	5.7	4.1
	贫困强度	4.8	2.1	1.8
	贫困深度	2.7	1.1	1.1
3.1 美元	贫困率	27.5	12.9	9.0
	贫困强度	10.7	4.8	3.6
	贫困深度	5.9	2.6	2.1

表 10-10 汇报了全国城镇地区样本下社区金融普惠水平与社区贫困之间的关系。从表 10-10 可知,随着社区金融普惠水平的提高,无论是从

贫困率、贫困强度还是从贫困深度来看,社区贫困水平都会降低;并且,城镇社区的贫困问题要小于全国社区下的均值。具体而言,当贫困线标准是 1.9 美元时,在低普惠城镇社区,贫困率是 8.4%,贫困强度是 3.2%,贫困深度是 1.8%;在中等普惠城镇社区,贫困率是 3.4%,贫困强度是 1.3%,贫困深度是 0.8%;在高普惠城镇社区,贫困率是 2.8%,贫困强度是 1.3%,贫困深度是 0.9%。当贫困线标准是 3.1 美元时,在低普惠城镇社区,贫困率是 18.4%,贫困强度是 7.2%,贫困深度是 4.0%;在中等普惠城镇社区,贫困率是 7.3%,贫困强度是 2.8%,贫困深度是 1.6%;在高普惠城镇社区,贫困率是 5.9%,贫困强度是 2.4%,贫困深度是 1.5%。

表 10-10　全国城镇样本下金融普惠与社区贫困　　　　%

贫困线		低社区普惠	中社区普惠	高社区普惠
1.9 美元	贫困率	8.4	3.4	2.8
	贫困强度	3.2	1.3	1.3
	贫困深度	1.8	0.8	0.9
3.1 美元	贫困率	18.4	7.3	5.9
	贫困强度	7.2	2.8	2.4
	贫困深度	4.0	1.6	1.5

表 10-11 报告了全国农村样本下社区金融普惠水平与社区贫困之间的关系。从表 10-11 可知,随着农村社区金融普惠水平的提高,无论是从贫困率、贫困强度还是从贫困深度来看,农村社区贫困水平都会降低;但是,农村社区的贫困问题要比城镇社区更加严重。具体而言,当贫困线标准是 1.9 美元时,在低普惠农村社区,贫困率是 14.8%,贫困强度是 5.5%,贫困深度是 3.0%;在中等普惠农村社区,贫困率是 11.2%,贫困强度是 3.9%,贫困深度是 2.0%;在高普惠农村社区,贫困率是 11.2%,贫困强度是 4.5%,贫困深度是 2.6%。当贫困线标准是 3.1 美元时,在低普惠农村社区,贫困率是 31.4%,贫困强度是 12.3%,贫困深度是 6.8%;在中等普惠农村社区,贫困率是 26.0%,贫困强度是 9.5%,贫困深度是 5.0%;在高普惠农村社区,贫困率是 26.1%,贫困强度是 9.9%,贫困深度是 5.5%。

表 10-11　全国农村样本下金融普惠与社区贫困　　　　%

贫困线		低社区普惠	中社区普惠	高社区普惠
1.9 美元	贫困率	14.8	11.2	11.2
	贫困强度	5.5	3.9	4.5
	贫困深度	3.0	2.0	2.6
3.1 美元	贫困率	31.4	26.0	26.1
	贫困强度	12.3	9.5	9.9
	贫困深度	6.8	5.0	5.5

表 10-12 报告了京津冀样本下社区金融普惠水平与社区贫困之间的关系。从表 10-12 可知，随着社区金融普惠水平的提高，无论是从贫困率、贫困强度还是从贫困深度来看，京津冀地区的社区贫困水平都会降低；并且，京津冀低普惠社区的贫困水平要比全国平均水平高，高普惠社区的贫困水平则要比全国平均水平低。具体而言，当贫困线标准是 1.9 美元时，在低普惠京津冀社区，贫困率是 15.4%，贫困强度是 6.0%，贫困深度是 3.4%；在中等普惠京津冀社区，贫困率是 4.7%，贫困强度是 2.0%，贫困深度是 1.4%；在高普惠京津冀社区，贫困率是 3.4%，贫困强度是 1.6%，贫困深度是 1.2%。当贫困线标准是 3.1 美元时，在低普惠京津冀社区，贫困率是 31.2%，贫困强度是 12.7%，贫困深度是 7.3%；在中等普惠京津冀社区，贫困率是 10.1%，贫困强度是 4.0%，贫困深度是 2.4%；在高普惠京津冀社区，贫困率是 5.9%，贫困强度是 2.7%，贫困深度是 1.8%。

表 10-12　京津冀样本下金融普惠与社区贫困　　　　%

贫困线		低社区普惠	中社区普惠	高社区普惠
1.9 美元	贫困率	15.4	4.7	3.4
	贫困强度	6.0	2.0	1.6
	贫困深度	3.4	1.4	1.2
3.1 美元	贫困率	31.2	10.1	5.9
	贫困强度	12.7	4.0	2.7
	贫困深度	7.3	2.4	1.8

表10-13汇报了京津冀城镇样本下社区金融普惠水平与社区贫困之间的关系。从表10-13可知，随着社区金融普惠水平的提高，无论是从贫困率、贫困强度还是从贫困深度来看，京津冀城镇地区的社区贫困水平都会降低；并且，京津冀城镇社区的贫困水平要低于京津冀整体的贫困水平。具体而言，当贫困线标准是1.9美元时，在低普惠京津冀社区，贫困率是11.9%，贫困强度是5.1%，贫困深度是3.1%；在中等普惠京津冀社区，贫困率是3.3%，贫困强度是1.5%，贫困深度是1.0%；在高普惠京津冀社区，贫困率是3.0%，贫困强度是1.4%，贫困深度是1.0%。当贫困线标准是3.1美元时，在低普惠京津冀社区，贫困率是26.8%，贫困强度是10.7%，贫困深度是6.1%；在中等普惠京津冀社区，贫困率是5.5%，贫困强度是2.5%，贫困深度是1.7%；在高普惠京津冀社区，贫困率是5.3%，贫困强度是2.4%，贫困深度是1.6%。

表10-13 京津冀城镇样本下金融普惠与社区贫困　　　　　%

贫困线		低社区普惠	中社区普惠	高社区普惠
1.9美元	贫困率	11.9	3.3	3.0
	贫困强度	5.1	1.5	1.4
	贫困深度	3.1	1.0	1.0
3.1美元	贫困率	26.8	5.5	5.3
	贫困强度	10.7	2.5	2.4
	贫困深度	6.1	1.7	1.6

表10-14汇报了京津冀农村样本下社区金融普惠水平与社区贫困之间的关系。从表10-14可知，随着社区金融普惠水平的提高，无论是从贫困率、贫困强度还是从贫困深度来看，京津冀的农村社区贫困水平都会降低；但是，京津冀农村社区的贫困问题要比京津冀城镇社区严重。具体而言，当贫困线标准是1.9美元时，在低普惠京津冀社区，贫困率是17.9%，贫困强度是6.7%，贫困深度是3.7%；在中等普惠京津冀社区，贫困率是10.7%，贫困强度是4.3%，贫困深度是2.8%；在高普惠京津冀社区，贫困率是11.0%，贫困强度是6.3%，贫困深度是4.5%。当贫困线标准是3.1美元时，在低普惠京津冀社区，贫困率是34.3%，贫困强度是14.2%，贫困

深度是8.1%;在中等普惠京津冀社区,贫困率是28.8%,贫困强度是10.2%,贫困深度是5.6%;在高普惠京津冀社区,贫困率是18.9%,贫困强度是9.5%,贫困深度是6.5%。

表10-14 京津冀农村样本下金融普惠与社区贫困　　　　　%

贫困线		低社区普惠	中社区普惠	高社区普惠
1.9美元	贫困率	17.9	10.7	11.0
	贫困强度	6.7	4.3	6.3
	贫困深度	3.7	2.8	4.5
3.1美元	贫困率	34.3	28.8	18.9
	贫困强度	14.2	10.2	9.5
	贫困深度	8.1	5.6	6.5

10.2 金融普惠对家庭贫困的影响

本节实证分析金融普惠对家庭贫困的影响,主要包括贫困家庭与非贫困家庭的对比分析、家庭金融普惠对贫困发生的回归以及家庭金融普惠的内生性讨论。

10.2.1 贫困家庭与非贫困家庭的对比分析

表10-15描述了在1.9美元的贫困线下,贫困家庭与非贫困家庭之间的差异。主要包括两类家庭金融普惠水平的差异、家庭特征的差异、户主特征的差异以及社区特征的差异。

从表10-15可知,非贫困家庭的金融普惠指数均值是39.90,贫困家庭的金融普惠指数均值是30.36,二者在1%水平下有显著差异,即非贫困家庭的金融普惠水平显著高于贫困家庭的金融普惠水平。此外,表10-15还显示,非贫困家庭的净资产、可支配收入、金融资产占比、风险偏好、成员受教育年限、户主年龄小于等于60岁、所在社区人均可支配年收入、社区工作人员教育水平以及领导职责一肩挑要显著高于贫困家庭；相反，贫困家庭的民间借贷、小于16岁与大于65岁人口数、户主自评健康差、与市中心距离、归属于农村和中西部地区的比例要显著大于非贫困家庭。

表10-15 全国样本下贫困家庭与非贫困家庭的对比分析

变量	非贫困	贫困	T值	P值
家庭金融普惠指数	39.898 8	30.360 5	27.61	0.000 0
家庭特征				
家庭净资产	12.484 2	10.663 3	45.87	0.000 0
家庭可支配收入	10.290 3	9.284 9	22.49	0.000 0
金融资产占比	0.184 8	0.162 7	4.43	0.000 0
民间借贷哑变量	0.192 6	0.237 5	-5.49	0.000 0
风险偏好	0.095 7	0.038 0	9.71	0.000 0
小于16岁人口数	0.491 3	0.740 3	-15.77	0.000 0
大于65岁人口数	0.474 6	0.717 7	-15.85	0.000 0
平均受教育年限	9.369 4	6.694 9	35.32	0.000 0
户主特征				
男性	0.753 0	0.824 3	-8.01	0.000 0
年龄哑变量(≤30)	0.064 1	0.011 7	10.58	0.000 0
年龄哑变量(>30且≤60)	0.624 7	0.523 2	10.07	0.000 0
自评健康差	0.160 0	0.273 6	-14.79	0.000 0
社区特征				
人均可支配年收入	9.246 9	8.683 6	25.68	0.000 0
与市中心距离	2.730 2	3.639 6	-26.38	0.000 0
工作人员大专及以上学历占比	0.423 4	0.210 9	29.36	0.000 0
领导一肩挑	0.484 9	0.353 6	12.63	0.000 0
农村	0.289 8	0.628 3	-36.04	0.000 0
西部	0.233 4	0.297 7	-7.33	0.000 0
中部	0.259 3	0.308 8	-5.46	0.000 0

表10-16描述了在京津冀地区1.9美元贫困线下的贫困家庭与非贫

困家庭之间的差异。同样包括了两类家庭金融普惠水平的差异、家庭特征的差异、户主特征的差异以及社区特征的差异。

从表10-16可知,京津冀地区非贫困家庭的金融普惠指数均值是41.18,贫困家庭的金融普惠指数均值是29.75,二者在1%水平下有显著差异,即非贫困家庭的金融普惠水平显著高于贫困家庭的金融普惠水平。此外,与表10-15不同,京津冀地区的非贫困家庭与贫困家庭,在金融资产占比、民间借贷上没有显著的差异。与表10-15相同的是,京津冀地区非贫困家庭的净资产、可支配收入、风险偏好、成员受教育年限、户主年龄小于等于60岁、所在社区人均可支配年收入、社区工作人员教育水平以及领导职责一肩挑要显著高于贫困家庭;相反,贫困家庭小于16岁和大于65岁的人口数、户主自评健康差、与市中心距离、归属于农村的比例要显著大于非贫困家庭。

表10-16 京津冀样本下贫困家庭与非贫困家庭的对比分析

变量	非贫困	贫困	T值	P值
家庭金融普惠指数	41.1794	29.7538	9.65	0.0000
家庭特征					
家庭净资产	12.9125	10.5408	16.78	0.0000
家庭可支配收入	10.5220	9.3803	8.40	0.0000
金融资产占比	0.2068	0.2225	-0.86	0.3902
民间借贷哑变量	0.1167	0.1355	-0.89	0.3719
风险偏好	0.0960	0.0279	3.62	0.0003
小于16岁人口数	0.3843	0.5299	-3.53	0.0004
大于65岁人口数	0.4982	0.7649	-5.33	0.0000
平均受教育年限	10.6268	7.5586	12.66	0.0000
户主特征					
男性	0.6907	0.8233	-4.42	0.0000
年龄哑变量(≤30)	0.0642	0.0201	2.81	0.0050
年龄哑变量(>30且≤60)	0.5896	0.5341	1.72	0.0858
自评健康差	0.1488	0.2191	-3.00	0.0027

续表

变量	非贫困	贫困	T值	P值
家庭金融普惠指数	41.179 4	29.753 8	9.65	0.000 0
社区特征					
人均可支配年收入	9.575 0	8.759 6	11.61	0.000 0
与市中心距离	2.141 5	2.971 9	-8.27	0.000 0
工作人员大专及以上学历占比	0.485 5	0.237 7	10.38	0.000 0
领导一肩挑	0.566 2	0.378 5	5.81	0.000 0
农村	0.164 0	0.470 1	-12.35	0.000 0

10.2.2 家庭金融普惠对贫困发生的影响

本节我们实证分析金融普惠对家庭贫困的影响。消除贫困是我国政府"十三五"期间的重要任务,也是关乎国计民生的重要问题。消除贫困是一项系统工程,需要从多个方面同时着手,而不仅仅是简单地向贫困家庭给予财政转移。提高家庭的金融普惠水平,是否能够有效降低家庭发生贫困的概率,是本节关注的重点。此节的实证分析,采用 Probit 模型,见下式,

$$\Pr(\text{Poverty}_i = 1) = \text{Prob}(\beta_0 + \beta_1 \text{Hfindex}_i + \beta_2 X_i > 0 \mid X_i) \quad (10-1)$$

式中:Poverty$_i$等于 1 表示该家庭是 1.9 美元标准下的贫困家庭,等于 0 则表示 1.9 美元标准下的非贫困家庭;Hfindex$_i$表示家庭的金融普惠水平,采用构造的家庭金融普惠指数来反映;X_i 代表一系列控制变量,主要包括家庭特征变量(家庭净资产、家庭可支配收入、金融资产占比、民间借贷哑变量、风险偏好、小于 16 岁人口数、大于 65 岁人口数、平均受教育年限)、户主特征变量(男性、小于等于 30 岁年龄哑变量、大于 30 岁小于等于 60 岁年龄哑变量、自评健康差)以及社区特征变量(人均可支配年收入、与市中心距离、工作人员大专及以上学历占比、领导一肩挑、农村、西部、中部以及省份固定效应)。

表 10-17 给出了实证分析结果。(1)~(4)列分别代表了京津冀整体、北京、天津和河北家庭。从(1)列可知,在京津冀地区,家庭金融普惠指数对家庭发生贫困的边际效应在 1% 水平下显著为负,提高京津冀地区家

庭的金融普惠水平,也可以显著降低它们发生贫困的概率。从(2)~(4)列可知,金融普惠对发生贫困的负向影响主要反映在北京和河北,在天津则没有显著的影响。

表10-17还显示,提高家庭净资产、金融资产占比、获得民间借贷、偏好风险,以及提高家庭成员的平均受教育年限,也可以显著降低京津冀地区家庭发生贫困的概率;而小于16岁人口数和大于65岁人口数的增加,则会显著提高京津冀地区家庭发生贫困的概率。对于北京家庭而言,大于65岁人口数、家庭成员平均受教育年限对贫困发生有显著的影响;对于天津家庭而言,家庭可支配收入、金融资产占比、小于16岁人口数和大于65岁人口数对贫困发生有显著的影响;不同于北京和天津家庭,在河北,民间借贷和风险偏好对贫困发生有显著的负向影响。

表10-17 家庭金融普惠对贫困发生的影响

变量	(1)京津冀	(2)北京	(3)天津	(4)河北
家庭金融普惠指数	-0.0011*** (0.0004)	-0.0016*** (0.0004)	-0.0001 (0.0004)	-0.0014* (0.0008)
家庭特征				
家庭净资产	-0.0142*** (0.0019)	-0.0088*** (0.0019)	-0.0075*** (0.0025)	-0.0235*** (0.0042)
家庭可支配收入	-0.0014 (0.0019)	0.0027 (0.0030)	-0.0064*** (0.0017)	0.0000 (0.0035)
金融资产占比	-0.0260* (0.0145)	-0.0014 (0.0129)	-0.0434** (0.0181)	-0.0352 (0.0355)
民间借贷哑变量	-0.0196* (0.0112)	0.0094 (0.0241)	-0.0195 (0.0169)	-0.0384** (0.0195)
风险偏好	-0.0502** (0.0196)		-0.0114 (0.0181)	-0.0824** (0.0392)
小于16岁人口数	0.0128*** (0.0045)	0.0010 (0.0067)	0.0161*** (0.0061)	0.0186** (0.0083)

续表

变量	(1) 京津冀	(2) 北京	(3) 天津	(4) 河北
大于65岁人口数	0.017 7*** (0.005 5)	0.018 3** (0.008 0)	0.016 3*** (0.006 2)	0.019 7* (0.011 6)
平均受教育年限	-0.002 1* (0.001 3)	-0.004 1*** (0.001 5)	0.000 1 (0.001 2)	-0.002 5 (0.002 9)
户主特征				
男性	0.014 4 (0.009 4)	-0.003 4 (0.008 7)	0.004 7 (0.012 5)	0.038 5* (0.022 8)
年龄哑变量(≤30)	-0.000 5 (0.023 8)	0.013 4 (0.026 4)		0.022 0 (0.048 3)
年龄哑变量(>30且≤60)	0.013 0 (0.010 4)	0.008 8 (0.014 8)	0.004 9 (0.011 3)	0.020 5 (0.022 5)
自评健康差	-0.004 7 (0.009 2)	-0.002 8 (0.015 6)	0.005 8 (0.008 9)	-0.009 7 (0.018 6)
社区特征				
人均可支配年收入	-0.011 9* (0.006 8)	-0.002 7 (0.007 4)	-0.017 2*** (0.005 1)	-0.018 6 (0.015 5)
与市中心距离	0.002 6 (0.003 6)	-0.000 4 (0.003 0)	0.006 6 (0.005 4)	-0.000 2 (0.007 6)
工作人员大专及以上学历占比	-0.002 3 (0.018 2)	0.012 3 (0.018 8)	0.020 8 (0.023 0)	-0.033 0 (0.049 2)
领导一肩挑	0.007 7 (0.013 8)	0.000 9 (0.009 3)	0.003 2 (0.014 9)	0.020 2 (0.032 3)
农村	0.019 4 (0.013 8)	0.033 4*** (0.011 7)	0.008 4 (0.016 0)	0.025 0 (0.026 3)
西部				
中部				

续表

变量	(1) 京津冀	(2) 北京	(3) 天津	(4) 河北
天津	−0.022 4* (0.013 2)			
河北	0.006 6 (0.014 2)			
省份哑变量				
观测值	3 675	1 030	941	1 528

注：*，**，*** 分别表示在10%，5%，1%水平显著，括号内为聚类标准误（按社区聚类）。

10.2.3 家庭金融普惠内生性讨论

考虑到一些不可观测的因素可能同时影响家庭金融普惠水平和发生贫困的概率，即存在内生性问题，这时，基于OLS的实证分析结果可能是有偏的。鉴于此，根据现有文献以及我们研究的问题，我们采用同社区内其他家庭金融普惠指数的均值作为工具变量，再次实证检验家庭金融普惠对贫困发生概率的影响。

表10-18报告了家庭金融普惠指数及其IV的相关检验结果。从表10-18第1行的内生性检验结果来看，除了天津以外，其他样本下家庭金融普惠指数均存在显著的内生性问题。从第2行弱工具变量检验结果和第3行的识别不足检验结果来看，其他家庭金融普惠指数的均值作为IV是一个合适的工具变量。

表10-18 家庭金融普惠内生性讨论

	(1) 京津冀	(2) 北京	(3) 天津	(4) 河北
内生性检验	7.799 3***	3.345 1*	0.000 2	4.534 0**
弱工具检验	9.909 1***	4.474 7**		5.553 8**
识别不足检验	43.750 1***	6.307 2**		26.686 4***

注：*，**，*** 分别表示在10%，5%，1%水平显著。

表 10-19 汇报了工具变量回归结果。由于内生性检验结果表明,天津样本不存在显著的内生性,故而表 10-19 没有包括天津的回归结果。表 10-19 结果显示,在考虑了内生性之后,在京津冀地区,家庭金融普惠对发生贫困有显著的负向影响,提高家庭金融普惠水平,可以显著降低家庭发生贫困的概率。

表 10-19 家庭金融普惠对贫困发生的工具变量回归

变量	(1) 京津冀	(2) 北京	(3) 河北
家庭金融普惠指数	-0.084 5*** (0.029 0)	-0.196 6* (0.110 8)	-0.073 9** (0.033 9)
家庭特征	已控制	已控制	已控制
户主特征	已控制	已控制	已控制
社区特征	已控制	已控制	已控制
省份哑变量	已控制	已控制	已控制

注:*,**,***分别表示在10%,5%,1%水平显著,括号内为聚类标准误(按社区聚类)。

10.3 金融普惠对社区贫困的影响

上节我们主要讨论了家庭层面金融普惠对贫困的影响,在本节我们重点关注在社区层面金融普惠对贫困的影响。社区层面的金融普惠采用构造的社区金融普惠指数,社区贫困指标包括社区贫困率、社区贫困强度和社区贫困深度。

10.3.1 金融普惠对社区贫困率的影响

我们采用普通最小二乘法 OLS 研究社区金融普惠对社区贫困率的影响。模型如下:

$$Poverty\_cidr_j = \beta_0 + \beta_1 Cfindex_j + \beta_2 X_j + \varepsilon_j \qquad (10-2)$$

式中：Poverty_cidr$_j$表示社区j的贫困率；Cfindex$_j$表示社区j的金融普惠指数；X_j代表一系列社区层面的控制变量，包括社区经济特征（社区人均可支配收入、是否有支持产业的哑变量）、社区人口特征（未成年人口占社区比重、老年人口占社区比重、人均教育水平）、社区基础设施建设（初中数量、医院数量）、社区治理特征（工作人员大专及以上学历占比、领导一肩挑）以及社区地理特征（与市中心距离、农村、中西部以及省份固定效应）。

实证分析结果见表10-20，（1）列是1.9美元下的社区贫困率回归，（2）列是3.1美元下的社区贫困率回归。从表10-20可知，无论是1.9美元贫困线，还是3.1美元贫困线，社区金融普惠对社区贫困率都有显著的负向影响，即提高社区金融普惠水平，可以显著降低社区贫困率。

表10-20 社区金融普惠对贫困率的影响

变量	（1）京津冀	（2）京津冀
社区金融普惠指数	-0.1486***	-0.1980***
	(0.0464)	(0.0619)
社区经济与人口特征		
社区人均可支配收入	-0.0135	-0.0351**
	(0.0123)	(0.0140)
支持产业哑变量	-0.0023	-0.0019
	(0.0369)	(0.0440)
未成年人口占社区比重（>0.1且≤0.2）	0.0125	-0.0119
	(0.0154)	(0.0186)
未成年人口占社区比重（>0.2且≤0.3）	0.0604*	0.0160
	(0.0320)	(0.0378)
未成年人口占社区比重（>0.3）	-0.0243	-0.0287
	(0.0370)	(0.0381)
老年人口占社区比重（>0.1且≤0.2）	0.0002	0.0213
	(0.0360)	(0.0359)

续表

变　量	(1)京津冀	(2)京津冀
老年人口占社区比重(>0.2且≤0.3)	-0.005 3	-0.015 1
	(0.030 2)	(0.027 9)
老年人口占社区比重(>0.2)	-0.005 0	-0.006 2
	(0.029 1)	(0.028 2)
人均初中教育水平	0.014 1	0.078 3
	(0.051 4)	(0.070 3)
人均高中教育水平	-0.036 2	-0.054 2
	(0.053 9)	(0.077 6)
人均大学教育水平	-0.016 4	-0.018 3
	(0.059 6)	(0.083 3)
社区基础设施与治理		
有一所初中	-0.034 6**	-0.048 7*
	(0.015 2)	(0.024 9)
有两所及以上初中	-0.031 9*	-0.056 9**
	(0.017 8)	(0.022 2)
有一所医院	0.004 6	0.015 7
	(0.015 8)	(0.024 0)
有两所医院	0.003 5	-0.010 4
	(0.019 6)	(0.029 5)
有三所及以上医院	0.076 0	0.069 5
	(0.058 8)	(0.071 7)
工作人员大专及以上学历占比	-0.002 7	-0.019 6
	(0.019 7)	(0.027 7)
领导一肩挑	0.026 9	0.021 3
	(0.023 7)	(0.029 5)
社区地理特征		
与市中心距离(公里数,>50且≤100)	0.032 4	0.049 9
	(0.032 6)	(0.039 9)

续表

变量	(1)京津冀	(2)京津冀
与市中心距离(公里数,>100)	-0.018 2 (0.037 4)	-0.013 2 (0.050 2)
农村	0.033 1 (0.035 5)	0.062 9 (0.041 6)
西部		
中部		
天津	-0.024 4 (0.016 4)	-0.034 3 (0.023 4)
河北	-0.003 1 (0.018 7)	0.016 3 (0.025 1)
常数项	0.215 1* (0.113 9)	0.493 3*** (0.141 5)
省份固定效应		
观测值	120	120
R-squared	0.474 4	0.699 5

注：*，**，***分别表示在10%,5%,1%水平显著，括号内为聚类标准误（按省份聚类）。

10.3.2　金融普惠对社区贫困强度的影响

在本节，我们同样采用普通最小二乘法 OLS 研究社区金融普惠对社区贫困强度的影响。模型如下，

$$\text{Poverty\_cids}_j = \beta_0 + \beta_1 \text{Cfindex}_j + \beta_2 X_j + \varepsilon_j \quad (10-3)$$

式中：Poverty_cids$_j$表示社区 j 的贫困强度；Cfindex$_j$表示社区 j 的金融普惠指数；X_j代表社区层面的控制变量，包括社区经济特征、社区人口特征、社区基础设施建设、社区治理特征以及社区地理特征。

实证分析结果见表 10-21，(1)(2) 列是 1.9 美元下的社区贫困强度回归，(3)(4) 列是 3.1 美元下的社区贫困强度回归。从表 10-21 可知，无论是 1.9 美元贫困线，还是 3.1 美元贫困线，社区金融普惠对京津冀社区的

贫困强度都有显著的负向影响,即提高京津冀的社区金融普惠水平,可以显著降低社区贫困强度。

表10-21 社区金融普惠对贫困强度的影响

变量	1.9美元		3.1美元	
	(1)全国	(2)京津冀	(3)全国	(4)京津冀
社区金融普惠指数	-0.009 5 (0.007 0)	-0.067 2*** (0.023 9)	-0.022 3** (0.010 9)	-0.113 3*** (0.034 2)
社区特征				
经济与人口特征	已控制	已控制	已控制	已控制
基础设施与治理	已控制	已控制	已控制	已控制
地理特征	已控制	已控制	已控制	已控制
省份固定效应	已控制	已控制	已控制	已控制
观测值	1 332	120	1 332	120
R-squared	0.321 8	0.423 4	0.477 9	0.555 0

注:*,**,***分别表示在10%,5%,1%水平显著,括号内为聚类标准误(按省份聚类)。

10.3.3 金融普惠对社区贫困深度的影响

我们采用普通最小二乘法OLS模型研究社区金融普惠对社区贫困深度的影响。模型如下:

$$\text{Poverty\_cidd}_j = \beta_0 + \beta_1 \text{Cfindex}_j + \beta_2 X_j + \varepsilon_j \qquad (10-4)$$

式中:Poverty_cidd$_j$表示社区j的贫困率;Cfindex$_j$表示社区j的金融普惠指数;X_j代表社区层面的控制变量,包括社区经济特征、社区人口特征、社区基础设施建设、社区治理特征以及社区地理特征。

实证分析结果见表10-22,(1)(2)列是1.9美元下的社区贫困深度回归,(3)(4)列是3.1美元下的社区贫困深度回归。从表10-22可知,无论是1.9美元贫困线,还是3.1美元贫困线,社区金融普惠对京津冀社区的贫困深度都有显著的负向影响,即提高京津冀的社区金融普惠水平,可以显著降低社区贫困深度。

表 10-22 社区金融普惠对贫困深度的影响

变量	1.9 美元		3.1 美元	
	(1)全国	(2)京津冀	(3)全国	(4)京津冀
社区金融普惠指数	-0.004 1	-0.043 5***	-0.012 5*	-0.073 9***
	(0.004 9)	(0.016 5)	(0.007 3)	(0.024 2)
社区特征				
经济与人口特征	已控制	已控制	已控制	已控制
基础设施与治理	已控制	已控制	已控制	已控制
地理特征	已控制	已控制	已控制	已控制
省份固定效应	已控制	已控制	已控制	已控制
观测值	1 332	120	1 332	120
R-squared	0.228 5	0.378 8	0.385 6	0.474 2

注：*，**，*** 分别表示在 10%、5%、1% 水平显著，括号内为聚类标准误（按省份聚类）。

10.4 小结

本章描述了家庭金融普惠水平与家庭贫困之间的关系，并实证分析金融普惠对家庭贫困、社区贫困的影响。

随着金融普惠水平的提高，京津冀地区的贫困率也逐渐下降，城镇的贫困率要低于农村的贫困率。分项来看：有存款账户的家庭发生贫困的比例要低于没有存款账户的家庭；使用第三方支付的家庭发生贫困的比例要低于没有使用第三方支付的家庭；拥有信用卡账户的家庭发生贫困的比例要低于没有信用卡账户的家庭；获得贷款的家庭发生贫困的比例要低于没有获得贷款的家庭；购买商业保险的家庭发生贫困的比例要低于没有购买商业保险的家庭。

随着社区金融普惠水平的提高，从全国样本来看，无论是从贫困率、贫困强度还是从贫困深度来看，社区贫困水平都会降低；但是，农村社区的贫困问题要比城镇社区更加严重。同时,京津冀的农村社区贫困水平也都会降低,京津冀农村社区的贫困问题要严重于京津冀城镇社区。

实证回归结果显示,在京津冀地区,家庭金融普惠指数显著降低家庭贫困的概率,并且社区金融普惠对社区贫困率也有显著的负向影响。提高京津冀的社区金融普惠水平,不仅可以显著降低社区贫困强度,而且可以显著降低社区贫困深度。

11 京津冀金融普惠和城镇居民失业

2015年10月26日召开的中国共产党第十五届中央委员会第五次全体会议提出了"十三五规划"建议,确立7 000万人全部脱贫和全面实现小康社会的目标。然而,在"三期叠加"期间,我国既面临着改善"供给侧环境机制"的新局面,同时又面临着经济下行压力、就业环境严峻的新形势。联合国在2013年人类发展报告序言中指出:"单纯依靠经济发展并不能自然地转变为人类进步。只有依靠关注教育、营养、健康和工作技能等方面的扶贫政策和旨在提高民众能力的有效投资,才能增加民众获得体面工作的机会,确保人类持续进步。"那么,如何激发微观主体活力、创构经济发展新动力就显得尤为重要。

11.1 京津冀金融普惠和城镇家庭居民失业状况

国内涉及金融和失业(或者就业)之间关系的研究更多立足于宏观数据而展开,主要围绕金融发展和金融危机两个方面加以讨论,得出的基本结论是:金融发展促进就业,金融危机扩大失业。

从金融发展角度,王元月和王青照(2005)认为,金融发展对就业具有重要影响,但是中国金融发展对就业的促进作用并不显著,加快中国金融深化和金融体制改革有助于改善中国的城镇就业状况。刘克崮(2009)提出,我国现行金融体系结构失衡,难以适应千千万万小企业、微企业、个体工商户和农户这类"草根经济体"的融资需求。因此,必须发展与之相适应的"草根金融体系",促进草根经济发展和城乡就业。李巍和蔡纯(2013)研究发现,金融发展会显著提升国内不同省份的就业水平,不同地区之间较为协同的金融发展进程更有利于就业状况的好转。黄英伟和陈永伟(2015)发现,由于融资约束的存在,企业家的就业创造行为会受到阻碍,这不仅会使得均衡失业率提高,而且会延长失业的持续性,使经济在遭受冲击后失业率长期居高不下。金融发展程度的提升可以有效缓解企业家面临的融资约束水平,从而使均衡失业率和失业持续性降低。刘树成等

(2002)发现,在提高和培育居民购买力的过程中,住宅金融创新是关键的一环,通过住宅金融创新,推动城镇住宅业的发展和我国城市化的进程,可以做到以城带乡,以乡促城,实现就业联动。

从金融危机角度,张俊生和吴溪(2014)研究某重点财经院校会计专业2003—2012届毕业生数据发现,外生性的金融危机成为四大会计师事务所对优秀毕业生吸引力的拐点。在金融危机之前,货币性的激励因素对毕业生选择"四大"的倾向并无显著的解释作用,反而是非货币性的激励因素更可能发挥积极作用。金融危机之后,货币性的激励因素则开始显著解释毕业生选择"四大"的倾向,而非货币性激励因素的吸引效果消失。王国静等(2014)利用DSGE模型发现,金融冲击能够解释80%的产出增长波动,进行脉冲反应分析发现,金融冲击会使产出、消费、投资和就业等出现大幅度下降。丁守海(2009)在金融危机背景下发现,更大的就业冲击在危机后期爆发,特别对中西部地区的服务业。还发现2008年金融危机使2009年城镇就业缺口增加1 200万,2 500万农民工失业。黄波和王楚明(2010)发现,2008年金融信用危机导致我国2009—2010年城镇登记失业率大于6.454%的概率是100%。盛来运等(2009)利用国家统计局农民工监测调查的最新数据发现,从长期来看,农民工进城就业依然是解决我国农村劳动力就业问题的主要方向。许宪春等(2011)发现,2008年11月—2009年4月,金融危机通过对外贸易造成我国就业损失1 641.505万人。王德文和蔡昉(2009)发现,金融危机通过外贸和外商直接投资等渠道对中国经济和就业带来了严重的负面影响。曹亚和陈浩(2009)发现,受2008年金融危机影响,农民工的城市就业环境出现恶化,导致大量农民工返乡,直接影响社会的稳定。冯继红(2010)从2009年年初对2 036名河南返乡农民工的调查数据中发现,约1/3民工因金融危机而返乡。

鉴于我国微观数据的缺乏,此前关于失业问题的研究更多基于宏观总量数据而展开,大多关注金融普惠现状和原因的探讨,涉及金融普惠作用的文献很少。本章基于2015年中国家庭金融调查(CHFS)京津冀样本数据,研究金融普惠和京津冀城镇居民失业之间的关系,探寻金融普惠对京津冀城镇居民失业的作用机制,寻求促进城镇居民就业的微观路径。这是对现有文献的一个重要补充。

11.1.1 京津冀城镇居民金融普惠状况

国内外学者对金融普惠的量化研究并没有一致的标准和固定的模式,从金融普惠外延上,卢科维洛夫(Gluokoviezoff,2011)定义有关金融普惠的四个关键领域,即银行交易账户、储蓄、信贷和保险,用欧盟成员国采用银行交易账户、储蓄、信贷和保险的人口份额来衡量金融普惠。世界银行(2005a,2005b)进一步对金融普惠边界进行详细划分,将银行、其他正规金融机构和非正规金融机构提供的金融产品定义为"金融服务",将银行和其他正规金融机构提供的金融产品定义为"金融普惠",将没有任何金融产品定义成"金融排斥"。

我们从储蓄、支付、信贷和商业保险(Demirguc - Kunt and Klapper,2013)四个方面界定金融普惠的外延,将金融普惠定义成"家庭是否使用正规金融账户"哑变量形式,等于1表示有金融账户,等于0表示没有金融账户。表11-1显示了京津冀地区城镇家庭金融普惠状况。表11-1显示,我国城镇居民金融普惠比例是84.81%,京津冀地区城镇居民金融普惠比例是85.21%,高出全国0.40个百分点。在京津冀地区,北京地区最高,达到92.31%,高出全国7.50个百分点,天津和河北城镇居民金融普惠比例分别是80.92%和78.48%,都低于全国平均水平。

表11-1 京津冀城镇居民金融普惠状况 %

地区	城镇居民金融普惠比例	高出全国金融普惠比例
北京	92.31	7.50
天津	80.92	-3.89
河北	78.48	-6.33
京津冀	85.21	0.40
全国	84.81	—

11.1.2 金融普惠和京津冀城镇居民失业率

表11-2显示了包括家庭创业和务农的就业情况。由表11-2可知,

2015年年初,全国城镇居民失业率[①]6.57%,京津冀地区为5.86%,低于全国城镇居民失业率0.71个百分点。在京津冀地区,天津城镇居民失业率最高,达到7.1%,河北[②]最低,为4.55%,北京城镇居民失业率为5.68%。从失业人口[③]上看,我国城镇居民失业人口1 285.3万人,京津冀地区城镇居民失业人口99.3万人,占到全国城镇居民失业总人口的7.7%。京津冀地区中,北京、天津和河北城镇居民失业人口分别是45.5万人、22.6万人和31.2万人,分别占到京津冀地区的45.8%、22.8%和31.4%。

表11-2 金融普惠和京津冀城镇家庭居民失业率

地区	金融普惠居民失业率(%)	非金融普惠居民失业率(%)	整体失业率(%)	失业人口(万人)
北京	4.75	16.77	5.68	45.5
天津	5.42	14.21	7.10	22.6
河北	4.95	3.08	4.55	31.2
京津冀	5.01	10.77	5.86	99.3
全国	5.99	9.81	6.57	1 285.3

---

① 根据2015年CHFS问卷中的问题"为什么没有工作? 1.在校学生 2.操持家务 3.丧失劳动能力者 4.季节性工作 5.失业或者没有找到工作 6.不愿意或者不需要工作 7.离休或退休 8.临时解雇,等待返回原工作 10.其他",我们在计算失业率时根据中国统计局城镇登记失业率的计算口径,在劳动人口中扣除掉了在校学生、丧失劳动能力者和离休或退休人口,在男性法定工作年龄(16岁,59岁)、女性法定工作年龄(16岁,54岁)的样本下进行统计计算,重点关注劳动市场中"失业或者没有找到工作"和"不愿意或者不需要工作"的失业情况。

② 河北在京津冀地区中失业率偏低,我们考虑是受居民就业中"务农"的影响,因为在CHFS问卷中是将务农作为有工作设定的。根据2015年CHFS数据统计得知,北京、天津、河北和京津冀地区城镇居民的务农率分别是0.40%、0.70%、11.64%和3.24%;北京、天津、河北和京津冀地区城镇金融普惠居民的务农率分别是0.39%、0.65%、8.25%和2.25%;北京、天津、河北和京津冀地区城镇非金融普惠居民的务农率分别是0.44%、0.80%、24.61%和9.27%。可以看出,河北城镇金融普惠居民和非金融普惠居民失业率的差距为正值,也是受这方面的影响。计算得知,河北非金融普惠居民的务农率高于金融普惠居民16.36个百分点。

③ 《中国统计年鉴(2015)》显示,全国、北京、天津和河北2014年年末城镇就业人口分别是18 277.8万、755.9万、295.5万和656.2万,结合2015年CHFS数据统计的失业率,倒算出全国、北京、天津和河北2014年年末城镇经济活动人口是19 563.1万、801.4万、318.1万和687.5万。

2013年中国共产党第十八届中央委员会第三次全体会议正式提出,"发展普惠金融。鼓励金融创新,丰富金融市场层次和产品"。"普惠金融"第一次被正式写入党的决议之中,并作为全面深化金融改革的内容之一。戴莫古克和克拉珀(Demirguc and Klapper,2013)研究发现,中国有36%的成年人没有正规金融机构账户,中国最穷的20%人该比例是41%,最富的20%人该比例是27%。20世纪90年代以来,由于我国银行业发生巨大的制度变迁,网点规模大幅度下降,金融机构逐渐向经济中心区集中,加剧了金融机构布局和服务的不平衡。所以,尽管现代金融日趋多元化、网络化和综合化,金融领域仍然存在无法触及的盲点,家庭获得金融产品和服务仍然存在障碍,金融排斥的现象还广泛存在(许圣道等,2008;李涛等,2010;田霖,2011;董晓林等,2012;王修华等,2013)。表11-2也显示,全国非金融普惠城镇居民失业率高出金融普惠城镇居民3.82个百分点,京津冀地区的这种差距高达5.76%。在京津冀地区中,北京地区的差距最大,为12.02%;其次是天津,为8.79%;河北地区,由于非金融普惠城镇居民务农率高(城镇居民失业率计算时,将务农居民作为经济活动人口中的就业人口加以统计),因此该差距为负值。

所以,在京津冀探究金融普惠影响城镇居民失业的微观机制,推行普惠金融,降低城镇居民失业水平,促进就业,提升京津冀地区经济增长,既有理论意义,又有现实意义。

11.1.3　金融普惠和京津冀城镇居民人力资本

金融是资源配置的中介,金融普惠程度将通过影响教育投资、健康投资等人力资本投资的不同维度对社会群体失业或就业情况产生影响。舒尔茨(Schultz,1961)将人力资本定义为人的素质,是对人投资形成的资本,具体表现为人的知识、技能、资历和数量程度,人们增加教育、健康和迁移方面的投资能够增加取得更好工作机会的优势。贝克尔(Becker,1962)首次将人力资本投资划分为教育、在职培训、健康、迁移等不同形式,在一定程度上分析了人力资本投资的结构问题,指出有能力的人比其他人获得更多的教育和其他各种培训。

巴罗和李(Barro and Lee,1993a,1993b)用受教育年限衡量人力资本。

肯德里克(Kendrick,1976)采取成本法测量人力资本,认为人力资本分成两部分:一部分是有形人力资本,主要包括孩子的养育费用;一部分是无形人力资本,主要包括教育培训、医疗、健康和安全以及劳动力流动等方面的支出。乔根森和弗劳梅尼(Jorgenson and Fraumeni,1989)提出的以估算终生收入为基础的J-F法是目前在国际上广泛使用的方法。李海峥等(2010)运用并改进了J-F法,计算了1985—2007年中国人力资本年度总量及相应的年度人均人力资本,构建了中国人力资本指数。我们用城镇居民受教育年限度量居民人力资本[①]。

表11-3显示了我国和京津冀地区城镇居民人力资本情况。2015年全国城镇居民人力资本平均为11.04年,金融普惠城镇居民人力资本高出非金融普惠城镇居民2.79年。从京津冀样本看,城镇居民平均人力资本12.42年,北京地区最高,达到13.43年,河北地区最低,为11.07年。京津冀地区金融普惠城镇居民、非金融普惠城镇居民的平均人力资本分别是12.90年和9.67年,金融普惠居民超过非金融普惠居民3.23年;北京、天津和河北的金融普惠居民平均人力资本分别高出非金融普惠居民2.70年、2.21年和3.76年。在金融普惠居民中,北京地区城镇居民平均人力资本最高,达到13.64年,河北城镇居民平均人力资本最低,为11.88年;在非金融普惠居民中,北京地区城镇居民平均人力资本最高,达到10.94年,河北地区最低,为8.12年。

表11-3 金融普惠和京津冀城镇居民人力资本　　　　年

区域	金融普惠城镇居民人力资本	非金融普惠城镇居民人力资本	整体
北京	13.64	10.94	13.43
天津	12.54	10.33	12.12
河北	11.88	8.12	11.07
京津冀	12.90	9.67	12.42
全国	11.46	8.67	11.04

---

① 问卷中受教育程度选项为:没上过学、小学、初中、高中、中专、大专、大学本科、硕士研究生和博士研究生,我们将其折算为教育年限(年),分别为0、6、9、12、13、15、16、19、22。

11.1.4 金融普惠和京津冀城镇家庭人力资本投资

根据 CHFS 数据的特点,借鉴肯德里克(Kendrick,1976)成本法思路,我们参考张银和李燕萍(2010)将人力资本包括知识资本和健康资本的方法,用家庭在教育文娱方面的支出度量家庭人力资本投资[①]。教育文化娱乐服务支出是指调查户用于教育和文化娱乐方面的支出,包括教材及参考书费、学杂费、托幼费、成人教育费以及其他教育费用。

表 11-4 显示了我国和京津冀家庭人力资本投资情况。2015 年,我国城镇家庭平均人力资本投资为 3 886 元,金融普惠城镇家庭人力资本投资超出非金融普惠城镇家庭人力资本投资 2 125 元。京津冀城镇家庭平均人力资本投资 5 038 元,北京地区最高,达到 7 651 元,天津地区最低,为 2 267元。京津冀金融普惠城镇家庭、非金融普惠城镇家庭的平均人力资本投资分别是 5 664 元和 1 723 元,金融普惠城镇家庭超过非金融普惠城镇家庭3 941元;北京、天津和河北的金融普惠城镇家庭平均人力资本投资分别高出非金融普惠城镇家庭 5 298 元、1 498 元和 3 004 元。在金融普惠城镇家庭中,北京地区平均人力资本投资最高,达到 8 077 元,天津平均人力资本投资最低,仅仅为 2 559 元;在非金融普惠城镇家庭中,北京地区平均人力资本投资最高,达到 2 779 元,天津地区最低,为 1 061 元。

表 11-4 金融普惠和京津冀城镇家庭人力资本投资　　　　元

区域	金融普惠家庭人力资本投资	非金融普惠家庭人力资本投资	整体
北京	8 077	2 779	7 651
天津	2 559	1 061	2 267
河北	4 853	1 849	4 049
京津冀	5 664	1 723	5 038
全国	4 239	2 114	3 886

---

① 2015 年 CHFS 问卷中有关人力资本投资的问题是:"去年,您家在教育培训上一共支出了多少钱?(包括在职培训、上学、上兴趣班、留学、健身费以及教材、器材费等)(单位:元)"。

11.2 京津冀金融普惠对城镇居民失业的影响

11.2.1 金融普惠和家庭就业的模型设定

为考察金融普惠对京津冀城镇居民失业的影响及其微观机制,我们首先分析金融普惠对京津冀城镇居民失业的影响,然后分析金融普惠对城镇居民人力资本、城镇家庭人力资本投资的影响。本章将模型设定为:

$$\text{Prob}(Y_i = 1 \mid X_i) = \text{Prob}(\alpha \text{Financial\_inclusion} + X_i\beta + \mu_i > 0 \mid X_i) \quad (11-1)$$

其中

$$\mu_i \sim N(0, \sigma^2)$$

模型中:Y_i作为被解释变量,指京津冀城镇居民失业;Financial_inclusion等于1为有金融账户,等于0为没有金融账户,表示金融普惠,是我们关注的变量;X_i是控制变量,包括居民特征变量、家庭特征变量、宏观经济变量、省份固定效应和职业固定效应等。

为考察金融普惠对京津冀城镇居民失业影响的微观机制,我们分析金融普惠对京津冀城镇居民人力资本的影响,本章将模型设定为:

$$\text{Human\_capital} = \delta \text{Financial\_inclusion} + X_i\lambda + v_i \quad (11-2)$$

其中

$$\mu_i \sim N(0, \sigma^2)$$

模型中:被解释变量Human_capital为京津冀城镇居民受教育年限,代表城镇居民人力资本水平;Financial_inclusion等于1为有金融账户,等于0为没有金融账户,表示金融普惠,是我们关注的变量;X_i是控制变量,包括居民特征变量、家庭特征变量、宏观经济变量、省份固定效应和职业固定效应等。

为进一步考察金融普惠对京津冀城镇居民失业影响的微观机制,我们还分析金融普惠对家庭人力资本投资的影响。本章将模型设定为:

$$\text{Capital\_expenditure} = \delta \text{Financial\_inclusion} + Z_i\eta + \mu_i \quad (11-3)$$

其中

$$\mu_i \sim N(0,\sigma^2)$$

模型中：被解释变量 Capital_expenditure 为家庭人力资本投资；Financial_inclusion 等于 1 为有金融账户，等于 0 为没有金融账户，表示金融普惠，是我们关注的变量；Z_i 是控制变量，包括户主特征变量、家庭特征变量、宏观经济变量、省份固定效应和职业固定效应等。

11.2.2 金融普惠和家庭就业之间内生性讨论

金融普惠和京津冀城镇居民失业模型中，金融普惠和城镇居民失业之间可能存在反向因果、遗漏变量等原因导致的内生性问题。首先，因为失业的居民持有更少的金融账户，如没有工资卡，而且居民没有稳定的工作收入，就可能很少以金融账户的形式储蓄。其次，可能存在遗漏变量导致的内生性问题，如居民工作能力就很难用变量来度量。工作能力可能同时影响失业和金融普惠，从而导致估计偏误。为此，我们选择工具变量进行两阶段估计，以解决可能的内生性问题而引起的估计偏误。我们选择"社区附近金融机构数量"作为金融普惠的工具变量。一般而言，家庭社区附近金融机构数量越多，该家庭的金融普惠水平就越高，家庭持有金融账户就越多，因而"社区附近金融机构数量"和家庭金融普惠是密切相关的。另一方面，失业是居民个人的行为，"社区附近金融机构数量"与居民失业并没有直接的相关性。因此，我们选取"社区附近金融机构数量"作为金融普惠的工具变量是合适的。

11.2.3 金融普惠对京津冀城镇居民失业的影响

表 11-5 第(1)(2)列分别报告了金融普惠对京津冀城镇居民失业影响的 Probit、Ivprobit 回归结果，针对金融普惠和京津冀城镇居民失业之间可能存在的内生性问题，我们选择工具变量进行两阶段估计。在对工具变量检验的第一阶段估计中，F 值为 15.99，超过 F 值等于 10 的经验值（Stock and Yogo，2005），说明不存在弱工具变量问题，我们又估计出"社区附近金融机构数量"和"金融普惠"有 -0.236 7 的显著相关性，但是表 11-5 中 (2)列回归结果没有通过 Wald 内生性检验。这表明，金融普惠和城镇居民

失业的内生性问题并不严重,所以,Probit 估计的边际效应是无偏估计量。从表 11-5 中(1)报告结果可知,京津冀金融普惠城镇居民比非金融普惠城镇居民的失业概率显著下降 1.7%。

从表 11-5(1)列其他变量的影响来看,城镇居民年龄提高 1 岁,其失业概率显著下降 0.7% 的概率;城镇共产党员居民比非共产党员居民显著降低 5.6% 的概率;家庭孩子数量增加 1 个,城镇居民失业显著下降 2.8% 的概率;家庭非劳动收入增加 1%,城镇居民失业显著下降 0.3% 的概率;家庭有房产或车产城镇居民比无房产或车产城镇居民失业显著下降 1.9% 的失业概率;河北城镇居民比北京、天津居民显著下降 5.7% 的概率(主要是河北城镇居民有较高务农率的缘故)。城镇男性居民比女性居民显著上升 1.7% 的失业概率。婚姻状况、家庭规模、家庭老人数量、GDP、金融发展水平对京津冀城镇居民失业没有显著的影响。

表 11-5 金融普惠对京津冀城镇居民失业的影响

被解释变量:城镇居民失业	(1) Probit	(2) Ivprobit
金融普惠	-0.017*	-0.203
	(0.010)	(0.217)
年龄	-0.007***	-0.007***
	(0.003)	(0.003)
年龄平方/100	0.009***	0.009**
	(0.003)	(0.004)
男性	0.017**	0.021**
	(0.001)	(0.009)
共产党员	-0.056***	-0.054***
	(0.016)	(0.020)
已婚	-0.002	0.001
	(0.009)	(0.011)
家庭规模	0.005	0.007
	(0.001)	(0.004)

— 298 —

续表

被解释变量:城镇居民失业	(1) Probit	(2) Ivprobit
家庭老人数量	-0.007 (0.007)	-0.009 (0.003)
家庭孩子数量	-0.028*** (0.007)	-0.039*** (0.014)
家庭非劳动收入	-0.003*** (0.001)	-0.000 (0.003)
家庭是否有房产或车产	-0.019** (0.008)	-0.008 (0.022)
GDP	0.011 (0.011)	0.021 (0.015)
金融发展水平	0.000 (0.001)	0.002 (0.003)
北京	-0.013 (0.016)	-0.007 (0.019)
河北	-0.057*** (0.021)	-0.074*** (0.026)
观测值	4 270	3 883
Wald 值	161.64***	231.48***
内生性检验 Wald 值		1.03
p 值		0.311
第一阶段 F 值		15.99***
R^2/Pseudo R^2	0.089	

注:*,**,***分别表示在10%,5%,1%水平显著,括号内为聚类异方差稳健标准误(按家庭聚类分析,避免异方差和组内自相关),表内报告的是估计结果的边际效应。同时,我们控制了省域和职业固定效应。

11.2.4 金融普惠对京津冀城镇居民人力资本的影响

表11-6(1)(2)列分别报告了金融普惠对京津冀城镇居民人力资本影响的OLS、2SLS的回归结果,针对金融普惠和京津冀城镇居民人力资本之间可能存在的内生性问题,我们选择工具变量进行两阶段估计。在对工具变量检验的第一阶段估计中,F值为10.919,超过F值等于10的经验值,说明不存在弱工具变量问题,但是表11-6中(2)列回归结果没有通过DWH内生性检验,可以看出金融普惠和城镇居民人力资本之间并不存在显著的内生性问题。所以,OLS估计的系数是无偏估计量。从表11-6中(1)列报告结果可知,京津冀金融普惠的城镇居民较非金融普惠的城镇居民显著提高19.7%的人力资本水平,说明京津冀金融普惠城镇居民有了更高的教育水平,继而降低了城镇居民失业水平。

从表11-6(1)列其他变量的影响来看,京津冀城镇居民的年龄、共产党员、家庭是否有房产或车产、GDP及河北地区对城镇居民人力资本有显著的正向影响;已婚、家庭规模、家庭老人数量对城镇居民人力资本有显著的负向影响;男性、家庭孩子数量、家庭非劳动收入、金融发展水平和北京对城镇居民人力资本没有显著的影响。

表11-6 金融普惠对京津冀城镇居民人力资本的影响

被解释变量:城镇居民人力资本	(1) OLS	(2) 2SLS
金融普惠	0.197*** (0.038)	0.945* (0.526)
年龄	0.016*** (0.003)	0.008 (0.008)
年龄平方/100	-0.020*** (0.007)	-0.010 (0.010)
男性	-0.013 (0.010)	-0.011 (0.012)
共产党员	0.126*** (0.013)	0.110*** (0.021)

续表

被解释变量:城镇居民人力资本	(1) OLS	(2) 2SLS
已婚	-0.042***	-0.054***
	(0.016)	(0.021)
家庭规模	-0.033***	-0.031**
	(0.001)	(0.014)
家庭老人数量	-0.077***	-0.068**
	(0.028)	(0.034)
家庭孩子数量	0.002	0.034
	(0.020)	(0.033)
家庭非劳动收入	0.002	-0.010
	(0.020)	(0.009)
家庭是否有房产或车产	0.097***	0.026
	(0.021)	(0.060)
GDP	0.087***	0.069*
	(0.029)	(0.037)
金融发展水平	0.001	-0.006
	(0.003)	(0.006)
北京	0.033	0.037
	(0.023)	(0.030)
河北	0.075***	0.087***
	(0.027)	(0.033)
观测值	4 270	3 883
F值/Wald值	38.40***	479.28***
内生性检验 DWH 值		2.398
p 值		0.122
第一阶段 F 值		10.919***
R^2	0.286	0.031

注:*,**,*** 分别表示在10%,5%,1%水平显著,括号内为聚类异方差稳健标准误(按家庭聚类分析,避免异方差和组内自相关)。同时,我们控制了省域和职业固定效应。

11.2.5 金融普惠对京津冀城镇家庭人力资本投资的影响

表 11-7(1)(2)列分别报告了金融普惠对京津冀城镇家庭人力资本投资影响的 OLS、2SLS 的回归结果,针对金融普惠和京津冀城镇家庭人力资本投资之间可能存在的内生性问题,我们选择工具变量进行两阶段估计。在对工具变量检验的第一阶段估计中,F 值为 12.011,超过 F 值等于 10 的经验值,说明不存在弱工具变量问题,表 11-7 中(2)列回归结果显示通过 DWH 内生性检验,这说明,金融普惠和京津冀城镇家庭人力资本投资之间的确存在内生性问题,OLS 估计的系数是有偏估计量。从表 11-7 中(2)列报告结果可知,京津冀金融普惠城镇家庭较非金融普惠城镇家庭显著提高 5.61 倍的人力资本投资,说明金融普惠促进了京津冀城镇家庭更高的人力资本投资,降低了城镇居民失业水平。

从表 11-7(2)列其他变量的影响来看,京津冀城镇家庭的户主年龄、家庭规模和家庭孩子数量对城镇家庭人力资本投资有显著的正向影响;户主已婚和 GDP 对城镇家庭人力资本投资有显著的负向影响;户主男性、户主共产党员、家庭老人数量、家庭非劳动收入、金融发展水平、北京和河北对城镇家庭人力资本投资没有显著的影响。

表 11-7 金融普惠对京津冀城镇家庭人力资本投资的影响

被解释变量:城镇家庭人力资本投资	(1) OLS	(2) 2SLS
金融普惠	0.916*** (0.161)	5.614* (2.992)
户主年龄	0.101*** (0.026)	0.134*** (0.039)
户主年龄平方/100	-0.114*** (0.073)	-0.135*** (0.031)
户主男性	0.108 (0.135)	-0.126 (0.175)
户主共产党员	0.108 (0.135)	-0.149 (0.257)

续表

被解释变量:城镇家庭人力资本投资	(1) OLS	(2) 2SLS
户主已婚	-0.411** (0.197)	-0.495* (0.254)
家庭规模	0.373*** (0.080)	0.362*** (0.098)
家庭老人数量	0.094 (0.102)	0.084 (0.123)
家庭孩子数量	1.607*** (0.181)	1.786*** (0.249)
家庭非劳动收入	0.026 (0.021)	-0.066 (0.065)
家庭是否有房产或车产	0.438** (0.176)	0.068 (0.287)
GDP	-0.739*** (0.253)	-1.140*** (0.433)
金融发展水平	0.072** (0.028)	0.074 (0.057)
北京	0.335 (0.244)	0.235 (0.343)
河北	-0.179 (0.277)	0.207 (0.399)
观测值	3 144	2 859
F值/Wald值	41.64***	595.88***
内生性检验DWH值		15.855***
p值		0.000
第一阶段F值		12.011***
R^2	0.233	0.069

注:*,**,***分别表示在10%,5%,1%水平显著,括号内为聚类异方差稳健标准误(按社区聚类分析,避免异方差和组内自相关)。同时,我们控制了省域和职业固定效应。

11.3 北京、天津和河北金融普惠对城镇居民失业的影响

为了分析京津冀三地分样本下金融普惠对城镇居民失业的影响,表11-8、表11-9和表11-10分别显示了北京、天津和河北三个地区金融普惠对城镇居民失业的估计结果,具体分析如下。

11.3.1 金融普惠对北京城镇居民失业的影响

表11-8(1)列显示,北京金融普惠城镇居民比非金融普惠城镇居民的失业概率显著下降4.2%。从其他变量来看,北京地区城镇居民共产党员、已婚、家庭孩子数量和家庭非劳动收入显著降低城镇居民失业概率。北京地区其他变量对城镇居民失业没有显著的影响。

表11-8 金融普惠对北京城镇居民失业的影响

被解释变量:城镇居民失业	(1) Probit	(2) Ivprobit
金融普惠	-0.042** (0.019)	-0.970** (0.392)
年龄	-0.005 (0.005)	0.007 (0.011)
年龄平方/100	0.006 (0.019)	-0.008 (0.014)
男性	0.014 (0.012)	0.008 (0.019)
共产党员	-0.037*** (0.022)	-0.017 (0.033)

续表

被解释变量:城镇居民失业	(1) Probit	(2) Ivprobit
已婚	-0.029** (0.015)	-0.010 (0.026)
家庭规模	0.005 (0.007)	-0.016 (0.022)
家庭老人数量	-0.014 (0.014)	-0.050 (0.030)
家庭孩子数量	-0.030** (0.015)	-0.030 (0.032)
家庭非劳动收入	-0.003* (0.002)	0.014* (0.008)
家庭是否有房产或车产	-0.020 (0.014)	-0.016 (0.029)
观测值	1 545	1 274
Wald 值	70.52***	296.89***
内生性检验 Wald 值		3.82**
p 值		0.050
第一阶段 F 值		2.34***
R^2/Pseudo R^2	0.093	

注:*,**,***分别表示在10%,5%,1%水平显著,括号内为聚类异方差稳健标准误(按家庭聚类分析,避免异方差和组内自相关),表内报告的是估计结果的边际效应。同时,我们控制了职业固定效应。

11.3.2 金融普惠对天津城镇居民失业的影响

表11-9(1)列显示,天津金融普惠城镇居民比非金融普惠城镇居民的失业概率显著下降5.3%。从其他变量来看,天津地区城镇居民年龄、共产党员、已婚、家庭孩子数量和家庭非劳动收入显著降低城镇居民失业概率,天津地区城镇居民家庭规模显著提高城镇居民失业概率,天津地区其他变

量对城镇居民失业没有显著的影响。

表11-9　金融普惠对天津城镇居民失业的影响

被解释变量:城镇居民失业	（1）Probit	（2）Ivprobit
金融普惠	-0.053*** (0.020)	-0.540 (0.725)
年龄	-0.010* (0.005)	-0.009 (0.007)
年龄平方/100	0.013** (0.007)	0.011 (0.011)
男性	0.023 (0.016)	0.012 (0.024)
共产党员	-0.100*** (0.038)	-0.068 (0.075)
已婚	0.018 (0.019)	0.040 (0.041)
家庭规模	0.009** (0.005)	0.001 (0.016)
家庭老人数量	-0.011 (0.015)	-0.009 (0.019)
家庭孩子数量	-0.038*** (0.014)	-0.059*** (0.030)
家庭非劳动收入	-0.003*** (0.001)	0.008 (0.016)
家庭是否有房产或车产	-0.001 (0.002)	0.022 (0.070)
观测值	1 084	1 055
Wald值	59.92***	340.41***

续表

被解释变量:城镇居民失业	(1) Probit	(2) Ivprobit
内生性检验 Wald 值		0.44
p 值		0.509
第一阶段 F 值		4.59***
R^2/Pseudo R^2	0.111	

注:*,**,*** 分别表示在10%,5%,1%水平显著,括号内为聚类异方差稳健标准误(按家庭聚类分析,避免异方差和组内自相关),表内报告的是估计结果的边际效应。同时,我们控制了职业固定效应。

11.3.3 金融普惠对河北城镇居民失业的影响

表 11-10(1)列显示,金融普惠对河北城镇居民失业没有显著的影响。从其他变量来看,河北地区城镇居民年龄、共产党员、家庭孩子数量、家庭非劳动收入和家庭是否有房产或车产显著降低城镇居民失业概率,河北地区城镇居民家庭规模显著提高城镇居民失业概率,河北地区其他变量对城镇居民失业没有显著的影响。

表 11-10 金融普惠对河北城镇居民失业的影响

被解释变量:城镇居民失业	(1) Probit	(2) Ivprobit
金融普惠	0.021 (0.013)	0.202 (0.202)
年龄	-0.007* (0.003)	-0.012* (0.007)
年龄平方/100	0.008* (0.003)	0.014 (0.009)
男性	0.013 (0.011)	0.023 (0.017)

续表

被解释变量:城镇居民失业	(1) Probit	(2) Ivprobit
共产党员	-0.068*	-0.099
	(0.035)	(0.065)
已婚	0.014	0.019
	(0.013)	(0.019)
家庭规模	-0.001	-0.001
	(0.005)	(0.008)
家庭老人数量	0.009	0.017
	(0.009)	(0.016)
家庭孩子数量	-0.018**	-0.018
	(0.009)	(0.014)
家庭非劳动收入	-0.002*	-0.006
	(0.001)	(0.004)
家庭是否有房产或车产	-0.018*	-0.060
	(0.011)	(0.048)
观测值	1 607	1 547
Wald 值	69.38***	103.54***
内生性检验 Wald 值		1.70
p 值		0.192
第一阶段 F 值		11.85***
R^2/Pseudo R^2	0.108	

注:*,**,***分别表示在10%,5%,1%水平显著,括号内为聚类异方差稳健标准误(按家庭聚类分析,避免异方差和组内自相关),表内报告的是估计结果的边际效应。同时,我们控制了职业固定效应。

11.4 稳健性检验

表 11-11(1)列显示,上下删除5%样本,京津冀金融普惠城镇居民比非金融普惠城镇居民的失业概率显著下降1.8%。从其他变量来看,京津冀地区城镇居民年龄、共产党员、已婚、家庭孩子数量、家庭非劳动收入、家庭是否有房产或车产及河北地区显著降低城镇居民失业概率,京津冀地区城镇居民男性和家庭规模显著提高城镇居民失业概率,京津冀地区其他变量对城镇居民失业没有显著的影响。表 11-5、表 11-8 和表11-9 和表 11-10为回归结果的稳健性。

表 11-11 稳健性检验:金融普惠对京津冀城镇居民失业的影响

被解释变量:城镇居民失业	(1) Probit	(2) Ivprobit
金融普惠	-0.018* (0.010)	-0.197 (0.233)
年龄	-0.007*** (0.003)	-0.006*** (0.003)
年龄平方/100	0.009*** (0.003)	0.008* (0.004)
男性	0.021** (0.008)	0.025*** (0.009)
共产党员	-0.056*** (0.017)	-0.054*** (0.020)
已婚	-0.002 (0.009)	0.002 (0.011)
家庭规模	0.006* (0.003)	0.008* (0.004)

续表

被解释变量:城镇居民失业	(1) Probit	(2) Ivprobit
家庭老人数量	-0.008 (0.007)	-0.012 (0.011)
家庭孩子数量	-0.028*** (0.007)	-0.038*** (0.015)
家庭非劳动收入	-0.003*** (0.001)	-0.000 (0.003)
家庭是否有房产或车产	-0.020** (0.008)	-0.009 (0.024)
GDP	0.013 (0.011)	0.023 (0.017)
金融发展水平	0.000 (0.001)	0.001 (0.003)
北京	-0.009 (0.017)	-0.002 (0.020)
河北	-0.058*** (0.021)	-0.075*** (0.027)
观测值	4 048	3 702
Wald 值	161.16***	223.29***
内生性检验 Wald 值		0.82
p 值		0.365
第一阶段 F 值		17.11***
R^2/Pseudo R^2	0.090	

注:*,**,***分别表示在10%,5%,1%水平显著,括号内为聚类异方差稳健标准误(按家庭聚类分析,避免异方差和组内自相关),表内报告的是估计结果的边际效应。同时,我们控制了省域和职业固定效应。

11.5　小结

在京津冀地区,金融普惠城镇居民比非金融普惠城镇居民失业概率显著下降 1.7%。进一步研究发现,金融普惠城镇居民人力资本显著超出非金融普惠城镇居民 19.7%,金融普惠城镇家庭人力资本投资显著超出非金融普惠城镇家庭 5.61 倍。因此,金融普惠可以通过提高城镇居民人力资本的途径,降低城镇居民失业水平。

北京金融普惠城镇居民比非金融普惠城镇居民的失业概率显著下降 4.2%。天津金融普惠城镇居民比非金融普惠城镇居民的失业概率显著下降 5.3%。金融普惠对河北城镇居民失业没有显著的影响。

上下删除 5% 样本,京津冀金融普惠城镇居民比非金融普惠城镇居民的失业概率显著下降 1.8%。因此,金融普惠对失业的影响是稳健的。

家庭作为重要的微观主体,在新形势下,完善自身人力资本结构,提高自身就业能力,避免"失业回滞",必将成为经济发展的新动力源。一方面,金融普惠不仅能够促进家庭金融市场参与,而且有利于普及家庭金融知识,完善家庭人力资本结构,从而形成提升家庭就业、再就业能力的长期信息共享机制。另一方面,金融普惠还能够促进家庭人力资本投资,形成家庭长期就业、再就业的人力资本积累机制。所以,在京津冀地区推行金融普惠,能够增加城镇家庭教育或培训支出,提高城镇居民人力资本水平,减少城镇居民失业,进而降低京津冀家庭失业率,减少家庭贫困,促进京津冀家庭共享发展。

12 京津冀金融普惠和家庭创业

熊彼特(Schumpeter,1934)指出,企业家的创业和创新活动是经济发展的关键,而金融的核心功能是筛选出具有创业和创新精神的企业家并为其提供信贷资金,帮助企业家以创新性的要素组合方式促进经济发展。根据中华全国工商业联合会(2007—2015)私营企业数据统计,2007—2014年,我国私营企业个数增长率分别是10.8%,9.0%,12.6%,14.2%,14.4%,12.2%,15.5%,23.3%;截至2015年6月底,我国私营企业个数达到1 879.8万个,较2014年同期增长36.4%,已占到全国企业总数的87.2%,创业群体日益扩大。中国共产党第十八届中央委员会第三次全体会议将"完善扶持创业的优惠政策,形成政府激励创业、社会支持创业、劳动者勇于创业新机制"作为推进我国社会事业改革创新的重要内容。2015年3月17日,在第十三届全国人民代表大会第三次会议政府工作报告中,李克强总理更是将"大众创业、万众创新"作为推动我国经济发展调速不减势、量增质更优、提质增效升级的重要引擎。

然而,全球创业观察组织GEM公布的2014年全球创业调查数据显示,我国生存型创业(A Necessity - driven Entrepreneur)比例是33.2%,排名第12位,机会型创业(An Opportunity - driven Entrepreneur)比例是65.7%,排名第48位。这说明尽管我国已经突破"要素驱动经济体"(Factor - driven Economies),但目前仍然处于由生存型创业向机会型创业的过渡阶段(罗凯,2009),属于"效率驱动经济体"(Efficiency - driven Economies),创业质量并不高,很多家庭还是因为"没有更多的机会获得生存资源而创业",与以"挣更多钱和获得更多独立性"促进型创业(An Improvement - driven Entrepreneur)为典型特征的"创新驱动经济体"(Innovation - driven Economies)[①]相比,提升创业质量,迈向"创新驱动经济体"的目标任重而道远。

---

① 全球创业观察组织(2014)将拉丁美洲和加勒比海地区的波多黎各、特立尼达和多巴哥,亚太地区的澳大利亚、日本、新加坡、中国台湾、卡塔尔,欧盟成员国,非欧盟欧洲国家挪威、瑞士,北美地区加拿大和美国定义为"创新驱动经济体"。

12.1 金融普惠和家庭创业状况

世界银行《2014年全球金融发展报告》强调,普惠金融具有潜在的变革力量,普惠金融体系为个人或企业提供更大的资源,用于满足他们的金融需求,如为创业融通资金等。据世界银行2014年调查,61%的受访者认为家庭获得基本金融服务是一个很重要的问题。2013年中国共产党第十八届中央委员会第三次全体会议正式提出,"发展普惠金融。鼓励金融创新,丰富金融市场层次和产品"(《中共中央关于全面深化改革若干重大问题的决定》,第三部分第12条)。"普惠金融"第一次被正式写入党的决议之中,并作为全面深化金融改革的内容之一。莱申和思里夫特(Leyshon and Thrift,1995)认为,英国金融系统的演化就是金融排斥(Financial Exclusion)和金融普惠(Financial Inclusion)交错关联的过程,因为银行停业或网点收缩,生活在农村地区或劣势地区的家庭面临着金融服务困难。戴莫古克和克拉珀(Demirguc and Klapper,2013)研究发现,中国有36%的成年人没有正规金融机构账户,中国最穷的20%的人该比例是41%,最富的20%的人该比例是27%。根据彭宝玉、李小建(2009)的研究,1996—2006年,我国银行网点人口密度从每万人1.46个下降到0.61个;我国东部四大国有银行机构网点占全国比重从35.91%上升到43.17%,中部从27.75%下降到21.61%,西部也下降近2个百分点。1990年以来,由于我国银行业发生巨大的制度变迁,网点规模大幅度下降,金融机构逐渐向经济中心区集中,加剧了金融机构布局和服务的不平衡。所以,尽管现代金融日趋多元化、网络化和综合化,金融领域仍然存在无法触及的盲点,家庭获得金融产品和服务仍然存在障碍,金融排斥现象广泛存在(许圣道等,2008;李涛等,2010;田霖,2011;董晓林等,2012;王修华等,2013)。

为了便于比较和分析,我们将2014年世界银行报告的148个国家或地区数据和2014年全球创业观察组织报告的70个国家或地区数据进行匹配,完全匹配上的国家和地区共62个。表12-1描述了62个国家和地区持有正规金融机构账户比例及排名,中国以 63.82% 的正规金融账户持有比例排名第 33 位,与持有比例最高的丹麦相差近 36 个百分点,与欧盟及澳洲、北美洲等地的国家持有比例相比也有很大的差距,说明中国家庭面临严重的金融排斥。从表 12-1 中我们还可以看出,我国创业金融可得(The Availability of Financial Resources for SMES)仅仅为 2.59%,排名第 29 位。较低的金融资源可得性直接阻碍我国家庭创业选择和创业质量的提高。所以,探究金融排斥、影响家庭创业的微观机制,推行普惠金融,鼓励大众创业,以创业带动就业,提升经济增长内劲,既有理论意义,又具有现实意义。

表 12-1 2014 年世界国家和地区创业金融可得、生存型创业和机会型创业比较

国家/地区	普惠金融 比例	普惠金融 排名	创业金融可得 比例	创业金融可得 排名	生存型创业 比例	生存型创业 排名	机会型创业 比例	机会型创业 排名
丹麦	99.74	1	2.73	20	5.4	62	91.1	1
芬兰	99.65	2	2.82	14	15.6	51	81.1	15
澳大利亚	99.06	3	2.34	39	17.6	44	81.5	13
瑞典	98.99	4	2.63	26	7.9	61	84.2	6
荷兰	98.66	5	2.81	15	15.7	50	80.4	19
新加坡	98.22	6	3.56	1	11.4	59	84.3	5
德国	98.13	7	2.84	13	23.3	32	75.8	28
英国	97.20	8	2.77	16	12.9	56	83.6	7
斯洛文尼亚	97.14	9	2.33	40	25.5	30	64.2	51
奥地利	97.08	10	2.51	31	11.0	60	81.7	12
法国	96.98	11	2.77	17	16.1	48	82.0	11
爱沙尼亚	96.82	12	2.86	12	15.1	52	74.5	30
日本	96.42	13	3.01	7	18.8	41	76.2	27
加拿大	95.80	14	3.10	4	15.7	49	76.3	26
卢森堡	94.59	15	2.76	19	11.8	58	85.4	4
爱尔兰	93.89	16	2.87	11	29.7	19	68.4	42
西班牙	93.28	17	2.14	53	29.8	18	66.1	46
克罗地亚	88.39	18	2.32	41	46.6	3	51.3	60

续表

国家/地区	普惠金融 比例	普惠金融 排名	创业金融可得 比例	创业金融可得 排名	生存型创业 比例	生存型创业 排名	机会型创业 比例	机会型创业 排名
美国	87.96	19	2.99	8	13.5	54	81.5	14
中国台湾	87.31	20	2.98	9	13.3	55	86.7	2
葡萄牙	81.23	21	2.73	21	27.4	27	71.3	34
斯洛伐克	79.58	22	2.73	22	32.6	13	70.1	38
希腊	77.94	23	2.11	54	34.8	8	61.5	52
匈牙利	77.26	24	2.63	27	33.2	11	64.7	50
特多	75.92	25	2.66	25	12.0	57	86.5	3
伊朗	73.68	26	1.89	61	38.7	6	60.6	53
泰国	72.67	27	2.51	32	17.8	42	80.9	17
意大利	71.01	28	2.55	30	13.6	53	78.4	22
牙买加	70.99	29	2.24	46	32.1	14	65.6	49
波兰	70.19	30	2.77	18	36.8	7	59.2	57
马来西亚	66.17	31	3.34	2	17.5	45	82.5	8
卡塔尔	65.88	32	2.72	23	21.5	37	77.1	23
中国	63.82	33	2.59	29	33.2	12	65.7	48
巴西	55.86	34	2.46	33	29.0	23	70.6	35
南非	53.65	35	3.02	6	28.2	25	71.3	33
波黑	50.44	36	2.29	43	50.8	1	48.5	62
哥斯达黎加	50.36	37	1.90	60	19.3	39	79.4	20
俄罗斯	48.18	38	2.27	44	39.0	5	58.7	59
罗马尼亚	44.59	39	2.43	34	28.9	24	70.1	40
科索沃	44.31	40	2.08	56	22.0	36	59.9	55
智利	42.18	41	2.35	38	17.6	43	81.0	16
哈萨克斯坦	42.11	42	2.21	47	26.4	28	69.1	41
安哥拉	38.20	43	2.63	28	24.5	31	72.1	32
厄瓜多尔	38.20	44	2.98	10	29.4	21	70.1	39
印度尼西亚	35.23	46	3.03	5	20.5	38	78.6	21

续表

国家/地区	普惠金融 比例	普惠金融 排名	创业金融可得 比例	创业金融可得 排名	生存型创业 比例	生存型创业 排名	机会型创业 比例	机会型创业 排名
印度	35.23	45	3.11	3	31.7	16	60.0	54
阿根廷	33.13	47	2.03	58	28.0	26	67.8	44
格鲁吉亚	32.98	48	2.15	52	48.6	2	50.6	61
哥伦比亚	30.43	49	2.37	36	33.3	10	66.0	47
博茨瓦纳	30.26	50	2.71	24	30.3	17	67.2	45
玻利维亚	28.03	51	2.25	45	22.8	33	76.7	24
墨西哥	27.43	52	2.20	49	22.5	34	76.3	25
菲律宾	26.56	53	2.42	35	29.4	22	70.5	36
巴拿马	24.93	54	1.99	59	26.3	29	73.1	31
乌拉圭	23.54	55	2.21	48	16.7	46	82.4	10
危地马拉	22.32	56	2.04	57	40.6	4	59.2	56
越南	21.37	57	2.37	37	29.7	20	70.3	37
秘鲁	20.46	59	2.20	50	16.4	47	82.5	9
乌干达	20.46	58	2.32	42	18.9	40	80.8	18
喀麦隆	14.81	60	2.16	51	33.5	9	59.2	58
萨尔瓦多	13.76	61	1.88	62	32.0	15	67.8	43
布基纳法索	13.35	62	2.09	55	22.3	35	75.3	29

资料来源：Global financial inclusion (Global findex) database, World Bank, Washington, DC, http://www.worldbank.org/globalfindex. (Demirguc – Kunt & Klapper, 2012); http://www.gemconsortium.org/report. 表中"比例"栏省略了%。

12.1.1 我国家庭金融普惠和家庭创业状况

12.1.1.1 家庭金融普惠和家庭创业

表12-2显示，全国金融普惠家庭、非金融普惠家庭的创业率分别是16.7%和8.8%，金融普惠家庭超过非金融普惠家庭7.9个百分点；东部、中部和西部的金融普惠家庭创业率分别高出非金融普惠家庭7.2个百分点、8.7个百分点和8.3个百分点；城镇和农村的金融普惠家庭创业

率分别高出非金融普惠家庭 5.7 个百分点和 7.2 个百分点。在金融普惠家庭中,中部地区创业率最高,达到 17.2%,东部地区创业率最低,为 16.6%;在非金融普惠家庭中,东部地区创业率最高,为 9.4%,西部地区创业率最低,为 8.4%。在金融普惠家庭中,城镇地区创业率高出农村地区 5.3 个百分点;在非金融普惠家庭中,城镇地区创业率高出农村地区 6.8 个百分点。

表 12-2　家庭金融普惠和家庭创业　　　　　　　　　　%

区域	金融普惠家庭	非金融普惠家庭
东部	16.6	9.4
中部	17.2	8.5
西部	16.7	8.4
全国	16.7	8.8
城镇	18.4	12.7
农村	13.1	5.9

12.1.1.2　家庭金融普惠和家庭生存型创业

本章将家庭创业分为生存型创业和机会型创业。表 12-3 显示,全国金融普惠家庭、非金融普惠家庭的生存型创业率分别是 20.1% 和 32.9%,非金融普惠家庭超过金融普惠家庭 12.8 个百分点;东部、中部和西部的非金融普惠家庭生存型创业率分别高出金融普惠家庭 14.0 个百分点、6.7 个百分点和 17.9 个百分点;城镇和农村的非金融普惠家庭生存型创业率分别高出金融普惠家庭 15.0 个百分点和 9.3 个百分点。在金融普惠家庭中,西部地区生存型创业率最高,达到 24.5%,东部地区最低,为 14.2%;在非金融普惠家庭中,西部地区生存型创业率最高,达到 42.4%,东部地区最低,为 28.2%。在金融普惠家庭中,农村地区生存型创业率高出城镇地区 1.1 个百分点;在非金融普惠家庭中,城镇地区生存型创业率高出农村地区 4.6 个百分点。

表12-3　家庭金融普惠和家庭生存型创业　　　　　　　%

区域	金融普惠家庭	非金融普惠家庭
东部	14.2	28.2
中部	23.1	29.8
西部	24.5	42.4
全国	20.1	32.9
城镇	19.8	34.8
农村	20.9	30.2

12.1.1.3　家庭金融普惠和家庭机会型创业

表12-4显示,全国金融普惠家庭、非金融普惠家庭的机会型创业率分别是73.3%和59.7%,金融普惠家庭超过非金融普惠家庭13.6个百分点;东部、中部和西部的金融普惠家庭机会型创业率分别高出非金融普惠家庭12.6个百分点、9.7个百分点和19.4个百分点;城镇和农村的金融普惠家庭机会型创业率分别高出非金融普惠家庭14.8个百分点和10.6个百分点。在金融普惠家庭中,东部地区机会型创业率最高,达到79.7%,西部地区机会型创业率最低,为68.9%;在非金融普惠家庭中,东部地区机会型创业率最高,达到67.1%,西部地区最低,为49.5%。在金融普惠家庭中,城镇地区机会型创业率高出农村地区3.0个百分点;在非金融普惠家庭中,城镇地区机会型创业率低于农村地区1.2个百分点。

表12-4　家庭金融普惠和家庭机会型创业　　　　　　　%

区域	金融普惠家庭	非金融普惠家庭
东部	79.7	67.1
中部	69.7	60.0
西部	68.9	49.5
全国	73.3	59.7
城镇	74.0	59.2
农村	71.0	60.4

12.1.1.4　家庭金融普惠和家庭创业意愿

表12-5显示,全国金融普惠家庭、非金融普惠家庭的创业意愿分别是13.6%和7.1%,金融普惠家庭超过非金融普惠家庭6.5个百分点;东部、中部和西部的金融普惠家庭创业意愿分别高出非金融普惠家庭6.7个百分点、6.5个百分点和6.0个百分点;城镇和农村的金融普惠家庭创业意愿分别高出非金融普惠家庭5.9个百分点和6.7个百分点。在金融普惠家庭中,西部地区创业意愿最高,达到15.1%,东部地区创业意愿最低,为12.4%;在非金融普惠家庭中,西部地区创业意愿最高,达到9.1%,东部地区最低,为5.7%。在金融普惠家庭中,城镇地区创业意愿高出农村地区0.3个百分点;在非金融普惠家庭中,城镇地区创业意愿高出农村地区1.1个百分点。

表12-5　家庭金融普惠和家庭创业意愿　　　　　　　　%

区域	金融普惠家庭	非金融普惠家庭
东部	12.4	5.7
中部	13.4	6.9
西部	15.1	9.1
全国	13.6	7.1
城镇	13.7	7.8
农村	13.4	6.7

12.1.1.5　家庭金融普惠和家庭创业原因

表12-6显示,从金融普惠家庭创业的原因来看,32.3%的家庭认为选择创业是因为"更灵活、自由自在",26.5%的家庭认为选择创业是因为"能挣更多钱",20.2%的家庭认为选择创业是因为"找不到其他工作机会"。从非金融普惠家庭创业的原因来看,33.1%的家庭认为选择创业是因为"找不到其他工作机会",27.6%的家庭认为选择创业是因为"更灵活、自由自在",21.6%的家庭认为选择创业是因为"能挣更多钱"。从"找不到其他工作机会"的原因来看,非金融普惠家庭创业率比金融普惠家庭高出12.9个百分点;从"能挣更多钱"的原因来看,金融普惠家庭创业率比非金融普惠家庭高出4.9个百分点;从"想自己当老板"的原因来看,金融普惠家庭

创业率比非金融普惠家庭高出 4.2 个百分点;从"更灵活、自由自在"的原因来看,金融普惠家庭创业率比非金融普惠家庭高出 4.7 个百分点;从"继承家业"的原因来看,金融普惠家庭创业率比非金融普惠家庭高出 0.9 个百分点。

表 12-6　家庭金融普惠和家庭创业原因　　　　　　　　%

具体原因	金融普惠家庭	非金融普惠家庭
找不到其他工作机会	20.2	33.1
能挣更多钱	26.5	21.6
想自己当老板	15.0	10.8
更灵活、自由自在	32.3	27.6
继承家业	1.5	0.6
其他	4.5	6.2

12.1.2　京津冀家庭金融普惠和家庭创业状况

12.1.2.1　京津冀家庭金融普惠和家庭创业

表 12-7 显示,京津冀金融普惠家庭、非金融普惠家庭的创业率分别是 12.4% 和 7.7%,金融普惠家庭超过非金融普惠家庭 4.7 个百分点;北京、天津和河北的金融普惠家庭创业率分别高出非金融普惠家庭 1.3 个百分点、4.3 个百分点和 10.2 个百分点;城镇和农村的金融普惠家庭创业率分别高出非金融普惠家庭 1.8 个百分点和 10.1 个百分点。在金融普惠家庭中,河北地区创业率最高,为 16.8%;北京创业率最低,仅 9.3%。在非金融普惠家庭中,天津创业率最高,达到 9.0%;河北最低,为 6.6%。在金融普惠家庭中,农村地区创业率高出城镇地区 4.2 个百分点;在非金融普惠家庭中,城镇地区创业率高出农村地区 4.1 个百分点。

表 12-7　京津冀家庭金融普惠和家庭创业　　　　　　　　%

区域	金融普惠家庭	非金融普惠家庭
北京	9.3	8.0
天津	13.3	9.0

续表

区域	金融普惠家庭	非金融普惠家庭
河北	16.8	6.6
京津冀	12.4	7.7
城镇	11.5	9.7
农村	15.7	5.6

12.1.2.2 京津冀家庭金融普惠和家庭生存型创业

表12-8显示,京津冀金融普惠家庭、非金融普惠家庭的生存型创业率分别是11.7%和33.7%,非金融普惠家庭超过金融普惠家庭22.0个百分点;北京、天津和河北的非金融普惠家庭生存型创业率分别高出金融普惠家庭6.5个百分点、28.6个百分点和17.7个百分点;城镇和农村的非金融普惠家庭生存型创业率分别高出金融普惠家庭6.0个百分点和53.0个百分点。在金融普惠家庭中,天津生存型创业率最高,达到16.0%;北京生存型创业率最低,为5.6%。在非金融普惠家庭中,天津生存型创业率最高,达到44.6%;北京最低,为12.1%。在金融普惠家庭中,农村地区生存型创业率高出城镇地区0.4个百分点;在非金融普惠家庭中,农村地区生存型创业率高出城镇地区47.4个百分点。

表12-8 京津冀家庭金融普惠和家庭生存型创业   %

区域	金融普惠家庭	非金融普惠家庭
北京	5.6	12.1
天津	16.0	44.6
河北	12.4	30.1
京津冀	11.7	33.7
城镇	11.6	17.6
农村	12.0	65.0

12.1.2.3 京津冀家庭金融普惠和家庭机会型创业

表12-9显示,京津冀金融普惠家庭、非金融普惠家庭的机会型创业率

分别是83.4%和64.8%,金融普惠家庭超过非金融普惠家庭18.6个百分点;北京的非金融普惠家庭机会型创业率高出金融普惠家庭0.6个百分点,天津和河北的金融普惠家庭机会型创业率分别高出非金融普惠家庭28.7个百分点和12.6个百分点;城镇和农村的金融普惠家庭机会型创业率分别高出非金融普惠家庭2.0个百分点和51.9个百分点。在金融普惠家庭中,北京机会型创业率最高,达到87.3%;河北机会型创业率最低,为81.5%。在非金融普惠家庭中,北京机会型创业率最高,达到87.9%;天津最低,为53.2%。在金融普惠家庭中,农村地区机会型创业率高出城镇地区4.7个百分点;在非金融普惠家庭中,城镇地区机会型创业率高出农村地区45.2个百分点。

表12-9 京津冀家庭金融普惠和家庭机会型创业　　　　　　　%

区域	金融普惠家庭	非金融普惠家庭
北京	87.3	87.9
天津	81.9	53.2
河北	81.5	68.9
京津冀	83.4	64.8
城镇	82.2	80.2
农村	86.9	35.0

12.1.2.4　京津冀家庭金融普惠和家庭创业意愿

表12-10显示,京津冀金融普惠家庭、非金融普惠家庭的创业意愿分别是9.6%和5.1%,金融普惠家庭超过非金融普惠家庭4.5个百分点;北京、天津和河北的金融普惠家庭创业意愿分别高出非金融普惠家庭2.1个百分点、5.9个百分点和6.2个百分点;城镇和农村的金融普惠家庭创业意愿分别高出非金融普惠家庭4.3个百分点和7.4个百分点。在金融普惠家庭中,河北创业意愿最高,达到11.3%;北京创业意愿最低,为7.8%。在非金融普惠家庭中,北京创业意愿最高,达到5.7%;天津最低,为5.0%。在金融普惠家庭中,农村地区创业意愿高出城镇地区4.6个百分点;在非金融普惠家庭中,农村地区创业意愿高出城镇地区1.5个百分点。

表 12-10　京津冀家庭金融普惠和家庭创业意愿　　　　　%

区域	金融普惠家庭	非金融普惠家庭
北京	7.8	5.7
天津	10.9	5.0
河北	11.3	5.1
京津冀	9.6	5.1
城镇	8.7	4.4
农村	13.3	5.9

12.1.2.5　京津冀家庭金融普惠和家庭创业原因

表 12-11 显示，从金融普惠家庭创业的原因来看，37.6% 的家庭认为选择创业是因为"更灵活、自由自在"，30.2% 的家庭认为选择创业是因为"能挣更多钱"，11.7% 的家庭认为选择创业是因为"找不到其他工作机会"。从非金融普惠家庭创业的原因来看，33.7% 的家庭认为选择创业是因为"找不到其他工作机会"，33.0% 的家庭认为选择创业是因为"更灵活、自由自在"，20.6% 的家庭认为选择创业是因为"想自己当老板"。从"找不到其他工作机会"的原因来看，非金融普惠家庭创业率比金融普惠家庭高出 22.0 个百分点；从"能挣更多钱"的原因来看，金融普惠家庭创业率比非金融普惠家庭高出 19.0 个百分点；从"想自己当老板"的原因来看，非金融普惠家庭创业率比金融普惠家庭高出 4.8 个百分点；从"更灵活、自由自在"的原因来看，金融普惠家庭创业率比非金融普惠家庭高出 4.6 个百分点；从"继承家业"的原因来看，金融普惠家庭创业率比非金融普惠家庭高出 1.1 个百分点。

表 12-11　京津冀家庭金融普惠和家庭创业原因　　　　　%

具体原因	金融普惠家庭	非金融普惠家庭
找不到其他工作机会	11.7	33.7
能挣更多钱	30.2	11.2
想自己当老板	15.8	20.6

续表

具体原因	金融普惠家庭	非金融普惠家庭
更灵活、自由自在	37.6	33.0
继承家业	1.1	0.0
其他	3.6	1.4

12.2 京津冀金融普惠对家庭创业的影响

12.2.1 金融普惠和家庭创业的模型设定

为考察金融普惠对家庭创业的影响及其微观机制,我们首先分析金融普惠对家庭创业的影响,然后分析金融普惠对家庭创业意愿、家庭主动创业的影响[①]。本章将模型设定为:

$$\text{Prob}(Y_i = 1 \mid X_i) = \text{Prob}(\alpha \text{Fiancial\_inclusion} + X_i\beta + \mu_i > 0 \mid X_i) \quad (12-1)$$

其中

$$\mu_i \sim N(0, \sigma^2)$$

模型中:Y_i 作为被解释变量,指家庭创业、家庭创业意愿和家庭主动创业;Fiancial_inclusion 等于 1 表示有金融账户,等于 0 表示没有金融账户,是我们关注的变量;X_i 是控制变量,包括户主特征变量、家庭特征变量、宏观经

---

① 根据尹志超等(2015)家庭创业的定义标准,将家庭创业界定为家庭有"从事个体经营或企业经营",需要指出的是,农户的农业生产经营活动如农、林、牧、渔等并不在本节的研究范围。家庭如果"从事个体经营或企业经营",则"家庭创业"等于 1,否则为 0。GEM(2014)又将创业分为生存型创业和机会型创业,其中,生存型创业是被动型创业,创业者由于缺乏其他就业选择而被动创业;机会型创业是主动创业,创业者发现创业机会并主动自愿进行创业活动。因此,本章还对家庭创业动机即家庭是否主动创业进行了考察。如果家庭从事个体经营或企业经营的原因是"想自己当老板""挣得更多""更灵活自由",则"家庭主动创业"等于 1,否则为 0。同时,根据 2015CHFS 问卷中,"未来您家是否打算开展工商生产经营项目,包括个体户、租赁、运输、网点、经营企业等? 1. 是 2. 否",我们将回答"是"等于 1,否则为 0。

济变量等。

12.2.2 金融普惠和家庭创业之间内生性讨论

在家庭金融普惠和家庭创业模型中的金融普惠和创业之间可能存在反向因果、遗漏变量导致的内生性问题。首先,因为家庭只有创业才有可能需要融通资金,动用家庭储蓄;家庭若不创业,就有可能不需要金融产品。另外,有的创业家庭考虑到获得金融产品需要苛刻条件(如抵押品)而排斥使用。其次,可能存在遗漏变量导致的内生性问题,如家庭创业能力很难用变量来量化。创业能力可能同时影响创业决策和金融普惠,从而导致估计偏误。为此,我们选择工具变量进行两阶段估计以解决内生性问题引起的估计偏误。我们选择"社区金融普惠比例(扣除家庭自身金融普惠水平)"作为金融普惠的工具变量。一般而言,社区附近金融机构数量越多,该社区的金融普惠水平就越高,家庭持有金融账户就越多,家庭金融普惠水平就越高,因而社区金融普惠和家庭金融普惠是密切相关的。家庭创业属于家庭决策行为,因此,社区金融普惠水平与家庭创业并没有直接的相关性。

12.2.3 京津冀金融普惠对家庭创业的影响

从表12-12的Probit和Ivprobit的回归结果比较来看,Probit回归低估了京津冀金融普惠对家庭创业的影响。表12-12第(2)列的Wald值在5%显著水平上显著,说明京津冀金融普惠和家庭创业之间的确实存在内生性问题,我们采取两阶段工具方法加以解决。经过检验,京津冀金融普惠和社区金融普惠水平的相关性为0.429,斯托克和余关(Stock and Yogo,2005)提出的"最小特征统计量"F=127.75远超过了10的经验值,说明不存在弱工具变量问题。

表12-12(2)列显示,京津冀金融普惠家庭比非金融普惠家庭的创业概率显著上升18.1%。从其他变量来看,Ivprobit的回归结果显示:京津冀家庭规模和是否有房产或车产显著提高家庭创业概率。京津冀户主共产党员、户主风险厌恶、家庭老人数量、家庭劳动收入和省区金融发展水平显著降低家庭创业的概率。京津冀户主年龄、户主男性、户主受教育年限、户

主已婚、户主风险偏好、家庭孩子数量、农村和省区居民富裕程度对家庭创业并没有显著的影响。

表12-12 京津冀金融普惠对家庭创业的影响

被解释变量:家庭创业	(1) Probit	(2) Ivprobit
金融普惠	0.036*** (0.012)	0.181*** (0.080)
户主年龄	0.001 (0.002)	0.001 (0.003)
户主年龄平方/100	-0.003 (0.003)	-0.004 (0.003)
户主男性	0.017*** (0.004)	0.013 (0.010)
户主受教育年限	-0.000 (0.002)	-0.004 (0.002)
户主共产党员	-0.060*** (0.012)	-0.068*** (0.014)
户主已婚	0.018 (0.019)	0.016 (0.020)
户主风险偏好	0.018 (0.017)	0.012 (0.018)
户主风险厌恶	-0.018 (0.011)	-0.024** (0.012)
家庭规模	0.034*** (0.005)	0.035*** (0.005)
家庭老人数量	-0.020*** (0.008)	-0.021*** (0.009)
家庭孩子数量	0.001 (0.008)	0.004 (0.009)

续表

被解释变量:家庭创业	(1) Probit	(2) Ivprobit
家庭劳动收入	-0.012*** (0.001)	-0.013*** (0.001)
是否有房产或车产	0.114*** (0.012)	0.108*** (0.012)
农村	-0.044** (0.008)	-0.030 (0.022)
GDP	-0.010 (0.014)	-0.005 (0.017)
金融发展水平	-0.005*** (0.002)	-0.007*** (0.002)
观测值	3 926	3 926
F值/Wald值	543.19***	557.18***
内生性检验Wald值		4.30**
p值		(0.038)
第一阶段F值		127.75***
R^2/Pseudo R^2	0.210	

注:*,**,***分别表示在10%,5%,1%水平显著,括号内为聚类异方差稳健标准误(按社区聚类分析,避免异方差和组内自相关)。

12.2.4 京津冀金融普惠对家庭创业意愿的影响

表12-13(2)列显示,京津冀金融普惠家庭相对于非金融普惠家庭而言,对家庭创业意愿没有显著的影响。

从其他变量来看,Ivprobit的回归结果显示:京津冀户主男性显著提高家庭创业意愿。京津冀户主年龄和户主风险厌恶显著降低家庭创业意愿的概率。京津冀其他变量对家庭创业意愿并没有显著的影响。

表 12-13 京津冀金融普惠对家庭创业意愿的影响

被解释变量:家庭创业	(1) Probit	(2) Ivprobit
金融普惠	0.028*** (0.012)	0.382 (0.416)
户主年龄	-0.007*** (0.002)	-0.009** (0.003)
户主年龄平方/100	0.003 (0.002)	0.004 (0.003)
户主男性	0.027*** (0.009)	0.033*** (0.012)
户主受教育年限	-0.004*** (0.001)	-0.014 (0.011)
户主共产党员	-0.000 (0.011)	-0.018 (0.025)
户主已婚	0.027* (0.016)	0.024 (0.021)
户主风险偏好	0.042*** (0.013)	0.033 (0.027)
户主风险厌恶	-0.029*** (0.010)	-0.053** (0.024)
家庭规模	0.003 (0.005)	0.002 (0.007)
家庭老人数量	-0.001 (0.009)	-0.006 (0.012)
家庭孩子数量	-0.007 (0.009)	0.002 (0.018)
家庭劳动收入	0.005*** (0.001)	0.005 (0.003)

续表

被解释变量:家庭创业	(1) Probit	(2) Ivprobit
是否有房产或车产	0.019** (0.010)	0.009 (0.023)
农村	0.010 (0.013)	0.047 (0.044)
GDP	-0.025* (0.013)	-0.082 (0.064)
金融发展水平	-0.000 (0.002)	-0.002 (0.004)
观测值	3 404	3 140
F值/Wald值	282.06***	607.33***
内生性检验 Wald 值		1.06
p值		(0.304)
第一阶段 F 值		127.75***
R^2/Pseudo R^2	0.187	

注:*,**,*** 分别表示在10%,5%,1%水平显著,括号内为聚类异方差稳健标准误(按社区聚类分析,避免异方差和组内自相关)。

12.2.5 京津冀金融普惠对家庭创业动机的影响

表12-14(2)列显示,京津冀金融普惠家庭比非金融普惠家庭的主动创业概率上升55.8%。

表12-14 京津冀金融普惠对家庭主动创业的影响

被解释变量:家庭主动创业	(1) Probit	(2) Ivprobit
金融普惠	0.071 (0.055)	0.558*** (0.293)
户主年龄	0.000 (0.011)	-0.001 (0.011)
户主年龄平方/100	-0.004 (0.011)	0.009 (0.044)
户主男性	0.042 (0.042)	0.009 (0.044)
户主受教育年限	0.006 (0.006)	-0.003 (0.010)
户主共产党员	-0.002 (0.062)	0.005 (0.058)
户主已婚	-0.047 (0.084)	-0.002 (0.006)
户主风险偏好	-0.095 (0.067)	0.009 (0.074)
户主风险厌恶	-0.112*** (0.049)	-0.078 (0.074)
家庭规模	-0.025 (0.021)	-0.029 (0.018)
家庭老人数量	0.029 (0.044)	-0.004 (0.043)
家庭孩子数量	0.068* (0.038)	0.071** (0.032)
家庭劳动收入	0.003 (0.004)	0.002 (0.004)

续表

被解释变量:家庭主动创业	(1) Probit	(2) Ivprobit
是否有房产或车产	0.051 (0.045)	-0.047 (0.085)
农村	0.118** (0.060)	0.126*** (0.054)
GDP	-0.006 (0.053)	-0.032 (0.045)
金融发展水平	0.005 (0.008)	-0.003 (0.006)
观测值	395	395
F值/Wald值	36.43***	74.84***
内生性检验Wald值		0.96
p值		(0.327)
第一阶段F值		127.75***
R^2/Pseudo R^2	0.070	

注:*,**,***分别表示在10%,5%,1%水平显著,括号内为聚类异方差稳健标准误(按社区聚类分析,避免异方差和组内自相关)。

12.3 北京、天津和河北金融普惠对家庭创业的影响

12.3.1 北京金融普惠对家庭创业的影响

表12-15(2)列显示,北京家庭金融普惠对家庭创业没有显著的影响。从其他变量来看,北京地区户主风险厌恶、家庭规模和是否有房产或车产显著提高家庭创业概率。北京地区户主共产党员和家庭劳动收入显著降

低家庭创业的概率。北京地区其他变量对家庭创业没有显著的影响。

表12-15(4)列显示,北京金融普惠家庭比非金融普惠家庭显著降低创业意愿92.8%的概率水平。从其他变量来看,北京地区家庭劳动收入显著提高家庭创业意愿概率。北京地区其他变量对家庭创业意愿没有显著的影响。

表12-15(6)列显示,北京家庭金融普惠对家庭主动创业没有显著的影响。从其他变量来看,北京地区户主男性和家庭劳动收入显著提高家庭主动创业的概率。北京地区其他变量对家庭主动创业没有显著的影响。

表12-15 北京金融普惠对家庭创业、创业意愿和主动创业的影响

被解释变量	(1) 家庭创业 Probit	(2) 家庭创业 Ivprobit	(3) 创业意愿 Probit	(4) 创业意愿 Ivprobit	(5) 主动创业 Probit	(6) 主动创业 Ivprobit
金融普惠	0.024 (0.025)	-0.203 (0.250)	0.029 (0.030)	-0.928*** (0.421)	0.007 (0.136)	-0.047 (0.891)
户主年龄	-0.001 (0.003)	-0.001 (0.004)	-0.009*** (0.003)	-0.002 (0.007)	-0.016 (0.019)	-0.016 (0.019)
户主年龄平方/100	-0.001 (0.004)	-0.001 (0.004)	0.005 (0.003)	0.002 (0.004)	0.014 (0.019)	0.014 (0.019)
户主男性	0.021 (0.013)	0.022 (0.015)	0.024* (0.015)	0.017 (0.028)	0.175** (0.079)	0.176** (0.079)
户主受教育年限	-0.002 (0.002)	0.002 (0.004)	-0.005*** (0.002)	0.012 (0.011)	-0.023** (0.011)	-0.022 (0.026)
户主共产党员	-0.053*** (0.019)	-0.057*** (0.020)	-0.004 (0.018)	0.009 (0.024)	0.042 (0.104)	0.035 (0.153)
户主已婚	0.019 (0.024)	0.022 (0.027)	0.046* (0.024)	0.018 (0.032)	-0.001 (0.165)	0.004 (0.184)
户主风险偏好	-0.004 (0.021)	-0.004 (0.024)	0.029 (0.020)	0.028 (0.033)	-0.031 (0.130)	-0.032 (0.130)

续表

被解释变量	（1）	（2）	（3）	（4）	（5）	（6）
	家庭创业		创业意愿		主动创业	
	Probit	Ivprobit	Probit	Ivprobit	Probit	Ivprobit
户主风险厌恶	-0.039** (0.016)	0.039** (0.018)	-0.032* (0.017)	0.015 (0.045)	-0.245*** (0.092)	-0.245*** (0.093)
家庭规模	0.029*** (0.007)	0.028*** (0.009)	-0.002 (0.009)	-0.016 (0.014)	0.022 (0.041)	0.024 (0.061)
家庭老人数量	-0.005 (0.013)	-0.006 (0.014)	-0.014 (0.019)	-0.014 (0.024)	-0.094 (0.077)	-0.095 (0.078)
家庭孩子数量	0.008 (0.016)	0.003 (0.019)	-0.033** (0.018)	-0.044 (0.031)	0.053 (0.083)	0.045 (0.153)
家庭劳动收入	-0.011*** (0.002)	-0.011*** (0.002)	0.003* (0.002)	0.011*** (0.003)	0.014* (0.008)	0.014* (0.008)
是否有房产或车产	0.089*** (0.017)	0.095*** (0.018)	0.005 (0.015)	-0.010 (0.026)	-0.079 (0.089)	-0.073 (0.119)
农村	-0.005 (0.030)	-0.037 (0.048)	0.009 (0.032)	-0.113 (0.072)	0.127 (0.158)	0.116 (0.226)
有效样本量	1 277	1 277	1 166	1 166	99	99
F 值/Wald chi2	135.13***	172.67***	107.24***	644.37***	24.08*	24.23*
R^2/Pseudo R^2	0.206		0.211		0.185	
Wald 内生性检验		1.03		1.84		0.00
p 值		(0.311)		(0.175)		(0.951)
第一阶段 F 值		8.78***		8.78***		8.78***

注：*，**，*** 分别表示在 10%、5%、1% 水平显著，括号内为聚类异方差稳健标准误（按社区聚类分析，避免异方差和组内自相关）。

12.3.2 天津金融普惠对家庭创业的影响

表 12-16（2）列显示，天津家庭金融普惠对家庭创业没有显著的影响。从其他变量来看，北京地区户主男性、家庭规模、家庭孩子数量和是否有房

产或车产显著提高家庭创业概率。天津地区户主共产党员、户主风险厌恶和家庭劳动收入显著降低家庭创业的概率。天津地区其他变量对家庭创业没有显著的影响。

表12-16(4)列显示,天津家庭金融普惠对家庭创业意愿没有显著的影响。从其他变量来看,天津地区户主男性和农村显著提高家庭创业意愿。天津地区户主风险厌恶显著降低家庭创业意愿。天津地区其他变量对家庭创业意愿没有显著的影响。

表12-16(6)列显示,天津家庭金融普惠对家庭主动创业没有显著的影响。从其他变量来看,天津地区家庭孩子数量和是否有房产或车产显著提高家庭主动创业的概率。天津地区家庭规模显著降低家庭主动创业的概率。天津地区其他变量对家庭主动创业没有显著的影响。

表12-16　天津金融普惠对家庭创业、创业意愿和主动创业的影响

被解释变量	(1)	(2)	(3)	(4)	(5)	(6)
	家庭创业		创业意愿		主动创业	
	Probit	Ivprobit	Probit	Ivprobit	Probit	Ivprobit
金融普惠	0.012 (0.020)	-0.021 (0.147)	0.037 (0.023)	-0.105 (0.146)	0.128 (0.101)	0.092 (0.473)
户主年龄	0.004 (0.004)	0.004 (0.004)	0.002 (0.004)	0.002 (0.005)	0.007 (0.023)	0.007 (0.022)
户主年龄平方/100	-0.006 (0.004)	-0.006 (0.004)	-0.006 (0.005)	-0.006 (0.005)	-0.013 (0.023)	-0.013 (0.022)
户主男性	0.046** (0.019)	0.046** (0.020)	0.040*** (0.014)	0.045*** (0.017)	-0.063 (0.084)	-0.064 (0.086)
户主受教育年限	0.000 (0.002)	0.001 (0.004)	-0.001 (0.003)	0.002 (0.004)	0.004 (0.013)	0.005 (0.017)
户主共产党员	-0.058** (0.035)	-0.056** (0.035)	-0.009 (0.025)	-0.001 (0.028)	0.010 (0.141)	0.011 (0.113)
户主已婚	-0.010 (0.024)	-0.009 (0.027)	0.009 (0.024)	0.011 (0.032)	-0.093 (0.165)	-0.090 (0.135)

续表

被解释变量	(1) 家庭创业 Probit	(2) 家庭创业 Ivprobit	(3) 创业意愿 Probit	(4) 创业意愿 Ivprobit	(5) 主动创业 Probit	(6) 主动创业 Ivprobit
户主风险偏好	0.050 (0.040)	0.055 (0.039)	0.030 (0.022)	0.054 (0.037)	0.051 (0.121)	0.050 (0.120)
户主风险厌恶	-0.037** (0.022)	-0.036* (0.022)	-0.037** (0.016)	-0.033* (0.018)	0.075 (0.095)	0.069 (0.112)
家庭规模	0.036*** (0.008)	0.036*** (0.007)	0.009 (0.007)	0.012 (0.008)	-0.073* (0.039)	-0.074* (0.040)
家庭老人数量	-0.018 (0.014)	-0.018 (0.014)	-0.012 (0.015)	-0.013 (0.017)	0.040 (0.083)	0.043 (0.103)
家庭孩子数量	0.040*** (0.013)	0.038** (0.015)	0.007 (0.016)	-0.001 (0.020)	0.195*** (0.064)	0.194*** (0.064)
家庭劳动收入	-0.010*** (0.002)	-0.010*** (0.002)	0.001 (0.002)	0.001 (0.003)	0.012* (0.007)	0.012* (0.007)
是否有房产或车产	0.067*** (0.023)	0.069*** (0.023)	0.010 (0.016)	0.017 (0.021)	0.225*** (0.078)	0.227*** (0.088)
农村	-0.014 (0.024)	-0.015 (0.023)	0.067*** (0.025)	0.068** (0.030)	0.081 (0.153)	0.085 (0.165)
有效样本量	1 023	1 023	888	888	112	112
F值/Wald chi2	507.05***	480.51***	96.85***	120.57***	33.32***	33.68***
R^2/Pseudo R^2	0.207		0.264		0.222	
Wald 内生性检验		0.05		1.44		0.01
p 值		(160.8)		(0.230)		(0.942)
第一阶段F值		62.44***		62.44***		62.44***

注：*,**,*** 分别表示在10%、5%、1%水平显著,括号内为聚类异方差稳健标准误（按社区聚类分析,避免异方差和组内自相关）。

12.3.3 河北金融普惠对家庭创业的影响

表 12-17(2)列显示,河北金融普惠家庭比非金融普惠家庭显著提高28.1%的家庭创业概率。从其他变量来看,河北地区家庭规模和是否有房产或车产显著提高家庭创业概率。河北地区户主受教育年限、户主共产党员和家庭老人数量显著降低家庭创业的概率。河北地区其他变量对家庭创业没有显著的影响。

表 12-17(4)列显示,河北家庭金融普惠对家庭创业意愿没有显著的影响。从其他变量来看,河北地区户主风险偏好、家庭劳动收入和是否有房产或车产显著提高家庭创业意愿概率。河北地区其他变量对家庭创业意愿没有显著的影响。

表 12-17(6)列显示,河北家庭金融普惠对家庭主动创业没有显著的影响。从其他变量来看,河北地区户主受教育年限和家庭老人数量显著提高家庭主动创业的概率。河北地区其他变量对家庭主动创业没有显著的影响。

表 12-17 河北金融普惠对家庭创业、创业意愿和主动创业的影响

被解释变量	(1) 家庭创业 Probit	(2) 家庭创业 Ivprobit	(3) 创业意愿 Probit	(4) 创业意愿 Ivprobit	(5) 主动创业 Probit	(6) 主动创业 Ivprobit
金融普惠	0.046** (0.018)	0.281** (0.115)	0.018 (0.017)	0.012 (0.087)	0.116 (0.074)	-0.326 (0.307)
户主年龄	0.003 (0.005)	0.002 (0.006)	-0.007 (0.005)	-0.007 (0.005)	0.011 (0.016)	0.008 (0.015)
户主年龄平方/100	-0.007 (0.006)	-0.005 (0.006)	0.004 (0.005)	0.003 (0.005)	-0.013 (0.016)	-0.012 (0.015)
户主男性	-0.011 (0.016)	-0.017 (0.017)	0.017 (0.015)	0.017 (0.015)	0.071 (0.061)	0.085 (0.060)
户主受教育年限	0.000 (0.003)	-0.007* (0.004)	-0.004** (0.002)	-0.004 (0.004)	0.025*** (0.009)	0.027*** (0.010)

续表

被解释变量	(1) 家庭创业 Probit	(2) 家庭创业 Ivprobit	(3) 创业意愿 Probit	(4) 创业意愿 Ivprobit	(5) 主动创业 Probit	(6) 主动创业 Ivprobit
户主共产党员	-0.059** (0.026)	-0.075*** (0.029)	0.013 (0.021)	0.013 (0.022)	-0.019 (0.101)	-0.015 (0.088)
户主已婚	0.027 (0.034)	0.026 (0.036)	0.047 (0.035)	0.047 (0.034)	0.022 (0.140)	-0.018 (0.125)
户主风险偏好	0.028 (0.030)	0.020 (0.032)	0.058** (0.024)	0.058** (0.024)	-0.127 (0.101)	-0.092 (0.103)
户主风险厌恶	0.015 (0.018)	0.008 (0.019)	-0.022 (0.016)	-0.022 (0.016)	-0.092 (0.074)	-0.052 (0.077)
家庭规模	0.037*** (0.009)	0.038*** (0.009)	0.003 (0.008)	0.003 (0.008)	-0.033 (0.031)	-0.016 (0.033)
家庭老人数量	-0.037** (0.017)	-0.044** (0.018)	0.009 (0.015)	0.010 (0.015)	0.119* (0.071)	0.112* (0.066)
家庭孩子数量	-0.012 (0.014)	-0.009 (0.016)	-0.002 (0.014)	-0.002 (0.014)	0.030 (0.055)	0.004 (0.056)
家庭劳动收入	-0.013*** (0.002)	-0.015*** (0.002)	0.007*** (0.002)	0.007*** (0.002)	-0.001 (0.006)	-0.000 (0.006)
是否有房产或车产	0.138*** (0.017)	0.104*** (0.026)	0.041** (0.017)	0.041** (0.019)	0.006 (0.066)	0.114 (0.091)
农村	-0.055** (0.027)	-0.037 (0.032)	-0.001 (0.017)	-0.002 (0.018)	0.107 (0.071)	0.061 (0.087)
有效样本量	1 591	1 591	1 329	1 329	209	209
F值/Wald chi2	233.85***	336.89***	112.54***	112.57***	23.08*	27.74**
R^2/Pseudo R^2	0.234		0.161		0.084	
Wald内生性检验		5.33**		0.01		1.78
p值		(0.021)		(0.940)		(0.183)
第一阶段F值		76.89***		76.89***		76.89***

注：*，**，***分别表示在10%，5%，1%水平显著，括号内为聚类异方差稳健标准误（按社区聚类分析，避免异方差和组内自相关）。

12.4 稳健性检验

表 12-18 显示,稳健性检验 1 中,我们将社会保险账户、第三方支付账户也纳入金融普惠指标中,显示京津冀金融普惠家庭比非金融普惠家庭显著提高家庭创业概率,但是对家庭创业意愿和家庭主动创业没有显著的影响。稳健性检验 2 中,我们上下删除 5% 样本,京津冀金融普惠对家庭创业和家庭主动创业的影响在显著水平、方向上具有一致性,但对家庭创业意愿没有显著的影响。稳健性检验 3 的城镇样本显示,京津冀金融普惠对家庭创业有显著的影响,对家庭创业意愿和家庭主动创业没有显著的影响。

表 12-18 金融普惠对家庭创业的影响:工具变量

被解释变量	(1) 家庭创业	(2) 创业意愿	(3) 主动创业
稳健性检验 1:包括所有账户的金融普惠指标			
金融普惠	1.539*** (0.444)	0.295 (0.529)	0.907 (3.751)
稳健性检验 2:上下删除 5% 样本			
金融普惠	0.176*** (0.080)	0.394 (0.426)	0.562* (0.296)
稳健性检验 3:城镇样本			
金融普惠	0.209*** (0.093)	-0.013 (0.284)	0.564 (0.375)

注:*,**,*** 分别表示在 10%、5%、1% 水平显著,括号内为聚类异方差稳健标准误(按社区聚类分析,避免异方差和组内自相关),同时控制了既定的家庭户主特征变量、家庭特征变量、地区变量和宏观经济变量。

12.5 小结

本章描述了金融普惠与家庭创业状况,并实证分析了京津冀金融普惠对家庭创业的影响。

京津冀金融普惠家庭、非金融普惠家庭的创业率分别是 12.4% 和 7.7%,金融普惠家庭超过非金融普惠家庭 4.7 个百分点;京津冀金融普惠家庭、非金融普惠家庭的生存型创业率分别是 11.7% 和 33.7%,非金融普惠家庭超过金融普惠家庭 22.0 个百分点;京津冀金融普惠家庭、非金融普惠家庭的机会型创业率分别是 83.4% 和 64.8%,金融普惠家庭超过非金融普惠家庭 18.6 个百分点;京津冀金融普惠家庭、非金融普惠家庭的创业意愿分别是 9.6% 和 5.1%,金融普惠家庭超过非金融普惠家庭 4.5 个百分点。

京津冀金融普惠家庭比非金融普惠家庭的创业概率显著上升 18.1%;京津冀金融普惠对家庭创业意愿没有显著的影响;京津冀金融普惠家庭比非金融普惠家庭的主动创业概率上升 55.8%。从北京、天津和河北的样本来看,河北地区金融普惠家庭比非金融普惠家庭的家庭创业概率显著提高 28.1% 的概率,北京和天津地区金融普惠对家庭创业没有显著的影响。北京、天津和河北地区金融普惠对家庭创业意愿和主动创业都没有显著的影响。

稳健性检验中,我们将社会保险账户、第三方支付账户也纳入金融普惠指标中,结果显示京津冀金融普惠家庭比非金融普惠家庭显著提高家庭创业概率,但是对家庭创业意愿和家庭主动创业没有显著的影响。我们上下删除 5% 样本,京津冀金融普惠对家庭创业和家庭主动创业的影响在显著水平、方向上具有一致性,但对家庭创业意愿没有显著的影响。城镇样本中,京津冀金融普惠对家庭创业有显著的影响,对家庭创业意愿和家庭主动创业没有显著的影响。

13 京津冀金融知识和金融普惠

世界银行在《2014年全球金融发展报告》中强调,金融普惠具有潜在的变革力量,金融普惠体系为个人或企业提供更大的资源,用于满足他们的金融需求。2014年世界银行调查显示,61%的受访者认为家庭获得基本金融服务是一个很重要的问题。2013年11月12日中国共产党第十八届中央委员会第三次全体会议首次将"普惠金融"正式写入党的决议之中,并作为全面深化金融改革的内容之一。2016年1月15日国务院更是在《推进普惠金融发展规划(2016—2020年)》中确立"到2020年,建立与全面建成小康社会相适应的普惠金融服务水平和保障体系"的总体目标。2014年世界银行调查显示,中国以63.8%的正规金融账户持有比例排名第48位,高于世界平均持有水平(50.5%),目前在国际上处于中上游水平。但是世界银行数据显示,中国金融账户持有比例与持有比例最高的丹麦相差近36个百分点,与欧盟各会员国及澳洲、北美洲等地国家相比也有很大的差距,说明中国家庭面临严重的金融排斥,实现普惠金融任重而道远。所以,探究金融排斥的深层次原因,对于改善家庭金融排斥状况,拓展家庭普惠金融边界,延伸金融服务半径,既具有理论意义,又具有现实意义。本章从金融知识角度探讨京津冀金融普惠的影响因素。

13.1 金融知识和金融普惠描述统计分析

13.1.1 金融知识状况

13.1.1.1 金融知识文献综述

联合国教科文组织(UNESCO)(2001)指出,发展中国家科学政策已发生重大变化,即从单纯追求"国际领先知识"转向"知识创造财富"。罗默(Romer,1986)发展了知识外溢模型,丰富了内含知识的技术进步对经济增长的作用。罗默在知识外溢模型中,将知识分为专业性知识和一般性知识,专业性知识能给经济个体(如厂商、家庭)带来垄断利润,即"内在经济效应";一般性知识能使社会获得"规模经济效应"。胡鞍钢(1999)认为,知识是一种公共物品,具有非排他性和共享性,几乎所有使用知识的人或机构都普遍受益,继而形成了知识的"溢出效应"。

诺克图(Noctor,1992)最早明确提出金融知识的概念,他认为金融知识是在使用和管理资金上所表现出来的、能够做出明智判断和有效决策的能力。伯恩海姆(Bernheim,2003)指出,金融知识能够帮助个体更好地做金融决策。洪(Hung,2009)将金融知识定义为掌握基本经济知识和金融概念、使用这些知识和技能有效配置金融资源以实现终生财务保障的能力。世界银行最近的研究显示,金融知识与银行账户的使用和正规信贷之间存在显著的正向关系。卡尔韦和坎贝尔(Calvet and Campbell,2009)利用瑞典数据发现,教育水平低的家庭会有更多的错误投资,这些家庭也往往表现出更低的金融知识水平。已有研究文献表明,金融知识的缺乏会抑制股票市场参与(Rooij,2011)、降低投资多样性(Guiso and Jappelli,2008)、导致过度负债和接受高成本贷款(Stango and Zinman,2009)、导致养老储蓄计划的非理性行为(Lusardi and Mitchell,2006)等。多曼(Dohmen,2010)研究发现,丰富的金融知识有利于家庭理解金融市场和金融产品的收益、风险等特征,减少家庭进行金融决策时的信息搜寻和处理成本。金融知识缺乏往往导致金融决策失误。卢萨尔迪(Lusardi,2012)认为,金融计算能力直接影响个人的金融决策。从国内研究来看,田霖(2011)利用模糊曲线的方法发现,金融教育水平低下,不仅直接减少经济主体对金融产品的需求,加大自我排斥,也会引起学习障碍,恶化金融排斥程度。尹志超等(2014)研究发现,金融知识的增加会推动家庭参与金融市场,并增加家庭在风险资产尤其在股票资产上的配置。

13.1.1.2 金融知识度量

(1)金融知识指标提取过程

沿用以往文献的做法,在"利率计算、通货膨胀理解和投资风险"三个衡量受访者的金融知识水平的提取变量的基础上(Rooij et al.,2011;Lusardi and Mitchell,2006;尹志超等,2014),我们增加"一般性金融知识"和"专业性金融知识"两个问题变量,选择CHFS问卷中"是否关注金融、经济信息"代表一般性金融知识,"是否上过金融课程"代表专业性金融知识,连同利率计算、通货膨胀计算、投资风险计算和是否听说过股票共七个问题[①],采取因子分析中的极大似然法拟合金融知识指标,全面反映家庭的金融知识水平。

表13-1中KMO值等于0.623,超过0.6(Kaiser,1974),表13-2中因子旋转前的累计解释方差比率是83.8%,超过80%(Garson,2010),金融知识风险因子特征值为1.454,大于1(凯撒准则),说明适合做因子分析。

表13-1详细描述了金融知识提取变量统计特征,显示出中国48.4%的家庭投资风险选择正确,50.2%的家庭听说过股票,28.2%的家庭利率计算正确,15.4%的家庭通货膨胀计算正确,68.7%的家庭投资风险计算正确,33.0%的家庭关注经济金融信息,7.0%的家庭上过金融课程。与世界其他国家金融知识水平比较可知,我国居民金融知识严重缺乏。

表13-1　金融知识提取变量、因子分析KMO检验及因子载荷

变量	回答正确比率	KMO	因子载荷
投资风险选择正确	0.484	0.587	0.749
听说过股票	0.502	0.539	0.521
利率计算正确	0.282	0.721	0.579
通货膨胀计算正确	0.154	0.708	0.261

---

① CHFS问卷中涉及7个问题,分别是:问题一"您认为一般而言,单独买一只公司的股票是否比买一只股票基金风险更大? 1. 是 2. 否 3. 没有听过股票 4. 没有听过股票基金 5. 两者都没有听说过",我们将选择"是"赋值为1,否则为0。问题二"您是否听说过股票? 1. 是 2. 否",我们将选择"是"赋值为1,否则为0。问题三"假设银行的年利率是4%,如果您把这100元钱存5年定期,5年后您获得的本金和利息是? 1. 小于104元 2. 等于104元 3. 大于104元 4. 算不出来",我们将选择"等于104元"赋值为1,否则为0。问题四"假设您现在有100元钱,银行的年利率是每年5%,通货膨胀率是3%,您的这100元钱存银行一年以后能够买到的东西将? 1. 比一年前多 2. 跟一年前一样多 3. 比一年前少 4. 算不出来",我们将选择"比一年前多"赋值为1,否则为0。问题五"如果现在有两种彩票,若选第一张,您有100%的机会获得4 000元,若选第二张,您有50%的机会获得10 000元,50%的机会什么也没有,您愿意选哪张? 1. 第一张 2. 第二张",我们将选择"第一张"赋值为1,否则为0。问题六"您平时对经济、金融方面的信息关注程度如何? 1. 非常关注 2. 很关注 3. 一般 4. 很少关注 5. 从不关注",我们将选择"非常关注、很关注和一般"赋值为1,否则为0。问题七"在您上学期间,是否上过经济或金融类的课程? 1. 是 2. 否",我们将选择"是"赋值为1,否则为0。

续表

变量	回答正确比率	KMO	因子载荷
投资风险计算正确	0.687	0.496	0.028
关注经济金融信息	0.330	0.684	0.381
上过金融课程	0.070	0.679	0.269
整体	—	0.623	—

从表13-2金融知识指标提取的因子降维过程来看,从七个变量中降维为风险因子、计算因子和知识因子,风险因子的主要提取变量是"投资风险选择正确和听说过股票",计算因子主要提取变量是"利率计算正确、通货膨胀计算正确和投资风险计算正确",知识因子主要提取变量是"关注经济金融信息和上过金融课程"。

表13-2 因子旋转前后因子分析结果

	因子旋转前				因子旋转后			
	特征值	差异值	解释比率	累计解释	特征值	差异值	解释比率	累计解释
风险因子	1.454	0.903	0.608	0.608	1.101	0.339	0.460	0.460
计算因子	0.551	0.165	0.231	0.838	0.762	0.233	0.319	0.779
知识因子	0.387		0.162	1.000	0.529		0.221	1.000

本节将旋转后的解释比率0.460,0.319和0.221分别作为风险因子、计算因子和知识因子的权重,拟合出金融知识指标(见表13-3)。

表13-3 金融知识指标提取的因子降维过程

提取变量	三因子载荷		
	风险因子	计算因子	知识因子
投资风险选择正确	0.749	-0.302	0.015
听说过股票	0.521	-0.361	-0.197
利率计算正确	0.579	0.534	-0.145
通货膨胀计算正确	0.261	0.172	0.079

续表

提取变量	三因子载荷		
	风险因子	计算因子	知识因子
投资风险计算正确	0.028	0.027	-0.105
关注经济金融信息	0.381	0.075	0.427
上过金融课程	0.269	0.092	0.357

(2) 金融知识的国际比较

根据世界银行(2014)调查统计,平均来看对利率、通货膨胀和投资风险正确理解比例分别是55%、61%和49%,中国虽然利率问题和投资风险问题较2013年有所提高,但是都低于世界平均水平。表13-4中,从利率问题看,超过55%的国家有荷兰、爱尔兰、日本、美国、德国、英国、波兰和印度。从通货膨胀问题看,超过61%的国家有荷兰、波兰、美国、德国和英国。从投资风险问题看,超过49%的国家有德国、英国、波兰、美国和荷兰。

表13-4 金融知识水平国际比较   %

国家	年份	利率问题	通货膨胀问题	投资风险问题	统计来源
中国	2015	28	15	48	China Household Finance Survey (2015)
中国	2013	15	17	30	China Household Finance Survey (2013)
美国	2009	65	64	52	Lusardi and Mitchell (2011)
日本	2010	71	59	40	Sekita (2011)
德国	2010	64	61	60	OECD survey (2010)
英国	2010	61	61	55	OECD survey (2010)
荷兰	2010	85	77	52	Alessie, Van Rooij and Lusardi (2011)
波兰	2010	60	77	55	OECD survey (2010)
爱尔兰	2010	76	58	47	OECD survey (2010)
俄罗斯	2009	36	51	13	Klapper and Panot (2011)
印度	2006	59	25	31	Cole, Sampson and Zia (2011)

注:中国金融知识水平数据来源于CHFS,其他国家金融知识水平数据来自Xu and Zia (2012)整理;OECD指的是Organization for Economic Cooperation and Development。

(3)京津冀金融知识

表13-5显示,中国金融知识平均水平是32.6,金融知识水平最高的是北京、上海、陕西、天津和宁夏,金融知识水平最低的是贵州、重庆、安徽、内蒙古和海南,金融知识超过全国平均水平的有北京、上海、陕西、天津、宁夏、甘肃、广东、黑龙江、辽宁和福建。北京金融知识水平在全国排名第一位,天津排名第四位,北京和天津金融知识都高于全国平均水平,河北位于全国第17位,河北金融知识低于全国平均水平,京津冀金融知识水平差距明显。

表13-5 中国金融知识各省、市、自治区排名

省份	金融知识指数	排序	省份	金融知识指数	排序	省份	金融知识指数	排序
北京	48.9	1	吉林	32.4	11	山西	27.9	21
上海	43.6	2	江苏	32.4	12	江西	27.8	22
陕西	38.7	3	湖北	32.2	13	云南	27.5	23
天津	38.6	4	青海	31.8	14	广西	26.9	24
宁夏	37.9	5	山东	31.8	15	贵州	26.2	25
甘肃	37.2	6	四川	31.5	16	重庆	25.9	26
广东	36.3	7	河北	29.9	17	安徽	23.9	27
黑龙江	35.3	8	河南	29.8	18	内蒙古	22.8	28
辽宁	34.6	9	湖南	29.8	19	海南	21.4	29
福建	34.2	10	浙江	28.7	20	中国	32.6	—

注:我们将因子分析提取的金融知识水平进行了标准化处理。

13.1.2 金融知识和金融普惠之间关系描述

13.1.2.1 金融普惠国际比较

中国金融业经过30多年的改革发展,金融机构的数量、资产规模大幅增加,金融产品日益丰富,然而金融资源配置的不均衡问题还广泛存在,金融普惠程度还有很大提升空间。戴莫古克—凯特(Demirguc-

Kunt,2008)从世界 148 个国家成年人的储蓄、借款、支付和保险四个方面开展调查,用使用正规金融产品和服务的成年人口比例度量金融普惠,研究发现,中国有 36% 的成年人没有正规金融机构账户,中国最穷的 20% 人该比例是 41%,最富的 20% 人该比例是 27%。如果按照世界银行调查的所有 148 个国家或地区排名来看,中国位于第 48 位。世界银行《全球金融普惠数据库(The Global Findex Database 2014)》报告显示,截至 2014 年,中国成年人口中最贫穷的 40% 的人口在储蓄、贷款、信用卡、借记卡、手机银行等正规金融服务使用上的人口占比分别为 30.5%,5.9%,4%,8.6% 和 5.3%,而中国成年人口中其余 60% 的富裕人口在上述正规金融服务使用上的人口占比分别达到 48.4%,12%,20.4%,23.1% 和 20.4%,说明在各项基本金融服务的使用方面,贫困阶层都远远落后于富裕阶层。

从国内看,缺乏金融服务的可获得性,使得低收入人口、贫困人口的金融需求难以得到满足,只能依赖自己有限的储蓄和收入进行投资,大大降低了其创业、提升收入以及脱贫的概率。在此背景下,建立普惠性金融体系,让更多的低收入阶层拥有相对平等的机会获得各种金融资源和发展可能变得尤为重要和紧迫。

世界银行(2014)将普惠金融定义成个人或企业使用金融产品和服务的比例。中国共产党第十八届中央委员会第三次全体会议正式提出,"发展普惠金融。鼓励金融创新,丰富金融市场层次和产品"。"普惠金融"第一次被正式写入党的决议之中,并作为全面深化金融改革的内容之一。所以,探究普惠金融的深层次原因,拓展家庭普惠金融边界,既具有理论意义,又具有现实意义。

表 13-6 描述了世界各国和地区持有正规金融机构账户比例及排名。数据显示,普惠金融水平较高的国家主要集中于欧洲、北美洲和澳洲。虽然中国以 63.8% 的正规金融账户持有比例排名第 48 位,高于世界平均持有水平(50.49%),但是与持有比例最高的丹麦相差近 36 个百分点,与欧盟各会员国及澳洲、北美洲等地国家持有比例相比也有很大的差距,说明中国家庭实现金融普惠任重而道远。

表13-6 世界各国和地区持有正规金融机构账户比例前20名   %

国家	比例	排名	国家	比例	排名	国家	比例	排名
丹麦	99.7%	1	德国	98.1%	8	加拿大	95.8%	15
芬兰	99.6%	2	英国	97.2%	9	马尔代夫	95.2%	16
新西兰	99.4%	3	斯洛文尼亚	97.1%	10	卢森堡	94.5%	17
澳大利亚	99.1%	4	奥地利	97.1%	11	爱尔兰	93.8%	18
瑞典	98.9%	5	法国	96.9%	12	西班牙	93.2%	19
荷兰	98.6%	6	爱沙尼亚	96.8%	13	韩国	93.0%	20
新加坡	98.2%	7	日本	96.4%	14	中国	63.8%	48

注：世界银行(2014)将普惠金融分成四个梯队：持有比例75%~100%为第一梯队(1~35名)；持有比例50%~74%为第二梯队(36~57名)；持有比例25%~49%为第三梯队(59~94名)；持有比例0~24%为第四梯队(95~145名)。为节省篇幅，我们未完全报告148个国家和地区的正规金融机构账户比例。

数据来源：Global financial inclusion database, http://www.worldbank.org/globalfindex (Demirguc - Kunt & Klapper,2013)。

13.1.2.2 金融知识和京津冀金融普惠现状

(1)利率问题选择和金融普惠

表13-7显示，京津冀利率问题回答正确的家庭金融普惠、储蓄、支付、信贷和保险比率是89.0%、86.4%、73.0%、21.0%和16.1%，超过利率问题回答不正确的家庭18.1个百分点、16.5个百分点、20.4个百分点、9.6个百分点和6.8个百分点。北京利率问题回答正确的家庭金融普惠、储蓄、支付、信贷和保险比率是94.4%、93.3%、85.7%、21.9%和17.8%，超过利率问题回答不正确的家庭8.0个百分点、5.4个百分点、10.6个百分点、9.7个百分点和5.4个百分点。天津利率问题回答正确的家庭金融普惠、储蓄、支付、信贷和保险比率是86.6%、81.5%、58.7%、20.2%和15.7%，超过利率问题回答不正确的家庭15.2个百分点、12.4个百分点、15.4个百分点、7.1个百分点和6.7个百分点。河北利率问题回答正确的家庭金融普惠、储蓄、支付、信贷和保险比率是80.7%、79.6%、71.7%、20.4%和12.9%，

超过利率问题回答不正确的家庭25.7个百分点、26.0个百分点、29.7个百分点、12.0个百分点和6.3个百分点。

表13-7 利率问题选择与金融普惠 %

		金融普惠	储蓄	支付	信贷	保险
北京	正确	94.4	93.3	85.7	21.9	17.8
	不正确	86.4	87.9	75.1	12.2	12.4
天津	正确	86.6	81.5	58.7	20.2	15.7
	不正确	71.4	69.1	43.3	13.1	9.0
河北	正确	80.7	79.6	71.7	20.4	12.9
	不正确	55.0	53.6	42.0	8.4	6.6
京津冀	正确	89.0	86.4	73.0	21.0	16.1
	不正确	70.9	69.9	52.6	11.4	9.3

(2)通货膨胀问题选择和金融普惠

表13-8显示,京津冀通货膨胀问题回答正确的家庭金融普惠、储蓄、支付、信贷和保险比率是87.9%,86.7%,75.0%,25.0%和14.9%,超过通货膨胀问题回答不正确的家庭12.1个百分点、12.5个百分点、17.5个百分点、12.0个百分点和3.6个百分点。北京通货膨胀问题回答正确的家庭金融普惠、储蓄、支付、信贷和保险比率是93.9%,93.0%,87.4%,28.4%和18.9%,超过通货膨胀问题回答不正确的家庭4.7个百分点、3.2个百分点、9.3个百分点、15.0个百分点和5.1个百分点。天津通货膨胀问题回答正确的家庭金融普惠、储蓄、支付、信贷和保险比率是83.0%,81.8%,58.3%,21.8%和11.1%,前四项超过通货膨胀问题回答不正确的家庭6.6个百分点、9.3个百分点、10.6个百分点和7.0个百分点。河北通货膨胀问题回答正确的家庭金融普惠、储蓄、支付、信贷和保险比率是82.1%、80.0%、73.6%、22.4%和12.1%,超过通货膨胀问题回答不正确的家庭23.4个百分点、22.6个百分点、27.5个百分点、12.5个百分点和4.4个百分点。

表 13-8 通货膨胀问题选择与金融普惠   %

		金融普惠	储蓄	支付	信贷	保险
北京	正确	93.9	93.0	87.4	28.4	18.9
	不正确	89.2	89.8	78.1	13.4	13.8
天津	正确	83.0	81.8	58.3	21.8	11.1
	不正确	76.4	72.5	47.7	14.8	11.7
河北	正确	82.1	80.0	73.6	22.4	12.1
	不正确	58.7	57.4	46.1	9.9	7.7
京津冀	正确	87.9	86.7	75.0	25.0	14.9
	不正确	75.8	74.2	57.0	13.0	11.3

(3) 投资风险问题选择和金融普惠

表 13-9 显示,京津冀投资风险问题回答正确的家庭金融普惠、储蓄、支付、信贷和保险比率是 85.9%、83.8%、72.7%、20.6% 和 14.4%,超过投资风险问题回答不正确的家庭 19.4 个百分点、18.2 个百分点、29.6 个百分点、13.3 个百分点和 6.0 个百分点。北京投资风险问题回答正确的家庭金融普惠、储蓄、支付、信贷和保险比率是 92.8%、92.4%、83.7%、20.3% 和 15.7%,超过投资风险问题回答不正确的家庭 9.5 个百分点、7.1 个百分点、13.4 个百分点、12.9 个百分点和 2.8 个百分点。天津投资风险问题回答正确的家庭金融普惠、储蓄、支付、信贷和保险比率是 80.7%、76.0%、59.5%、21.7% 和 13.3%,超过投资风险问题回答不正确的家庭 7.4 个百分点、4.5 个百分点、22.7 个百分点、12.9 个百分点和 3.7 个百分点。河北投资风险问题回答正确的家庭金融普惠、储蓄、支付、信贷和保险比率是 79.8%、78.5%、71.1%、19.4% 和 13.6%,超过投资风险问题回答不正确的家庭 32.3 个百分点、32.6 个百分点、38.4 个百分点、14.0 个百分点和 9.6 个百分点。

表 13-9　投资风险问题选择与金融普惠　　　　　　　　　　%

		金融普惠	储蓄	支付	信贷	保险
北京	正确	92.8	92.4	83.7	20.3	15.7
	不正确	83.3	85.3	70.3	7.4	12.9
天津	正确	80.7	76.0	59.5	21.7	13.3
	不正确	73.3	71.5	36.8	8.8	9.6
河北	正确	79.8	78.5	71.1	19.4	13.6
	不正确	47.5	45.9	32.7	5.4	4.0
京津冀	正确	85.9	83.8	72.7	20.6	14.4
	不正确	66.5	65.6	43.1	7.3	8.4

(4)经济金融信息关注和金融普惠

表 13-10 显示,京津冀关注经济金融信息的家庭金融普惠、储蓄、支付、信贷和保险比率是 88.1%、86.2%、76.1%、24.0% 和 16.1%,超过不关注经济金融信息的家庭 16.3 个百分点、15.8 个百分点、25.0 个百分点、14.3 个百分点和 6.7 个百分点。北京关注经济金融信息的家庭金融普惠、储蓄、支付、信贷和保险比率是 94.9%、94.3%、88.0%、25.4% 和 18.0%,超过不关注经济金融信息的家庭 8.5 个百分点、6.9 个百分点、14.3 个百分点、15.7 个百分点和 5.5 个百分点。天津关注经济金融信息的家庭金融普惠、储蓄、支付、信贷和保险比率是 85.7%、81.1%、65.7%、23.6% 和 15.5%,超过不关注经济金融信息的家庭 12.8 个百分点、11.0 个百分点、25.3 个百分点、11.8 个百分点和 6.0 个百分点。河北关注经济金融信息的家庭金融普惠、储蓄、支付、信贷和保险比率是 78.6%、78.3%、69.2%、22.0% 和 13.2%,超过不关注经济金融信息的家庭 24.3 个百分点、25.8 个百分点、28.0 个百分点、15.0 个百分点和 7.2 个百分点。

表 13-10　经济金融信息关注与金融普惠　　　　　　　　　　%

		金融普惠	储蓄	支付	信贷	保险
北京	关注	94.9	94.3	88.0	25.4	18.0
	不关注	86.4	87.4	73.7	9.7	12.5

续表

		金融普惠	储蓄	支付	信贷	保险
天津	关注	85.7	81.1	65.7	23.6	15.5
	不关注	72.9	70.1	40.4	11.8	9.5
河北	关注	78.6	78.3	69.2	22.0	13.2
	不关注	54.3	52.5	41.2	7.0	6.0
京津冀	关注	88.1	86.2	76.1	24.0	16.1
	不关注	71.8	70.4	51.1	9.7	9.4

（5）金融课程和金融普惠

表 13-11 显示，京津冀上过金融课程的家庭金融普惠、储蓄、支付、信贷和保险比率是 94.5%、94.3%、85.5%、31.3% 和 22.4%，超过没上过金融课程的家庭 18.2 个百分点、19.7 个百分点、27.4 个百分点、17.8 个百分点和 11.5 个百分点。北京上过金融课程的家庭金融普惠、储蓄、支付、信贷和保险比率是 96.6%、96.0%、92.6%、33.2% 和 23.1%，超过没上过金融课程的家庭 7.3 个百分点、6.4 个百分点、14.4 个百分点、19.0 个百分点和 9.4 个百分点。天津上过金融课程的家庭金融普惠、储蓄、支付、信贷和保险比率是 93.0%、91.4%、71.4%、28.1% 和 22.5%，超过没上过金融课程的家庭 16.6 个百分点、18.5 个百分点、23.4 个百分点、13.0 个百分点和 11.6 个百分点。河北上过金融课程的家庭金融普惠、储蓄、支付、信贷和保险比率是 90.5%、93.1%、82.6%、30.1% 和 20.4%，超过没上过金融课程的家庭 30.8 个百分点、35.0 个百分点、35.2 个百分点、19.9 个百分点和 13.0 个百分点。

表 13-11 金融课程和金融普惠 %

		金融普惠	储蓄	支付	信贷	保险
北京	关注	96.6	96.0	92.6	33.2	23.1
	不关注	89.3	89.6	78.2	14.2	13.7
天津	关注	93.0	91.4	71.4	28.1	22.5
	不关注	76.4	72.9	48.0	15.1	10.9

续表

		金融普惠	储蓄	支付	信贷	保险
河北	关注	90.5	93.1	82.6	30.1	20.4
	不关注	59.7	58.1	47.4	10.2	7.4
京津冀	关注	94.5	94.3	85.5	31.3	22.4
	不关注	76.3	74.6	58.1	13.5	10.9

(6) 金融知识和金融普惠之间关系的描述

表 13-12 显示，随着金融知识水平的增加，金融普惠呈现递增趋势。

表 13-12 京津冀标准化的金融知识得分和金融普惠

金融知识得分段	金融普惠
0 ≤ 金融知识 < 10	55.55%
10 ≤ 金融知识 < 20	60.45%
20 ≤ 金融知识 < 30	83.01%
30 ≤ 金融知识 < 40	80.17%
40 ≤ 金融知识 < 50	83.57%
50 ≤ 金融知识 < 60	88.15%
60 ≤ 金融知识 < 70	85.20%
70 ≤ 金融知识 < 80	93.95%
80 ≤ 金融知识 < 90	96.15%
90 ≤ 金融知识 < 100	97.91%

13.2 金融知识对京津冀金融普惠的影响

13.2.1 金融知识和家庭金融普惠模型设定

为考察金融知识对家庭金融普惠的影响，基本模型设定为：

$$Y = 1(\alpha \text{Financial\_literacy} + X\beta + \mu > 0) \qquad (13-1)$$

其中

$$\mu \sim N(0, \sigma^2)$$

模型中：Y 是哑变量，等于 1 表示有金融账户，等于 0 表示没有金融账户；Financial_literacy 是关注的金融知识；X 是控制变量，包括户主特征变量、家庭特征变量、地区控制变量、宏观经济变量及省区哑变量等。

13.2.2　金融知识和家庭金融普惠之间内生性讨论

金融知识和家庭金融普惠之间可能存在反向因果、遗漏变量导致的内生性问题。首先，金融知识和家庭金融普惠存在互为因果关系，因为受到金融普惠的家庭积极参与金融交易，金融知识丰富；其次，可能的遗漏变量问题导致高估或低估金融知识的影响，比如家庭户主对金融知识理解在能力方面的差异性就很难用变量进行衡量；最后，金融知识的衡量本身可能存在一定偏差，受访者对金融知识相关问题的回答可能不精确。

13.2.3　金融知识对京津冀金融普惠的影响

表 13-13 中(2)列中 Wald 值在 1% 显著水平下显著，说明金融知识确实存在内生性问题。为了消除连续内生解释变量的内生性问题，尹志超等(2014)选取工具变量进行两阶段估计。我们选择工具变量，运用两阶段 Probit 模型进行极大似然估计。我们选择社区平均金融知识（扣除家庭自身金融知识）作为工具变量，在对工具变量进行检验的第一阶段估计中，F 值等于 118.26（p 值等于 0.000），远超过 F 值等于 10 的经验值（Stock and Yogo, 2005），说明不存在弱工具变量问题，我们又估计出社区平均金融知识（扣除家庭自身金融知识）和金融知识有 0.5067 的显著相关性。所以，选取社区平均金融知识（扣除家庭自身金融知识）作为工具变量是合适的。

从表 13-13 中(2)列的边际效应看出，金融知识提升 1 个单位，京津冀家庭金融普惠概率上升 26.5%，这与尹志超等(2014)提高金融知识能够提高家庭参与金融市场概率的估计结果是一致的。

从表 13-13(2)列来看，京津冀户主共产党员、户主风险厌恶、家庭就业数量、家庭收入、家庭非金融净财富和金融发展水平对京津冀家庭金融普惠有显著的正向影响。其他变量对京津冀家庭金融普惠没有显著的影响。

表13-13 金融知识对京津冀家庭金融普惠的影响

被解释变量:京津冀家庭金融普惠	(1) Probit	(2) Ivprobit
金融知识	0.083*** (0.011)	0.265*** (0.042)
户主年龄	-0.003 (0.003)	-0.000 (0.003)
户主年龄平方/100	0.002 (0.003)	0.001 (0.003)
户主男性	0.008 (0.012)	0.009 (0.012)
户主受教育年限	0.015*** (0.002)	0.004 (0.003)
户主共产党员	0.043** (0.018)	0.016** (0.007)
户主已婚	-0.010 (0.020)	0.022 (0.016)
户主风险偏好	0.039 (0.027)	-0.003 (0.028)
户主风险厌恶	0.024 (0.015)	0.042*** (0.014)
家庭规模	0.006 (0.025)	0.007 (0.024)

续表

被解释变量:京津冀家庭金融普惠	(1) Probit	(2) Ivprobit
家庭老人数量	-0.013 (0.029)	-0.014 (0.029)
家庭孩子数量	-0.022 (0.027)	-0.021 (0.026)
家庭劳动力数量	-0.010 (0.028)	-0.013 (0.027)
家庭就业数量	0.011 (0.008)	0.018** (0.008)
家庭收入	0.018*** (0.003)	0.012*** (0.003)
家庭非金融净财富	0.008*** (0.002)	0.004* (0.002)
农村	-0.056*** (0.022)	-0.023 (0.023)
GDP	0.055** (0.027)	0.018 (0.026)
金融发展水平	0.009*** (0.003)	0.008*** (0.003)
北京	-0.001 (0.035)	0.003 (0.034)
有效样本量	3 926	3 926
Wald chi2	562.03***	909.93***
pseduo R^2	0.232	—

续表

被解释变量:京津冀家庭金融普惠	(1) Probit	(2) Ivprobit
Wald 内生性检验		15.34***
p 值		0.000
第一阶段 F 值		118.26***

注:*,**,***分别表示在10%,5%,1%水平显著,括号内为聚类异方差稳健标准误(按社区聚类分析,避免异方差和组内自相关),表内报告的是估计结果的边际效应。表13-14、表13-15、表13-16同。

13.3 金融知识对北京、天津和河北家庭金融普惠的影响

13.3.1 金融知识对北京家庭金融普惠的影响

表13-14显示北京地区金融知识对家庭金融普惠的影响。表13-14(2)列中Wald值在1%显著水平下显著,说明金融知识确实存在内生性问题。为了消除连续内生解释变量的内生性问题,我们选取工具变量进行两阶段估计。

从表13-14中(2)列的边际效应看出,金融知识提升1个单位,北京家庭金融普惠概率上升29.7%。

从表13-14(2)列其他变量来看,北京地区家庭收入对家庭金融普惠有显著的正向影响,户主风险偏好对家庭金融普惠有显著的负向影响。其他变量对北京家庭金融普惠没有显著的影响。

表 13-14　金融知识对北京家庭金融普惠的影响

被解释变量:北京家庭金融普惠	(1) Probit	(2) Ivprobit
金融知识	0.036*** (0.011)	0.297*** (0.067)
户主年龄	-0.001 (0.003)	-0.001 (0.004)
户主年龄平方/100	0.001 (0.003)	0.002 (0.004)
户主男性	0.003 (0.014)	0.000 (0.020)
户主受教育年限	0.010*** (0.002)	-0.003 (0.006)
户主共产党员	-0.001 (0.020)	-0.000 (0.024)
户主已婚	0.003 (0.024)	0.002 (0.027)
户主风险偏好	-0.011 (0.030)	-0.069* (0.036)
户主风险厌恶	0.002 (0.021)	0.029 (0.023)
家庭规模	-0.023 (0.023)	-0.019 (0.038)
家庭老人数量	0.000 (0.031)	-0.000 (0.046)
家庭孩子数量	0.001 (0.026)	0.001 (0.036)

续表

被解释变量:北京家庭金融普惠	(1) Probit	(2) Ivprobit
家庭劳动力数量	0.009 (0.028)	0.003 (0.043)
家庭就业数量	0.005 (0.009)	0.008 (0.012)
家庭收入	0.016*** (0.003)	0.012*** (0.004)
家庭非金融净财富	0.002 (0.002)	-0.000 (0.003)
农村	-0.049 (0.032)	0.004 (0.039)
样本量	1 312	1 312
Wald chi2	925.84***	649.75***
pseduo R^2	0.132	—
Wald 内生性检验		12.55***
p 值		0.000
第一阶段 F 值		111.12***

13.3.2 金融知识对天津家庭金融普惠的影响

表13-15显示天津地区金融知识对家庭金融普惠的影响。表13-15第(2)列中Wald值是不显著的,说明Probit估计的结果是无偏的。

从表13-15中(1)列的边际效应看出,金融知识提升1个单位,天津家庭金融普惠概率上升6.6%。

从表13-15(1)列其他变量来看,天津地区户主受教育年限、户主共产党员、户主已婚和家庭收入对家庭金融普惠有显著的正向影响,其他变量对天津家庭金融普惠没有显著的影响。

表 13-15　金融知识对天津家庭金融普惠的影响

被解释变量:天津家庭金融普惠	(1) Probit	(2) Ivprobit
金融知识	0.066*** (0.022)	0.189 (0.194)
户主年龄	-0.005 (0.006)	-0.004 (0.007)
户主年龄平方/100	0.006 (0.005)	0.005 (0.006)
户主男性	0.001 (0.020)	0.001 (0.021)
户主受教育年限	0.014*** (0.003)	0.008 (0.010)
户主共产党员	0.069** (0.031)	0.050 (0.044)
户主已婚	0.017*** (0.007)	-0.013 (0.044)
户主风险偏好	0.003 (0.036)	0.139* (0.075)
户主风险厌恶	0.030 (0.030)	0.045 (0.034)
家庭规模	0.028 (0.032)	0.030 (0.030)
家庭老人数量	-0.023 (0.042)	-0.025 (0.040)
家庭孩子数量	-0.057 (0.044)	-0.050 (0.041)
家庭劳动力数量	-0.027 (0.041)	-0.031 (0.039)

续表

被解释变量:天津家庭金融普惠	(1) Probit	(2) Ivprobit
家庭就业数量	0.004 (0.022)	0.011 (0.024)
家庭收入	0.016*** (0.005)	0.013* (0.007)
家庭非金融净财富	0.003 (0.003)	0.002 (0.004)
农村	0.008 (0.050)	0.024 (0.053)
样本量	1 023	1 023
Wald chi2	315.81***	419.33***
pseduo R^2	0.126	
Wald 内生性检验		0.420
p 值		0.517
第一阶段 F 值		74.91***

13.3.3 金融知识对河北家庭金融普惠的影响

表13-16显示河北地区金融知识对家庭金融普惠的影响。表13-16第(2)列中Wald值在10%显著水平下显著,说明金融知识确实存在内生性问题。为了消除连续内生解释变量的内生性问题,我们选取工具变量进行两阶段估计。

从表13-16中(2)列的边际效应看出,金融知识提升1个单位,河北家庭金融普惠概率上升26.6%。

从表13-16(2)列其他变量来看,河北地区户主受教育年限、户主风险厌恶、家庭老人数量、家庭孩子数量、家庭收入和家庭非金融净财富对家庭金融普惠有显著的正向影响,其他变量对河北家庭金融普惠没有显著的影响。

表 13-16　金融知识对河北家庭金融普惠的影响

被解释变量:河北家庭金融普惠	(1) Probit	(2) Ivprobit
金融知识	0.124 * * * (0.021)	0.266 * * * (0.083)
户主年龄	0.004 (0.006)	0.007 (0.007)
户主年龄平方/100	-0.007 (0.006)	-0.008 (0.006)
户主男性	0.023 (0.023)	0.024 (0.023)
户主受教育年限	0.021 * * * (0.003)	0.013 * * (0.006)
户主共产党员	0.053 (0.032)	0.036 (0.032)
户主已婚	-0.028 (0.036)	-0.015 (0.036)
户主风险偏好	0.021 (0.044)	-0.004 (0.048)
户主风险厌恶	0.038 (0.027)	0.055 * * (0.028)
家庭规模	-0.378 * * * (0.051)	-0.394 * * * (0.052)
家庭老人数量	0.393 * * * (0.057)	0.406 * * * (0.058)
家庭孩子数量	0.364 * * * (0.063)	0.380 * * * (0.063)

续表

被解释变量:河北家庭金融普惠	(1) Probit	(2) Ivprobit
家庭劳动力数量	-0.381*** (0.059)	0.397*** (0.060)
家庭就业数量	0.015 (0.013)	0.019 (0.014)
家庭收入	0.021*** (0.006)	0.018*** (0.006)
家庭非金融净财富	0.019*** (0.004)	0.015*** (0.004)
农村	-0.077* (0.041)	-0.059 (0.042)
样本量	1 591	1 591
Wald chi2	28.67***	3912.31***
pseduo R^2	0.237	—
Wald 内生性检验		3.371*
p 值		0.071
第一阶段 F 值		75.47***

13.4 稳健性检验

表13-17中城镇样本的工具变量回归结果显示了金融知识和家庭金融普惠之间因果关系的稳健性,但是农村样本下影响不显著。

表13-18分别用回答正确个数和占比度量金融知识,工具变量回归结果显示了金融知识和家庭金融普惠之间因果关系的稳健性。

表 13-17 缩小样本进行稳健性检验：工具变量估计

	(1)	(2)	(3)	(4)
稳健性检验1：城镇样本				
金融知识	0.253*** (0.043)			
风险因子		0.173*** (0.022)		
计算因子			0.189*** (0.004)	
知识因子				0.148*** (0.015)
稳健性检验2：农村样本				
金融知识	0.246 (0.159)			
风险因子		0.134 (0.083)		
计算因子			0.199*** (0.062)	
知识因子				-0.244*** (0.027)

表 13-18 不同金融知识度量方法的稳健性检验：工具变量估计

稳健性检验3：用金融知识正确回答个数度量金融知识					
	(1)	(2)	(3)	(4)	(5)
	金融普惠	储蓄	支付	信贷	商业保险
金融知识	0.224*** (0.034)	0.207*** (0.037)	0.255*** (0.027)	0.146*** (0.032)	0.121*** (0.030)
稳健性检验4：用金融知识正确回答占比度量金融知识					
	金融普惠	储蓄	支付	信贷	商业保险
金融知识	0.671*** (0.101)	0.620*** (0.111)	0.766*** (0.080)	0.438*** (0.095)	0.363*** (0.091)

13.5　小结

京津冀地区,金融知识提升1个单位,家庭金融普惠概率上升26.5%。北京地区,金融知识提升1个单位,家庭金融普惠概率上升29.7%。天津地区,金融知识提升1个单位,家庭金融普惠概率上升6.6%。河北地区,金融知识提升1个单位,家庭金融普惠概率上升26.6%。

从稳健性检验来看,城镇样本的工具变量回归结果显示了金融知识和家庭金融普惠之间显著的因果关系的稳健性,但是农村样本下存在异质性特点。我们用金融知识回答正确个数和占比度量金融知识,工具变量回归结果显示了金融知识和家庭金融普惠之间因果关系的稳健性。

14 京津冀金融设施和金融普惠

坎贝尔(Campbell,2006)认为,很多家庭金融市场参与率低和投资组合单一,原因是家庭资产配置决策失误。而我国家庭金融市场参与率低可能与金融市场的发展相关。易纲、宋旺(2008)研究发现,随着中国金融体系的发展,金融债券等金融资产增长迅速。金融的发展意味着家庭可以获得更多的金融服务,家庭金融可得性会增强。家庭金融可得性增强如何影响家庭金融市场的参与以及资产选择(尹志超等,2015),杜金富(2012)指出,当前我国金融服务的可得性在不少地方仍然存在问题。

格林伍德和约瓦诺维奇(Greenwood and Jovanovic,1990)认为,金融发展能促进经济增长,原因是金融中介设施要求资本具有高收益。吕雯、鲍曙明等(2011)使用每万人银行数作为金融发展的衡量指标,发现金融发展对经济起促进作用。武志(2010)采用戈氏指标衡量金融发展水平,同样得出金融发展和经济增长的正向关系。但是,王晋斌(2007)发现,金融控制的弱化会降低金融发展对经济增长的促进作用。还有的学者研究金融发展对收入不平等的影响。慕克吉和卡里皮尼(Mookerjee and Kalipioni,2010)用每万人拥有的银行设施数量来衡量金融服务的可得性,研究发现,金融可得性增加会降低收入的不平等。孙永强和万玉琳(2011)运用1978—2008年30个省的面板数据研究发现,金融发展加大了城乡居民的收入差距,叶志强、陈习定和张顺明(2011)也有同样发现。孙永强(2012)进一步研究发现,金融二元结构环境下,金融发展虽然会同时提高城市和农村居民收入,但是仍会加大城乡居民收入差距。关于金融发展对资产配置的影响,宏观层面随着金融体系的发展,股票债券等金融资产增长迅速(易纲、宋旺,2008)。

从上述国内外文献可以看出,目前研究主要集中在金融对经济的影响上,很少从微观层次研究金融设施对金融普惠的影响,本节基于CHFS微观数据,探讨金融设施和金融普惠之间的因果关系。

14.1　金融设施和金融普惠描述性统计

根据CHFS调查问卷设计,同时考虑以银行和ATM数量作为主要的金融设施,本节用银行和 ATM 数量之和度量金融设施。我国金融设施状况可以通过社区附近金融设施占比和金融设施数量两部分加以描述。从调查数据来看,我国金融设施分布存在不均衡的现状,且城乡分布差异尤为明显。综合而言,西部地区金融设施分布最佳,东部地区次之,两者皆优于全国平均水平;中部地区相对较差,且远低于全国平均水平。

14.1.1 金融设施状况

14.1.1.1 社区附近金融设施占比

由表 14-1 可知,我国社区附近金融设施的占比存在不均衡的现象,其中,中部地区相对落后,东部地区的 ATM 分布情况最优,而西部地区的银行分支设施占比相对较高。具体而言,在银行分支设施分布方面,西部地区超过全国平均水平(49.8%),为52.7%;而中部地区社区银行分支设施的占比低于全国平均水平,为47.1%。在社区附近分布 ATM 情况的调查上,全国平均水平为57.9%。中部地区为50.2%,低于全国平均水平;东部地区和西部地区高于全国水平,分别为61.5%和59.9%。

表 14-1 社区附近金融设施的东中西差异   %

	社区附近是否有银行分支设施	社区附近是否有 ATM
东部	49.2	61.5
中部	47.1	50.2
西部	52.7	59.9
全国	49.8	57.9

由表 14-2 可知,我国社区附近金融设施的城乡差异很明显。样本中在社区附近银行分支设施的占比方面,城镇是农村的 3 倍多;在社区附近 ATM 的占比上,城镇是农村的近 2 倍。这都表明社区金融设施在城乡间分布的巨大差异。

表 14-2　社区附近是否有金融设施的城乡差异　　　　　　　　　　%

	社区附近是否有银行分支设施	社区附近是否有 ATM
农村	20.0	36.2
城镇	67.9	71.2

14.1.1.2　金融设施数量

由表 14-3 可知,我国社区金融设施数量在东中西地区存在着明显的差距。西部地区金融设施的分布密度远超全国平均水平,东部地区金融设施的分布密度与全国水平相近,而中部地区金融设施的分布密度要远远低于全国水平。相比较而言,西部地区社区每平方公里银行数量是中部地区的 2.0 倍,而西部地区社区每平方公里 ATM 数量是中部地区的 1.8 倍。可见,我国社区金融设施分布极度不均匀。

表 14-3　社区每公里金融设施数量的东中西差异　　　　　　　　个

	社区平方每公里银行数量	社区每平方公里 ATM 数量
东部	11.4	14.1
中部	7.7	8.2
西部	15.6	15.0
全国	11.9	12.7

由表 14-4 可知,我国社区每千人金融设施数量在东中西地区也存在极大的差距。具体而言,东部地区的每千人银行数量与每千人 ATM 数量与全国水平相近或略高于全国平均水平,西部地区明显高于全国水平,而中部地区远远低于全国水平。对比西部地区和中部地区,每千人银行数量比为 3.9,而每千人 ATM 数量比为 3.5。可见西部地区每千人金融设施数量远超中部地区。

表 14-4　社区每千人金融设施数量的东中西差异　　　　　　　　个

	每千人银行数量	每千人 ATM 数量
东部	6.1	6.8
中部	2.3	2.6
西部	9.0	9.2
全国	6.1	6.5

由表 14-5 可知,我国社区每千人金融设施数量的城乡差异极为明显。相比较而言,城镇每平方公里银行数量是农村的 3.1 倍,城镇每平方公里 ATM 数量是农村的 2.5 倍,城镇每千人银行数量是农村的 1.7 倍,城镇每千人 ATM 数量是农村的 1.7 倍。由此可见,我国在每千人金融设施数量上存在尤为严重的城乡差异。

表 14-5　社区每千人金融设施数量的城乡差异　　　　个

	每平方公里银行数量	每平方公里 ATM 数量	每千人银行数量	每千人 ATM 数量
农村	5.7	7.3	4.5	4.8
城镇	17.7	17.9	7.5	8.2

14.1.2　京津冀社区金融设施

本章从社区附近金融设施占比和数量状况两个维度研究京津冀金融设施状况。从调查数据来看,京津冀金融设施状况分布很不均匀,且存在很大的城乡差异。总体而言,北京的金融设施相对较多,而天津、河北的金融设施相对较少。从京津冀金融设施密度分析,北京地区金融设施密度远超京津冀平均水平,天津、河北则低于京津冀平均水平。

14.1.2.1　京津冀社区附近金融设施占比

由表 14-6 可知,河北银行业法人设施数最多,约占京津冀地区银行业法人设施数的 69.1%,而北京的证券业、保险业和上市公司的法人设施数均占京津冀地区的最大比重,占比分别为 79.7%、47.6% 和 71.6%,天津、河北两地情况相近。

表 14-6　京津冀地区法人金融设施的差异　　　　个

	银行业	证券业	保险业	上市公司
北京	77	55	101	217
天津	32	8	54	38
河北	244	6	57	48
京津冀	353	69	212	303

数据来源:《中国金融年鉴》(2014)。

由表 14 - 7 可知,京津冀社区附近金融设施存在的差异较为明显。其中,平均来看,京津冀社区附近银行分支设施占比为 59.7%,北京、天津超过平均水平,分别为 79.3% 和 62.1%;而河北仅为 33.4%。北京存在银行分支设施社区占比是河北的 2.37 倍。京津冀社区附近有 ATM 的占比,北京与天津情况相近,也超过了京津冀的平均水平,而河北则远逊于京津冀平均水平。北京社区附近有 ATM 占比是河北的 2.3 倍。可见,京津冀地区金融设施分布存在明显差异。

表 14 - 7 京津冀社区金融设施 %

省区	社区附近是否有银行分支设施	社区附近是否有 ATM
北京	79.3	79.8
天津	62.1	79.3
河北	33.4	34.7
京津冀	59.7	66.9

由表 14 - 8 可知,京津冀社区附近金融设施存在着较为严重的城乡差异。从平均水平来看,京津冀地区城镇社区附近有银行分支设施占比是农村的 3.0 倍,城镇社区附近有 ATM 占比是农村的 1.7 倍。具体而言,北京城镇社区附近银行分支设施达 89.9%,而样本中农村社区附近银行分支设施数量为 0;城镇社区附近 ATM 占比是农村的 2.1 倍。天津地区城镇社区附近有银行分支设施占比是农村的 2.0 倍,城镇社区附近有 ATM 占比是农村的 1.2 倍。河北地区城镇社区附近有银行分支设施占比是农村的 2.8 倍,城镇社区附近有 ATM 占比是农村的 3.4 倍。综合而言,河北社区附近金融设施分布城乡差异最大,而天津社区附近金融设施城乡差异最小。

表 14 - 8 京津冀社区附近金融设施的城乡差异 %

省区	城乡	社区附近是否有银行分支设施	社区附近是否有 ATM
北京	农村	0	41.6
	城镇	89.9	85.4

续表

省区	城乡	社区附近是否有银行分支设施	社区附近是否有ATM
天津	农村	37.7	71.7
	城镇	74.5	83.2
河北	农村	16.4	14.8
	城镇	45.4	48.8
京津冀	农村	24.3	45.1
	城镇	74.1	76.0

14.1.2.2 京津冀金融设施数量

由表14-9可知,京津冀社区每平方公里金融设施数量差距很大。从调查数据可知,京津冀社区每平方公里银行平均数量为11.6个,而社区每平方公里ATM平均数量为17.1个。相比较而言,北京社区每平方公里金融设施数量最大,社区每平方公里银行数量是京津冀平均数量的2.3倍,分别是天津、河北的4.6倍、4.7倍。在社区每平方公里ATM数量方面,北京是京津冀平均数量的1.9倍,分别是天津、河北的2.1倍、4.8倍。由此可知,京津冀社区每平方公里金融设施数量存在明显的差异。

表14-9 京津冀社区每平方公里金融设施数量的差异　　　个

	社区每平方公里银行数量	社区每平方公里ATM数量
北京	27.2	32.0
天津	5.9	15.5
河北	5.8	6.6
京津冀	11.6	17.1

由表14-10可知,京津冀地区每千人金融设施数量分布极度不均衡。平均来看,京津冀地区平均每千人银行数量为6.0个,每千人ATM数量为7.5个。北京相对较高,而天津、河北均低于平均水平。具体而言,北京每千人银行数量是京津冀平均水平的2.4倍,分别是天津、河北的3.0倍、73.0倍;而北京每千人ATM数量是京津冀平均水平的2.6倍,分别是天津、河北的3.9倍、66.0倍。其中,河北每千人设施数量极低。

表 14-10　京津冀每千人金融设施数量的差异　　　单位:个

	每千人银行数量	每千人 ATM 数量
北京	14.6	19.8
天津	4.8	5.1
河北	0.2	0.3
京津冀	6.0	7.5

14.1.3　金融设施和金融普惠之间关系描述

本节研究金融设施与金融普惠之间的关系,从储蓄、支付、信贷和保险四个维度刻画金融普惠。首先,通过数据描述了中国金融设施与金融普惠之间的关系,发现附近存在金融设施的社区具有较高的金融普惠程度;其次,通过数据刻画京津冀地区金融设施与金融普惠之间的关系,发现北京、天津、河北以及京津冀平均情况皆反映出存在金融设施的社区具有更高的金融普惠程度。

14.1.3.1　金融设施和金融普惠

由表 14-11 可知,我国社区银行的存在会提高金融普惠程度。具体来看,附近有银行的社区要比附近无银行的社区金融普惠程度高出 20.3%,具体到储蓄、支付、信贷、保险四个维度,金融普惠程度分别提高 23.0%、27.6%、45.6% 和 63.6%。通过数据可知,社区附近银行显著提高了信贷和保险的普及程度。

表 14-11　社区银行和金融普惠　　　　　　　　　　%

	金融普惠	储蓄	支付	信贷	保险
社区附近有银行	81.7	80.1	70.8	18.2	10.8
社区附近无银行	67.9	65.1	55.5	12.5	6.6

由表 14-12 可知,我国社区 ATM 会提高其金融普惠程度。具体来看,附近有 ATM 的社区要比附近无 ATM 的社区金融普惠程度高出 20.5%,具体到储蓄、支付、信贷、保险四个维度,金融普惠程度分别提高 22.6%、26.7%、55.2% 和 53%。通过数据可知,社区附近 ATM 显著提高了信贷和保险的普及程度。

表 14-12　社区 ATM 和金融普惠　　　　　　　　　　　　　%

	金融普惠	储蓄	支付	信贷	保险
社区附近有 ATM	80.4	78.6	69.2	18.0	10.1
社区附近无 ATM	66.7	64.1	54.6	11.6	6.6

14.1.3.2　京津冀金融设施和金融普惠

由表 14-13 可知,总体而言,京津冀社区附近银行提高了金融普惠程度。平均来看,京津冀附近有银行的社区要比附近无银行的社区金融普惠程度高出 21.3%,具体到储蓄、支付、信贷、保险四个维度,金融普惠程度分别提高 26.0%,47.1%,53.4% 和 54.9%。进一步,北京附近有银行的社区要比附近无银行的社区金融普惠程度高出 13.6%,具体到储蓄、支付、信贷、保险四个维度,金融普惠程度分别提高 13.7%,30.6%,89.4% 和 13.9%。值得注意的是,天津附近有银行的社区要比附近无银行的社区金融普惠程度降低了 1.8%,具体到储蓄、支付、信贷、保险四个维度,金融普惠程度分别提高 4.9%,28.6%,10.0% 和 42.4%。河北附近有银行的社区要比附近无银行的社区金融普惠程度高出 32.3%,具体到储蓄、支付、信贷、保险四个维度,金融普惠程度分别提高 33.9%,43.3%,75.3% 和 45.8%。通过数据综合来看,社区附近银行显著提高了信贷和保险的普及程度。

表 14-13　京津冀社区银行和金融普惠　　　　　　　　　　　　　%

省区	社区附近有无银行	金融普惠	储蓄	支付	信贷	保险
北京	社区附近有银行	92.7	92.9	84.5	19.7	16.4
	社区附近无银行	81.6	81.7	64.7	10.4	14.4
天津	社区附近有银行	76.9	75.3	54.0	16.5	13.1
	社区附近无银行	78.3	71.8	42.0	15.0	9.2
河北	社区附近有银行	73.8	72.6	62.2	16.3	10.5
	社区附近无银行	55.8	54.2	43.4	9.3	7.2
京津冀	社区附近有银行	83.2	82.5	68.4	17.8	14.1
	社区附近无银行	68.6	65.5	46.5	11.6	9.1

由表 14-14 可知,总体而言,京津冀社区附近有 ATM 提高了金融普惠程度。平均来看,京津冀附近有 ATM 的社区要比附近无 ATM 的社区金融普惠程度高出 23.6%,具体到储蓄、支付、信贷、保险四个维度,金融普惠程度分别提高 23.5%,31.4%,88.4% 和 43.5%。进一步,北京附近有 ATM 的社区要比附近无 ATM 的社区金融普惠程度高出 12.4%,其中具体到储蓄、支付、信贷三个维度,金融普惠程度分别提高 12.9%,19.2% 和 52.5%。要注意的是,具体到保险维度,北京附近有 ATM 的社区要比附近无 ATM 的社区金融普惠程度降低 5.5%。此外,天津附近有 ATM 的社区要比附近无 ATM 的社区金融普惠程度降低 4.4%,要注意的是,储蓄维度,天津附近有 ATM 的社区要比无附近无 ATM 的社区金融普惠程度降低 7.7%。具体到支付、信贷、保险三个维度,金融普惠程度分别提高 6.4%,51.3% 和 9.3%。河北附近有 ATM 的社区要比附近无 ATM 的社区金融普惠程度高出 36.9%,具体到储蓄、支付、信贷、保险四个维度,金融普惠程度分别提高 41%,53.3%,139.7% 和 101.6%。通过数据综合来看,社区附近 ATM 显著提高了信贷和保险的普及程度。

表 14-14　京津冀社区附近 ATM 和金融普惠　　　　%

省区	社区附近有无 ATM	金融普惠	储蓄	支付	信贷	保险
北京	社区附近有 ATM	92.5	92.8	84.4	18.6	15.4
北京	社区附近无 ATM	82.3	82.2	70.8	12.2	16.3
天津	社区附近有 ATM	76.7	72.7	50.0	17.1	11.8
天津	社区附近无 ATM	80.2	78.8	47.0	11.3	10.8
河北	社区附近有 ATM	75.0	74.6	64.4	18.7	12.3
河北	社区附近无 ATM	54.8	52.9	42.0	7.8	6.1
京津冀	社区附近有 ATM	82.2	80.4	64.0	17.9	13.2
京津冀	社区附近无 ATM	66.5	65.1	48.7	9.5	9.2

14.2　金融设施对京津冀金融普惠的影响

14.2.1　金融设施和金融普惠的模型设定

为考察金融设施对家庭金融普惠的影响,本章的基本模型设定为:

$$Y = 1(\alpha Financial\_institution + X\beta + \mu > 0) \qquad (14-1)$$

其中

$$\mu \sim N(0, \sigma^2)$$

模型中:Y是哑变量,等于1表示有金融账户,等于0表示没有金融账户;Financial_institution 是关注的金融设施;X是控制变量,包括户主特征变量、家庭特征变量、地区控制变量、宏观经济变量及省区哑变量等。

14.2.2　金融设施和金融普惠之间内生性讨论

金融设施和家庭金融普惠之间可能存在反向因果、遗漏变量导致的内生性问题。首先,金融设施和家庭金融普惠存在互为因果关系,因为金融普惠的家庭积极参与金融交易,金融需求增加,往往促使金融机构增设营业网点;其次,可能的遗漏变量问题导致高估或低估金融设施的影响,比如影响家庭金融账户偏好的选择就很难用变量进行衡量。

为了消除解释变量的内生性问题,尹志超等(2014)选取工具变量进行两阶段估计。所以,针对金融设施和家庭金融普惠之间存在的内生性问题,我们选择工具变量,运用两阶段 Probit 模型进行极大似然估计。我们选择上一层级的地区证券发展水平(地区证券市场融资额和地区 GDP 之比)作为工具变量,因为地区证券市场发展程度越高,地区直接中介发展水平就越高,会加大地区金融市场和金融设施的竞争程度,将促使银行和 ATM 数量增设,所以证券市场发展与金融设施是相关的。但家庭金融普惠与证券市场的发展并没有直接的相关性。

14.2.3 金融设施对京津冀金融普惠的影响

从表14-15第(1)列的估计结果来看,社区附近金融设施数量增加1个,京津冀金融普惠提高1.0%的概率。

从第(1)列的估计结果的其他变量来看,京津冀地区户主受教育年限、户主共产党员、户主风险偏好、家庭就业数量、家庭收入、家庭非金融净财富和GDP对家庭金融普惠有显著的正向影响。农村、河北地区对金融普惠有显著的负向影响。其他变量对家庭金融普惠没有显著的影响。

表14-15 金融设施对京津冀金融普惠的影响

被解释变量:京津冀金融普惠	(1) Probit	(2) Ivprobit
金融设施数量	0.010** (0.005)	0.124 (0.087)
户主年龄	-0.005* (0.003)	-0.002 (0.004)
户主年龄平方/100	0.004 (0.003)	0.000 (0.004)
户主男性	0.010 (0.012)	0.034* (0.021)
户主受教育年限	0.020*** (0.002)	0.010 (0.013)
户主共产党员	0.056*** (0.019)	0.029 (0.037)
户主已婚	-0.017 (0.021)	-0.030 (0.019)
户主风险偏好	0.064** (0.030)	0.024 (0.052)
户主风险厌恶	0.020 (0.016)	0.030* (0.017)
家庭规模	0.004 (0.024)	0.012 (0.021)

续表

被解释变量:京津冀金融普惠	(1) Probit	(2) Ivprobit
家庭老人数量	-0.005 (0.029)	-0.006 (0.025)
家庭孩子数量	-0.027 (0.028)	-0.025 (0.025)
家庭劳动力数量	-0.001 (0.028)	-0.009 (0.024)
家庭就业数量	0.007 (0.008)	0.011 (0.009)
家庭收入	0.020*** (0.003)	0.014 (0.010)
家庭非金融净财富	0.010*** (0.002)	0.006 (0.005)
农村	-0.055*** (0.024)	0.038 (0.088)
GDP	0.104*** (0.024)	-0.039 (0.131)
北京	0.029 (0.038)	-0.078 (0.056)
河北	-0.042* (0.022)	-0.055** (0.027)
样本量	3 618	3 618
Wald chi2	577.72***	195.13***
pseduo R^2	0.221	
Wald 内生性检验		1.36
p 值		0.244
第一阶段 F 值		5.55***

注:*,**,***分别表示在10%,5%,1%水平显著,括号内为聚类异方差稳健标准误(按社区聚类分析,避免异方差和组内自相关),表内报告的是估计结果的边际效应。

14.3 金融设施对北京、天津和河北金融普惠的影响

14.3.1 金融设施对北京金融普惠的影响

从表14-16第(1)列的估计结果来看,北京地区社区附近金融设施数量对北京金融普惠没有显著的影响。户主受教育年限和家庭收入对北京金融普惠有显著的正向影响。其他变量对北京金融普惠没有显著的影响。

表14-16 金融设施对北京金融普惠的影响

被解释变量:北京金融普惠	(1) Probit	(2) Ivprobit
金融设施数量	0.001 (0.003)	0.044 (0.034)
户主年龄	-0.001 (0.003)	0.000 (0.054)
户主年龄平方/100	0.002 (0.003)	0.000 (0.054)
户主男性	0.011 (0.015)	0.020 (0.040)
户主受教育年限	0.011*** (0.003)	0.009 (0.049)
户主共产党员	0.006 (0.018)	0.004 (0.032)
户主已婚	-0.010 (0.026)	-0.029 (0.166)

续表

被解释变量:北京金融普惠	(1) Probit	(2) Ivprobit
户主风险偏好	-0.001 (0.028)	-0.001 (0.073)
户主风险厌恶	0.021 (0.026)	0.016 (0.098)
家庭规模	-0.044 (0.047)	-0.024 (0.097)
家庭老人数量	0.013 (0.057)	-0.001 (0.087)
家庭孩子数量	0.000 (0.049)	-0.012 (0.088)
家庭劳动力数量	0.033 (0.055)	0.015 (0.090)
家庭就业数量	0.004 (0.013)	0.004 (0.042)
家庭收入	0.027*** (0.008)	0.027 (0.025)
家庭非金融净财富	0.005 (0.004)	0.003 (0.021)
农村	-0.013 (0.068)	0.000 (1.716)
样本量	1 089	1 089
Wald chi2	8.68***	579.10***
pseduo R^2	0.112	
Wald 内生性检验		0.000
p 值		0.000
第一阶段 F 值		9.56***

注:*,**,***分别表示在10%,5%,1%水平显著,括号内为聚类异方差稳健标准误(按社区聚类分析,避免异方差和组内自相关),表内报告的是估计结果的边际效应。

14.3.2 金融设施对天津金融普惠的影响

从表14-17第(1)列的估计结果来看,天津地区社区附近金融设施数量对天津金融普惠没有显著的影响。户主受教育年限、户主共产党员、户主风险偏好和家庭收入对天津金融普惠有显著的正向影响,家庭孩子数量对天津金融普惠有显著的负向影响。其他变量对天津金融普惠没有显著的影响。

表14-17 金融设施对天津金融普惠的影响

被解释变量:天津金融普惠	(1) Probit	(2) Ivprobit
金融设施数量	0.004 (0.008)	0.220*** (0.059)
户主年龄	-0.007 (0.004)	-0.006 (0.093)
户主年龄平方/100	0.006 (0.004)	0.005 (0.071)
户主男性	0.001 (0.021)	0.074 (0.401)
户主受教育年限	0.019*** (0.004)	0.017 (0.038)
户主共产党员	0.055** (0.025)	0.009 (0.243)
户主已婚	0.010 (0.042)	-0.010 (0.045)
户主风险偏好	0.117*** (0.032)	0.032 (0.763)
户主风险厌恶	0.024 (0.032)	0.019 (0.118)

续表

被解释变量:天津金融普惠	(1) Probit	(2) Ivprobit
家庭规模	0.025 (0.017)	0.011 (0.252)
家庭老人数量	-0.006 (0.027)	0.041 (0.474)
家庭孩子数量	-0.072* (0.036)	-0.017 (0.480)
家庭劳动力数量	-0.008 (0.026)	0.029 (0.455)
家庭就业数量	-0.011 (0.023)	-0.010 (0.050)
家庭收入	0.021** (0.008)	0.019 (0.056)
家庭非金融净财富	0.006 (0.004)	-0.001 (0.056)
农村	0.001 (0.071)	0.016 (0.242)
样本量	988	988
Wald chi2	24.98***	9 424.92***
pseduo R^2	0.109	—
Wald 内生性检验		0.000
p 值		0.000
第一阶段 F 值		4.21***

注:*,**,*** 分别表示在10%,5%,1%水平显著,括号内为聚类异方差稳健标准误(按社区聚类分析,避免异方差和组内自相关),表内报告的是估计结果的边际效应。

14.3.3 金融设施对河北金融普惠的影响

从表14-18第(1)列的估计结果来看,河北地区社区附近金融设施数量对河北金融普惠没有显著的影响。户主受教育年限、户主共产党员、家庭老人数量、家庭孩子数量、家庭劳动力数量、家庭收入和家庭非金融净财富对河北金融普惠有显著的正向影响,家庭规模和农村对河北金融普惠有显著的负向影响。其他变量对河北金融普惠没有显著的影响。

表 14-18　金融设施对河北金融普惠的影响

被解释变量:河北金融普惠	(1) Probit	(2) Ivprobit
金融设施数量	0.013 (0.011)	0.000 (0.060)
户主年龄	0.002 (0.006)	0.002 (0.034)
户主年龄平方/100	-0.006 (0.006)	-0.006 (0.032)
户主男性	0.025 (0.023)	0.023 (0.169)
户主受教育年限	0.027*** (0.004)	0.028 (0.102)
户主共产党员	0.059* (0.034)	0.061 (0.239)
户主已婚	-0.044 (0.036)	-0.047 (0.325)
户主风险偏好	0.038 (0.028)	0.041 (0.365)
户主风险厌恶	0.030 (0.028)	0.026 (0.417)
家庭规模	-0.368*** (0.052)	-0.368 (1.913)
家庭老人数量	0.388*** (0.018)	0.389 (1.742)

续表

被解释变量:河北金融普惠	(1) Probit	(2) Ivprobit
家庭孩子数量	0.353***	0.353
	(0.065)	(2.025)
家庭劳动力数量	0.371***	0.371
	(0.060)	(1.955)
家庭就业数量	0.014	0.014
	(0.013)	(0.085)
家庭收入	0.023***	0.023
	(0.006)	(0.052)
家庭非金融净财富	0.022***	0.022
	(0.005)	(0.015)
农村	-0.080*	-0.087
	(0.043)	(0.620)
样本量	1 541	1 541
Wald chi2	23.57***	562.96***
pseduo R^2	0.208	
Wald 内生性检验		0.000
p 值		0.000
第一阶段 F 值		19.35***

注:*,**,***分别表示在10%,5%,1%水平显著,括号内为聚类异方差稳健标准误(按社区聚类分析,避免异方差和组内自相关),表内报告的是估计结果的边际效应。

14.4 稳健性检验

从表14-19中发现,删除上下5%的样本后,城镇样本下的回归结果和在全样本下的回归结果在方向和显著水平上具有一致性。然而,我们也发现,将第三方支付、社会保险等账户也纳入金融普惠指标中,金融设施、银行和ATM的增加对该金融普惠指标没有显著的影响,说明金融设施的增设影响家庭金融普惠可能是因为金融产品和服务。我们还发现,农村中增设金融设施,对农村地区的金融普惠没有显著的影响。也可以看出,在农村地区推广金融普惠的政策,更多应着眼于扩大农村家庭金融需求,而不是盲目地增加金融设施数量。

表 14–19 金融设施对家庭金融普惠的影响:稳健性检验 1~4

	(1)	(2)	(3)
稳健性检验1:上下删除5%样本			
金融设施	0.008* (0.005)		
银行		0.010* (0.005)	
ATM			0.006 (0.005)
稳健性检验2:所有账户的金融普惠指标			
金融设施	0.003 (0.002)		
银行		0.003 (0.002)	
ATM			0.002 (0.002)
稳健性检验3:城镇样本			
金融设施	0.010** (0.004)		
银行		0.011** (0.005)	
ATM			0.009*** (0.004)

续表

	(1)	(2)	(3)
稳健性检验4:农村样本			
金融设施	-0.003 (0.017)		
银行		-0.007 (0.018)	
ATM			0.005 (0.027)

注：*，＊＊，＊＊＊分别表示在10%,5%,1%水平显著,括号内为聚类异方差稳健标准误（按社区聚类分析,避免异方差和组内自相关）,表内报告的是估计结果的边际效应,控制了既定变量未报告。

14.5 小结

京津冀地区,社区附近金融设施数量增加1个,京津冀金融普惠提高1.0%的概率。北京地区社区附近金融设施数量对北京金融普惠没有显著的影响。天津地区社区附近金融设施数量对天津金融普惠没有显著的影响。河北地区社区附近金融设施数量对河北金融普惠没有显著的影响。

删除上下5%的样本后,城镇样本下的回归结果和在全样本下的回归结果在方向和显著水平上具有一致性。然而,我们也发现,将第三方支付、社会保险等账户也纳入金融普惠指标中,金融设施、银行和ATM的增加对该金融普惠指标没有显著的影响,说明金融设施的增设影响家庭金融普惠是因为金融产品和服务。我们还发现,农村中增设金融设施,对农村地区的金融普惠没有显著的影响。因此,在农村地区推广金融普惠的政策,更多应着眼于扩大农村家庭金融需求,而不是盲目增加金融设施数量。

15

结论与政策建议

15.1 主要结论

15.1.1 京津冀金融普惠水平不平衡

从金融普惠的各分项指标看,银行账户拥有方面,北京和天津家庭这一比例依次为 88.9% 和 79.6%,均高于全国平均水平,而河北仅为 59.5%,低于全国平均水平,落后较多。非现金支付方式上,京津冀家庭仍然主要采用银行借记卡支付,信用卡和第三方支付使用都最高的北京,前者比例为 33.8%,后者也仅为 10.5%,说明家庭消费观念依然比较保守,新兴互联网支付方式的普及性还不高。信贷市场参与方面,天津家庭贷款比例最高,北京次之;河北家庭借款比例最高,依托人情网络的非正规信贷市场较为活跃。从保险市场参与看,京津冀家庭在养老、医疗等社会保险参与上差异不大,各地区的商业保险持有总体比例偏低,北京为 16.4%,天津为 11.5%,河北仅为 7.2%。社区银行网点分布方面,河北银行网点覆盖和 ATM 覆盖比例均大致为 1/4,较北京和天津相差甚远。

家庭支付特征方面,我们从总体支付方式、银行卡支付、信用卡支付和第三方支付四个方面进行研究。家庭的支付方式是家庭获取金融服务情况的重要体现。由数据可以看出:我国家庭银行卡支付的金融普惠程度最高,信用卡支付次之,最后是第三方支付。具体而言,银行卡支付方面,金融普惠程度随着年龄的下降、学历层次的提高、家庭资产和收入的提高而提高,城镇地区的金融普惠程度也明显高于农村地区;信用卡支付方面,北京的金融普惠程度最高,天津次之,河北的金融普惠程度最低,且河北在年龄、学历层次、家庭资产和收入、地区等多个分组情况下均低于全国平均水平,由此可见推动京津冀一体化的必要性;第三方支付方面,第三方支付的金融普惠程度整体比较低。北京的金融普惠程度明显高于天津和河北。

家庭储蓄行为方面,我们从总体储蓄行为、户主年龄、户主学历、户主居住地、家庭收入和家庭资产六个方面对储蓄行为进行研究。储蓄定义为家庭总收入减去家庭总支出。用储蓄拥有率和储蓄规模两个指标衡量储蓄行为,储蓄拥有率和储蓄规模越高,表示金融普惠程度越高;反之,储蓄拥有率和储蓄规模越低,表示金融普惠程度越低。具体而言:总体储蓄行为方面,北京和天津的金融普惠指数高于全国水平,而河北的金融普惠指数低于全国水平。推进京津冀的协同发展,有利于提高河北的金融普惠水平。户主年龄对家庭储蓄行为存在影响,也就是金融普惠水平在各年龄阶段存在差异。总的来说,北京和天津的储蓄倾向高于全国水平,而河北的储蓄倾向低于全国水平,即北京和天津的金融普惠水平高于全国水平,河北的金融普惠水平低于全国水平。户主学历对储蓄拥有率和储蓄规模也存在影响,进而对金融普惠存在影响。从储蓄拥有率来看,北京的金融普惠程度更高,不受学历影响。而天津,尤其是河北,学历对于金融普惠存在明显的作用。学历越高,金融普惠水平越高。户主居住地显示:城镇的金融普惠水平高于农村;北京和天津的金融普惠水平高于全国水平,河北的金融普惠水平低于全国水平。从家庭收入角度看,北京、天津的金融普惠水平高于全国水平,河北的金融普惠水平低于全国水平。从家庭资产角度看,北京、天津的金融普惠水平高于全国水平,河北低于全国水平。北京不同收入阶层的储蓄拥有率差距小于全国差距,说明北京的金融普惠水平高于全国水平。天津不同收入阶层的储蓄拥有率差距小于全国差距,表明天津的金融普惠水平高于全国水平;河北不同收入阶层的储蓄拥有率差距大于全国差距,说明河北的金融普惠水平低于全国水平。

信贷参与方面,总体上,北京和天津家庭正规信贷参与比例更高,河北家庭非正规信贷参与比例更高。家庭信贷参与既与自身特征有关,也受到居住地金融服务便利程度的影响。我们发现,教育程度越高,家庭正规信贷参与比例越高,非正规信贷参与比例越低;金融知识水平越高的家庭也更多地获得正规信贷,更少依赖非正规信贷;户主是党员的家庭更容易获得正规信贷资源,更少寻求非正规资源;家庭社会关系越强,也更容易获得正规信贷,而非正规信贷的需求因此被抑制,非正规信贷参与比例相对较低;偏好风险的家庭更多参与正规信贷;最后,所住村(社区)有银行网点的家庭正规信贷参与也更多。

商业保险方面,在京津冀地区,有90.3%的居民没有购买任何商业保险,拥有商业人寿保险的居民占比为5.0%,拥有商业健康保险的居民占比为3.9%,拥有其他商业保险的居民占比为1.8%。在北京居民中,有86.3%的居民没有购买任何商业保险,拥有商业人寿保险的居民占比为6.9%,拥有商业健康保险的居民占比为6.0%,拥有其他商业保险的居民占比为3.0%。在天津居民中,有89.3%的居民没有购买任何商业保险,拥有商业人寿保险的居民占比为5.8%,拥有商业健康保险的居民占比为3.6%,拥有其他商业保险的居民占比为1.8%。在河北居民中,有93.4%的居民没有购买任何商业保险,拥有商业人寿保险的居民占比为3.4%,拥有商业健康保险的居民占比为2.7%,拥有其他商业保险的居民占比为0.9%。京津冀地区的商业保险投保率要高于全国平均水平,其中,以北京居民的投保比率最高,河北居民的投保比率最低。

综上可知,京津冀金融普惠水平严重不平衡。

15.1.2　京津冀经济发展水平差距巨大

从宏观经济指标看,京津冀地区GDP、财政支出、社会消费品零售总额由高到低依次为河北、北京、天津;财政收入由高到低依次为北京、河北、天津;社会固定资产投资由高到低依次为河北、天津、北京。从人均角度看,除了人均社会固定资产投资指标,其余指标北京、天津均高于河北,并且河北各项指标均低于全国平均水平。另外,京津冀地区产业结构存在差异,北京第三产业在整个产业结构中所占比重最大,其经济进入"退二进三的后工业化阶段",已经成为一个以服务业为主的超级都市。天津市发展主要由第二、三产业协同拉动,其经济进入"接二进三的工业化高级阶段"。而河北经济发展主要依靠第二产业,第三产业发展比较滞后,其经济进入"培二育三的工业化中级阶段"。可以看出,京津冀实体经济不协同。

从宏观金融总量指标看,金融机构存款余额方面,北京、河北高于天津,北京高于河北;金融机构贷款余额方面,北京、天津高于河北,北京高于天津。股票市值方面,北京、河北高于天津,北京高于河北;保费收入方面,北京、天津高于河北,北京高于天津。保险密度方面,北京和天津高于全国平均水平,河北远低于全国平均水平。保险深度方面,北京保险深度高于全国平均水平,河北保险深度和全国平均水平持平,天津保险深度低于全国平均水平。从宏观金融人均指标看,在人均金融机构存款余额、人均金融机构贷款余额、人均股票市值、人均保费收入等指标中,北京、天津高于河北,北京也高于天津。可以看出,京津冀宏观金融不协同。

从京津冀家庭财富看,北京、天津家庭财富远高于河北家庭,京津冀地区家庭财富差距程度高于全国家庭财富差距程度,北京、天津家庭财富差距程度高于全国家庭财富差距程度,河北家庭财富差距程度低于全国家庭财富差距程度。从家庭财富城乡差距看,京津冀地区家庭财富城乡差距程度高于全国家庭财富城乡差距程度,北京、天津家庭财富城乡差距程度高于全国家庭财富城乡差距程度,河北家庭财富城乡差距程度低于全国家庭财富城乡差距程度。可以看出,京津冀家庭财富不协同。

从京津冀家庭收入看,北京、天津家庭收入远高于河北家庭,京津冀地区家庭收入差距程度低于全国家庭收入差距程度,北京、天津家庭收入差距程度高于全国家庭收入差距程度,河北家庭收入差距程度低于全国家庭收入差距程度。从家庭收入城乡差距来看,京津冀地区家庭收入城乡差距程度高于全国家庭收入城乡差距程度,北京、天津家庭收入城乡差距程度高于全国家庭收入城乡差距程度,河北家庭收入城乡差距程度低于全国家庭收入城乡差距程度。可以看出,京津冀家庭收入不协同。

从京津冀家庭消费看,北京、天津家庭消费高于河北家庭,北京家庭消费高于天津。京津冀地区家庭消费差距程度低于全国家庭消费差距程度,天津、河北家庭消费差距程度低于全国家庭消费差距程度,北京家庭消费差距程度高于全国家庭消费差距程度。从家庭消费城乡差距来看,京津冀地区家庭消费差距程度高于全国城乡家庭消费差距程度,北京、天津家庭消费城乡差距程度高于全国家庭消费城乡差距程度,河北家庭消费城乡差距程度低于全国家庭消费城乡差距程度。可以看出,京津冀家庭消费不协同。

从京津冀贫困问题看,按照国家标准、世界银行1.9美元标准和3.1美元标准,京津冀地区贫困率高出全国贫困率,北京、天津贫困率低于河北,北京贫困率高于天津。从城乡贫困率看,京津冀地区农村贫困率高出城镇。从贫困人口看,河北出现类似的特征,北京和天津则恰好相反。可以看出,京津冀家庭贫困问题不协同。

15.1.3　金融普惠显著缩小京津冀家庭财富差距

京津冀社区金融普惠提高1个百分点,社区家庭财富基尼系数显著下降19.7%。从其他变量看,京津冀社区户主已婚比例提高1个百分点,社区家庭财富基尼系数将显著下降54.9%。其他变量对家庭财富差距没有显著的影响。

北京社区金融普惠对社区家庭财富基尼系数没有显著的影响。天津社区金融普惠对社区家庭财富基尼系数没有显著的影响。河北社区金融普惠对社区家庭财富基尼系数也没有显著的影响。

本研究还发现,京津冀金融普惠对家庭财富的影响呈现出如下特征:京津冀金融普惠对在0.4分位点、0.5分位点、0.6分位点家庭财富的影响最大,对在0.1分位点、0.2分位点、0.3分位点家庭财富的影响次之,对0.4分位点、0.5分位点、0.6分位点、0.7分位点、0.8分位点和0.9分位点家庭财富的影响呈递减趋势。

15.1.4　金融普惠显著缩小京津冀家庭收入差距

京津冀社区金融普惠提高1个百分点,社区家庭收入基尼系数将显著下降24.2%,家庭收入差距显著下降。京津冀金融普惠对各分位点家庭收入的影响基本呈现递减趋势,这也是金融普惠显著降低家庭收入差距的内在原因。

北京、天津社区金融普惠对社区家庭收入基尼系数没有显著的影响,而河北社区金融普惠提高1个百分点,社区家庭收入基尼系数将显著下降23.7%。

15.1.5　金融普惠显著缩小京津冀家庭消费差距

京津冀社区金融普惠提高1个百分点,社区家庭消费基尼系数将显著下降7.6%,家庭消费差距显著下降。本研究还发现,京津冀金融普惠对家庭消费的影响呈现出如下特征:京津冀金融普惠对在0.1分位点、0.2分位点、0.3分位点、0.4分位点、0.5分位点、0.6分位点、0.7分位点、0.8分位点和0.9分位点家庭消费的影响呈递减趋势。这也是金融普惠显著降低家庭消费差距的内在原因。

从北京子样本看,社区提高金融普惠1个百分点,社区家庭消费基尼系数将显著下降28.2%。从天津和河北的子样本来看,社区金融普惠对社区家庭财富基尼系数都没有显著的影响,在其他变量对社区家庭消费差距的影响上,北京、天津和河北三地存在异质性特征。

15.1.6　金融普惠显著减少京津冀家庭贫困

在京津冀地区,家庭金融普惠指数显著降低家庭贫困率,并且社区金融普惠对社区贫困率也有显著的负向影响。提高京津冀的社区金融普惠水平,不仅可以显著降低社区贫困强度,而且可以显著降低社区贫困深度。

15.1.7　金融普惠显著降低京津冀家庭失业率

在京津冀地区,金融普惠城镇居民比非金融普惠城镇居民失业率显著下降1.7%。进一步研究发现,金融普惠城镇居民人力资本显著超出非金融普惠城镇居民19.7%,金融普惠城镇家庭人力资本投资显著超出非金融普惠家庭5.61倍。因此,金融普惠可以通过提高城镇居民人力资本的途径降低城镇居民失业率。北京、天津和河北分样本的情况如下:北京金融普惠城镇居民比非金融普惠城镇居民的失业率显著下降4.2%;天津金融普惠城镇居民比非金融普惠城镇居民的失业率显著下降5.3%;金融普惠对河北城镇居民失业没有显著的影响。

15.1.8　金融普惠显著促进京津冀家庭创业

京津冀金融普惠家庭比非金融普惠家庭的创业率显著上升18.1%;京津冀金融普惠对家庭创业意愿没有显著的影响;京津冀金融普惠家庭比非金融普惠家庭的主动创业率上升55.8%。从北京、天津和河北的样本看,河北地区金融普惠家庭比非金融普惠家庭显著提高28.1%的创业率,北京和天津地区金融普惠对家庭创业没有显著的影响。北京、天津和河北地区金融普惠对家庭创业意愿和主动创业都没有显著的影响。

15.2 政策建议

15.2.1 普及金融知识释放家庭金融需求

京津冀地区,金融知识提升1个单位,家庭金融普惠概率上升26.5%。北京地区,金融知识提升1个单位,北京家庭金融普惠概率上升29.7%。天津地区,金融知识提升1个单位,天津家庭金融普惠概率上升6.6%。河北地区,金融知识提升1个单位,河北家庭金融普惠概率上升26.6%。

针对京津冀家庭金融知识普遍缺乏的现象,可以考虑采取以下措施:

第一,鼓励多渠道开展金融教育,借助社会网络,实施娱乐教育策略,提高我国国民整体金融素养。

第二,将金融知识教育和实务技能培训结合起来,真正促进家庭对金融知识的消化吸收,缩小金融排斥边界。

第三,推动金融知识教育进课堂。在大学的非经济金融专业开设金融知识课程,在中小学课程中加入基本的金融知识模块。这样,可以使每一个公民都有机会在课堂上学习到金融知识,这对其一生都有巨大的影响。

第四,利用网络开展金融知识教育。在互联网时代,可以充分利用网络开展金融知识教育,使每一个公民均等地享受低成本金融信息服务,持续更新家庭金融知识,实现京津冀地区的金融普惠。

15.2.2 增加金融服务提升金融普惠供给

京津冀地区,社区附近金融机构数量增加1个,京津冀金融普惠提高1.0%的概率。从其他变量看,户主受教育年限、户主共产党员、户主风险偏好、家庭就业数量、家庭收入、家庭非金融净财富和GDP对家庭金融普惠有显著的正向影响,农村、河北地区对金融普惠有显著的负向影响。

北京地区,社区附近金融机构数量对北京金融普惠没有显著的影响。

天津地区,社区附近金融机构数量对天津金融普惠没有显著的影响。河北地区,社区附近金融机构数量对河北金融普惠没有显著的影响。

所以,从京津冀整体区域制定政策上,大力发展金融机构,增设金融网点或 ATM 等金融设施,使得家庭更多地参与金融活动,将提高家庭对金融市场参与率,改善家庭金融服务的可得性,实现京津冀地区金融普惠。

15.2.3 推行金融普惠鼓励家庭创业

推行普惠金融,促进家庭创业,提升家庭创业投资水平。具体而言,可以考虑:

第一,增设 ATM 终端和金融网点,扩大普惠金融,增强家庭创业动机。

第二,鼓励金融创新,推出创业金融,提高金融资源可获得性。

第三,金融机构降低信贷门槛,倾斜创业信贷。

第四,重视创业教育,加大创业投资,鼓励家庭创业,促进家庭主动创业,提升家庭创业投资水平,增强家庭"造血"功能,以创业带动就业,提升经济增长内在动力,迈向"创新驱动经济体"。

综上所述,京津冀协同发展除了强调京、津、冀三地实体区域经济层面的协同发展外,更需注重京、津、冀三地现代金融的核心功能和协同普惠作用,比如,强化北京金融管理功能、发展天津金融创新功能、突出河北金融后台服务功能,从而减少京、津、冀金融资源的错配。所以,在京津冀地区,积极推进金融普惠,使更多家庭能够享受到金融普惠带来的便利,使金融普惠的成果惠及更多家庭,从而增强京津冀家庭金融发展的协调性,最终改善民众福祉,实现家庭福利最大化,促进京津冀地区协同发展和共同繁荣。

参考文献

[1]庇古. 福利经济学[M]. 北京:华夏出版社,2007:516-566.

[2]曹亚,陈浩. 金融危机背景的返乡农民工就业安置台式评估[J]. 改革,2009(8):96-101.

[3]陈彦斌. 中国城乡财富分布的比较分析[J]. 金融研究,2008(12):87-100.

[4]崔艳娟,孙刚. 金融发展是贫困减缓的原因吗?——来自中国的证据[J]. 金融研究,2012(11):116-127.

[5]丁守海. 中国就业弹性究竟有多大?——兼论金融危机对就业的滞后冲击[J]. 管理世界,2009(5):36-46.

[6]董晓林,徐虹. 我国农村金融排斥影响因素的实证分析——基于县域金融机构网点分布的视角[J]. 金融研究,2012(9):115-126.

[7]冯继红. 金融危机背景下农民工就业及外出务工意愿分析[J]. 农业经济问题,2010(1):35-40.

[8]甘犁,尹志超,贾男,等. 中国家庭金融调查报告(2012)[M]. 成都:西南财经大学出版社,2012.

[9]何晓斌,夏凡. 中国体制转型与城镇居民家庭财富分配差距——一个资产转换的视角[J]. 经济研究,2012(2):28-40.

[10]胡鞍钢. 知识与发展:中国新的追赶策略——写于建国50周年[J]. 管理世界,1999(6):7-24.

[11]黄波,王楚明. 基于排序logit模型的城镇就业风险分析与预测——兼论金融信用危机情形下促进我国就业的应对措施[J]. 中国软件科学,2010(4):146-154.

[12]黄英伟,陈永伟. 金融发展与就业促进:理论和实证[J]. 劳动经济研究,2015(1):96-118.

[13]焦瑾璞,黄亭亭,汪天都,等. 中国普惠金融发展进程及实证研究

[J].上海金融,2015(4):12-22.

[14]金烨,李宏彬,吴斌珍.收入差距与社会地位寻求———一个高储蓄率的原因[J].经济学(季刊),2011(3):887-912.

[15]李强.经济分层与政治分层[J].社会学研究,1997(4):34-43.

[16]李涛,王志芳,王海港,等.中国城市居民的金融排斥状况研究[J].经济研究,2010(7):15-30.

[17]李巍,蔡纯.地区金融发展协同性与国内就业状况的改善———中西部金融发展优先次序的再思考[J].世界经济研究,2013(12):67-71.

[18]林毅夫,陈斌开.重工业优先发展战略与城乡消费不平等———来自中国的证据[J].浙江社会科学,2009(4):10-16.

[19]刘敏楼.金融发展的收入分配效应———基于中国地区截面数据的分析[J].上海金融,2006(1):8-11.

[20]刘树成,汪利娜,常欣.中国经济走势分析(1998—2002)———兼论以住宅金融创新为突破口实现城乡就业联动[J].经济研究,2002(4):3-10.

[21]刘先崐.建设中国草根金融体系,促进草根经济发展和城乡就业———兼论我国小企业融资难的破解[J].管理世界,2009(11):1-10.

[22]罗楚亮.绝对收入、相对收入与主观幸福感———来自中国城乡住户调查数据的经验分析[J].财经研究,2009(11):79-91.

[23]罗凯.打工经历与职业转换和创业参与[J].世界经济,2009(6):77-87.

[24]吕雯,鲍曙明,陈科,等.金融发展与经济增长关系的实证研究[J].财政研究,2011(9):67-71.

[25]马光荣,杨恩艳.社会网络、非正规金融与创业[J].经济研究,2011(3):83-94.

[26]麦金农.经济发展中的货币与资本(中译本)[M].上海:上海三联书店,1988:48-65.

[27]彭宝玉,李小建.1990年代中期以来中国银行业空间系统变化研究[J].经济地理,2009(5):765-770.

[28]乔海曙,陈力.金融发展与城乡收入差距"倒U型"关系再检

验——基于中国县域截面数据的实证分析[J]. 中国农村经济,2009(7):68-85.

[29]盛来运,王冉,阎芳. 国际金融危机对农民工流动就业的影响[J]. 中国农村经济,2009(9):4-14.

[30]孙永强. 金融发展、城市化与城乡居民收入差距研究[J]. 金融研究,2012(4):98-109.

[31]孙永强,万玉琳. 金融发展、对外开放与城乡居民收入差距——基于1978~2008年省际面板数据的实证分析[J]. 金融研究,2011(1):28-39.

[32]孙伍琴,王培. 中国金融发展促进技术创新研究[J]. 管理世界,2013(6):172-173.

[33]田霖. 我国金融排斥的城乡二元性研究[J]. 中国工业经济,2011(2):36-145.

[34]王德文,蔡昉. 化解金融危机对中国的就业冲击[J]. 宏观经济研究,2009(2):16-22.

[35]王弟海,龚六堂. 新古典模型中收入和财富分配持续不平等的动态演化[J]. 经济学(季刊),2006(2):777-802.

[36]王弟海,严成樑,龚六堂. 遗产机制、生命周期储蓄和持续性不平等[J]. 金融研究,2011(7):14-31.

[37]王定祥,田庆刚,李伶俐,等. 贫困型农户信贷需求与信贷行为实证分析[J]. 金融研究,2011(5):124-138.

[38]王国静,田国强. 金融冲击和中国经济波动[J]. 经济研究,2014(3):20-34.

[39]王晋斌. 金融控制政策下的金融发展与经济增长[J]. 经济研究,2007(10):95-104.

[40]王婧,胡国晖. 中国普惠金融的发展评价及影响因素分析[J]. 金融论坛,2013(6):31-36.

[41]王小华,王定祥,温涛. 中国农贷的减贫增收效应:贫困县与非贫困县的分层比较[J]. 数量经济技术经济研究,2014(9):40-55.

[42]王修华,傅勇,贺小金,等. 中国农户受金融排斥状况研究——基

于我国 8 省 29 县 1547 户农户的调研数据[J]. 金融研究,2013(7):139-152.

[43]王元月,王青照. 我国金融发展与就业关系实证分析[J]. 财经理论与实践,2005(3):18-22.

[44]温涛,冉光和,熊德平. 中国金融发展与农民收入增长[J]. 经济研究,2005(9):30-43.

[45]谢升峰,路万忠. 农村普惠金融统筹城乡发展的效应测度——基于中部六省 18 县(市)的调查研究[J]. 湖北社会科学,2014(11):59-64.

[46]许圣道,田霖. 我国农村地区金融排斥研究[J]. 金融研究,2008(7):195-206.

[47]许宪春,彭志龙,刘起运,等. 国际金融危机就业效应的投入产出分析[J]. 统计研究,2011(4):4-10.

[48]杨继东. 中国消费不平等演变趋势及其原因[J]. 财贸经济,2013(4):111-120.

[49]杨俊,王燕,张宗益. 中国金融发展与贫困减少的经验分析[J]. 世界经济,2008(8):62-76.

[50]杨楠,马绰欣. 我国金融发展对城乡收入差距影响的动态倒 U 演化及下降点预测[J]. 金融研究,2014(11):175-190.

[51]杨汝岱,陈斌开,朱诗娥. 基于社会网络视角的农户民间借贷需求行为研究[J]. 经济研究,2011(11):116-129.

[52]叶志强,陈习定,张顺明. 金融发展能减少城乡收入差距吗?——来自中国的证据[J]. 金融研究,2011(2):42-56.

[53]易纲,宋旺. 中国金融资产结构演进:1991-2007[J]. 经济研究,2008(8):4-15.

[54]尹志超,宋全云,吴雨,等. 金融知识、创业决策和创业动机[J]. 管理世界,2015(1):87-98.

[55]尹志超,宋全云,吴雨. 金融知识、投资经验与家庭资产选择[J]. 经济研究,2014(4):62-75.

[56]尹志超,吴雨,甘犁. 金融可得性、金融市场参与和家庭资产选择[J]. 经济研究,2015(3):87-99.

[57]余向华,陈雪娟. 中国劳动力市场的户籍分割效应及其变迁——工资差异与机会差异双重视角下的实证研究[J]. 经济研究,2012(12):97-110.

[58]原鹏飞,冯蕾. 经济增长、收入分配与贫富分化——基于DCGE模型的房地产价格上涨效应研究[J]. 经济研究,2014(9):77-90.

[59]张冰,冉光和. 金融发展视角下外商直接投资的减贫效应分析[J]. 管理世界,2013(12):176-177.

[60]张春安,唐杰. 不平等对经济增长影响的经验分析[J]. 世界经济,2004(6):27-36.

[61]张大永,曹红. 家庭财富与消费:基于微观调查数据的分析[J]. 经济研究,2012(增1):53-65.

[62]张义博. 公共部门与非公共部门收入差异的变迁[J]. 经济研究,2012(4):77-88.

[63]张立军,湛泳. 中国农村金融发展对收入差距的影响——基于1978—2004年数据的检验[J]. 中央财经大学学报,2006(5):34-39.

[64]张俊生,吴溪. 次贷金融危机与"国际四大"的就业吸引力——基于某高校十年就业数据的实证分析[J]. 金融研究,2014(2):98-110.

[65]周顺兴,林乐芬. 银行业竞争提升了金融服务普惠性吗?——来自江苏省村镇银行的证据[J]. 产业经济研究,2015(6):11-20.

[66] Amidžic G, Massara A, Mialou A. Assessing Countries' Financial Inclusion Standing: A New Composite Index[R]. IMF Working Paper,2014.

[67] Ardic O P, Heimann M, Mylenko N. Access to Financial Services and the Financial Inclusion Agenda Around the World: a Cross-Country Analysis with a New Data Set[R]. World Bank Policy Research Working Paper Series,2011.

[68] Attanasio O, Vera-Hernández M. Medium and Long run Effects of Nutrition and Child Care: Evaluation of a Community Nursery Programme in Rural Colombia[R]. Working Paper, Centre for the Evaluation of Development Policies,2004.

[69] Banerjee A V, Newman A F. Occupational choice and the process of

development[J]. The Journal of Political Economy,1993,101(2):274-298.

[70] Beck T, Demirguc-Kunt A, Maksimovic V. Financial and Legal Constraints to Growth:Does Firm Size Matter? [J]. Journal of Finance,2005, 60(1):137-177.

[71]Beck T,Demirguc-Kunt A,Peria M S M. Reaching Out: Access to and Use of Banking Services across Countries [J]. Journal of Financial Economics,2007,85(1):234-266.

[72]Becker G S. Investment in Human Capital: A Theoretical Analysis [J]. Journal of Political Economy,1962,70(5):9-49.

[73]Beck T,De La Torre A. The basic analytics of access to financial services [J]. Finance Markets Institutions and Instruments,2006,16(2): 79-117.

[74] Bernheim B Douglas, Daniel M Garrett. The Effects of Financial Education in the Workplace: Evidence from a Survey of Households[J]. Journal of Public Economics,2003,87(7-8):1487-1519.

[75]Binswanger K. The Impact of Formal Finance on the Rural Economy of India[J]. Journal of Development Studies,1995,32(2):234-265.

[76] Buchinsky M. Recent Advances in Quantile Regression Models: A Practical Guideline for Empirical Research[J]. Journal of Human Resources, 1998,33(1):88-126.

[77] Burgess R, Pande R. Do Rural Banks Matter? Evidence from the Indian Social Banking Experiment[J]. American Economic Review,2005,95 (3):780-795.

[78]Cagetti M,Nardi M D. Entrepreneurship,Frictions,and Wealth [J]. Journal of Political Economy,2006,114(5):835-870.

[79]De la Torre A,Gozzi J C,Schmukler S L. Innovative Experiences in Access to Finance: Market Friendly Roles for the Visible Hand[J]. Latin America Regional Study,2006(4):1-55.

[80]Campbell J Y. Household Finance[J]. Journal of Finance,2006,61 (4):1553-1604.

[81] Calvet L, John Y Campbell, Sodini P. Measuring the Financial Sophistication of Households [J]. American Economic Review, 2009, 99 (2): 393-398.

[82] Carbo S, Gardener E P M, Molyneux P. Financial Exclusion in Europe [J]. Public Money and Management, 2007, 27(1): 21-27.

[83] Chakravarty S R, Pal R. Financial Inclusion in India: An Axiomatic Approach [J]. Journal of Policy Modeling, 2013, 35(5): 813-837.

[84] Conroy J. APEC and Financial Exclusion: Missed Opportunities for Collective Action? [J]. Asia-Pacific Development Journal, 2005, 12(1), 53-79.

[85] Davies J B, Sandstrom S, Shorrocks A, Wolff E N. The World Distribution of Household Wealth [J]. United Nations University World Institute for Development Economics Research, Discussion Paper, 2008.

[86] Deaton A, Paxson C. Inter temporal Choice and Inequality [J]. Journal of Political Economy, 1994, 102(3): 437-467.

[87] Demirgüc-Kunt A, Klapper L. Measuring Financial Inclusion: Explaining Variation in Use of Financial Services across and within Countries [J]. Brookings Papers on Economic Activity, 2013: 279-340.

[88] Demirgüç-Kunt, Aslı, Thorsten Beck, Patrick Honohan. Finance for All? Policies and Pitfalls in Expanding Access [M]. Washington: World Bank, 2008.

[89] Desai M. Human Development: Cconcepts and Measurement [J]. European Economic Review, 1991, 35(2): 350-357.

[90] Thomas Dohmen, Armin Falk, David Huffman, et al. Are Risk Aversion and Impatience Related to Cognitive Ability? [J]. American Economic Review, 2010, 100(3): 1238-1260.

[91] Friedman M. A Theory of the Consumption Function [M]. Princeton: Princeton University Press, 1957.

[92] Galor O, Zeira J. Income Distribution and Macroeconomics [J]. Review of Economic Studies, 1993, 60(1): 35-52.

[93] Garner T I. Consumer Expenditures and Inequality: an Analysis Based on Decomposition of the Gini Coefficient[J]. Review of Economics and Statistics. 1993,75(1):134 – 138.

[94] Gimet C, Lagoarde – Segot T. A Closer Look at Financial Development and Income Distribution[J]. Journal of Banking and Finance, 2011, 35(7):1698 – 1713.

[95] Greenwood, Jeremy, Jovanovic Boyan. Financial Development, Growth, and the Distribution of Income[J]. The Journal of Political Economy, 1990,98(5):1076 – 1107.

[96] Guiso L, Jappelli T. Financial Literacy and Portfolio Diversification[J]. EUI Working Paper ECO,2008(31).

[97] Guptea R, Venkataramani B, Gupta D. Computation of Financial Inclusion Index for India[J]. Procedia – Social and Behavioral Sciences,2012, 37:133 – 149.

[98] Honohan P. Cross – Country Variation in Household Access to Financial Services [J]. Journal of Banking and Finance, 2008, 32 (11): 2493 – 2500.

[99] Hung A, Andrew M Parker, Joanne K Yoong. Defining and Measuring Financial Literacy [J]. RAND Labor and Population Working Paper series WR – 708,2008.

[100] Idrees M, Ahmad E. Measurement and Decomposition of Consumption Inequality in Pakistan [J]. The Lahore Journal of Economics. 2010, 15 (2): 97 – 112.

[101] Kaiser H F. An Index of Factorial Simplicity[J]. Psychometrika, 1974(39):31 – 36.

[102] Keister L A. Wealth in America: Trends in Wealth Inequality [M]. Cambridge: Cambridge University Press,2000.

[103] Koenker R, Bassett G W. Regression Quantiles[J]. Econometrica, 1978(46):33 – 50.

[104] Krueger Dirk, Perri F. Does Income Inequality Lead to Consumption

Inequality? Evidence and Theory[J]. Review of Economic Studies, 2006, 73(1):163-193.

[105] Leyshon Andrew, Nigel Thrift. Geographies of Financial Exclusion: Financial Abandonment in Britain and the United States[J]. Transactions of the Institute of British Geographers, New Series, 1995, 20(3):312-341.

[106] Luchters G, Menkhoff L. Human Development as Statistical Artifact[J]. World Development, 1996, 24(8):1385-1392.

[107] Lusardi A, Olivia S Mitchell. Baby Boomer Retirement Security: The Roles of Planning, Financial Literacy, and Housing Wealth[J]. Journal of Monetary Economics, 2007, 54(1):205-224.

[108] Lusardi A. Numeracy, Financial Literacy, and Financial Decision-Making[R]. NBER Working Paper, 2012(17821).

[109] Modigliani F, Richard B. Utility Analysis and the Consumption Function: An Interpretation of Cross-Section Data[J]. Journal of Post Keynesian Economics, 1954(6):388-436.

[110] Mookerjee, Rajen, Paul Kalipioni. Availability of Financial Services and Income Inequality: The Evidence from Many Countries[J]. Emerging Market Review, 2011, 11(4):404-408.

[111] Morissette R, Zhang. Revisiting wealth inequality[J]. Statistic Canada, 2006, 7(12):6-9, 11, 13-17.

[112] Nee V. A Theory of Market Transition: From Redistribution to Markets in State Socialism[J]. American Sociological Review, 1989, 54(5):663-681.

[113] Noctor M, Stoney S, Strading R. Financial literacy: A Discussion of Concepts and Competences of Financial Literacy and Opportunities for Its Introduction into Young People's Learning: Report prepared for the National Westminster Bank, National Foundation for Education Research[R]. London: National Westminster Bank, 1992.

[114] Coibion Oliver, Gordnichenko Y, Kudlyak M, Mondragon John, Mondragon. Does Greater Inequality Lead to More Household Borrowing?[J].

New Evidence from Household Data. NBER Working Paper,2014(19850).

[115] Park Cyn – Young, Rogelio V Mercado, Jr. Financial Inclusion, Poverty, and Income Inequality in Developing Asia[R]. Asian Development Bank Economics Working Paper,2015(426).

[116]Parish W L,Michelson E. Politics and Markets:Dual Transformations [J]. American Journal of Sociology,1996,101(4):1042 – 1059.

[117] Rangarajan Committee. Report of the Committee on Financial Inclusion[R]. New Delhi:Government of India,2008.

[118] Rajan R, Zingales L. Financial Dependence and Gowth [J]. American Economic Review,1998,88(3):559 – 586.

[119]Romer P M. Increasing Returns and Long Run Growth[J]. Journal of Political Economy,1986,94(5):1002 – 1037.

[120] Rooij V. Maarten, Annamaria Lusardi, Rob Alessie. Financial Literacy and Stock Market Participation[J]. Journal of Financial Economics. 2011,101(2):449 – 472.

[121] Sagar A D, Najam A. The human development index: a critical review[J]. Ecological Economics,1998,25(3):249 – 264.

[122] Sarma M. Index of Financial Inclusion [R]. Indian Council for Research on International Economic Relations. Working Paper,2008(215).

[123] Sarma Miranda. Index of Financial Inclusion – A measure of financial sector inclusiveness[R]. Berlin Working Papers on Money, Finance, Trade and Development,2012(1207).

[124] Schultz T W. Investment in Human Capital [J]. The American Economic Review,1961,51(1):1 – 17.

[125]Schumpeter J A. The Theory of Economic Development[M]. MA: Harvard University Press,1934.

[126] Stango V, Zinman J. Exponential Growth Bias and Household Finance[J]. Journal of Finance,2009,64(6):2807 – 2849.

[127]Stock Jame H,Yogo M. Testing for Weak Instruments in Linear IV Regression[M]. Cambridge: Cambridge University Press,2005:80 – 108.

[128] Townsend R M, Ueda K. Financial Deepening, Inequality, and Growth: A Model – Based Quantitative Evaluation [J]. Review of Economic Studies,2006,73(1):251 –293.

[129] Trabold – Nubler H. The human development index——a new development indicator? [J]. Intereconomics,1991,26 (5):236 –243.

[130] Walder A G. Evolving Property Rights and Their Political Consequences(3 –18 in China's Quiet Revolution: New Interactions Between State and Society, edited by DSG Goodman and Hooper B) [M]. New York: St. Martin's Press,1994.

[131] World Bank. Measuring Financial Access: Outlining the Scope of Current Data Collection Efforts[R]. Washington, D. C:World Bank,2005a.

[132] World Bank. Indicators of Financial Access – Household – Level Surveys[R]. Washington, D. C. :World Bank,2005b.

[133] World Bank. Global Economic Prospects [R]. Washington, D. C. (June):World Bank,2014a.

[134] World Bank. Global Financial Development Report [R]. Washington, D. C. :World Bank,2014.